1　イマヌエル・カント（1724-1804）44歳当時

2　ケーニヒスベルク市（1766年頃）

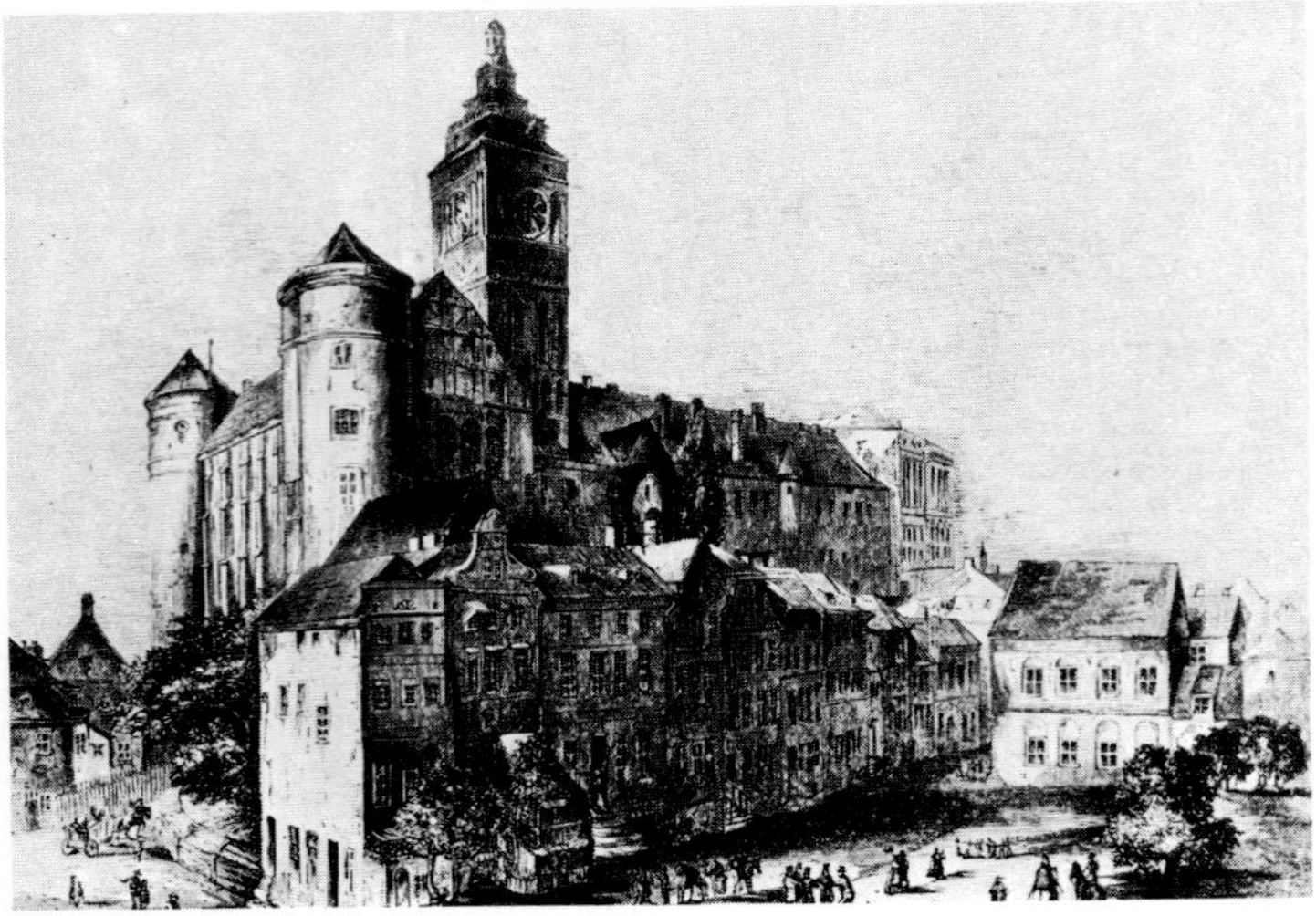

3　ケーニヒスベルクの城

4　フリードリヒ２世（1712–1786）

5　ゴットフリート・ヴィルヘルム・ライプニッツ（1646-1716）

6　アイザク・ニュートン（1643-1727）

7　クリスチアーン・ヴォルフ（1679-1754）

Gedanken
von der wahren Schätzung
der
lebendigen Kräfte
und
Beurtheilung der Beweise
derer sich
Herr von Leibnitz und andere Mechaniker
in dieser Streitsache
bedienet haben,
nebst einigen vorhergehenden Betrachtungen
welche
die Kraft der Körper überhaupt
betreffen,
durch
Emmanuel Kant.

Königsberg,
gedruckt bey Martin Eberhard Dorn. 1746.

8　カントの処女作『活力測定考』の扉

9　アンドレイ・ボロトフ

10　ジャン=ジャック・ルソー（1712-1778）

11　ヨーハン・ゲオルク・ハーマン（1730-1788）

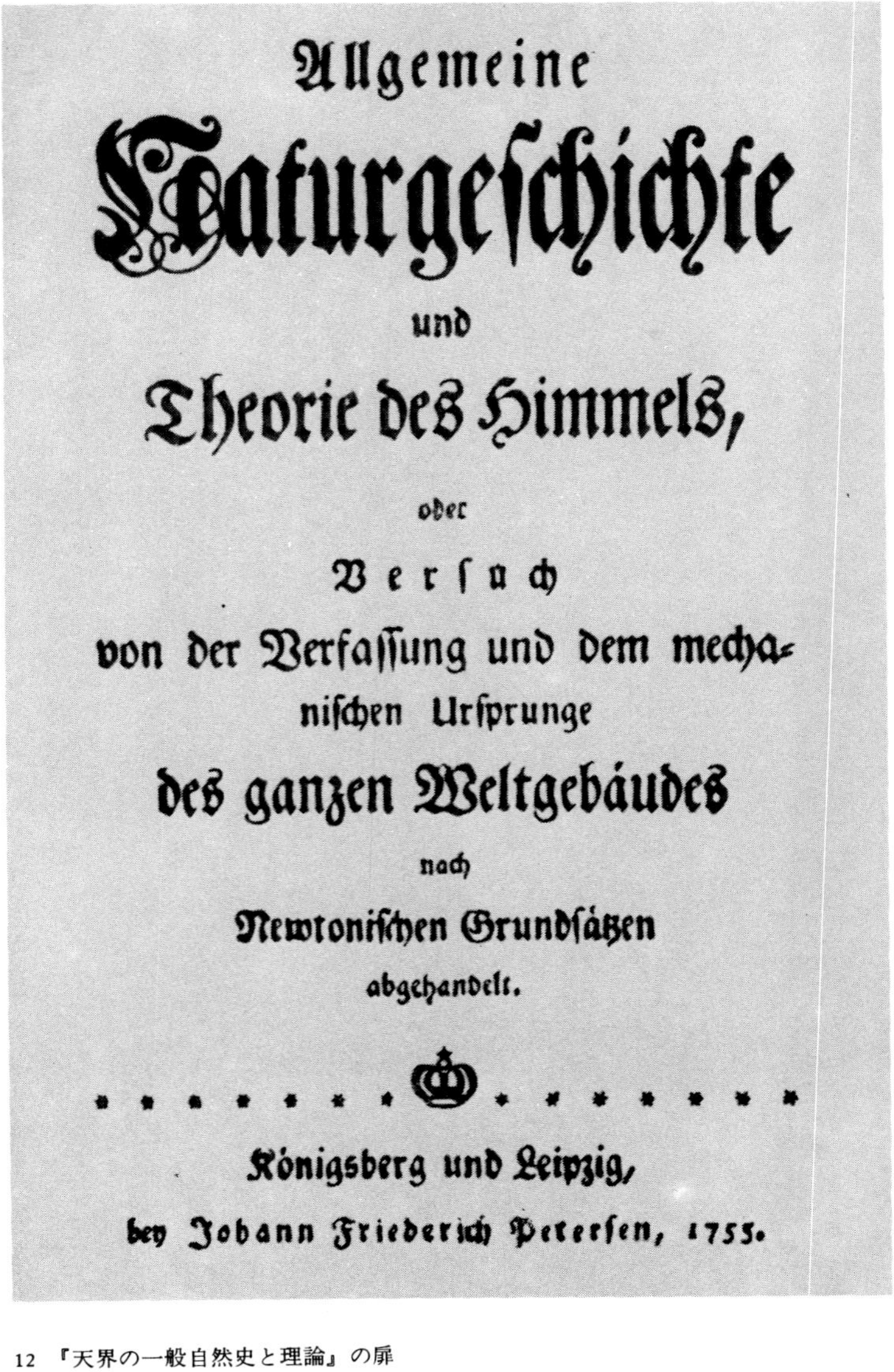
Allgemeine
Naturgeschichte
und
Theorie des Himmels,
oder
Versuch
von der Verfassung und dem mecha-
nischen Ursprunge
des ganzen Weltgebäudes
nach
Newtonischen Grundsätzen
abgehandelt.

Königsberg und Leipzig,
bey Johann Friederich Petersen, 1755.

12 『天界の一般自然史と理論』の扉

13　カント

14　ゴットホルト・エフライム・レッシング（1729-1781）

15　学生がドクトルの学位を授与される光景

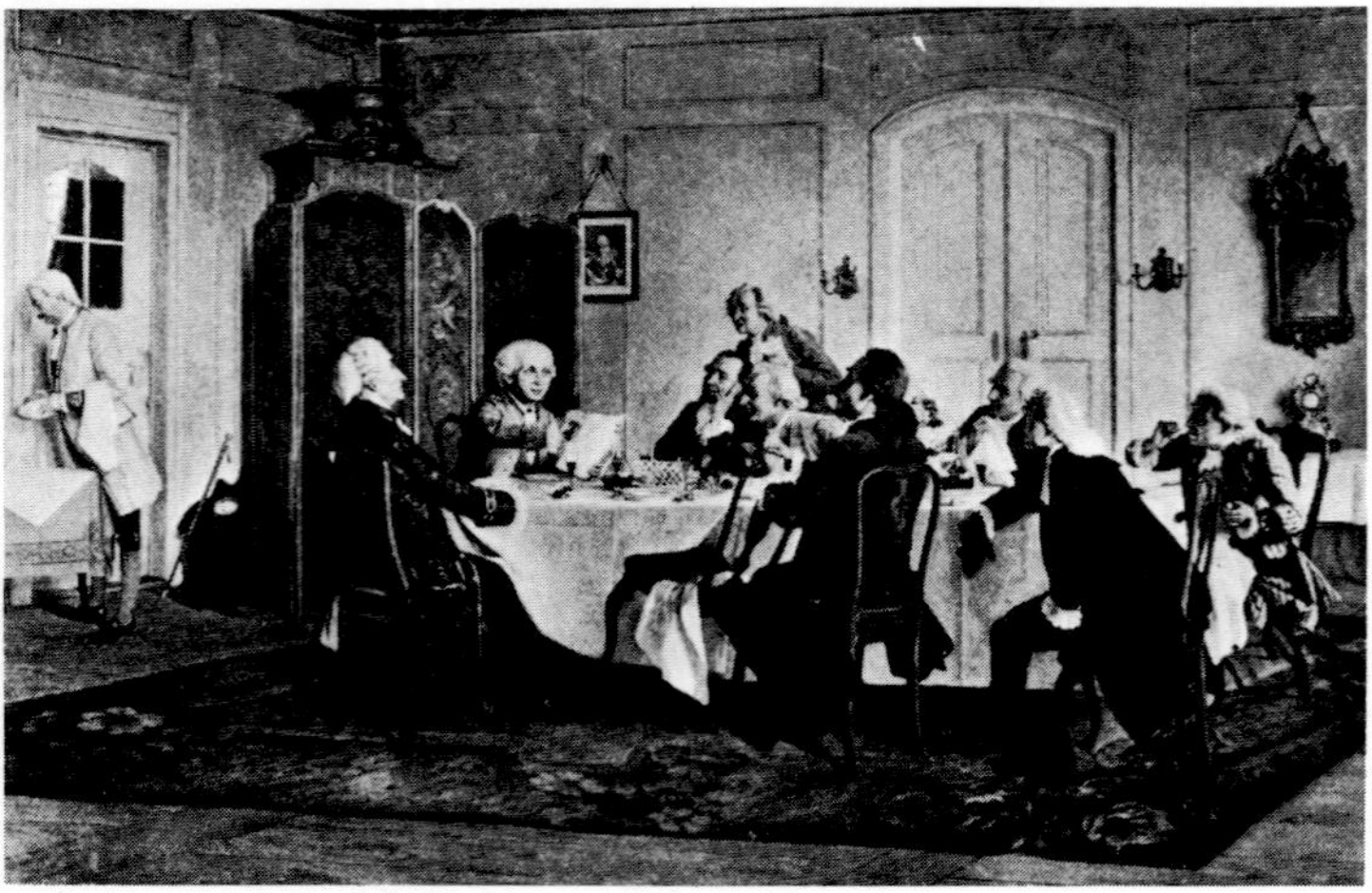

16　カントと食卓仲間

Critik
der
reinen Vernunft

von
Immanuel Kant
Professor in Königsberg.

Riga,
verlegts Johann Friedrich Hartknoch
1781.

17　『純粋理性批判』第１版の扉

18　17世紀の書籍印刷の作業場

19　ケーニヒスベルクのカントの邸宅

20　ケーニヒスベルクの取引所

21　ケーニヒスベルク大学（19世紀中頃）

22　ヨーハン・ゴットフリート・ヘルダー（1744–1803）

23　カント（36歳頃）

24　フリードリヒ・ハインリヒ・ヤコービ（1743–1819）

Immanuel Kant.
geb. zu Königsberg d. 22. April 1724, gest. d. 12 Febr. 1804.

25　カント（65歳）

26　ニコライ・ミハイロヴィッチ・カラムジン（1766-1826）

27　ヨーハン・ゴットリープ・フィヒテ（1762-1814）

28　マキシミリアン・ドゥ・ロベスピエール（1758-1794）

29　ヨーハン・ヴォルフガング・フォン・ゲーテ（1749-1832）

30　フリードリヒ・フォン・シラー（1759-1805）

31　ゲオルク・ヴィルヘルム・フリードリヒ・ヘーゲル（1770-1831）

32　カント（1773年，49歳）

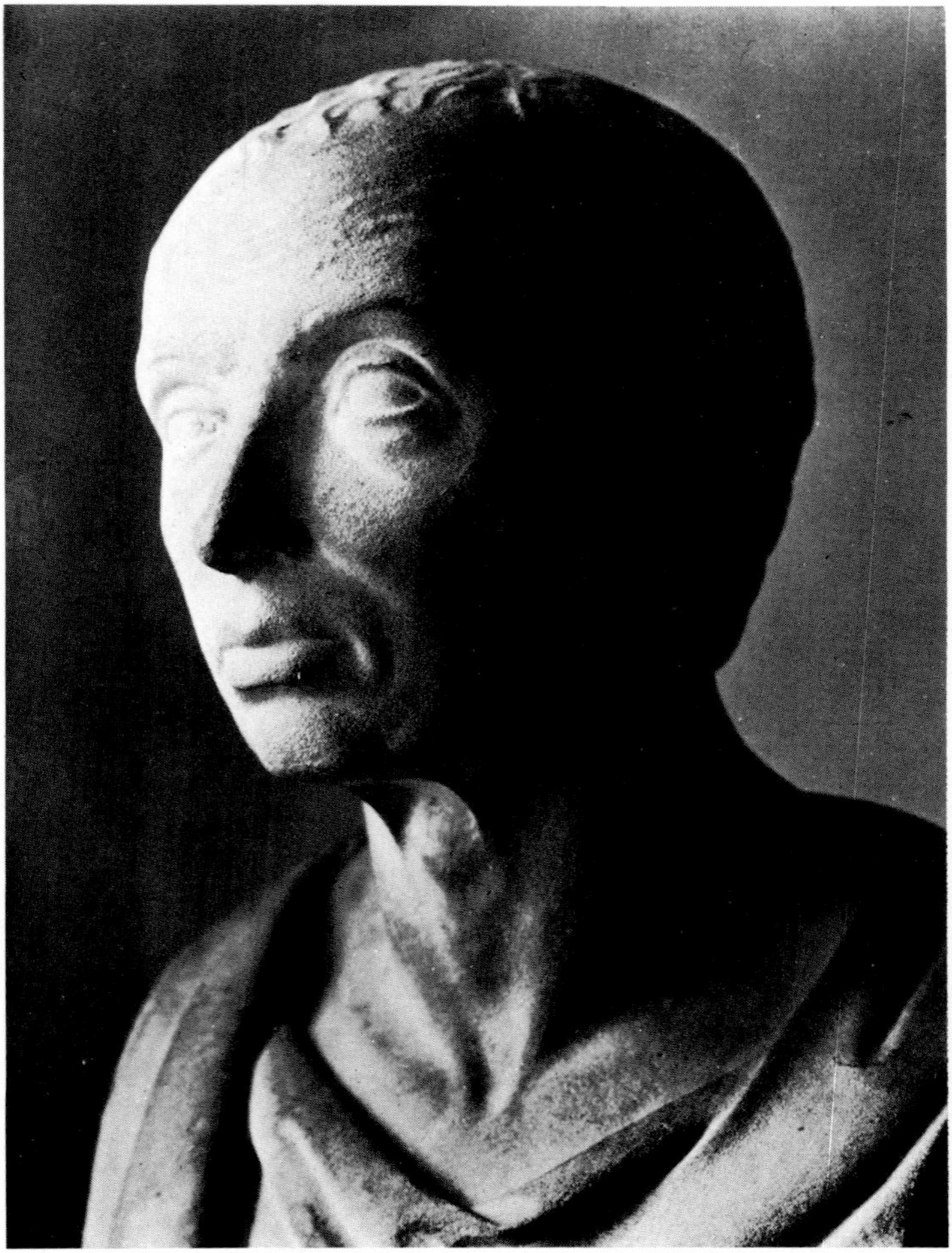

33　カントの大理石像（1798年，74歳）

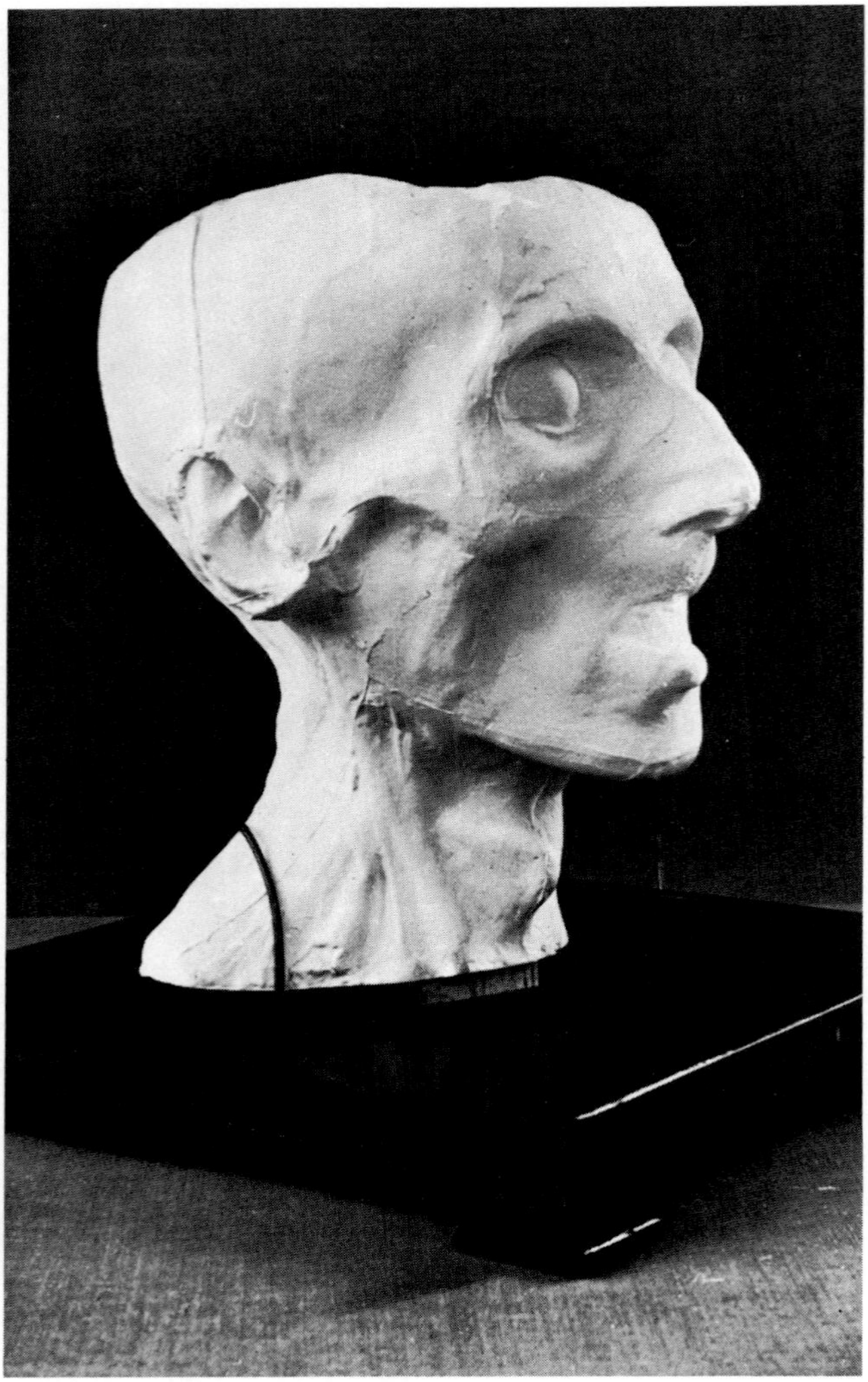

34　カントのデスマスク（タルトゥ大学保管）

35　ケーニヒスベルクのカント記念額

36　ケーニヒスベルクのカント記念碑

叢書・ウニベルシタス 128

カント

その生涯と思想

アルセニイ・グリガ
西牟田久雄／浜田義文 訳

法政大学出版局

А. Гулыга
Кант

I Kant

凡例

一、本書は Арсений Гулыга, *КАНТ*, Москва 1977 : Arsenij Gulyga, *Immanuel Kant*. Aus dem Russischen übertragen von Sigrun Bielfeldt, Insel Verlag, Frankfurt am Main 1981. の全訳である。ただしドイツ語版の訳者後書は省く。

二、翻訳の仕方としては、まず西牟田久雄がロシア語原文から全文の逐語訳を行い、次に浜田義文がその全訳文をドイツ語版と逐一対照して、翻訳の一層の正確と適切を期した。ただしカントからの夥しい引用とその他のドイツ語文献からの引用については、そのすべてを浜田がドイツ語原文から直接翻訳した。

三、ドイツ語版は原著者の意向に忠実な、非常に正確な訳と思われるが、ロシア語原文とかなり相違する箇所がいくつかある。その箇所については、特別断らずに、すべてドイツ語版に従った。そうすることが原著者の意向に沿うと考えたからである。

四、訳文中の（　）内は原著または引用原典のままであるが、〔　〕内はすべて訳者の説明文である。ただし後者は最少限にとどめた。

五、文中ラテン語の短い引用句は片仮名で記したが、平仮名の場合もある。

六、図版はすべてロシア語版とドイツ語版のものである。注と年譜と人名索引とはドイツ語版を基にして作製した。

七、付録として、ストロヴィッチの論文「タルトゥ・カンティアーナの運命について」を加えた。この論文はロシア語版にもドイツ語版にもないが、カント書誌学の観点から興味が深く、本書の内容とも関連する所があるので、あえて収録した。また浜田が解説を拡充する形で、巻末に、「カントとリガ市周辺」を書いた。

日本語版序文

本書の仕事に着手するに際して、私は二つの点を考慮した。第一は、哲学説はその創始者の伝記、生活状況、性格の特徴、時代、環境、伝統等を知って、初めて真に理解しうる、という深い確信である。第二は、どんな抽象的な学説でも、生きた言葉で述べうるし、また述べなければならない、という考えである。この二点について私がどれほど成功したかは、読者の判断に任せなければならない。

日本語版の出版は、浜田義文教授が提案して下さった。教授は一九八〇年秋、私を訪問してくれた。彼との談話の中で、私はカントに関する自分の著書を、愛する息子と呼んだ。浜田教授は微笑しながら、自分の息子が日本の衣裳を纒った姿を見たくないか、と尋ねた。そうなれば幸福だが、そのような空想はあえてしない、と私は答えた。

だが我々は、このような空想が実現する時代に生きている。法政大学出版局が好意的に出版を申し出てくれた。こうして、ロシア語で書かれたドイツ人思想家に関する本が、日本語訳で出ることになったわけである。ここには、民族間の文化的相互理解と接近を示唆する或る象徴的なものがある。まさしくこれこそかつてカントが空想したものである。

一九八一年八月

モスクワ

グリガ

著者略歴

哲学博士：アルセニイ・ヴラジミーロヴィチ・グリガ教授は、ソ連科学アカデミー哲学研究所の所員であり、作家同盟会員である。一九二一年生まれ。主要著書『ドイツ唯物論史から』モスクワ、一九六二年（ドイツ語版、ベルリン、一九六六年）。『ヘルダー』モスクワ、一九六三年（ドイツ語版、ライプツィヒ、一九七八年。フランクフルト・アム・マイン、一九七八年）。『ヘーゲル』モスクワ、一九七〇年（ドイツ語版、ライプツィヒ、一九七四年。フランクフルト・アム・マイン、一九七四年）。『歴史の美学』モスクワ、一九七四年。『カント』モスクワ、一九七八年（ドイツ語版、フランクフルト・アム・マイン、一九八一年）。『歴史の芸術』モスクワ、一九八〇年。

カント／目　次

まえがき

哲学者の生活は彼が書いた著書の内にあり、その生活における最も感動的な出来事は思想の内にある。カントには、彼の学説の歴史を除いて他に伝記といったものはない。彼は生涯のほとんどすべてを唯一つの町――ケーニヒスベルクの中でだけ過ごし、東プロイセンの境界を出たことは一度もなかった。彼は栄誉を求めず、権力を得たこともなかった。また仕事の上でも、愛においても、動揺を経験したことはなかった。彼は生涯独身であった。

カントの外的生活は規則的で、単調であった。おそらく、同業の人々と比較してもはるかに単調であったと言えるであろう。だが彼の内的生活、精神生活については、このように言うことはできない。そこでは驚くべきことがなしとげられたのである。もろもろの大胆な理念が生まれ、それらは自らを強化し、他の理念と格闘し、戦いの中で滅びたり成長したりした。彼の思想は諸大陸をさまよい、地球の果てを越え出て宇宙の極限にまで達しようとした。彼の思想は人間精神の奥底へとつき進んで自己自身を知ろうとした。思想は緊張して劇的に生きた。

現代哲学のほとんどすべての流派はいずれにせよカントへ遡る。彼の諸理念は変化しながらも依然として生き続けている。カントの学説に通じることは、哲学一般の研究を開始するのに有益である。それは自立的思考への教育である。

カントはソクラテスと比較される。なぜなら彼の哲学は人間的だからである。古代ギリシアの賢者は初めて哲学を天より引き降ろして地上に据え、宇宙から転じて人間に関心を集中した。カントにとって人間の問題は最大の問題である。彼は宇宙のことを忘れたのではない、だが彼にとって人間が主要な関心事であった。人間がより人間的になり、より善く生きる、という唯一の目的のために、カントは存在と意識との法則について思索したのである。彼は人間の血が流されないために、空想と幻想によって人間の頭が錯乱しないために、思索したのである。カントはすべてについて率直で誤魔化しがない。

カントは決して隠遁者でも世捨て人でもなかった。つまりこの世から顔をそむけた人ではなかった。彼は生来社交的であり、教養や生活様式において洗練された人柄であった。非常に早くから彼には他の一切を凌駕する生活関心として哲学がごく自然に芽生えた。彼の全存在はこの関心によって支配されていた。彼にとって生きることは仕事することを意味した。仕事は彼の主たる喜びであった。カントの生涯は、言葉と行為、説教と品行とが見事に統一された模範である。彼は良心の安らぎの内に、義務を遂行したという意識をもって、生涯を終えた。

未来の哲学者は幼少より著しく虚弱な体質であったので、短い非生産的な生涯しかありえないだろうと思われた。にもかかわらず彼は長い、創造力豊かな年月を生き抜き、病気になったことは一度もなかった。これをなしとげえたのは彼自身の意志力によってである。彼は衛生上の規則の厳しい体系を作り出して、それを厳格に守り、著しい効果をあげた。カントは自己自身を作り上げたのである。この点でも彼はユニークであった。

カントは意識の醒めていた限り、全生涯にわたって真理を探究した。しかし真理は過程である。カントがこの言葉を言ったのではない。だが彼はこの言葉通りに生きた。彼は、すべてをなし終えたとか、絶対的なものを見いだしたとか、そういう感情をもったことは一度もなかった。彼は自己の学説を改良し、厳密にし、研磨してやまなかった。カントの生涯は不断の精神的発展であり、永遠の探求であった。彼の力が彼の思想の上にもはや力を及ぼしえなくなった最晩年にいたるまで、そうであった。

カントを読むことは困難である。彼を理解することはさらに困難である。しかしその思想が理解されたとき、喜びは大きく、心は高められる。やってみる価値はあるのだ。それに払った知的努力は幾倍にも報われるだろう。他の難解な著作家の場合、美辞麗句を削り、煩瑣な言葉遣いを取り去ったならば、そこに残るのは陳腐な言葉であり、それ以外の何物でもない。カントの場合、叙述の困難さは常に問題の困難さと関連しており、それは彼がしばしば全く新しく問題を立てなければならなかったためである。単純なことについてはカントは単純に語り、ときには華麗にさえ語っている。

カントについて書くことは、哲学者にとって名誉であり、責任でもある。さらにまたカントの学説とロシアの古典作家たちの秘められた根本思想との間には、密接な結合が存在している。ドストエフスキーとトルストイの二人の名前を挙げるだけで十分であろう。カントと同じように、彼らを感動させたのは人間の運命である。彼らは、カントと同じように、運命と結びついた衝突・論争・破局などの底なしの深淵を見抜いていた。トルストイは、ヘーゲルに対しては全く冷淡な態度をとったが、カントについては夢中になった。彼は自分とカントとの見解は一致していると確信していた。彼はカントの箴言を集め、出版した。自分に対して「カントの生涯が常に強い印象を与えた」、とトルストイは語っている。かつて或る人がトルストイに向かって訊ねた。「カントの哲学は凡庸な人間に理解できるだろうか、その一般向きの叙述は可能だろうか」、と。彼の返答はこうである。「カント哲学の一般向けの叙述は最大の仕事であろう。西欧にこんな試みがあるかどうか知りたいものだ。いずれにせよこのことはきわめて望ましいだろう。」(1)

本書はカント哲学の全面的な精密な研究を意図したものではない。これはカントの生涯に捧げられたものである。しかしカントの場合、彼の思想の歴史以外に伝記があるのではない。したがって彼の哲学を避けることは不可能である。著者は本質的な事柄についてのみ語り、資料が許す限り単純に語るように努力した。このことに完全には成功しなかったかもしれないが、その時は読者の宥恕をえたいと思う。

第一章　啓蒙主義の果実

《自分自身の理性を使用する勇気をもて。》　カント

我々は伝統に従って、カントの伝記を彼の故郷の町の歴史から始めることにしよう。哲学者の厳密な構成は、あたかもこの町の花崗岩から切り出されたかのようであり、町の生き生きした空気に満ちている……。

ヴィスワ河とネマン河の間にある土地に、プロイセン人と自称する異教徒のバルト族が古くから住んでいた。キリスト教が征服者とともに彼らの許へやってきた。近東において十字軍が失敗した後、ドイツの騎士たちはもっと身近な東方のバルト海沿岸地方へ再び進出した。十三世紀のほとんど全期間を通じて、ドイツ騎士団によるプロイセン人の土地への征服が引き続き行われた。

一二五五年にプレーゲル河の河口に築城が始まった。十字軍の同盟者であったボヘミア王オットカール二世に敬意を表して、騎士団はこの城を王の山＝ケーニヒスベルクと名づけた。ボヘミアの戦士たちは彼ら流にクラロベツと呼んだ。

城の周囲に市民たちがしだいに住みつくようになった。そして三つの町が生まれた。最古の町はアルトシュタットで、その東方にレーベニヒト、南方の河の中の島にクナイプホフが作られた。これらの町の間

には、交易や競争や反目があった。時には公然たる敵対関係すらも出現した。一七二四年になって初めてこれらの町は一つの都市に統一された。カントとケーニヒスベルク市は同年生まれなのである。

城は宮殿よりもむしろ要塞に似ていた。異なる時代に異なる建築様式で建造されたこの城の構造は、方陣形であり、広い内庭をもち、応接用・居住用・補助用の多くの部屋をもっていた。巨大なモスクワ式の広間もあり、これは当時のドイツで最大の広間の一つであった。高い見張り塔は、最初は戦争用であったが、後には火の見櫓として用いられた。

都市の住民はドイツのあらゆる辺境から移住してきた。宗教戦争がヨーロッパを悩ますようになってからは、外国人たちもやってきた。征服された土地での生活は、騒然としており、居心地が悪かった。ほとんど常に警戒と戦争の用意が必要であった。自然環境もまた緊張と我慢と力とを要求した。沼は牧場に不適当であった。厳しい冬は播いた種子をだめにした。そのような生活は規律ある労働を教えた。

宗教改革が始まった時、この国はいち早くルター主義を採用した。そのころ騎士団は衰微し、その東半分にプロイセン公国が成立した。十七世紀初頭、プロイセンはブランデンブルク選帝侯国と統一されて一つの国家になり、一七〇一年以降王国と呼ばれるようになった。首都はベルリンであった。ケーニヒスベルクは、ポーランド王領の彼方に離れて存在する東方諸州の、最大の都市であり、中心であった。

ケーニヒスベルクは急速に力をつけていった。活気ある港として東西両ヨーロッパの架け橋になった。ここで家内工業と商業が栄えた。大学（「アルベルティーナ」）ができ、そこに全バルト海沿岸諸国から若者たちが教育を受けるために集まった。ここには強力な守備隊があり、当時の習わしによって、兵士たちは兵営に収容されず、民家に分宿していた。街頭には多彩な軍服が目立った。

軍服姿の多いことがプロイセンの都市の特徴であった。プロイセンは人口の多さではヨーロッパで第十三位であったが、軍隊の数では(フランス、ロシア、オーストリアについで)第四位であった。軍事費によって若い王国は可能性の限界にまで追いやられた。小さな国家が大きな軍隊を維持しうるためには、課税を増大し、それ以外のあらゆる面で節約しなければならなかった。戦闘での勇敢さに次いで、倹約がプロイセン人の第二の徳と考えられた。ヴィルヘルミーネ王女は、父王フリードリヒ・ヴィルヘルム一世の許での質素な食卓についての記録を残しているが、食事を共にした者は空腹のまま食卓を離れ、その間会話はもっぱら兵隊と倹約のことだけであった、と言う。「軍人王」の第一の関心(兵隊)は明らかに第二の関心(倹約)を凌駕していた。世界中からかき集められた巨人たちである「背高ノッポたち」から成る近衛連隊を維持するために、莫大な金額を要したが、吝嗇は彼がそれを支出する妨げにはならなかった。アイルランド出身の最も背の高い兵士のために王は九千ターラーを支払った(これはケーニヒスベルク大学の年間予算を凌駕する額である)。しかしその他の点では王は著しく節約した。例えば服装である。高価でみっともない鬘は廃止され、男子は髪を束ねて簡単な弁髪にするよう命じられた。これは間もなく全ヨーロッパに普及した。王自身は常に軍服を着用した(これまた新制度であった)。プロイセン王は科学の分野でも節約した。彼は先王の代にライプニッツによってベルリンに創立されたアカデミーを事実上閉鎖した。

フリードリヒ・ヴィルヘルム一世は、クリスチアーン・ヴォルフに対し、四十八時間以内にプロイセン国境より退去するように命じ、退去しなければ絞首台に送る、と威嚇したことによって、ドイツ哲学史上に名を留めた。自由思想の学説は、意志の自由を否定することによって、あたかも脱走を是認するものであるかのように、王に報告されたからである。フリードリヒ・ヴィルヘルム一世はライプニッツについては軽くみていた。彼の意見によれば、「この男」は歩哨に立つのにさえ役に立たなかった。或る日、王が上機嫌の時、哲学者のエーデルマンが王の前に現れた。エーデルマンは王に一グルデンを贈った。この思想家はお返しとして二グルデン戻ってくることを望んでいたが、しかしすぐに彼は、ステッキで殴られておしまいになることに気がついた。「軍人王」が試みた唯一の科学的実験は、彼の近衛兵である背高ノッポたちから背の高い子孫をつくるという試みであった。彼は近衛兵たちを、特に選ばれた背の高い娘たちと結婚させた。この実験は当然のことながら失敗に終った。王の命令によって催された唯一の大学の公開討論は、「すべての学者は饒舌家にして間抜けなりや否や」というテーマに関するものであった。(1) 王の冗談が実際に行われることになったのは、科学アカデミーの財政への悪影響を配慮して誰もそれを止めなかったからである。フリードリヒ・ヴィルヘルム一世は多くの書物の中で聖書と軍隊規律とだけを価値あるものとみなした。

よくあることだが、フリードリヒ・ヴィルヘルム一世の息子は父とは正反対であった。皇太子は音楽に熱中し、詩を作り、フランスの文学と哲学とを愛好した。プロイセンにいることが彼には我慢できなかった。彼は外国へ逃走を企てたが、捕えられて要塞にぶち込まれた。彼の共謀者は彼の眼前で首を切られた。王位継承者は軍法会議にかけられ、脱走罪で銃殺されると脅迫された。しかしすべてはもとどおりになった。こうして彼は一七四〇年、フリードリヒ二世を名乗って父の後の王位を継承し、以後四十六年間君臨した。

在位中の最初の七年間は対オーストリア戦争で過ぎた。その結果、プロイセンはシュレジアを獲得した。一方軍隊は成長して数個の大隊と騎兵中隊になった。国内の根本的改造は行われなかった。フランツ・メーリングは次のように書いている。「プロイセン憲法に従って、各プロイセン王は古くからの航路を無条件に進まねばならないことを、フリードリヒは最初から知っていた。そして彼は一度たりともむだな抵抗を試みようとはしなかった。たとえ彼の素質と傾向からみて、歴代プロイセン王のうちで彼には抵抗を試みる気持が最も強かったにしても、彼はそうしなかった。この点にフリードリヒの歴史的意義または歴史的偉大さ――この言葉を使うことができるとして――が承認されねばならぬ理由が存する。(2)」フリュート奏者にして詩人であり、自分の軍服を「死装束」と名づけた王は、プロイセン軍国主義の権化となった。即位以前に執筆し、その中で君主を「臣民の召使」と呼んだ論文、「反マキアヴェリ」の著者である王は、ひとたび権力を得ると、絶対主義の原理を体現した。生来エピクロス主義者である彼は、ほとんどストア主義者の役割を演じた。あらゆるフランス的なものを熱愛したフランス心酔者は、フランスとの戦争を遂行しなければならなかった。

それでもやはり変化が起こった。王位にありながら彼は哲学書を広く読み、自ら学術論文を書き、危なっかしい洒落を口にする自由思想家であった。その洒落は例えば、「全能の神よ、もしそんなものがあればだが、我が罪深き魂を許せ、もしそんな魂が自分にあればだが」、といったたぐいである。フリードリヒの宮殿にはヴォルテールが客になった。フランスとオランダから追放されたラ＝メトリは、ベルリンに安息の地を見いだした。ここで彼は王の厚遇を受け、宮廷の職を与えられた。「ラ＝メトリが侍医として受けた庇護と、王がこの誹謗された唯物論者に一七五一年に捧げた美しい哀悼の辞とは、当時おそらくいかなるドイツ人も、ちょうどその頃知的というより信仰的な猛烈さでもってラ＝メトリに対して激昂していた若いレッシングでさえも、所有していなかった高い哲学的理解を、フリードリヒが所有していたことを示している」、とフランツ・メーリングは書いている。(3) プロイセンの専制主義は「啓蒙的」専制主義になった。啓蒙主義の時代はここでも、しだいに自己の権利を獲得していったのである。

啓蒙主義は、封建的生活様式から訣別しつつあるすべての国の文化発展の必然的段階である。啓蒙主義は根底においては民主主義的であり、民衆のための文化である。啓蒙主義はその主要な課題を教育と教養とのうちに、すなわち万人への知識の伝達のうちに認める。自由な個人というルネッサンス的理想はここに普遍妥当性を獲得する。それとともに各人の責任が増大する。啓蒙主義の人間は、自己自身についてだけでなく、他人についても、社会における自分の位置についても、熟考する。社会的理念は足場を獲得する。関心の中心となるのは最良の社会組織の問題である。平等の観念が心情を燃え立たせる。神の前においてだけでなく(これはすでにキリスト教が教えた)、法の前においても、同時に他のすべての人とともに、平等であるという観念である。この平等は形式的である。だが市民的法秩序は他の平等を必要としない。啓蒙主義は形式的法(権利)の観念を頑固に保持し、まさにその中に人間性の保証を見るのである。

啓蒙主義は、あらゆる社会的混乱に対する万能薬を知識の普及の中に見る。知は力であり、それを獲得すること、共有財産にすることは、人間存在の秘密を解く鍵を手に入れることを意味する。鍵を回せば、ゴマは開く。幸福な生活が発見される。知識の悪用の可能性はここでは除外されている。初期の啓蒙主義は合理主義的であり、悟性的思惟の世紀である。だが幻滅はかなり急速に広がる。その時、「直接知」に、感情に、直感に、救いが求められる。そしてどこか前方に弁証法的理性の稲妻が走る。しかし知識のあらゆる増加が救いとみなされている間は、啓蒙主義の理想は依然として不動である。

そして最後に、啓蒙主義の第三の特徴は、歴史的楽観主義である。進歩の理念はこの時期の成果である。以前の時代は自己を是認することなどに思い及ばなかった。古代ギリシア・ローマ人は自分たちの先行者について何も知ろうとはしなかった。キリスト教は自己の出現を最高存在者の予定によるものとして説明した。先行の二つの文化の対話における仲裁者として登場したルネッサンスでさえも、自分の課題は前進のうちにではなく、起源への遡行のうちにあると考えた。啓蒙主義の時代が初めて、新しい発端としての自分についての意識を展開した。ここから歴史的思考へ至るにはただ一歩のみであった。たとえすべての啓蒙主義者が事物に対する歴史的見方を獲得していなかったとしても、この思考の根はこの時期のうちにあるのである。

啓蒙主義者たちは、迷信・狂信・不寛容・欺瞞および民衆の愚鈍化に対して、妥協なき闘争を行った。彼らは自らを理性の使徒とみなし、人々の目を人間の本性と使命に対して開かせること、すなわち人間の事柄を改善し、人間を真理の道へと導くことに使命を感じていた。

啓蒙主義は年代的には精確に規定されない。さまざまの国々における封建的秩序の崩壊は、さまざまの時代に起こった。オランダとイギリスはヨーロッパの他の国々に先んじた。その次がフランスの順番であった。ドイツにとって、啓蒙主義の時代は十八世紀である。イギリスやフランスに比べると、ドイツは後進国に見えた。しかしながらここでも封建体制の内部で、しだいに新しい資本主義的生産関係が作り上げられていった。ドイツ経済において圧倒的役割を演じたのは農業であった。しかしここへも市場の影響が入り込んだ。都市には資本主義的マニュファクチュアが成立し、商業が繁栄した。いたるところに社会的変化が熟しつつあった。

この時代のドイツ国民の歴史的発展の特徴は、国内の経済的・政治的分権主義にあった。多くの小王国に分裂したドイツは統一国家ではなかった。形式的にはドイツ帝国が存在し、ほとんど全ドイツ領土を包括していた(東プロイセン自身は名目上その構成国には属していなかった)が、事実上各君主は自領内での完全な主人であった。ドイツの問題で主導権を担っていたのはオーストリアであった。プロイセンの台頭はオーストリアにとって危険な競争相手を作り出した。祖国の運命を憂慮したドイツの進歩的有識者たちは、祖国の幸福に至る道は封建的秩序の除去と国家の統一にある、と考えた。国民的統一の理念は啓蒙主義者たちの作品の中で支配的であった。しかし十八世紀においてはこの理念は、ナショナリズムと排外主義とへ転倒することは決してなかった。すべての民族の平等は、すべての人間の平等と同じく妥当する。すべての国民的境界とすべての傲慢とに無縁な「世界市民」たることが、知識層の間では流行であった。

啓蒙主義のドイツ哲学は、社会的進歩の影響のみならず、科学的知識の進歩の影響をも受けて形成された。ドイツは経済と政治においてイギリスとフランスに遅れていたが、科学においてはそうではない。十八世紀のドイツ自然科学は高揚期にあり、ヨーロッパの科学が大体特徴としてもったのと同じ過程をそれは経過した。前時代に蒐集され分類された事実の巨大な量の蓄積は、それらの説明の問題を提起した。すなわち、生きた連関における自然の考察が問題となった。これが哲学の開花の土壌を準備した。

最初圧倒的勢力をもっていたのは、クリスチアーン・ヴォルフ学派であった。ヴォルフはすでに十七年間ハレ大学の講座を担当し、一連の著作を通じてヨーロッパ中に名声を博していたが、「軍人王」は彼に対して四十八時間以内にそこから退去するよう命令した。王の峻厳な性格を知っていたこの哲学者は、定められた期日が来るのを待たずに、王の命令を受領して二十時間後に町を去った。追放はヴォルフの名声を高めただけであった。彼はマールブルクの主任教授の地位を得た（ここで後にロモノーソフが彼について学んだ）。ロンドンとパリは彼をアカデミー会員に選んだ。ストックホルムとペテルブルクは彼を講演に招待した。ロシアでは科学アカデミーの開設が予定されており、ピョートル一世はヴォルフに副総裁の地位を提供した。哲学者は丁重に謝絶した。彼はわが家へ戻ることを決して急がなかった。フリードリヒ・ヴィルヘルム一世が彼を復権させた後でも彼は急がなかった。新しい王になってやっとプロイセンは、再びヴォルフを獲得することができた。フリードリヒ二世は彼に枢密顧問官の称号を授け、当時としては異例の二千ターラーという高額の俸給を与えた。ヴォルフは首都での地位を受けず、ハレへの帰還が聞き入れられた。

ヴォルフのハレへの帰還は本当の凱旋となった。彼は市門を遠く離れた所まで出迎えられ、すぐさま即興の行列ができ上がった。先頭には三人の吹奏者が馬に跨ってホルンを吹き鳴らしながら進み、その後に五十人の学生が同じように騎馬で従い、それから四頭立ての箱馬車で枢密顧問官ヴォルフが夫人同伴で現れ、最後に名士や教授たちの乗った馬車の全行列が続いた。行列が市の中心に到着するとオーケストラが鳴り響き、音楽はこの日終日鳴りやまなかった。

ヴォルフは講義を開始した。しかし不思議なことに、最初殺到した聴講生は学期ごとに減少していった。高名な教師は或る時空席の多い教室に立った。ヴォルフの支持者たちは、これは敗北の証拠ではなく勝利の証拠である、と主張した。ヴォルフ主義はドイツ教育の中に深い根を張ったので、流派の指導者の講義を聴く必要がもはやなくなったのだ、と言った。ヴォルフの反対者たちは、彼の栄光の時が過ぎただけだ、と考えた。人為的に煽ってみても、栄光は長く続くはずはない。

ライプニッツと比較して、ヴォルフは新しいことはほとんど語らなかった。一連の理念を一層簡単に公式化した。「月並《フラット》な」という形容詞が通常ヴォルフの目的論に対して用いられる。それは、ヴォルフのもとで全く単純な性質をもつにいたった究極目的についての学説である。ヴォルフの功績はライプニッツ哲学の体系化にある。彼はドイツで初めて、哲学的知識の基本的領域を包括する体系を創出した。彼は初めて哲学的学派をも創設した。ヴォルフ学派は科学的知識の普及のために多くのことを行った。彼らの学説は、広い読者層のために作られていたので、「通俗哲学」の名称を得た。教育の普及は現代のすべての切迫した問題を急速に解決するようになる、とヴォルフ学派は確信した。知性崇拝は彼らにおいてはキリスト教信仰への敬虔と結合していた。彼らは信仰に合理的基礎づけを与えようと試みた。通俗哲学の中心はベルリンであった。「ベルリン的啓蒙主義」という用語さえ生じた。

ヴォルフ主義と並んでドイツ啓蒙主義には、社会的圧迫に対する民衆の抗議と結びついた、公許の教会理論にとって敵対的な、別の方向も存在した。自由思想の理念的源泉はスピノザの哲学であった。スピノザ哲学は、学説の純粋性の公認の擁護者たちや啓蒙主義の穏健派からの妨害にもかかわらず、すでに十七世紀末にドイツに強く浸透し始めていた。大学の扉はスピノザ主義に対して固く閉ざされていた。スピノザ主義の書物は焼き捨てられ、その著者たちは迫害された。しばしば悪意のない著作家やまた時として全く無名の著作家が突然現れ、人々の間に混乱をまきちらしては、跡かたもなく消え去った。自由思想の作品は密かに普及し、複写され、時には広く知られるようになり、時には研究者たちの狭い範囲内で入手された。レッシングがスピノザ主義を奉じたことは、彼の死後やっと知られた。

ドイツの自由思想家たちは、フランスの仲間たちとは異なり、神の信仰については慎重に取り扱った。宗教の権威は強固であった。中世においては宗教は精神生活を支配し、科学や芸術を服従させ、政治の中に積極的に介入した。宗教改革のお蔭で、ドイツはローマ法王庁の支配から大いに解放されたが、ルターとその後継者たちは、自由思想を奨励するようなことは決してしなかった。プロテスタントの正統派は自分たちの教義体系を作り上げ、従来カトリックが演じてきたのと同じ役割を演じた。教会は国内の精神生活を拘束から解放しないように努めた。この点で教会は政権保持者からの完全な支持をうけた。啓蒙主義のための戦い、正統キリスト教に反対する戦いは、稀な例外を除いて、改善された宗教の創造のための寛容というスローガンのもとに行われた。

再興されたプロテスタンティズムの特殊ドイツ的変種が敬虔主義《ピエティスムス》であった。この運動は十七世紀末に精神的停滞とルター教会の変質に対する抗議として生じた。敬虔主義の起源は偉大な神秘主義者ヤーコプ・ベーメにまで遡る。彼の信奉者のひとりクヴィリヌス・クールマンは、多くの旅行を企て、到る所で師の言葉を伝え、遂には異教徒として焚刑に処せられた。他の信奉者ヤーコプ・シュペーナーははるかに幸運であった。彼はプロテスタンティズムにおける革新思想の創始者になった。敬虔派は宗教儀式を拒否し、内面的信念と聖書原典の知識および個人的懺悔へと、宗教の重心を移した。その後敬虔主義は新しい宗教的不寛容を生み出し、狂信と熱狂的禁欲主義へ変った。しかし、当時は、敬虔主義は刷新的役割を演じた。多くの啓蒙主義の活動家たちは、敬虔主義の思想的土壌の上で成長し、その急進的・反ドグマ的・反教権主義的傾向を発展させた。プロイセンは（ハレとケーニヒスベルクとが第一に）敬虔主義の発祥地であった。

*

一七二四年四月二十二日朝五時、ケーニヒスベルクの馬具匠ヨーハン・ゲオルク・カントの家庭に息子が誕生した。古いプロイセン暦によれば聖イマヌエルの日であった。それで子供にこの聖書中の名がつけられた。この名は「神我等とともにいます」ということを意味する。

カントは自分の祖先はスコットランド出身であると考えていた。だがごく最近、熱心な研究者たちが確証したところによると、その考えは誤りであった。彼の曽祖父リヒアルト・カントはバルト海沿岸住民の血をひき、今日のリトアニア内にあるプレクルスの出身である。(4) 現存する記録から判断すると、曽祖父はドイツ語が自由でなかった。リヒアルトの息子（ハンス）はメーメルに住み、馬の革具匠になり、自分の息子ヨーハン・ゲオルクに職を伝えた。ヨーハンはケーニヒスベルクに移住した。リヒアルト・カントの二人の娘はスコットランド人と結婚した。多分このことからスコットランド出身という伝説が生じたのであろう。未来の哲学者の母アンナ・レギーナは馬の鞍匠の娘で、ニュルンベルク生まれであった。

少年は門前町《フォアシュタット》の中の零細な職人や商人たちの間で育った。それは勤勉・誠実・ピューリタン的厳格を特徴とする環境であった。家族の中で彼は四番目の子であった。アンナ・レギーナは全部で九人の子を生んだ。そのうち成長したのは五人である。イマヌエル・カントには姉一人と妹二人、弟ヨーハン・ハインリヒがいた。

イマヌエルは虚弱な体質であった。その頃二人の子供を失ったアンナ・レギーナは、全力を尽くして息子の肉体的・精神的健康を作り上げ、彼の中に知識欲と想像力を目覚めさせようと努めた。「私は自分の母のことを決して忘れないだろう。それは母が私の内に善の最初の芽を植えつけ育ててくれたからである。母は自然の印象に対して私の心を開放してくれた。母は私の理解力を覚醒し拡張してくれた。そして母の教訓は私の生涯に絶えず有益な影響を与えてきた。(5)」老年になってカントはこう語っている。

ヨーハン・ゲオルクの家では敬虔主義の精神が支配していた。「敬虔主義についてはいろいろ言うことができるだろう。だがそれに真面目にかかわった人々は尊敬に値するように振舞った。彼らは人間のもちうる最高のものをもった。すなわち、平静と、快活と、いかなる激情によっても乱されぬ内心の平和と、をもった。いかなる窮乏も迫害も彼らを意気銷沈させることがなく、いかなる争いも彼らを憤激と敵意へそそのかすことはできなかった」、とカントは言っている。(6)カントの思い出すところによれば、ある時鞍匠の組合と革具匠の組合との間に権利争いが生じた。カントの父はこの時ひどい損害をうけた。しかし彼は彼に損害を与えた人々に対して一度も激しい言葉を口にしようとはしなかった。実際にそうであったかどうかは言い難い。重要なことは、カントがそう考えたということであり、この体験が彼の記憶に残り、未来の偉大なモラリストが意識的に受けいれた最初の道徳的教訓の一つになった、ということである。父からカントは労働に対する愛をも受けついだ。

自分の教区の信徒であったカント親方の家庭を訪問した牧師フランツ・アルベルト・シュルツの助言に従って、八歳のイマヌエルは公立学校であるフリードリヒ学院へ入学した。この学校の校長にまもなくシュルツ自身が任命された。ここで未来の哲学者は八年間を過ごした。彼は「ラテン語学校」で学んだのだ。主要課目はラテン語（一週二十時間！）と神学（教義問答の丸暗記）であった。ここからカントはローマ詩への愛着と、宗教的礼拝の外面性に対する反感とを持つにいたった。両親は我が子の中に将来の牧師を夢見たが、息子の方は、才能豊かな教師ハイデンライヒのラテン語の授業に魅惑され、古代ギリシア・ローマ文学に身を捧げたいと空想した。

牧師になるという希望は、フリードリヒ学院を支配していた修道院的規則によって打ち砕かれた。学校の秩序は敬虔主義的であり、躾は厳格であった。休暇は無きにひとしかった。授業は朝七時に始まったが、生徒たちは六時には着席していなければならなかった。朝の祈禱は半時間続けられ、各授業は祈禱によって開始された。授業は午後四時に終った。水曜日と土曜日には、数学・音楽・フランス語・ポーランド語の選択課目が行われた。ギリシア語と古代ヘブライ語の学習は必修であった（それは神学の科目に入っていた）。自然科学と歴史の講義はなかった。虚弱な体がイマヌエルの勉学の障害になったが、明敏さと記憶力の良さと勤勉によってそれを乗り越えた。数年間彼はクラスの首席であり、卒業時の席次は二番であった。

一七四〇年秋、満十六歳でイマヌエル・カントは大学に入学した。何学部であったか。この簡単な問に答えるのは困難である。なぜなら残存する名簿には学部への学生の所属が記載されていないからである。ケーニヒスベルク大学には四つの学部があった。そのうち、神学・法学・医学の三学部は上級学部とみなされ、哲学部は下級とされていた。フリードリヒ・ヴィルヘルム一世の命令によって、学生たちは「上級」学部中の一つに登録されて初めて学生とみなされることができた。(「軍人王」にとっては官吏になる人々だけが必要であった。彼の哲学に対する態度については我々はすでに知っている。) カントの最初の伝記作者は、カントが両親の願望によって神学を選んだ、と考えた。一連の比較調査はすべてこれと反対のことを語っている。まず第一に、学生カントが特に注意を払った研究領域に注目しなければならない。ギムナージウム時代の言語学への熱中は、物理学と哲学とへの活発な関心へ場所を譲った。カントが医学部へ登録したこともありえないことではない。後になって彼はこの部門で羨しいほどの才能を示すし、頭脳の病についての論文さえも書いているからである。

彼の新しい関心は或る人のお蔭である。その人はフランツ・シュルツやハイデンライヒ以上にカントの精神的発達に影響を及ぼした。その人マルティン・クヌッツェン教授は三十七歳で死んだ。もしこの早逝がなければ、ドイツ哲学はおそらくこの名前を大家の中に数えたであろう。今日マルティン・クヌッツェンはカントの師としてのみ知られている。彼は二十一歳で教授職についた。敬虔主義者でヴォルフ主義者であったクヌッツェンは、イギリスの自然科学の成功に大きな関心を示した。クヌッツェンからカントは初めてニュートンの名を聞いた。クヌッツェンの影響と彼の蔵書の助けがなければ、カントが研究四年目にして物理学に関する独自の著作に着手することはなかったであろう。

仕事は緩慢に進んだ。知識と方法的訓練が不足していただけでなく、学生カントがおかれていた貧窮も仕事を妨げた。大学入学と同時に彼は父の家を出た。母はすでにこの世にいなかった(母はイマヌエルが満十三歳に達したとき比較的若くして死んだ)。父はかろうじて生計を立てていた。イマヌエルは個人教授によって食いつないだ。裕福な同級生たちが彼を援助した。彼は困窮の時には、友人たちの許で一時的に衣服や靴を借用しなければならなかった。「私は物に自分を服従させるのではなく、自分に物を服従させようと努める」とか、「不幸に屈するな、ますます勇気をもってそれに立ち向かえ」、という格言によって彼は自分を慰めたと言われる。[7] 時折牧師のシュルツが彼を助け、また母方の親類で成功した靴屋の親方がしばしば援助した。伯父のリヒターがカントの処女作『活力測定考』の出版費用の大部分を引き受けた、という証言がある。

カントはこの論文を三年かかって書き、出版するのに四年を要した。扉には一七四六年という日付が麗しく印刷されているが、これは最初の日付であって、最後の数十ページは、一七四九年にやっと印刷が完成した。書物の一冊を著者はスイスの学者で詩人であるアルブレヒト・ハラーに贈り、他の一冊をペテルブルクの数学者レオンハルト・オイラーに贈っている。これらは我々に知られているカントの最初の郵便物である。これに対する返事はなかった。

この原因はおそらく書物の内容にあったであろう。この書物の中でカントは、運動する力の大きさの測定に関する、デカルト学派とライプニッツ学派との論争の調停者になろうと試みた。デカルトによれば、その力の大きさは速度に正比例する。一方ライプニッツによれば、それは運動体の速度の二乗に比例する。カントは論争者たちを引き分けようと決心した。いくつかの場合にはデカルトの公式が適用されうるし、別の場合にはライプニッツの公式が適用されうる、と彼は考えた。しかしこれより六年前、一七四三年にダランベールが、公式$F=\frac{mv^2}{2}$として示すことによって、問題の解決を与えていた。カントはこれについてはおそらく知らなかったであろう。

科学の歴史にはこのようなことがよくある。それから半世紀後に、ヘーゲルは自分の学位論文の中で、火星と木星との間には未知のいかなる惑星も存在しないと主張した。それにもかかわらず、すでに当時ケレス星が発見されていた。カントの失敗はレッシングの次の諷刺詩の動機になった。

カントは世間を教えようと
困難な仕事を企てる。
彼は活力を測定するが、
自分の力を測定しない。

しかしカントの若き日の諸著作は、彼の生涯の挿話として興味深いだけではない。それらは科学の生命の中に汲みとられた。例えば、万有引力の法則と空間の三次元性との関連についてのカントの考察は、同時代の宇宙論の注意を引きつけることができた。「三次元性は、作用の強さが距離の二乗に反比例するように、現存する世界において諸実体が相互に作用しあうことから由来するように思われる。(8)」カントは自分の仮定を証明しようとはしない。これは他の人の為すべき事柄である。

カントの執筆した最初の試論は文体の点でも興味がある。〃文体は人なり。〃カントの書物はラテン語ではなく母国語で書かれており、しかも立派な散文で驚くほど明瞭で単純である。書物には若い熱気と自信が溢れている。セネカからとった題銘が目をひく。「何より大切なことは、羊たちのように先行する群に追従し、行くべき所へでなく皆の行く所へついて行く、というようなことをしないことである(セネカ『幸福な生活について』第一章)。」彼は自分自身の道を選んだのか。然り、彼はそうしたのだ。「私は自分の進もうとする道をすでに描き出した。私は私の行路を進むであろう。何ものも私がこの道を歩み続けることを妨げてはならない。(9)」物理学に関する著作の中でこのような宣言は不適当に見えるだろう。しかしこの宣言は意義深い。若い学者は彼をつき動かしているものをすべて表明せずにはおれない。後の著作の中では彼はより厳密に書くようになる。しかし今のところは力と思想と言葉との過剰がひしめいている。

カントの最初の著作は、累積したすべての先入見を理性の法廷へ引き出そうと決意した時期のドキュメントである。権威はもはや通用せず、新しい時代が始まった。もしニュートンやライプニッツの権威が真理の発見を妨げるとするならば、その権威をあえて無視することも今日では可能であり、悟性の命令以外のいかなる説得にも従わないことも可能である、とカントは主張している。なんびとも誤りを犯さないという保証はないし、また誤りを指摘する権利は各人に認められている。

無名の学者が、科学知識の総量では自分よりはるかに優れている他の学者を、なんらかの知識部門で凌駕することは稀ではない。カントは自分の場合を念頭においている。「人知の最大の巨匠でさえも求めて得られなかった真理が、初めて私の頭脳に現れた(10)。」このように書いて若い学者は急に我に返る。これはあまりに大胆すぎはしないであろうか。語句は彼の気に入っている。彼は語句をそのまま残して制限をつけ加える。「私はこの考えをあえて弁護しようとはしないが、しかしそれを取り消そうとも思わない。」そこから一種の和解が生じる。

この瑣事は特徴的である。すでにカントの最初の著作の中に、一見して二つの両立しない対立が存在するようにみえる場合でさえも、真理への非妥協的追求だけでなく、また理性的和解への顕著な志向も示された。今カントはデカルトとライプニッツを「合一する」べく試みている。成熟期になるとこの試みは、哲学の主要方向に関してなされるであろう。矛盾を提示すること、しかし同時に寛容をもってすること、一面性を克服すること、その際蓄積された経験を総合して原理的に新しい解決を与えること、勝利を得るのではなく調停すること、これが将来の批判哲学の中心的志向の一つである。

カントは七年近く大学で過ごした。一七四七年に彼は、卒業試験を済まさずに、故郷の町を離れる。しかしそれは長旅ではなかった。東プロイセンの三つの遠く離れた辺地で彼は家庭教師として働く。最初はグムビンネンの近くのユッチェン村である。ここでカントは牧師アンデルシュの三人の息子を教える。原住民――リトアニア人――は一七〇九年のペスト猖獗後激減した。この地方にフランス系スイス人移住者たちが定住した。シュレジエン出身の牧師は国語を異にする信徒たちに順応しなければならなかった。カントは、「種々の民族の子供たち」がいかにして一つの土地に仲よく暮していくかを知る。ここでカントにリトアニア文化に対する関心が生まれ、それを彼は生涯もち続けた。

一七五〇年夏、カントはこの地方の反対の辺境、オステローデの近くに移る。今度は彼は騎士領領主の家の家庭教師である。ヒュルゼン少佐の息子である三人の子供たちが彼の世話をうける。その中で最年少のゲオルク・フリードリヒは、長い間自分の最初の教師に対して好感を懐き続けた。彼は将来領主となるが、その彼に自分の農奴を解放する思想が目覚め、それを後に彼が実行したのも、カントの影響によるのではなかろうか。これは断定し難いが、カントが健全な悟性と道徳性との種子を自分の教え子の心の中に播いたことは明らかである。

第三の家庭教師の場所は、カイザーリング伯爵の家庭である。カントがティルジット近傍の伯爵領地内に住んでいたか、それとも町の近くにある居城へいつもケーニヒスベルクから通っていたか、について伝記の意見は分かれる。我々のもつ最初のカントの肖像画は、伯爵夫人カイザーリングの筆になる。若い美人は哲学に夢中になった。その熱中は彼女の家に来ていた哲学者にも及んだ、と毒舌家たちは主張した。それは片思いではなかったかもしれない。

プロイセンの僻地でカントは教育的熟練を積んだだけではない。彼はさまざまの日常経験のよき訓練を受け、人々との交際に習熟し、種々の社会層の習慣を知った。書物とあり余る自由時間とは、将来の学問的活動の礎石となった。カントは天文学に関する浩瀚な原稿を携えてケーニヒスベルクへ帰還した。それは、『宇宙進化論、または、宇宙の起源、諸天体の形成およびそれらの運動の原因を、物質の普遍的運動法則から、かつニュートン理論に従って、説明する試み』という標題を最初はもっていた。

その著作の間もない出現について、カントは一七五四年六月に『ケーニヒスベルグ週報』の二つの号に掲載された小論文の中で通知している。この論文はプロイセン科学アカデミーの懸賞課題、「地球は、それによって昼夜の交替の生じる、軸を中心とする回転において……若干の変化を蒙ったかどうか」、のために書かれた。しかしながらカントは競争に参加すまいと決心した。賞金は提起された問題に対して否定的回答を与えたピサ出身の或る司祭に与えられた。しかしカントは賞に値しない受賞者とは反対に、地球はその回転の際に、大洋の干満の変化によって引き起こされる遅滞を受ける、という正しい結論に達した。カントの計算は誤っていたが、根本の考えは正しかった。

問題は次の点に存する。すなわち、月の引力の影響によって海の満潮は東から西へ移る。つまり、地球の回転とは反対の方向に移り、回転を弱め減じる、という点である。この運動（満潮の移行）の緩慢性と地球の回転速度とを比較対照し、水のわずかな量と地球の巨大な広がりとを比較対照するなら、このような運動の結果はゼロに等しいと考えねばならないように思われうる、とカントが述べているのは正しい。しかし他方、この過程が間断なく永遠に起こること、また地球の回転が自由運動であり、そのごくわずかな損失が補充しえないままであることに注目するなら、このわずかな効果を無意味であると宣告することは、哲学者にとって相応しからざる先入見と言わねばなるまい。

一七五四年夏の終りに、カントはさらに一つの論文『物理学的にみて地球は老衰するか否かの問題』を発表している。地球が老化過程をもつことをカントは疑っていない。すべて存在するものは発生し、自らを完成し、そして滅亡を迎える。地球ももちろん例外ではない。具体的な地質学的過程に関しては、カントは慎重である。彼は性急な結論を批判する。それらの結論のいくつかは彼に、次のような老人の繰言を想起させる。すなわち、世界は今は以前のようではない、昔の善行は消え失せ、新しい欠陥に席を譲った。虚偽と欺瞞が誠実にとって代わった、と。あたかも天が彼ら老人を最高の平安の時代に生みおとそうと配慮し給うたかのように思い込むほど、老人たちはうぬぼれが強い。世界は彼らの死後も彼らの生まれる以前と同様に美しいことを、老人たちは想像することができない。

カントの二つの論文は宇宙進化論についての論文のための独特の序曲であった。その最後に決まった書名はこうであった。『天界の一般自然史と理論、または、ニュートンの原則に従って論述された、全宇宙の体制と機械的起源とについての試論』。論文はフリードリヒ二世への献辞を付して、一七五五年春匿名で出版された。

その書物は幸運に恵まれなかった。出版者は破産し、彼の倉庫は封印された。そして印刷部数は春の市に間に合わなかった。しかし若干の著者たちが考えるように、そのことのためにカントの名前が宇宙論的仮説の創造者としてヨーロッパに知られるにいたらなかった、と考えてはならない。書物は結局は市場に出、著者の匿名は明らかにされた。ハンブルクの定期刊行物の一つに好意的書評が載せられた。

一七六一年にJ・H・ランベルトが彼の『宇宙論書簡』の中で、宇宙の構造についてのカントの諸命題を反復し、(11) 一七九六年にはフランスの天文学者ラプラスが、カント説に類似した宇宙論的仮説を定式化した。ランベルトとラプラスと、両者とも彼らの先駆者については何も知らなかった。それは時代の精神に相応して起こったことである。カントは運動エネルギーについてのダランベールの仕事を知らなかった。西欧ではカントの著作については何も知られなかった。

カントは宇宙進化論的体系の記述に際して、一つの事情に気を配っている。それは、その体系を神の信仰といかにして一致させるか、ということである。カントは、宗教の要求と彼の仮説との間には矛盾は存在しない、と主張している、それとともに彼は、自己の見解と古代の唯物論者、デモクリトスおよびエピクロスの学説との間の一定の類似性を否定することができない。これらの哲学者たちと同様にカントは、自然の原初的状態は原始的物質である原子の全般的拡散であった、と考えている。エピクロスは原子を沈下させる重力について語ったが、この考えはカントが依拠しているニュートンの重力説に近い。敬虔派の教え子は、「人々の間で賛成をかちえることのできる所説なら、極めて不合理な所説の中にすら、常に或る真実が認められるであろう」[12]、と弁明しなければならなかった。

十七世紀には自然研究者たち（ニュートンやガリレイが入る）は、神による天体の発生を信じていた。カントは古代の唯物論者から自分を区別しているとはいえ、事実上は宇宙発生についての自然科学的唯物論の原理を普及させた。「私に物質を与えよ。しからば私はそれから世界を建造しよう。すなわち、私に物質を与えよ。しからば私はいかにして世界がそれから発生すべきかを諸君に示そう。」[13] カントの定式は格言のように響く。その定式の中に著書の根本思想が表明されている。基本的粒子の原初的混沌から純粋に機械的な原因の作用によって、いかにして我々の太陽系が形成されえたかを、カントは実際に明らかにした。

神が宇宙の建築家の役割を演じることを否定しながら、カントはなお神の中に、現存の宇宙が力学の法則に従ってそれから発生したところの混沌とした物質の、創造者を見た。カントが自然科学的方法によって解決しようとしなかった他の問題は、有機的自然の発生の問題である。カントは、次のように言うことは許されるか、と設問する。私に物質を与えよ、しからば私はそれからいかにして毛虫が生み出されうるかを示そう、と。対象の性質の多様性が余りに大きく複雑なので、ここでは第一歩からつまずきうる。力学の法則は生命の本質を理解するには不十分である。着想は正しい。ただし若いカントはそれを述べながら、有機的生命の問題を解決するための別の自然科学的方法を探究しなかった。老年になって初めて、彼は脳の働きについて思索し、有機体の中に相互作用の複雑な構造が存在することに思い至る。

宇宙進化についての著作は、カントが「活力」についての論文の中で用いた、感情の充溢した作風を示している。著者は宇宙の途方もない大きさに感動し、彼の前に開かれた詩的光景に相応した表現を模索している。彼はしばしば自分の愛好する詩人ポープ、ハラー、アディソンを引用する。彼の散文でさえも詩と表現の美しさを競っている。カントは例えば、太陽を近くからはっきり描き出そうと試みる。我々の視界に何が現れるであろうか。「一目で我々は、火炎を天へ向かって吹き上げる広大な火の海と、その猛威によって炎の力を倍加する荒れ狂う嵐とを見るであろう。それらは炎を岸を越えて溢れさせることによって、この天体の隆起した地域を覆うかと思えば、またそれを自分の境界へと連れ戻し沈下せしめる。焼き尽くされた岩石、それは火炎を発する深淵からその恐るべき尖端を突出しており、沸騰する火炎元素による岩石の氾濫や侵食が、太陽黒点の交互の出現と消滅の原因となる。火を窒息せしめる濃密な蒸気、それは風の威力によって高く舞い上げられて、陰鬱な黒雲を作り出し、これは再び火の豪雨となって落下し、燃える奔流として堅固な太陽陸地の高所から灼熱する谷へ注ぎ込む。諸元素の粉砕、燃え尽きた物質の瓦礫、そして破壊と格闘する自然があり、この自然は自己の混乱の最も忌わしい状態をもってしても、世界の美と被造物の利益とをもたらすのである。」(14) 〝文体は人なり。〟そして若いカントは啓蒙主義の子である。彼は啓蒙家的情熱に満ちている。自然の調和と自分の洞察力とに対する驚愕は、熱狂的な言葉の奔流となってほとばしる。

しかしながら文体の美しさは、主要な事柄、つまり宇宙発生の問題から目をそらさせてはいない。論文は三編から成る。最初の編は緒論の役割をしている。ここでカントは宇宙の体系的構造についての構想を述べる。銀河は無秩序な散乱した星々の集積とみなされてはならない。それは全太陽系の法則と一致した法則に従って構成されている。銀河は扁平であると考えられ、太陽は銀河の中心面に近い所に位置している。類似した星の体系が沢山ある。無限の宇宙は全体として同じような体系の性格をもっており、それらの個々の部分は相互連関の中にある。

カントの時代には六個の惑星が知られていた。水星・金星・地球・火星・木星・土星である。若いカントは土星のもっと遠くに未知の諸惑星がありうる、という考えを述べた。彼の生存中に天王星が発見され、十九世紀には海王星が、今世紀になって冥王星が発見された。

論文の第二編は、天体の形成と星々の世界の問題を扱っている。カントによれば、宇宙発生には次のような諸条件が必要である。相互に密度が異なる原初物質の諸粒子と、引力および斥力の二つの力の作用がそれである。密度の差異は物質の凝縮と、引力の中心塊の形成とを引き起こし、その中心へ向かって比較的軽い粒子は運動する。粒子は中心塊へ落下しながらそれを温め、漸次灼熱状態にまで達する。このようにして太陽が発生した、とカントは生き生きと記述している。

引力に反作用する斥力は、すべての粒子が一つの場所に密集することを阻止する。粒子の一群は、二つの対立する力の抗争の結果、円運動に移り、このようにして別の引力の諸中心を作り、これらが惑星の核を形成する。同様な仕方でそれらの衛星も生じた。そして他の星々の世界にも同様な力と同様な法則性とが作用しているのである。「我々の眼が天空のうつろな深みに発見する諸恒星、一種の浪費を示しているともみられる諸恒星、それらはことごとく太陽であり、類似の天体系の中心点である。したがって我々は類推によって、これらの天体系が、その中に我々が存在するところの体系と同じ仕方で、神の現在する無限の広がりである空虚な空間を満たしていた元素的物質の最小粒子から形成され、産出されたことを、疑うことができない。[15]」

世界の創造は一瞬の仕事ではなく、永遠の仕事である。それはかつて始まったが、しかし決して止むことはないであろう。我々を囲繞する自然がそれに固有の完成段階に達するまでには、おそらく数百万年とさらに「幾百万世紀の全過程」が過ぎるであろう。その経過の中で新しい世界が作られ完成されるであろう。そして古い世界は、日々我々の眼前で無数の生物が滅びるように、滅びるであろう。自然は豊富であり、浪費的である。最もつまらぬ創造物も、最も複雑な創造物も、ひとしく無限に産出され、また無限に滅ぼされるであろう。

カントの宇宙は絶えず膨張する。宇宙の中心の最も近くにある天体は、他の天体より早く形成されるが、滅亡もより早い。しかしこの時周辺に新しい世界が生じる。カントは我々の惑星系の滅亡をも予言している。ますます灼熱した太陽は、最後には地球と他の諸衛星を焼き尽くし、それらをごく単純な諸元素へ分解する。そして諸元素は空間に分散し、後に再び新しい世界形成に参加する。「自らを焼き尽くしてのみ自らの灰の中から若々しく蘇生するところの自然の不死鳥の後を、我々が時間・空間のすべての無限性を通じて追うとき[16]」、そのことは明らかである。

第三編は、「種々の惑星の住民を比較する試み」を内容としている。十八世紀の教養人たちは天体に住民がいることを疑わなかった。（ニュートンは太陽にさえ住民がいると考えた。）カントは宇宙には理性的生物が現存すると信じていた。ただし彼は唯一の条件をつけ、到る所に存在するのではないとした。地球上に生活に不適な荒野があるように、宇宙には居住不可能な惑星がある。人類を唯一無二のものであるかのように考える人々に対して、哲学者は諷刺作家の物語を引用する。乞食の頭の森の中に住む生きものはずっと以前から、自分の住む場所を測りがたく大きな球体と考え、自分自身を創造の傑作とみなしてきた。

だが彼らのうちの或るものが思いがけなく或る貴族の頭を見た。彼は直ちに近隣のものたちを集め、歓喜して言った。我々は全自然の中の唯一の生きものではない。見たまえ、ここに新しい国があり、もっと沢山の住民がいる、と。(17)

カントは先入見なしに判断することを提案する。創造の無限性はすべての被造物を含んでおり、それらは創造の尽きることなき豊かさによって生命へもたらされているのである。最高の階級の思惟する存在者から、最も軽蔑された昆虫に至るまで、どの一つの項を欠いても、全体の美を破壊することになる。しかし人間は完全性の最高段階からはなお遠いところにあり、この点で思い違いをしてはならない。乞食の頭の上の生きものの住む森の中で、かつて一体誰がアレクサンダー大王がしたような大荒廃を自分の仲間たちの間に引き起こしたであろうか。

こうして惑星の多くは生物の住みうる場所であり、生物のいない惑星にもやがて生物が移り住むようになるだろう、とカントは想像する。「不死の魂は、墓でさえも遮りえずただ変化させるだけの、完全に無限なる、魂の未来の持続の中で、世界空間の一点たる我々の地球に、常に繋がれたままでいるとでもいうのであろうか。不死の魂は、創造のその他の驚異についてより精密な観照に決してあずかることがないとでもいうのであろうか。不死の魂は、すでに遠くからかくも強く好奇心を起こさせるところの、宇宙構造の遠隔の球体とそれらの配備の卓越性とについて、いつか近くから知るようになるにちがいないということを、誰が考えられないと言えよう。おそらく惑星系のなお若干の球体が形成されるのは、我々がここに滞在するために指定された時間が完全に経過した後に、他の天界の中で我々に新しい住居を用意するためであるかもしれない。木星の周りをその諸衛星が運行するのは、将来いつか我々を照らすためであるかもしれない。そうではない、と誰が知ろう。(18)」

それは何を意味するのであろうか。宇宙旅行の予想か、または自然科学者の好奇心を教会の通用の教理と一致させようとする試みなのか。おそらく後者であろう。カントの自然科学的研究は、敬虔主義的教育の堅固な基礎の上に立っている。しかも大胆な科学的推測を半神秘的幻想と結びつけることが時代の徴候であった。私は読者に向かって引用した節を忘れぬように願う。三十年後に、カントはヘルダーの同じような文章を読み、それに不満をおぼえ、自分の弟子を嘲笑するからである。

初めに彼が採り上げるのは、太陽からの距離が生物の思考力にどの程度影響を及ぼすか、という問題である。地球と金星との住民は、破滅することなく自分の場所を互いに交換することはできない、とカントは考える。地球の住民は、一定の温度に適応する物質で作られており、熱の中では彼の有機体は乾き蒸発する。金星の住民はより寒冷な天界地域の中では凍え、運動力を奪われるであろう。木星の住民の身体は、地球人の身体よりもより軽い流動的な物質から構成されているにちがいなく、それは太陽の弱い作用力がこの距離のもとで、他の惑星の有機体を運動させるのと同じほど有力に、彼らを運動させうるためである。そしてカントは普遍的法則を導き出す。それは、種々の惑星の住民が作られている物質は、惑星が太陽から遠く離れていればいるほど軽くなり繊細となる、という法則である。

ところで霊魂の力は物質の特性に依存している。身体の中を漿液がどろどろと運動し、組織が粗雑である場合には、精神の諸能力も低下する。かくして生物の住む天体が太陽から遠く離れていればいるほど、生物はより優秀でより完全である、という新しい法則が確立する。人間という自然的存在者は、存在の連続的階梯の中でいわば最中間段階を占めており、完全性の二つの極限の間に自己を見る。木星と土星に住む理性的存在者という表象が我々に羨望を呼び起こすとすれば、金星と水星の住民の位置する低い段階への瞥見は、精神的安定を呼び戻す。なんという驚嘆すべき眺望であろう、と哲学者は感嘆する。我々が一方に見るのは、その中ではグリーンランド人やホッテントットもニュートンのように見えるにちがいないような思考する存在者であり、また他方に我々が見るのは、ニュートンをさえも猿を眺めるのと同じ驚嘆をもって眺めるにちがいないような存在者なのである。[19]

これらの文章を読めば、ヴォルテールの『ミクロメガス』がおのずから頭に浮かんでくるであろう。[20] この哲学的小冊子の主人公はシリウス惑星系の住民であり、身長は人間より二万四千倍高く、土星の一寸法師を供にして宇宙を旅行している。この一寸法師は人間よりたった千倍の大きさである。最後に彼らは地球に出会うのであるが、地球は彼らには非常にみじめに思われる。大変な苦労をして、顕微鏡の助けを借りて、新来者たちは我々の惑星上に理性的生き物を発見し、これらと会話を交すようになる（これは天文学者モーペルテュイを長とする、子午線測定のためのフランスの学術探険隊員たちであった）。そして間もなくこれらがひどく鈍感であって、ただしそれはかなりの量の正確な科学的情報を処理するのに妨げにならぬ程度の鈍感さであることを、彼らは確信するのである。

もし『ミクロメガス』が『天界の一般自然史と理論』より三年前に現れなかったとしたならば、ヴォルテールはカントをパロディー化した、と考えることもできたであろう。その小冊子の中で、『引力と斥力』という書名とイギリス人ダラムの名とが挙げられているが、ダラムの仕事は、カントの証言によれば、彼に初めて宇宙の体系性についての観念を与えたものである。しかしこれらの一致は偶然ではない。フリードリヒ二世の愛顧をうけていたヴォルテールは、五十年代の初めプロイセンに住んでいた。『ミクロメガス』は種々の哲学の学派のスコラ的論争を嘲笑しただけでなく、「ベルリン啓蒙主義」の特殊な傾向をも嘲笑した。天文学への心酔は一般的であった。パリから招かれたモーペルテュイはプロイセン科学アカデミーの総裁であった。カントはベルリンに滞在したことはないにせよ、首都の精神的雰囲気の中に生きており、彼の論文はその雰囲気の強弱両面を吸い込んでいた。そのために『ミクロメガス』は、今日ではカントの作品の幾多のページの皮肉なパラフレーズのように響くのである。その上我々にとってヴォルテールは他の著作家たちよりもはるかに有名である。この人たちは今日忘れられてしまったが、当時は非常に愛好されていた。そこではカントのよりももっと空想豊かな思弁がなされていた。ランベルトの『宇宙論的書簡』の中では、例えば、最も理性的な生物が彗星に住んでいる、と主張された。

今日では『天界の一般自然史と理論』の中の多くは（笑いの対象とならぬものでさえも）古くなっている。今日の科学は、太陽系が冷たい分散した物質粒子から形成されたという根本的仮定をも、またカントが基礎づけようと試みた他の一連の命題をも、もはや受け入れない。しかし主要な哲学的思想、すなわち普遍的歴史性の観念と発展の理念とは不動である。

＊

弁証法的世界解釈への道を開いた宇宙生成仮説の創始者であり、注目を集めた二冊の著書と二編の独立の論文の著者であるカントは、まだ学生であるとみなされていた。より正確に言えば、今日のドクター授与に相当する修士《マギスター》試験の候補者であった。将来のことを思案したとき、カントは自分を大学教師として見たてていた。家庭教師の数年間に、彼は学者としての経歴の開始にとって不可欠である、若干の金額を蓄えた。すべての準備が整ったが、まだ学位だけが欠けていた。

満三十一歳に達する少し前、一七五五年四月十七日に、カントは哲学部に修士《マギスター》論文『火について』を提出している。これは達筆の手書きで十二枚に書かれたラテン語の原稿である。修士論文の説明は行われなかった。論文提出の意味は、受験の許可を得ることにあった。論文は受理され、四週間後にカントは口述試験を受けている。最後に六月十二日、学位授与のための儀礼的行事が催された。学部長がヘブライ学の問題についての演説を行い、その後、受験生がラテン語で報告を読み、終りに彼は自分のために学問の扉を開いてくれた出席の学者たちに対して感謝の言葉を述べた。

しかしこれはまだ、カントが学部の一員として受け入れられたことを意味しなかった。哲学の修士《マギスター》または博士《ドクター》(これらの名称は同じことを意味した) が講義資格を得るためには、彼は教授資格審査を通過しなければならなかった。つまりさらにもう一つの論文を提出しなければならなかった。教授資格審査のために討論があらかじめ行われた。このためカントの第二の論文の扉には次のように書かれている。

「形而上学的認識の第一原理の新解明。

声望高き哲学部の許可の下に/同学部への就職のために/公開の討論において/哲学部講堂にて九月二十七日八時から十二時まで/ケーニヒスベルク出身の修士《マギスター》イマヌエル・カントが/論弁するであろう。/賛成論者=クリストフ・アブラハム・ボルヒャルト、プロイセンのハイリゲンバイル出身、神学卒業試験受験者。/反対論者=ヨーハン・ゴットフリート・メーラー、ケーニヒスベルク出身、神学学生/またフリードリヒ・ハインリヒ・ザムエル・リュジウス、ケーニヒスベルク出身、両法学卒業試験受験者/及びヨーハン・ラインホルト・グルーベ、ケーニヒスベルク出身、両法学卒業試験受験者。/一七五五年。」

賛成論者とは、教授資格受験者を支持するための討論参加者のことである。彼には討論手続きの中で重要な役割が割り当てられていた。それゆえボルヒャルトの名において、論文は東プロイセン知事レーヴァルトに献呈された。

討論は告示された時間に行われ、カントには私講師の名称が与えられた。それは定員外の講師で、その給料は受講学生が支払わなければならなかった。教授資格獲得後間もなく、カントは初講義の舞台を踏んだ。「アルベルティーナ」〔ケーニヒスベルク大学〕の講堂は十分の大きさがなく、そのため多くの教授たちはたいてい自宅で講義を行った。カントは当時キュプケ教授の許に寄宿しており、教授の家には講義用の部屋が整えられていた。ここで新しい私講師の最初の講義が行われた。聴講者は広間に収容できないほど多数集まった。学生たちは階段や玄関に立って聴講した。カントはすっかり狼狽して、最初の時間に彼の声は全く聞きとれず、休憩後にやっと自分をとり戻した。こうして、その後四十一年間続いた彼の講義活動が始まったのである。

半年経つとすぐ彼は員外教授（無給の教授）の職を要求した。これはなんら異常なことではなかった。なぜなら彼の師のクヌッツェンは二十一歳の年齢で教授職に就任したし、しかもクヌッツェンの死後すでに五年間もその職は空席になっていたからである。一七五六年四月、カントは空席を自分に回してほしいという請願書をフリードリヒ二世に提出し、このために必要な三番目のラテン語の論文（『物理的単子論』）を書き上げた。彼はこの論文の弁護を行った。（応答者のひとりは、後にカントの伝記作者となる十六歳の学生ボロフスキーであった。）しかし彼の骨折りは徒労に終った。政府が空席を抹消したからである。カントが教授になるまでにはさらに十四年が経過しなければならない。

カントは最初の冬学期に、論理学・形而上学・自然科学・数学を講義した。その後さらに自然地理学・倫理学・力学が追加された。私講師の時期にカントは同時に四つから六つまでの異なる科目を講義しなければならなかった。彼の最小の担当時間は週十六時間で、最大は二十八時間（少数の演習をも含めて）であった。最も多忙な日の時間割は次の通りである。朝八時から九時まで論理学、九時から十時まで力学、十時から十一時まで理論物理学、十一時から十二時まで形而上学、そして昼食後、二時から三時まで自然地理学、三時から四時まで数学である。

「私はと言えば、毎日教壇の鉄敷に向かって、同じような講義の重いハンマーを同じ調子で振り続けています」[21]、とカントは嘆いている。彼が五十年代の後半にほとんど何も著作していないのも無理はない。講義のためにすべての時間と力が奪われたからである。それでも困窮しない生活が保証されていた。私講師は召使いを雇うことができた。彼が雇ったのは退役兵士のマルチン・ランペであった。

自然地理学の講義がカントの特別の自慢であった。地理学は歴史の基礎である、と彼は言う。カントは地理学を独立の学科として初めて講義した人である。他の科目については既存の教科書に従って行った（ただし彼はそれを年とともにますます自分流に説明した）。地理学には教科書も概説書もなかった。それにカントは役に立つ自分自身の旅行の印象をもっていなかった。彼はその欠陥を読書で補充した。

優れた記憶力、活発な想像力、細目への注意力、細目から全体的形象を形作る能力などによって、彼は諸外国を生き生きと正確に描写することができた。カントは自分の書斎から離れることなく世界一周旅行を行い、大洋を横断し、荒野を踏破した。地理学の講師は連峰を一度も見たことがなかったが、あたかも自分自身で未踏の山頂を登攀したかのように興味津々と山々について語った。

「私はすべての資料を渉猟し、すべての蓄積を捜し求め……熟達した旅行家の残した個々の国々の最も基本的な記録に……目を通した。」[22] ただしこれらの資料そのものが貧弱であり、情報が不確実で、記録が不十分である、ということは別の問題である。

カントがロシアについて彼の聴講者に知らせえたすべてのことは（出版されたテキストから判断すれば）、文字通り次のようである。「この国のアジア諸地方とヨーロッパ諸地方とは地理学的に相違しており、グメーリンの考えるように、エニセイ河が自然的境界をなしていよう。なぜならこの河の東部は地表の全形状が変化し、そこに位置する全地域に山が多くて、そこには他の植物や麝香鹿のような別の動物が見られるからである。ヴォルガ河にしばしば見られるベルーガ〔大鰈鮫〕という魚は、毎年の河川の増水の際に河底に身を保とうとしてバラスト代わりに大きな石を飲み込む。小鰈鮫と鰈鮫との相違はわずかで、ただ前者が味の点でより繊細であるだけである。トロイツキーのセルギエフスキー修道院やキエフ地方には、自然的原因によって腐敗しなかった身体がいくつかあり、それらは誤って殉教者と称されている。[23]」

シベリアに関してカントは同様に類型的な情報をえていた。世界中でここほど飲酒癖の普及しているところはどこにもない（例外は回教徒で、それは彼らの宗教がアルコールの享楽を禁止しているからである）、とカントは主張している。シベリアでは冬の間非常に多くの雪が降るので、人々は足に長い枝をくくりつけて進む。彼らは煙草を吸うだけでなく、飲み込みさえする。カントはグルジア地方を「美人の温床」と呼んでいる。彼の記述によれば、ミグレリでは常に雨天である。ここの土壌は非常に軟かいので、播種の前に耕す必要がないと言う。

これはまだ無害な序曲である。なるほどカントは、一つ目と一本足の住民についてのプリニウスの報告に対しては疑念を懐いている。しかし台湾やボルネオの原生林とか、オレンブルクの草原とかに住むという「猿の尾のわずかな骨端をもった」人間についての報告は、彼には本当らしく思われた。[24]カントの『自然地理学』講義（著者の最晩年に著者の訂正なしに出版された）の刊行者は、ことさらにテキスト中のそのような箇所と類似の箇所との信憑性について、それらが単に十八世紀の知識水準についての証言を与えるだけである、という弁解を行わなければならなかった。

しかしこれはそれほど決定的ではなかった。カントはなんと言っても地球表面についての、当代にとって印象深い総括的記述を作り上げたのである。それは植物相と動物相、鉱物界と、アジア・アフリカ・ヨーロッパ・アメリカの四大陸の住民の生活とについての記述である。カントは貿易風とモンスーンとの風の形成のメカニズムを発見した。ここで先取りして言えば、カントがペテルブルク科学アカデミー会員に選出される際に、決定打を与えたものはまさに彼の地理学的研究であった。

自然科学上の物質との取り組みが依然としてカントの精神世界の中で優位を占めている。しかしそれと並んで、或る新しいもの、すなわち哲学への関心も現れる。カントの最初の純粋に哲学的な著作は、彼の教授資格獲得のための論文『形而上学的認識の第一原理の新解明』であった。カントはこの論文の中で、ライプニッツによって確立された充足理由の原理を研究している。彼は客観の存在根拠とその認識根拠とを区別し、したがって実在的根拠と論理的根拠とを区別する。例えば、光の一定の速度の実在的根拠はエーテルの特性である。この現象の認識にとって基礎となったのは、木星の衛星についての観測である。これらの天体のあらかじめ計算された蝕は、木星が地球から最も遠い距離にある場合には、遅く始まる。これらのことから、光の伝播は時間の中で起こるという結論がなされ、光の速度が計算された。これらの考察のうちには、実在的物質の世界と我々の知識の世界とは同一でないという、将来の二元論の萌芽がある。

カントは充足理由の原理を人間の行動と関係づける。そこに彼を生涯にわたって悩ますことになる別の問題、つまり自由の問題が生じるのである。すでにここでもこの問題は著者を無頓着にしておくことができず、それは次のような表現のうちに読み取ることができる。すなわち、定義・基礎づけ・解釈という厳密な型に従って構成されたラテン語論文の中に、突然気楽に書かれた対話が忍び込む。ヴォルフ主義者のティティウスがクルージウス哲学の追随者であるカーユスと論争するのである。

ヴォルフ主義が「軍人王」に対してどのように説明されたかを、我々は思い出す。意志の自由は存在しない。それゆえ逃亡兵を法廷に召喚することはできない。彼は自分の行為に対して責任をもたないからである。これがその説明である。ヴォルフに反対するクルージウスの論証は、カントがそれを述べる通り、次のように推論する。もしすべてのものが決定的理由をもつとするならば、我々の過失は罪として担われることができない。なぜならすべてが神のみを唯一の原因とするからである。そして我々は予定された運命をひたすら遂行しているにすぎないからである。意志の自由は決定論と両立しないのである。

カント自身は、決定的理由の観念は自由の観念と矛盾しない、と考える。クルージウスの意志の自由は、確実な動機を欠く決心という偶然的な心構えを言い表すにすぎない。これはサイコロの目が偶数になるか奇数になるか、というサイコロ遊びの自由であり、右足から歩き出すか左足から歩き出すか、というたぐいの選択の自由である。カントは自由をこれとは違って理解する。すなわちそれは、理性の動機が意志行為へ関与するという意味での、行為の意識的決定である。責任や負責能力の問題が、責任の帰属能力に対する、つまり意識の明瞭性の度合に対する問として現れる。神によって創造された世界の内に悪は現存するが、しかし罪はもっぱら人間の側に存する。カントの対話の中で、ヴォルフ主義者のティティウスは「自由に行為することは、自分の欲求と合致して、しかも意識的に行為することを意味する」[25]、と語っている。さらに進んでカントは、人は欲求を信頼してはならない、欲求は任意の方向へ進んでいくことができる、という結論に達している。すべての欲求は厳密に自然によって決定されており、欲求と全く和合した状態にあることは、動物のままでいることを意味する、というのである。

彼は全体としてはまだ、ライプニッツ＝ヴォルフ主義的立場に立っている。ただし若干の本質的な個別的問題においてはその立場から既に離れ始めている。カントは再び和解を求める。今度はライプニッツ＝ヴォルフの形而上学とニュートンの物理学との間の和解である。ライプニッツの予定調和説、すなわち、身体と精神という、原初的に与えられた、同時的に存立する、しかも相互に独立の二つの実体の間の作用についての説は、彼を満足させない。ニュートンの相互作用の考えが彼にはずっと近い。存在の調和と、普遍的幸福へ向かっての目的志向とに関しては、カントはさしあたり疑ってはいない。

しかしながら他のものには疑いが生じている。一七五三年にベルリン科学アカデミーは、アレクサンダー・ポープの命題「すべては最善なり」についての懸賞論文を募集する公示を行った。同時代人たちはこれをライプニッツとヴォルフの威信を失墜させるための企てとして理解した。フランス心酔者の王の保護を利用して、フランス人たちはベルリン・アカデミーを占拠した。彼らは懐疑主義の精神をもち込んだが、それでもアカデミーの創立者ライプニッツの思想に公然と反対することは誰も出来なかった。それゆえ、有名な『人間論』を書いてライプニッツの最善世界の概念を詩で表現したイギリスの詩人が、批判可能な対象として選ばれたのである。賞金を獲得したのは、クルージウス学派のラインハルトであり、彼は現存する世界に劣らず完全な他の世界が可能であることを証明した。

その問題は公的に設けられた懸賞課題であるにとどまらなかった。新聞で論争が始まった。おまけに自然そのものが論争に介入した。一七五五年末に悲劇的事件が勃発し、ヨーロッパの精神界を震撼させた。あまりにも長い間人々は平穏無事な繁栄に慣れきっていた。驚くべき大規模な地震がリスボンを襲ったのである。地震は以前にもあったが、今回は大惨事によって花の都、ヨーロッパ大国の首都が廃墟と化したのである。

目撃者たちは恐怖をもって詳細を思い出した。海が突然沸き立ち、巨大な波浪が港へ押し寄せ、停泊中の船を破壊し、それらを陸上へ打ち上げたように思われた。王宮は崩壊し、一瞬にして水中に没した。教会はカルタの家のようにばらばらに崩れた。大地は火炎を噴いた。数分以内に数万人が生命を失い、数十万人が負傷し、住居を失った。

ずっと後にゲーテは『詩と真実』の中で、その日の精神的震撼の光景を再現している。「恐怖のデーモンがかくも速やかにかくも強力に戦慄を全地上に拡げたことはおそらくいまだかつてなかったであろう。このすべてを繰り返し聞かねばならなかった子供は、少なからず狼狽した。天地の創造者・維持者たる神、信仰箇条の第一条の説明があれほど賢明で慈悲深いものとして示した神は、正しき者も不正なる者もひとしく破滅せしめることによって、決して父らしさを証明しなかった。少年の心はこの印象に抗して立ち直ろうと努めたが、徒労であった。賢者や神学者たちでさえもこの現象をどう見るかについて一致しえなかったのであるから、少年の努力が徒労なのは当然であった。(26)」

ヴォルテールは、ヘルクラネウムやポンペイの時以来例のないこの悲劇を、『リスボンの破壊について、または公理〝すべては最善なり〟の審査』と題する詩によって批評した。神は果たしてこのような災害を実際に必要としたのか。それは犯された罪に対する罰なのか。一体リスボンはロンドンやパリよりももっと悪いのか。母の胸の中で押し潰された子供たちは、いかなる罪で罰せられたのか。ヴォルテールは答を見いだすことができない。そして彼は宿命的な楽観主義の考えに関して気ままな皮肉を言うだけである。彼は中編小説『カンディード』において、この考えと最終的に対決している。物語の主人公たちは絶え間のない災厄とともに、リスボンの惨事をも経験しなければならない。そして予定調和の擁護者であるパングロスの見解に何の変化も生じないとしても、読者にはこれが意味するところは明らかである。カントはやがて『カンディード』を読む機会をもち、それを愛好するようになる。

しかしさしあたりカント自身はヴォルテールのパングロスの考え方に近い。リスボンの地震は彼の注意を強くひきつけたが、彼の信念を動揺させはしなかった。彼は自然の大惨事をきっかけとして二つの論文と一つの小冊子とを発表した。小冊子は一全紙ごとにでき上がるたびに販売された。それほどこの事件に対する関心は大きかった。カントは人類の悲劇を自然科学者の眼でもって観察している。彼は地震の歴史の論述を、次のような制限を付して始めている。

「私が地震の歴史として理解するのは、人々が蒙った災害の歴史でもなければ、荒廃した町々や、廃墟の下で葬られた住民たちの一覧表でもない。足下の大地が激動する時、周囲の一切が崩壊する時、海底より奔出する激流が氾濫して災害を最大限にまで高める時、死の恐怖と、全財産の完全な喪失による絶望と、さらに他人の悲惨の目撃とによって、いかに堅固な気力も打ちのめされる時、そのような時に人々が感じざるをえない驚愕をいくらかでも描き出すためには、我々は恐ろしいものについて想像力が思い浮かべることのできる一切を結集しなければならない。そのような物語は感動的であり、それは心胸へ働きかけるがゆえに多分心胸の改善に役立ちうるであろう。しかし私はこうした歴史をもっと上手な人々に委ねよう。私はここでは自然の仕事のみを記述するのである。[27]」

カントは地震が自然的原因をもっていることを特に強調している。彼は読者に次のような実験を試みるよう提案する。二十五ポンドの重さの鉄屑と、それと同じ量の硫黄とを取り、それらを水と混合しなさい。そしてこの混合物を一・五フィートだけ地中に埋め、表面を踏み固めなさい。すると数時間後に濃い蒸気がたち登り、地面が震動して、地の底から炎が噴出するであろう。このような仕方で、リスボンが遭遇した自然的災害の説明として、地理学的過程が明らかにされねばならない。さらにまたリスボンだけでなく、他のポルトガル諸都市も、多少とも地震や異常に大きな高波によって苦しめられていた。すべてこれらは、特定の一都市に向けられた刑罰とは思われず、長く続く自然過程の性格を示している。数日間の中絶期間はあったが、地震は十一月一杯とその後数カ月間継続し、その影響はヨーロッパおよびアフリカの諸都市で認められた。地震はどこででも破壊的影響を与えたのではなく、若干の地方では有益な影響を与えた。

例えばテプリッツの有名な鉱泉がそうで、そこでは鉱泉水の湧出が初め一時休止し、その後二倍の力で噴出するようになった。それでカントは自分の小冊子の中に「地震の効用について」という題の一章を挿入している。(28) 彼の啓蒙主義的楽観主義は今のところまだ動揺していない。彼は事物をかなり冷静に考察しているにせよ、ヴォルフ主義の立場に留まっている。「人間は自惚れが強いので、あたかも神の配備が世界統治の方策を決定する際に、人間以外に何も留意しなかったかのように、人間自身を神の配備の唯一の目標とみなす。しかし我々は自然の全き総体が神の知恵と配備との尊敬すべき対象であることを知っている。我々は自然の一部であるが、全体であることを欲している。(29)」

カントは地震についての小冊子を次のような感情の吐露でもって締め括っている。「君主が高貴な心胸に促されて、人類のこの窮迫に心動かされて、それでなくともあらゆる方面から困難な災害に脅かされている人々を、戦争の悲惨から救おうとするならば、そのような君主は慈悲深い神の御手の働きの善き道具であり、神が地上の諸民族に与え給う贈物である。この贈物の価値の大きさを人々は決して測ることができない。(30)」これは自然科学的論文としてはかなり異例な結語ではなかろうか。

我々はこの文章が書かれた時期である一七五六年春のことを思い起こすならば、それは一層容易に理解されるであろう。ヨーロッパには戦争の危機が切迫していた。ポルトガルの地震の際よりもはるかに大きな流血の生じる破局の接近を予見するためには、人は予言者であってはならない。それゆえ哲学者は自国の王に向かって思慮深くあるように訴えている。

しかしベルリンは戦争準備に熱狂していた。国際政治の中に力の再編が生じ、一種の「外交革命」が生じた。伝統的な競争者であるフランスとオーストリアとは共同戦線をはる。両国を不安にするものはプロイセンの台頭であり、プロイセンはその間にイギリスと同盟を結ぶ。ロシア・ザクセン・スウェーデンはプロイセンの反対側につく。力関係はフリードリヒ二世に有利ではないが、それにもかかわらずオーストリアとの以前の二つの戦闘での成功に勇気づけられて、彼は最初に軍事行動を起こす。

戦争が七年続き、国土を完全に荒廃させ、国を破滅の淵に追いやることを、フリードリヒは当時予想していなかった。一七五六年八月に彼の軍隊は大した苦労もなくザクセンを占領し、オーストリア領へ侵入した。勝利したり敗北したりした。ロスバッハでのフランス人の殲滅は輝かしく、フリードリヒに民族的英雄の栄光をもたらした（フランス軍は無敵と考えられており、その前にライン地方の全ドイツ公国は戦慄していた）。ロシアは一七五七年夏に参戦した。八月末、レーヴァルト将軍麾下のプロイセン部隊は東プロイセンのグロースイェーガースドルフ付近で撃破された。しかしながらアプラクシン元帥はそれ以上の進撃を躊躇し、その代わりクーアラントへ向かって冬営のため撤退を命令した。彼がペテルブルクからの秘密指令を受けた可能性もある。ペテルブルクでは女帝エリザヴェータ・ペトロヴナが病気にかかっており、そのため政治方針の変更が待望されていた。エリザヴェータは健康を回復し、アプラクシンは罷免された。新しい司令官の陸軍大将フェルモル伯爵に対して、即刻進撃せよとの命令が下された。それはちょうど敵の部隊がポンメルン地方をスウェーデン軍から防衛するために、東プロイセンから撤退していた時であったから、適切であった。

メーメル地方にいたフェルモルは、軍隊をケーニヒスベルクへと進軍させた。中には最短の道を通ってクーアラント海岸湖の砂洲と氷を渡った部隊もあった。一月二十二日、ロシア軍は東プロイセンの首都〔ケーニヒスベルク〕に入った。その進駐に参加したアンドレイ・ボロトフはこう語っている。「街路には無数の住民がひしめきあい、窓にぶら下がったり、屋根の上に立ったりしていた。雑踏は大変なもので、それは皆が我々の部隊と司令官その人とを見ようと熱望したからである。その上さらに全市内の鐘の音が加わり、すべての望楼と鐘楼の上ではトランペットの音や太鼓の響きが行進の間中鳴り続いたので、印象は一層豪華で盛大なものになった。

フェルモル伯爵は王宮内の、それまでレーヴァルト元帥が宿泊していたその同じ部屋に宿営した。そしてそこで彼はケーニヒスベルク市当局の役人や貴族・高位の聖職者・商人、その他市の有力者たちの出迎えを受けた。すべての人が彼に挨拶を伝えた。そして彼らは女帝の保護統治に服従することを誓い、伯爵に対して良き軍紀の維持されるよう懇願したが、その願いは受け入れられた。[31]」

ロシア帝国の中に新しい行政単位が出現した。一月二十四日、ケーニヒスベルクは女帝に対して忠誠の誓いを立てた。牧師はドイツ文テキストを読み上げ、出席者はそれを復唱した。それから彼らは自筆の署名によって宣誓を確証した。大学の教授団と一緒に私講師のカントも宣誓を行った。すべての人たちと同様に彼は次のように誓った。「全ロシア人の最も聰明にして最も強大なる女帝エリザヴェータ・ペトロヴナ等々とその帝位継承者であるピョートル・フェドロヴィチ大公とに対して、忠誠であり従順であることを誓い、この方々の高い関心に関わる一切の事柄を衷心よりの満足をもって促進し……しかしそれらに不利となるすべてのものについては、判り次第適時に報告するのみならず、あらゆる方法でそれを回避することを誓う」、と。[32]

プロイセンの単頭の鷲は、市の門や公共施設において、ロシアの双頭の鷲に場所を譲った。富裕な家々には女帝エリザヴェータの肖像が現れた。教会では感謝の祈禱が行われた。

十八世紀の戦争は住民にとってほとんど関係がなかった。前代に流血の悲惨をもたらした宗教的熱狂は消え去り、そして勝利を獲得する手段としての全面的撲滅はまだ行われていなかった。戦闘行為の過程で殺人・暴行・強奪・劫掠はもちろん行われたが、しかしこれらは自然災害と同じように見られていた。君主たちが流血の争いを行い、彼らの軍隊がそのために戦った。都市の明け渡し後、行政機関はその位置に留まった。占領者は税の徴収だけで満足した。そして生活は以前の通り進行した。戦運の転回によって以前の統治者が復位した時、誰も敵との協力のゆえに罰せられることは、原則としてなかった。エリザヴェータに忠誠を誓った自分の臣下たちに対するフリードリヒの不満は、彼が戦後二度と決してケーニヒスベルクへ姿を見せなかったことによって表現されただけである。

二月にペテルブルクから女帝の命令が届いた。それはケーニヒスベルク市が以前もっていたすべての「特権・自由・恩恵・権利」を保証するものであった。信仰の自由、移動の自由、商業、財産の保護等々が保証された。命令の一条項はケーニヒスベルク大学に関係していた。大学の予算は変更されずに残され、教授団の収入も変更されなかった。また授業の実施においても完全な自由が保証された。「学生たちは大学において研究を継続し、修了することが許される。同じく他のすべてのことが従前の配置通り残される。」

東プロイセンの知事にフェルモル将軍が任命された。ケーニヒスベルクにおけるロシア人の滞留に関するドイツ語の報告は次の通りである。「フェルモルは一切の秩序の破壊を厳しく取り締まった。彼は略奪者を銃殺した。彼はその中に多くのバルト海沿岸出身者を含む自分の士官たちと一緒に、定期的に大学を訪問し、講堂での大学の公的儀式に出席し、当時私講師であったカントの講義を見学した。カントはしばしばロシア人士官たちのために数学・築城論・用兵術・火工術に関する個人教授を行った。ロシア女帝は自分の最良の面を示そうと望んだ。このため士官たちは人道的な公正な行政を実施するよう委任された。フェルモルは当地の風習にとって新しい社会的慣習を導入した。ロシア＝フランス料理の美味を盛った祝日の宴会や、舞踏会や仮装舞踏会などが催され、これらに若きカントも積極的に参加した。ケーニヒスベルクは地方主義から脱却した。[33]」

残念ながら、と目撃者でない彼は書いている。その報告はフェルモル家内部の口頭の言い伝えのみに基づいており、すべての点で信憑性があるというわけではない。伯爵はケーニヒスベルクに長く滞留しなかった、という点が重要である。彼は部隊と一緒にポンメルンへ移り、そこに新戦場をつくり出した。一七五八年夏、キュストリンの手前のツォルンドルフで流血の戦闘が行われた。ロシア軍はフリードリヒ二世の強襲に耐えた。そして彼らは一年後、クネルスドルフでフリードリヒを粉砕した。一七六〇年秋、ロシア軍は（長期間ではなかったが）ベルリンを占領した。王は封鎖され、悪戦苦闘した。今にも命が絶たれそうになったが、しかし同盟者たちは手間どり、互いに陰謀を企んだため、破局は訪れなかった。

一方ケーニヒスベルクは平和な生活を送った。征服された地方は、ロシアの中央諸県と比べて、特恵的状態にあった。ここでは強制的な新兵の募集は行われなかったし、軍隊維持のための賦課金は比較的僅少であった。最初の頃には動揺があった。真冬の或る日、フリードリヒの軍隊が近づいているという噂が流れた。全家屋に可燃材の「ピッチ輪」を備えるように、との命令が発せられた。退却時に町を焼き払うためである。数日間市民たちは悲しみに沈んだが、それは杞憂にすぎないことが判明した。軍事行動がオーデルへ移り、ロシア軍が冬営のためヴィスワ河の彼方へ後退した時、東プロイセンは戦争の惨禍を忘却してしまうほどに戦線のはるか後方にあった。

ペテルブルクから新知事のニコライ・アンドレヴィチ・コルフ男爵が到着した。彼は偏狭で偏頗な大貴族であり、宮廷における縁故のせいだけで地位を獲得した。彼は役所のすべての仕事を部下に一任し、自分はさまざまな気晴しで時間を過ごした。彼は途方もなく裕福で、豪奢な暮しに慣れていた。豪華な宴会、舞踏会、仮装舞踏会が次から次へ続いた。毎回、多数のロシア人将校や都市の貴顕、さらに高位の俘虜さえも招待され、そこで行われた狂気のような浪費癖が質素なケーニヒスベルク人たちをひどく驚愕させた。敵方であるベルリンから俳優の一団が招待された。仮面舞踏会は初めは知事の部屋で知事の客人のためにだけ行われたが、後には歌劇場の中で入場自由ですべての人のために行われた。

A・ボロトフは次のように語っている。「我々の許へ到る所から最上の音楽家たちが招かれて集まった。そしてほとんどすべての舞踏会のため新しい音楽や舞踏が演じられた。要するに、すべての新しいもの、最上のものが我々のところで見られ、聴かれねばならなかった。そしてプロイセンの住民は自国の歴史開始以来首都でそのような規模の豪奢・慰安・歓楽をいまだかつて見たことがなかったし、これからも二度と見ることがないであろう、と確実にいうことができる。なぜならプロイセンの王たちでさえも、当時我我のコルフが生活したほどに楽しく豪華に、堂々と生活したことはかつてほとんどなかったからである。(34)」県知事の舞踏会では、伯爵夫人シャルロッテ・カイザーリングが輝いていた。彼女はカントを引き立てた人である。コルフは彼女に夢中であった。

知事と一緒に、ペテルブルクから知事官房、すなわち、秘書官二名と、記録作成官・官房事務官・書記・書記補の各一名がやってきた。人員は注意深く選抜されたが、重要な細部は看過された。通訳がいなかったし、官吏たちの誰もドイツ語を一言も知らず、他方市民たちは、いまいましくもロシア語を全く解しなかった。バルト海沿岸のドイツ人である知事コルフも、帝国の公用語をよく知らなかった。通訳を軍人の中から求めなければならなかった。こうして歩兵連隊少尉アンドレイ・ボロトフ(彼の回顧録は歴史資料であるだけでなく、時代の注目すべき文学的記念碑でもある)が知事庁舎付を命じられた。実際に行政事務に携わった人たちのうちで、長い間彼は二ヵ国語に通じている唯一の人であった。すべての訴願・請願書その他の文書が彼の手を経た。マギスター、イマヌエル・カントの請願書を処理したのもおそらく彼であったであろう。

大学は授業を中断しなかった。カントは講義を継続した。通常の課目の他にロシア人士官たちのための講義が増加され、カントは実際に築城学と火工術とを講義した。彼の聴講生の中に、後のエカテリーナの寵臣グリゴーリ・オルロフがいた。彼はツォルンドルフで負傷し、治療のためケーニヒスベルクに滞在中であった。さらにアレクサンドル・ヴァシリエヴィチ・スヴォロフもいた。彼は当時中佐で、プロイセンの首都に父親のV・I・スヴォロフ将軍を訪ねてきていた。将軍はコルフを知事のポストにつけた人である。カントの友人のシェフナーは、回想記の中で、自分がちょうどこの数年間に後のロシア総司令官と知り合いになったと書いている。

一七五八年十二月に、哲学教授キュプケが死んだ。その空席をえようと五人の候補者が現れた。その中にカントもいた。彼は古くからの恩人、牧師シュルツ、今は神学教授で大学学長である人、の強い勧めで立候補したのである。大学評議員会は、五人の候補者の中からまず、ブックとカントの二人を選んだ。女帝への推薦状は一七五八年十二月十四日に送付された。同日カントは個人的に直接エリザヴェータ・ペトロヴナへ請願書を提出した。その全文をここに引用しよう。

「至尊至強なる女帝陛下、

全ロシア人の全権的支配者、

至仁なる女帝にして偉大なる女性である陛下。

故博士キュプケ教授の逝去により、彼がその職にあった当ケーニヒスベルク大学の論理学・形而上学の正教授の席が欠員となりました。これらの学問は常に私の研究の最も主要な目標でありました。

私が私講師として当大学に奉職してからの数年間、私は半年ごとに両課目について個人的に講義を行って参りました。私はこれらの学問について二編の公刊論文を発表しましたし、その他にケーニヒスベルク学術雑誌の四編の論文と三編の計画書と他の三編の哲学小論とによって、私の努力の証拠を示すべく努めて参りました。

私はこれらの学問によって大学のために尽くしうると自負して教授資格を得ましたが、そうした希望とともに、特に陛下が学問に対して最高の庇護と仁慈溢れる愛顧とをお示し下さる、その女帝陛下の至仁なる御心とに励まされて、私は、陛下が長くも仁慈をもって私に空席の正教授職を賜わりますよう、伏して懇願仕る次第でございます。なお大学評議員会は、そのために必要な能力に関して有利な証明書を添えて私の畏れ多き申請書をお送りすることと存じます。最深の恭順の念をもって。

女帝陛下の最も忠誠なる僕

イマヌエル・カント

ケーニヒスベルク　一七五八年十二月十四日(35)」

この請願書の原文は、一八九三年ドルパート（現タルトゥ）大学からコピーによって初めて公表された。誰がいかなる原物に従ってコピーしたかは不明である。そのロシア語訳を刊行したユリー・バルテネフ〔雑誌『ルスキー・アルヒーフ』一八九六年七号〕は、どこに請願書の原物があるか、そして誰がそれをエリザヴェータ女帝に報告したか、を問題にした。本書の著者〔グリガ〕は古記録の探索を試みたが、残念ながらその探索は空しかった。ケーニヒスベルク年次報告と、プロイセン王国宛皇帝命令書とが保管されている「ロシア外交文書類」の中にも、またケーニヒスベルク政庁の全保存資料が収集されている「古記録中央文庫」の中にも、カントの請願書に関するいかなる証跡も見いだされなかった。〔I・G・ボック教授の貢納義務の免除に関する請願書はある。ボックは大学で文学の講座を担当しており、彼はエリザヴエータの名誉を讃える頌歌を作ってロシア軍を歓迎した。詩は女帝へ転送され、彼女はそれが大変気に入って、作者に対して国庫から賞金を与え、さらに彼をペテルブルク科学アカデミーの一員として受け入れるようにと命令した。彼はロシア・アカデミー会員としてもちろん税金を支払う必要がなかった。）教授任命の問題は、明らかにペテルブルクではなく、ケーニヒスベルクにおいて決定された。

この問題はカントに有利には決定されなかった。有給教授職を獲得したのはブックであり、彼は年齢的にも上で、講師の経歴も長かった。おそらく他の事情も或る役割を演じたであろう。前述のアンドレイ・ボロトフは知事庁舎で責任ある地位にいたが、哲学への強い関心をもっていた。ヴォルフ主義は彼に嫌悪感を起こさせた。それは犬儒主義《シニズム》・自由思想・無神論の温床に思われた。（ヴォルテールとエルヴェシウスの中にボロトフは〃人類の破壊者と誘惑者〃を見た。）或る時彼はヴォルフの著作を読んだ後で、啓示の教義の信憑性について深刻な疑問を懐き、恐ろしい良心の呵責を体験した。たまたま一グローシェンで求めたクルージウスの説教書が彼の苦しみを救った。「説教は神学的であるだけでなく哲学的でもあった。そしてこの崇高な人物は説教の中で、啓示の真理への堅固な確信が大きな意義を有すること、そして啓示の真理を疑った者に恐ろしい危険が迫ることを見事に描写することができたので、私はこの文を読んで頭から爪先まで何かが駆け抜ける思いがした。さらに彼の言葉と確信が私の頭と心臓に大きな感銘を与えたので、私はその時私から大きな心痛が完全に取り去られたかのように感じた。そして私の中で激しく波立っていたすべての血は遂に心地好い平静に達した。私は陶酔してひとりでに叫び出した。この崇高な、あらゆる点で尊敬に値する人が、このように熱情をもって啓示の真理を擁護し、さらにその真理を信頼することの効用について、かくも聡明に確信をもって語っているのに、どうしてこれをそれ以上疑うことが私にできよう。私は彼よりもはるかにわずかしか知らないのだ。私には断じてできない。私はさらに心の中で言った。この時からそうしたことはもはや決して起こらないだろう。そして私は彼が説教において示したすべての忠告に必ず従うだろう。一言でいえば、この偶然事に付きまとう一切の特殊性が私をひどく感動させたので、私は跪いて涙ながらに全能の神に対して、かくも明瞭に私に示された慈愛について感謝を捧げるとともに、今後の啓発を懇願した。私が神の助けを嘆願したその時から、私はクルージウス氏が自分の聴衆と読者に対して要求したことのすべてを実行しようと決心した。それはまず初めに、神の啓示の法則の真理の擁護のために世間でこれまで書かれたものをすべて読むことであった。[36]」

カントは極めて明白な反クルージウス主義者であった。宗教に関しては、彼に好意的な大学当局でさえも、彼の確信の正統派的純粋性について疑いを懐いていた。「あなたは心から神を恐れ敬っているか」、と学長シュルツはカントに質問した。カントがそれに対して肯定的返答を与えた時初めて、シュルツはカントに教授職を求めるよう提言した。

その時期のケーニヒスベルクの生活のあらゆる細部にまで光をあてているボロトフの回想録の中では、カントの名は現れない。その代わり大学での彼の反対者である、クルージウス主義者のヴァイマンについては、繰返し話題にしている。ボロトフは彼の講義を感激して聴き、それによってヴォルフ主義に対する反感をますます強めた。ボロトフはクルージウスの諸著作を暗記するほど学び、それをロシア語に翻訳した。感動したヴァイマンはボロトフを自分の最良の弟子とみなした。新進のクルージウス主義者が、哲学の講座にヴォルフ主義者のカントを任命するよりも、困難な世界観的問題に対して無関心である数学者のブックを任命する方を選んだ、ということはありうることである。

ヴァイマンは一七五九年十月に教授資格を得た。討論のために彼は『最善ならぬ世界について』という標題の論文を提出した。我々の世界をあらゆる可能的世界の中の最善世界とみなすことは、神の意志の自由を制限するものである、と彼は断言した。カントは反対論者として登場することを拒絶した。しかし討論の翌日すぐカントの小冊子『オプティミズム試論』が、冬学期講義要綱として現れた。この小冊子はクルージウスとその追随者ラインハルトに対する論争を含んでいる。ラインハルトはベルリン科学アカデミーの懸賞論文の受賞者である。ヴァイマンの名は挙げられていないが、しかしヴァイマンはそれを自分に向けられたものと考え、『オプティミズム試論に対する返答』を著した。

カントは論争を続けなかった。彼の講義要綱の中で、この世界の完全性の考えは疑いの余地なく基礎づけられている、と思っていた。この理念は一見して確かに次のような矛盾を含んでいる。任意の数になお一を加えうるように、実在性の任意の総計になお一つの新しい実在性、一つの新しい完全性を付加しうるように見える。カントはそれに対して反対する。実在性は数量的概念ではない。最大数は現実には可能ではない。しかし絶対の実在性は可能的であるだけでなく、現実的でもある。それは神の内に現存する。「神はこの世界を神の知り給うあらゆる可能的世界の中から自ら選んだのであるから、神はこの世界を最善世界とみなしているにちがいない。そして神の判断は決して誤らないのであるから、この世界は実際にも最善なのである。」[37]

ずっと後にカントはマギスター時代の自分の状態を「独断的まどろみ」と名づけている。彼は自分の初期諸著作を利用することを禁じ、オプティミズム論については、現存部数のすべてがなくなることさえも望んだ。実際次の長広舌を共感をもって受けとめることは難しい。「私は、あらゆる存在者中の最善なる者によって、あらゆる可能的な企画中の最完全なる企画のために、私自身とるに足らぬ者としてそれに値しないにもかかわらず、全体のために選び出されている。私は最善の計画の中で位置を占めるよう選び出されたがゆえに、一層高く私の現存在を評価するのである。……全体は最善であり、そしてすべては全体のために善である。[38]」ここには素朴な教会教義学または浅薄な啓蒙主義的独断論以上のものがあるかどうかを言うことは難しい。「私自身値しない」というような卑下した言表は、「人間は目的自体である」というカントの後年の標語と何という対照を示すことであろう。

すべては善である。すべてはより善きものへ向かう。しかし若者が青春の盛りに生命を奪われるのを、どう考えるべきか。母親は全能者の無慈悲に対して不満を言うことは許されないのであろうか。カントは夭折した若者の母に手紙を書いている。それは後に、『ヨーハン・フリードリヒ・フォン・フンク氏の夭折を悼む』（一七六〇年）と題して、小冊子として世に現れた。

カントの断言するところでは、摂理の道は常に到る所で賢明であり、尊崇に値する。我々の希望であった人々の早過ぎる死は、我々を恐怖に陥れる。それでもしかしこれは、しばしば天のより高い恩恵であるのではなかろうか。多くの人々の不幸は、死があまりにも遅くやって来ることにあるのではなかろうか。カントによれば、フォン・フンク氏の親族は彼の最期について悲嘆すべきではなくて、喜ばねばならない、ということになる。「まだ十分には確証されなかった徳を覆すためにすでに遠くから起こりつつあった誘惑、また未来が脅かすもろもろの悲痛や災厄など、これらすべてからこの幸運な人は、早い死のために祝福された時間の中へ連れ去られることによって、まぬかれたのです。[39]」

これは啓蒙主義的ヴォルフ主義の果実である。まもなくこれらの果実はカントにとって苦々しく感じられねばならなくなる。「独断的まどろみ」からの目覚めが始まるのである。

第二章　「私は人間を尊敬することを学ぶ」

《人がいかなる哲学を選ぶかは人がいかなる人間であるかによる。》　フィヒテ

一七六二年に七年戦争は終熄に向かった。プロイセンは崩壊に瀕し、フリードリヒはすべて失われたと信じ、退位を考慮して毒薬を持ち歩くようになったその時、ペテルブルクからエリザヴェータの死を知らせる有難い報知が届いた。ロシア皇帝になったのは彼女の甥のピョートル三世であった。ピョートル三世は、ドイツの王女と結婚した半ばドイツ人であり、プロイセン王の味方で、そして崇拝者であった。結果は直ちに現れた。ロシアは戦争から手を引き、プロイセンと同盟を結んだ。そして武器を自分の従来の同盟者たちに向けた。フリードリヒは任意の領土的譲歩と、特に東プロイセンからの撤退を覚悟していたが、ここに全く思いがけず、失った全領土を取り戻した。ロシアの近衛兵にはプロイセンの軍服と訓練が導入された。ロシアの軍隊はプロイセンの利益のために戦争の準備をするようになった。

この頃ケーニヒスベルクには、いい加減な知事コルフも、厳格な行政官スヴォロフももはや滞在していなかった。陸軍中尉アンドレイ・ボロトフも、自分の哲学教師マギスター・ヴァイマンに、羊の毛皮の外套を餞別に贈って、郷里へ帰還していた。七月八日、東プロイセンの最後のロシア人知事ヴォエイコフは、住民をロシア皇帝への宣誓から解放する宣言を出した。市門や行政官庁からロシアの紋章が取り去られ、

プロイセンの紋章が再び掲げられた。

再び謝恩礼拝と儀式が行われた。そして突然ペテルブルクから宮廷革命の報知が届いた。女帝エカテリーナ二世が即位した。ヴォエイコフは再び知事の全権を掌握し、ケーニヒスベルクにはまたもやロシアの紋章とロシア人の哨兵が出現した。

エカテリーナ二世(旧姓ゾフィー・アウグステ、アンハルト=ツェルプスト王女)は、プロイセンの将軍の娘であった。ドイツ人への共感とロシア帝位獲得の願望とが、彼女の中で相剋していた。その結果、妥協的解決がなされた。フリードリヒとの同盟は破棄するが、征服した領地は返還する、という解決である。それで八月に東プロイセンはプロイセン人に最終的に引き渡された。レーヴァルト元帥はケーニヒスベルク城へ戻った。(フリードリヒはエカテリーナへの感謝の印として、彼女をベルリン科学アカデミーの最初の女性会員として選んだ。この扱いは次の世紀の終りまでずっと変らなかった。)

一七六二年はカントにとって変革の年であった。後に批判哲学へと到達するはずのカントの新しい探究にとって、ジャン=ジャック・ルソーの著作との出会いが最も重要である、というのが通説である。その年の夏の終りに『エミール』がカントの手に入った。カトリックのフランスにおいても、カルヴィニズムのスイスにおいても禁書とされたこの書は、彼の心を強く捉え、彼は数日間日課の散歩を取り止めて読書に没頭した程である。ジュネーヴ市民〔ルソー〕の肖像が彼の書斎の唯一の飾りとなった。

カントが告白するように、ルソーはカントにとって「第二のニュートン」であった。ケーニヒスベルクの哲学者は、ニュートン方程式のプリズムを通して無限の星の世界を観察したが、ルソーの逆説は人間の心の奥底を注視する上でカントを助けた。カントの言葉によれば、ニュートンは、他の人々が従来無規則の多様性のみを見いだしたところに、初めて秩序と規則性を見いだし、他方ルソーは人間の多様性の中に唯一の人間本性を発見した。ルソーの書物のお蔭でカントは何よりも書斎の学者の懐く一連の特有の偏見から解放され、思考の本来の意味での民主化へと進むことができた。「私は認識への大きな渇望を感じる。……このことだけが人類の名誉になりうると信じていた時があった。そして私は何も知らない民衆を軽蔑していた。ルソーが私を正道に連れ戻した。このような目の眩んだ優越感は消え失せる。私は人間を尊敬することを学ぶ。(1)」これは見解の変更であるだけでなく、精神的革新であり、全生活目標の革命であった。

ルソーはディジョンの科学アカデミーの懸賞論文に当選した『学問芸術論』によって有名になった。懸賞課題は、「学問と芸術の復興は習俗の純化に寄与したか」、というものであった。「復興」の語によってルネッサンス〔再生〕の時期が考えられていたが、しかしルソーは進歩一般とその矛盾に対する問題を提起した。彼の結論はこうである。学問と芸術の進歩は真の幸福には寄与せず、習俗を堕落させただけである、と。

ルソーは他の人々よりも早くかつ明瞭に、到来する時代の精神的態度を定式化した。それは初期啓蒙主義の公準である、合理的思考の全能と君主の聡明な理性とへの信頼、を再考し始めていた時代である。七年戦争は或る教訓を与えた。しかしドイツでは「疾風怒濤」の運動が国内の精神生活の新しい一ページを開くまでにまだ十年間が必要であった。さしあたり一部分の特別敏感な思想家のみが危機的状況を捉えただけである。

カントの眼前では驚くべき精神的変貌が起こった。一七五六年に彼は、ケーニヒスベルク出身で当地の大学の卒業生であるヨーハン・ゲオルク・ハーマンと知り合った。ハーマンは当時リガのベーレンス商会の代表としてロンドンへ派遣される途中、故郷の町を通過した。ハーマンは商業に熱中しており、経済学の研究を望んでいた。イギリスではその両方で成功しうると彼は考えた。しかしロンドンでは別の興味が生じた。ハーマンは知識欲に富み、感受性が豊かで、影響を受けやすい性格であったので、自堕落な生活を送り、たちまち無一文になった。金銭上の困窮の他に病気にも苦しめられた。逃げ道を求めてハーマンは聖書に向かい、その中に失われた生活の支柱を見いだす。彼はすっかり変って故郷に帰る。ベーレンスはハーマンから受けた損害を許すつもりであったが、しかし友人をカントの助力を得て啓蒙思想の膝下に連れ戻そうと試みる。それは不成功に終る。ハーマンは全く別の事柄に熱中する。彼は改宗者の熱狂をもって聖書に没頭し、聖書を原文で読み、ギリシア語とアラビア語を学ぶ。その他現代の文学、すなわちイギリス文学、フランス文学、母国のドイツ文学についても怠らない。そして間もなく彼は自分で著述し始める。

マギスター・カント、(ハーマンの名づける)「小マギスター」は、それとは異なる関心をもち、異なる頭脳と性格の持主である。しかしハーマンの中に非凡の人物を見抜くことのできる慧眼の人である。彼らの交際は深くなる。それは一七五九年に起こった。同じ市内に住むハーマンから何枚もの長い手紙が届く。思い直すようにという友人の願いに対する返事である。これは明らかに著述家としての最初のエッセイであり、文学作品の発端である。事実間もなく薄い小冊『ソクラテス的回想録』が出版されるが、この本は「名も無き人と二人とへ」捧げられている。「名も無き人」とは一般読者であり、「二人」とはカントとベーレンスである。名前を挙げることなく、ハーマンは表現豊かな性格描写を行っている。彼らのうちの一人についてハーマンは、この人はニュートンに似たいと望み、哲学の「善き貨幣検査官」たらんと欲している、と述べている。(2) ところでしかしドイツの貨幣制度の中には形而上学の教科書の中よりもはるかに多くの秩序が存する。人が貨幣中の金属含有量を検査しうるように、その助けを借りて観念の中の真理の含有量を検査しうるような、そうした検査基準を賢者たちはまだ発見していなかった、と言う。これらすべては紛れもなくカントに向けられたものである。

ハーマンは暗示と省略を多用した重苦しい文体で書いている。彼はアテネの賢者について語っている場合にも、自分自身と自分の真理の探究とを念頭においている。ハーマンはカント宛の手紙の中で、カントをソクラテスと呼び、ベーレンスをアルキビアデスと呼んで、自分自身のことをソクラテスのダイモニオン(すなわち直覚の力)と呼んだ。『ソクラテス的回想録』の中では、カントとベーレンスとはあたかも懐疑論的学識の代表者たるソフィストのごとくであり、他方ハーマン自身はキリスト教的ソクラテスの感がある。そして彼の偉大なる先駆者がアテネの啓蒙家たちに反対したのと同様に、ハーマンは啓蒙家的公準を拒否する。我々はあまりにも抽象的に思考する。これが十字架である。我々の論理学は矛盾を禁止するが、しかしまさに矛盾の中にこそ真理が存する。矛盾の禁止は思考における「父親殺し」である。デルフォイの神話は、無知を告白したがゆえにソクラテスを最大の賢者と呼んだ。両者のうちどちらが嘘を言ったのか、ソクラテスかそれとも神託か。両者とも正しかったのだ。

ハーマンにとって最重要事は自己認識である。彼の意見によれば、自己認識においては理性は無力であり、知識は障害にすぎない。役立ちうるのは、内的感情に基づく信仰のみである。彼の筆によると、ソクラテスは非合理主義者、キリスト教の告知者に変じてしまう。アテネの哲学者は同胞市民を学者的詭弁の迷路から「隠れたものの中に」存する真理へと、「知られざる神」の崇拝へと導こうと欲する、といった具合である。ハーマンは自分の運命をもそのように見る。カントとしては、一つの迷路を別の迷路と交換するような、そうした観点に興味を感じることができない。この意味のことをカントはハーマンに対して述べたので、その結果二人の関係は気まずいものになった。

それにもかかわらず、「北方の博士」〔ハーマン〕の全論拠はカントを熟考へと促した。カントは確かにハーマンの新しい著作『或る言語学者の十字軍』について熟考した。これは論文集で、その目立つ位置に

「胡桃の中の美学」という、やや珍しい題名のエッセイがある。「美学」という用語が何よりも珍しかった。これより少し前、アレクサンダー・バウムガルテンが美についての学説を表示するためにこの用語を再度導入したが、それは彼にとって感性的認識の理論と同義であった。ライプニッツおよびヴォルフの追随者であるバウムガルテンは、美学的なもの、すなわち感官の範囲を、認識の低次の段階とみなした。ハーマンは自分のエッセイの第一ページで断固として反対の主張をしている。人間的認識の豊かさのすべては感性的形象の内にある。形象より高次なものは存在しない。形象は全体的であり、「別々なものはすべて非難すべきである」、と。

後にこの原理に関して、ゲーテは『詩と真実』の中で次のように注釈している。「すばらしい格律だ。しかしそれを遵守することは困難である。この格律は生活と芸術とについてはもちろん適用されうる。これに反して、詩的とは限らぬ、言葉によるすべての伝達にあっては、大きな困難が存する。なぜなら言葉は何かを語り意味するためには、解き離され、別々にならなければならないからである。人間は語ることによって、その瞬間一面的にならざるをえない。分離がなければ伝達はないし、教説もない。(3)」カントもこれとほぼ同じことを言うことができたであろう。しかし抽象的思考に対する、また一面的体系構成へのヴォルフ流の崇拝に対する批判は、カントの注意を引かざるをえなかった。

ハーマンはヴォルフ主義者たちを、そのスコラ主義のゆえに、また生活および自然からの離反のゆえに、非難した。彼らは自然を支配しようと欲するが、しかし自分の手足を縛っている。主人であることを自惚れる者は、ついには自分が奴隷であることを実証するであろう。同様の嘲罵がヨーロッパの他の端から起こり、しかもこれは個別的な哲学の一流派に対してだけでなく、近代文明全般に対して向けられていた。これについてもカントは無頓着たりえない。ハーマンはカントのルソー受容を用意したのである。

カントはルソー主義者にはならなかった。彼は地理学についての自分の研究から後進民族の生活について十分過ぎるほどの知識を得ていたので、それを理想化することはできなかった。「ルソー。彼のやり方は総合的であり、自然人から始めるが、私のやり方は分析的であり、文明人から始める。……我々は自然的なあり方では神聖であることはできない。……田園の牧羊生活と我々の優雅な宮廷生活とは、ともに誘惑的ではあるが、没趣味的で不自然である。何故なら人が楽しみを仕事とするような場合には、真の楽しみは決して見いだされえないからである。(4)」一七六〇年代の遺稿からのこれらの引用文は、自分の尊重するルソーに対する、カントのかなり批判的な態度を証明するものである。

ルソーの他に、カントはさらにデイヴィッド・ヒュームを、「独断的まどろみ」からの目覚めを助けてくれた思想家として挙げている。熱狂家のフランス人と懐疑家のイギリス人とは相反関係にあり、両者がカントの矛盾した性格の中で一つに合流する。ルソーは人間およびモラリストとしてのカントを「正道に連れ戻し」、ヒュームはカントの認識論的設問に対して影響を与え、彼に形而上学的独断の再検討を迫った。

一七六二年冬学期の初めに、カントは以前と同様自分の講義案内を小冊子の形で発行した。それ以前の冊子の中では自然科学の諸問題が取り扱われていた。今度は哲学的主題が取り上げられ、それは『三段論法四格の精密さの誤りの証明』と題された。それはヴォルフ主義の支えとして役立っていた形式論理学に対する批判の、まだ遠慮がちなしかし可能性に富む最初の試みであった。カントは形式論理学を「砂上の楼閣」と呼ぶ。(5)彼は楼閣に向かって拳を振り上げてはいるが、それを打倒する希望をもってはいない。

カントにとって論理学は、概念の成立と形式を研究するという要求を満たすものでなければならない。概念は判断から生じる。しかし判断を可能にする秘密の力はどこに存するのであろうか。感性的表象を思惟の対象となしうるという能力のおかげで判断は可能である、というのがカントの解答である。この解答は重要である。これは新しい認識論を創始する最初の、さしあたりまだ限られた努力を証明しているからである。この時点まで彼はヴォルフの演繹崇拝を共有しており、或る概念を他の概念から導出することは無限に可能であると確信していた（ただし彼自身の自然科学的研究は実験的にえられた与件に立脚していた）。今や彼はいかにして経験的知識を哲学の中に導入しうるか、について思案している。

この切迫した問題が、一七六二年末に書き上げられ（二年後出版された）別の著作『自然神学および道徳学の諸原則の判明性に関する研究』の中でも主題になっている。この著作はベルリン科学アカデミーの論文募集に関連して生まれた。懸賞課題は次の問を解明することであった。すなわち、哲学的真理、特に神学および道徳学の諸原則が、幾何学的真理が有するのと同じ証明力の可能性を有するかどうか、もしそのような可能性が存しえないとするならば、これら諸原則の証明の本性はいかに見らるべきであろうか、またそれらはいかなる程度まで確実であろうか、または全く確信されるものであろうか、という問である。すべての国の学者たちが（審査員を務めたベルリン・アカデミー会員を除いて）懸賞論文への参加の招待を受けた。賞は五十ドゥカーテンの価値をもつ金の記念メダルであった。整然と明瞭に書かれた草稿を、一七六二年十二月三十一日までにアカデミー常任書記フォルマイ宛に送らねばならなかった。筆者たちは、草稿に付したのと同じ題名を付した、封印された封筒の中にのみ名前を書くように求められた。

主題は、ヴォルフ主義的形而上学に抱かれた「独断的まどろみ」から、まさに目覚めつつあったカントにとって、誂え向きと思われた。カントは哲学を数学と比較して、哲学の対象の質的多数性を数学の場合と対照している。百万兆という概念と自由の概念とを比較してみるがよい。百万兆の一に対する関係は誰にも明瞭である。しかし自由の概念について、それがいかにして諸単位から、すなわち単純な周知の諸概念から合成されているか、を理解させることには、今まで誰も成功していない。もちろん多くの人々は哲学を高等数学より容易な学問とみなしている。これらの人々は、書物の中で哲学と名づけられているものを、すべて哲学と呼んでいる。しかしながら本来の哲学はまだ書かれていない。哲学は、ニュートンが自然科学の中に導入し、そこでかくも実り豊かな結果をもたらした方法を、我がものとしなければならない。確実な経験的与件に基づいて普遍的法則を探究しなければならない(6)。

しかし神学の場合はどうであろうか。神の現存在はいかなる経験によって証明されうるであろうか。哲学が立脚しなければならない経験は、感覚与件であるだけではなく、「内的経験」すなわち直接明証的なる意識でもある。後者のおかげで神の認識は全く確実なものになる。

懸賞論文は道徳学の諸原則に対する問についての解答をも必要とした。カントの意見では、この問題についてはまだ必然的確実性が得られていない。事態は神学の場合よりも一層悪い。しかし道徳学においても責務の基礎づけは十分に可能である。そしてカントは彼のその後の哲学的発展にとって重要な次の思想を表明する。人は真理と幸福、知識と道徳感情とを混同してはならない、と。

懸賞論文の中で、なおもう一つの注目すべき考えが述べられている。それは無意識の表象の役割についてである。潜在意識の問題は十七世紀に科学の中へ受け入れられた。ロックは統御不可能な心理活動の存在する可能性を斥けた。心が思考し、人間がそれに気づかないと考えることは、一人の人間から二つの人格を作ることを意味する。もし人間が夢の中で考え、そのことを知らないとするならば、眠っている人間と目覚めている人間とは二つの異なる人物である。眠っているソクラテスと目覚めているソクラテスとは、もちろん同一の人物ではない、とロックは主張した。弁証法的思考をますます身につけてきたカントは、このような説明によっては惑わされなかった。ずっと後に彼は意識の能力を二つの領域に細分する。意識にとって、意識とは異なる或るものではあるが、しかし意識の絶対的な反対物ではないところの、或る種の対立を見いだしても、カントは困難を感じなかった。すでにライプニッツがその時代に、我々の心はそれが意識する知覚のみを処理する、というような意見を最大の誤謬の源泉と呼んで、ロックに対して決定的に反対していただけに、なおさらである。ライプニッツは無意識的なものを「微小知覚」と名づけた。知覚はいかに小さくとも、その意義は大きい。それこそ習慣と趣味を形成するからである。カントの術語は「不分明な表象《ドゥンケル》」である。それらの意義を否定する者は、「その場合に、自然のおそらくは偉大な秘密を不注意に看過することになる。すなわち、おそらく最も深い睡眠中に理性的思考における心の最大の熟練が遂行されるであろう、ということである。」[7]このことは銘記しなければならない。この点に『純粋理性批判』の中の最も重要な編の一つを理解する鍵が存するのである。

カントは期限に遅れることを恐れながら、大急ぎで自分の論文を完成した。そのため所々必要な論証が欠けている。或る箇所が他の箇所から必ずしも常に正しく導出されていない。カントは自分の著作の弱点をはっきり知っていた。そして彼は特別の追記の中でその弱点を弁解し、論文が幸運にも受賞した場合には、テキストに適当な訂正を加えることを約束した。[8]

応募論文の審査の結果は半年待たなければならなかった。ベルリンの雑誌の最近号の中で彼は、一七六三年五月三十一日の科学アカデミーの会議で受賞作品が決定された、という記事を読んだ。官報の報じるところとして、封印された封筒の開封の結果、同地のユダヤ人モーゼス・メンデルスゾーンが受賞論文の執筆者であることが判明した、という。そして同時にアカデミーは次の標語を付したドイツ語の論文を、「受賞したユダヤ人学者の論文とほとんど同価値である」と判定した。その標語は、「しかしこれらの僅かな足跡だけで鋭敏な精神にとっては十分であり、それによって君は他のものを確実に認識しうるであろう」というもので、カントはルクレティウスの教訓詩『物の本質について』の中の二行詩を、自分の論文

の符牒として用いたのである。(9)

カントは賞を獲得しなかった。しかし受賞論文と「ほとんど同価値」という論文の評価は何を意味するのであろうか。カントは直ちにフォルマイ教授に説明を求めた。このことは彼の論文が受賞論文と一緒に印刷されることを意味するのであろうか。もしそうであるならば、原文に若干の訂正と補足を付加することができるであろうか、と。ベルリンからは肯定的な返事が届いた。両論文は一緒に出版され、執筆者たちは必要な修正を加えることができるであろう、と。(10)しかしカントは原文の校正に携わる時間がなく、原文は元通りの形で世に現れた。

ベルリンからカントはもう一つ一層嬉しい知らせを受け取った。彼の講義案内『三段論法四格の精密さの誤りの証明』に対する好意的批評がベルリンで現れた。匿名の批評家(それは他ならぬメンデルスゾーンであった)はその著者を、ドイツのアカデミーを強力な革命でもって脅かす大胆な人間と呼んだ。

カントが論文『哲学への負量概念導入の試み』の中で述べている考えも、将来の哲学の革命を予告している。カントは問題の見通しが彼にはまだ十分明瞭でないと嘆いている。しかしそれでも彼がこの論文を公表するのは、この問題の重要性を確信するからであり、また哲学の領域では未完成の試みさえも有益であると確信するからである。なぜなら問題を提起した者とは別の者が、問題の解決を見いだすことがしばしば起こるからである。

カントの注意を引くのは、反対の統一の問題である。論文の出発点は、すでに教授資格論文の中で確立された論理的根拠と実在的根拠との相違である。論理学において真なりとみなされるものは実在性の内に同じ真理価値を要求することができない。論理的反対は、同一物について或るものが同時に肯定または否定される点に存する。論理学は両方の陳述を同時に真とみなすことを禁ずる。物体に関して、それが運動しておりかつ静止している、と同時に主張することはできない。一方が他方を廃棄し、その結果無となる。実在的反対はこれとは別である。それは力の反対方向性の内に存する。ここでは同じく一方が他方を廃棄するが、しかし結果は無ではなくて、或るものである。二つの同価値の力は一つの物体に対して反対方向に作用しうる。その結果は物体の静止であるが、これはやはり現実に存在する何か或るものである。

我々を取り巻く世界はこのような実在的反対に満ちている。負量についての数学的教説はすでに久しく実在的反対の概念を利用している。哲学は自然そのものによってその真理性が証明されている若干の原理を、数学から受け取らなければならない。特にこのことは実在的反対の概念にあてはまり、人々はこの概念を自然の中のみならず、人間の行為の中にも明示することができる。快と不快は正量と負量のように相互に関係している。カントは自分の考えを例によって説明している。スパルタ人の母親に息子の英雄的振舞についての報知がもたらされると、喜ばしい快の感情が彼女の心を満たす。しかし息子が戦場で倒れたことを知ると、彼女の快感は減少する。カントは最初の報知の際の快感の度合を4aの記号で表すことを提案する。二度目の報知から受ける不快が単なる否定＝零であると仮定するならば、両者を合計して、4a＋0＝4aとなる。すなわち、快感は戦死の報知によって減少しなかったことになるが、これは正しくない。もし不快をなんらかの否定量、例えば－aで示すとするならば、正しい結果4a－a＝3aが得られる。(11)

カントが感情を数でもって置き換えること、そしてそれから得られた全体の結果は、いずれも彼にとって有利なものではない。しかし我々は哲学者をあまり厳しく判定することはしないことにしよう。彼がすでに「人間を尊敬すること」を学んでいることを、我々は知っているからである。修業期間は長い時間を必要とする。古い偏見からの脱却は容易ではない。

*

一七六二年冬学期に、カントの許に新しい学生が現れ、直ちにカントの注意をひきつけた。この青年は神学部に所属し、非凡な才能をもっていた。彼は立派な詩を書き、カントの気に入りの詩人ハラーとポープとを模倣した。若者は自分の師の講義を詩に作り変え、次の授業の際に先生に手渡した。カントはその詩が非常に気に入って、それを教壇で読み上げたほどである。青年はすでにロシア皇帝ピョートル三世の即位の際にそれを祝う頌詩を書いていた。学生は貧しかったので、カントは彼の聴講料を免除した。

ヨーハン・ゴットフリート・ヘルダーは、モールンゲンの教区の鐘楼守兼小学校教師の息子であるが、学問をしようとは全然考えたことがなかった。偶然が幸いした。ロシア部隊が町に冬営し、軍医シュヴァルツ＝エルラが物知りな少年の運命に関与した。彼は自分のラテン語翻訳の手助けをしてくれたヨーハン・ゴットフリートを、医者にしようと決心して、ケーニヒスベルクへ連れ出した。しかし感じやすい若者は最初の解剖の際に卒倒した。それでヘルダーは神学部へ転部しなければならなくなった。

カントの許でヘルダーはカント担当の全課目、すなわち形而上学・道徳学・数学・自然地理学を聴講した。彼は熱心にノートをとり、そのノートを家で整理した。彼の筆記録はすべて保存されている。これは正確、明瞭で、カントを刺激した問題の本質を詳細に述べている。講師が例えば、魂は単純な実体である、という命題を提出する。よろしい。しかしこのことは魂が空間内の場所を占めていることを意味するのであろうか。もしそうであるならば、魂は或る物質的なものであり、その結果魂の測定される可能性が生じることになる。しかし一体我々は一立方インチの精神を表象することができるであろうか。また人体のいかなる位置に魂が見いだされるというのであろうか。それともこのことは精神が身体なきものであることを意味するのであろうか。精神はもしかすると全く特別の有機的身体をもっているのであろうか。さもなければそれはいかにして宇宙の中に存在し、作用しうるのであろうか。物質的であると同時に不可視である磁力でさえも現存する。そこで唯一の結論が生じる。すなわち、魂は意識の事実から我々に知られる内的本性をもつが、しかしその外的本性に関しては我々は何も知らない、ということである。(12)

さらにもう一つの問題がある。魂は身体の死後生き続けるであろうか。それは大いにありうることである。(ケーニヒスベルク大学講師がキリスト教教義の根本問題の一つに対して、厳密に肯定的な答を与えるのをあえて避けていることは注目される。陸軍中尉ボロトフが危惧の念をもってヴォルフ主義を見たのも無理はない。彼はその中に懐疑の原理を見いだしたからである。)不死にとって何が味方するであろうか。もし私の完全な消滅を予期しなければならないとすれば、私の存在は創造者の手中の傀儡でしかないことになる。私の理性はこれに対して抗議する。私はむしろその時は決して生きたくはない。私は言う。世界は破片の堆積ではなく、或る統一であり全体である、と。そうであるならば、過去と未来との遍き連結が存在しなければならない。問題は、人間が一体このような連結の担い手であるか、という点にある。人間は事態の偶然的遭遇によって生命に達する。受胎の事実は偶然であり、胚芽や新生児が生き延びることは偶然である。他のものの生命は短いので、それらの許で過去と未来との間に求められる連関を実現することはできない。しかし人が長生きするならば、どうであろう。それぞれの人間の生命は科学の無限の課題に比すれば短い。学者は老年になって耄碌することがある。ニュートンは満足を知らず、休養も平穏も知らずに、科学のためにのみ生きた。そして耄碌し、笑われて死んだ。友人に囲まれた呑気な生活の方が良くはないだろうか。さあ、行って満足を探せ。死はいずれにせよお前を待っているのだ。(13)(カントはまるで独語しているかのようである。彼は明らかに岐路に立っている。「道を選択した」ことを大胆に確信した若者の自信の痕跡はここには見られない。)

カントは神について語る。自分の経験からも、他人の経験からも、我々は神の現存在を確信することができない。我々に残されているのは理性に頼ることである。理性規則の体系のみが、世界には最高の絶対的な無制約的に必然的な存在者がある、という結論に導くことができる。(この主題についての自分の考察を、カントは論文『神の現存在論証の唯一可能な証明根拠』の中で述べる。この著作は一七六二年末に現れ、著者に最初の文名をもたらしたが、しかし神学者たちはそれに対して警戒した。マギスター・ヴァイマンは直ちに反論を出版した。カトリックのウィーンではこの論文は禁書目録の中に入れられた。)

しかし宗教へのそのような態度は倫理学の基礎を転覆しないか、という問題が生じる。ベールやハチソンに続いてカントは、道徳と宗教とは異なる事柄であると主張する。道徳は神の判決よりもむしろ普遍人間的な判決に服する。もちろん道徳なき神は恐ろしいが、しかしそのような神が事実存在する(ホッテントットにとってはキリスト教の神はオランダの船長のように見える。)。また宗教なき道徳もありうる。神を知らない道徳的民族がいる。無神論者が道徳的に振舞うならば、社会は彼らに対して寛大に接しなければならない。スピノザは誠実な人間であった。しかる後に神の観念を教えこむのであり、さもなければ宗教は偏見へと転倒し、奸智と偽善が生じるであろう。まず初めに内的義務感を育成し、次に外への義務を育成しなければならない。道徳感情の教育は従順の教育に先行しなければならない。汝の道徳的本性に相応しく行為せよ。これが行為の根本法則とならなければならない。

ところで困難は、人間の道徳的本性を詳しく規定するところにある。もしスパルタの女性が裸で路上に連れ出されたとするならば、これは彼女にとって死よりも恐ろしいことであった。しかしジャマイカでは女性は裸で歩く。自分の姉妹と結婚することは罪であるが、古代エジプトではこのような結婚には秘蹟的意味があった。自分の老衰した両親を殺すエスキモー人は、長びく死や狩猟での苦しい死から両親を守ることによって、実際に両親に奉仕するものとみなされる。それゆえルソーは人間にとって何が自然的で何が人為的であるか、について熟考しなければならなかった。或る点で彼は無条件的に正しかった。それは科学の一面的発達は害をもたらすということである。(14)

ヘルダーは、カントの研究についての精彩に富む描写を残しただけでなく、文章による簡潔な師の人物像をも残した。彼がそれを書いたのはずっと後になってからで、当時彼はすでにカントと論争によって敵対していた。それゆえお世辞を言う気持が彼にあったとは思われない。彼は書いている。「私は、私にとって人間性の真の教師であった哲学者と若い頃知り合い、教えを受けたことを、感謝に満ちた喜びの気持をもって想起する。その人は当時最も華々しい年齢にあって、青年の楽しい快活さをもっていた。それは老齢になってもなお失われていないであろうと思う。彼の広い、思索向きの額は明朗さの座であった。極めて思想豊かな快い談話が彼の話好きの口から流れ出た。冗談と機知と上機嫌は彼の意のままであり、然るべき時を弁えていて、皆が笑っても真面目さを崩さなかった。彼の公開の講義は愉快な交際のようであった。彼は自分の〔使用した教科書の〕著者について語ったが、自分自身で考え、しばしば著者を越えて進んだ。しかし私が毎日哲学の諸学について彼から聴講した三年の間に、私は一度もごくわずかな尊大な調子をも彼の内に認めたことがなかった。彼は彼を反駁しようとする敵をもっていたが、彼はその敵を気にしなかった。……私はライプニッツ、ニュートン、ヴォルフ、クルージウス、バウムガルテン、エルヴェシウス、ヒューム、ルソーについての彼の評価を聞いた。彼らのうちの幾人かは当時新進の著作家であった。私は彼がこれらの人々について論じるその仕方に注意したが、真理に対する高貴な熱望と、人類の福祉のための重要な発見に対する最も美しい感激と、一切の偉大と善とをひたすら無私の念をもって模倣したいという熱心さと、これらのものしか彼の内に見いださなかった。彼は陰謀を知らず、党派心と宗派心は彼には無縁であった。崇拝者を獲得したり、弟子に彼の名を冠するようなことは彼の目ざす栄誉ではなかった。彼の哲学は自立的思考を呼び起こした。このために彼の講義ほど適切で有効なものを私は思い浮かべることができない。彼の思想はまさに今彼の中で芽生えたかのようであり、人々は彼と共に思考を進めなければならなかった。彼は命令・教授・教義化については何も知らなかった。自然史と自然学、人類史と民族史、数学と経験、これらが彼のお気に入りの人間知の源泉であり、彼はそれらから汲み取り、すべてを活気づけた。彼はそれらを参照するように指示した。彼の心は社会とともに生きていた。」(15)

カントを個人的に知ったすべての人が、カントは社交的でうち解けた人である、と語っている。彼は多くのことを為さねばならず、自分の仕事を愛したが、それしか知らなかったのではない。彼は深い学識を社交家的魅力と結びつけながら、休息し気晴しすることができた。

「若い時に若かった人は幸福である……」(A・プーシキン)。マギスター・カントは、講義の後には一杯のコーヒーやワインを飲んで、喜んで時間を過した。彼は玉突をしたり、夜はカルタ遊びをしたりした。彼は或る時は夜半に家に帰り、或る時は、彼自身の告白によれば、彼が六十年代に住んでいたマギスター横町の出入口を一人で見つけられないほど酔って帰宅した。いかなる場合にも彼は翌日早く起きねばならなかった。朝の講義が待っていたからである。その上彼は虚弱体質であるため、節度ある生活様式を守らなければならなかった。

幼少年期から彼を苦しめた肉体的虚弱さの上に、カントがヒポコンデリーと名づけた一種の精神的疾患が年ごとに加わった。この病気の症候を哲学者は彼の一著作の中で次のように記述している。「ヒポコンデリー患者のもつ苦痛は、主要患部がどこであろうと、おそらく身体のさまざまの部分の神経組織を不定に放浪することである。しかし特に心の座の周りにメランコリックなもやがかかり、患者は自分が聞いたほとんどすべての病気の幻想にとりつかれる。そのため彼は何よりも好んで自分の不快について語り、医学書を好んで読み、随所に自分の病気の症候を見いだすのである。(16)」社交性はヒポコンデリー患者に好影響を与える。それによって人々と一緒にいることを好んだのであろう。おそらくこのゆえにカントは決して一人で食事をせず、概して上機嫌になり、食欲が増進する。

人々は彼を招待するのを好んだし、彼も決して招待を謝絶しなかった。機知に富み快活な話相手であるカントは社交界の中心人物であった。いかなる会合でも彼は対等で、軽快に自由に振舞い、打てば響くようであった。夕食の際、若い中尉が年長の士官の面前で赤ワインを食卓の上にこぼし、狼狽して消え入らんばかりであった。マギスター・カントはこの将校とちょうど或る会戦について話していたが、全くさりげなく自分のグラスから少しのワインをその上に注ぎ、テーブル・クロスの上で赤い線を引いて部隊の移動を描き始めた。カントは最近までロシア将校たちに対して、そして今はプロイセン将校たちに対して、個人講義をしていた。将官用の馬車で彼は迎えられ、二人の将軍が彼の親しい知人になっていた。

友情に関してカントのお気に入りの格言があった。「愛する友人諸君よ。友なるものは存在しない。(17)」アリストテレスに由来するこの格言は冗談のように聞こえる。しかしすべての冗談の中に周知のように一粒の真理が含まれている。その真理とはこうである。すなわち、カントは友情を尊重した（彼が友情を愛の上に置いたのは、友情は愛を含みさらに尊敬を必要とする、と確信したからである）。そしてカントは真の友情のために心から用意し、求め、一時はそれを見つけたと思ったが、しかし実際には彼の精神的関心を完全に分ちもつような人間を自分の周りに決してもちえなかった、ということである。

人々はいかにして親密になるか、ということについてカントは熟考して、胆汁質の気質が友情を妨げる、と指摘した。多血質の人にとってはすべての人が友人である。(実際には彼自身は誰の友人でもないことを証明する。) 他方憂鬱質の人は友人が少ないが、その代り良心をもつ。自分の気質をカントは憂鬱質とみなしていた。

したがって我々は憂鬱症についてのカントの性格描写を注意深く読まなければならない。それはある程度まで内面的な自画像である。憂鬱質の人は生活の喜びを奪われており、永久に暗い憂鬱の中に苦しんでいる、と考えてはならないとカントは注意している。全くそうではなくて、彼は外的または内的作用の影響によって、他の人よりも容易にこの状態に陥るだけである。このような人は特に崇高の感情を与えられている。満足の享受は彼にあっては真面目であるが、しかしそのために喜びが小さくなるのではない。彼は親切であり、堅忍不抜であって、不正に対して鋭く反応する。自己の感情を原則に従属させる。このゆえに他人の意見は彼の心を煩わさない。彼は自分自身の考えに依拠するのみである。憂鬱質の人は自分や他人の秘密をよく守り、虚言や偽善を憎む。「彼は人間本性の尊厳についての気高い感情をもつ。彼は自分自身を尊重し、人間を尊敬する被造物とみなす。彼は卑屈な隷従を我慢せず、高貴な胸中に自由を呼吸する。宮廷で用いられる金めっきの鎖から、ガレー船奴隷の重い鉄鎖に至るまで、すべての鎖が嫌悪すべきである。彼は自分自身と他人との厳格な裁判官であり、自分と世間とに対して嫌悪を覚えることも稀ではない。[18]」

憂鬱質の人の性格が堕落すると、――カントはこのような可能性をも予見する――真面目さは陰鬱に、敬虔は狂信に、自由への愛は熱狂に変じる。侮辱と不正とは彼のうちに復讐心をかき立てる。そのような場合、彼は恐るべきである。彼は危険をものともせず、死を軽んずる。彼の感情が転倒していると、彼は興奮に陥り、霊感や幻影をもつ。彼は変人・空想家・狂信者になる危険がある。自分の弱点を大きくしないためには、我々は弱点を知らなければならない。

真の友情は憂鬱質の人の特徴的気分に相応しい。それは友情と憂鬱質の感情とがともに崇高だからである。憂鬱質の人自身は気の変りやすい友人を失うかもしれないが、しかしこの友人の方は彼をそれほど簡単には失わない。消え去った友情の追憶でさえも彼にはなお尊い。

誰がカントの友人と呼ばれる名誉に値したであろうか。哲学者は大学の同僚の中には、彼と同等の人物を見いださなかった。カントが友人と呼んだのは、常時ケーニヒスベルクに滞在していたイギリス商人ジョゼフ・グリーンであった。カントは閑暇の時間には学問的な談話をすることを好まなかった。それゆえ博識ながら哲学とは緑遠いこの人との交わりの中でカントは寛ぎを覚えた。グリーンともう一人の近い知人であるイギリス人マザビーとは、カントに大ブリテンを想起させた。カントの考えでは彼の祖先はそこの出身である。

実務家のグリーンは自分の学者の友に対して時間厳守を教えた。カントは若い頃はまだ老年期ほどには杓子定規ではなかった。伝えるところによると、或る日彼らはグリーンの馬車で朝八時に一緒に郊外に遠出する約束をした。グリーンは八時十五分前に準備を済ませた。八時五分前に彼は帽子をかぶり、ステッキをもち、階下へ降りた。時計の鐘の音と同時に彼は馬車に乗り、出発した。彼はプレーゲル橋の上で息を切らせているカントに出会ったが、それでもカントの呼びかけにかまわず側を通り過ぎた。やがてマギスター・カントもまた時間厳守の模範になった。毎夕彼はグリーンの家で時を過ごし、正確に七時に立ち去った。カントがグリーンの家から出てくる時、人々は時計を七時に合わせることができた。

カントは林務官のヴォプザーの所にも好んで滞在した。この人の別邸が市域外のモディッテンにあり、カントはそこで休暇を過ごした。この場所で彼はゆっくり休息しただけでなく、また仕事もした。

カントの生活の中で女性は、例えば彼の若い同時代人であるゲーテの生活と創造の中で女性がもったような役割を、演じることがなかった。カントは生涯独身であった。しかしこのことは哲学者たちの間では稀なことではなかった。プラトン、デカルト、ホッブズ、ロック、ライプニッツ、ヒュームは夫婦生活を知らなかった。カントの独身生活は精神分析的には、他の女性との結びつきを妨げた母性崇拝として説明される。しかし哲学者自身はこの問題を別様に見ていた。「私が妻を必要とした時には、私は妻を養うことができなかった。私が妻を養うことができた時には、私は妻をもはや必要としなかった。[19]」この告白を我々は次の言葉と比較してみよう。「男性は女性なくして人生の満足を享受することができない。また女性も男性なくしては欲求を満たすことができない。[20]」そこから明らかになることは、独身生活がやむなくなされたものであって、それが壮年になって喜びとは感じられなかったということである。

「社交的な裕福な生活を欠くキニク学派の潔癖と隠遁者の禁欲とは、徳の歪曲された形態であり、人々を徳へ誘うものではない。それらは優美の女神によって見捨てられており、人間性に対する要求を掲げることができない。[21]」カントは老齢になってこのように言う。人生の最盛期においては僧侶的禁欲主義はなおさら彼を活気づけることはできなかったであろう。性欲はカントの言葉によれば、「大きな感性的享楽」であり、それも「厳密には道徳的愛と共通点をもたない」ところの「特別の種類の享楽」である。思考力だけでは人はこのような結論には達しないであろう。

ルイーゼ・レベッカ・フリッツという人が晩年になって、哲学者のカントがいつか自分に恋したことがある、と断言した。伝記作者たちの計算によると、それは六十年代のことに相違なかった。カントの生活の大部分の出来事を目撃したボロフスキーは、相手の名前をあげずに、自分の先生が二度恋愛し、二度結婚しようと思った、と確言している。

女性がカントに対して注意を向けなかった、と言うことはできない。むしろ逆である。例えば次のような興味ある証拠がある。一七六二年六月十二日に彼が受け取った手紙である。「敬愛するお友達。偉大な哲学者でいらっしゃるあなた様へぶしつけにお手紙差上げて驚かれることでしょう。私は昨日私の庭園であなた様にお目にかかれるものと思っておりました。私の女友達が私と一緒にすべての小径をくまなく探し回ってくれましたが、この大空の下で私どものお友達を見つけることができませんでした。それで私は剣つり紐の仕上げに没頭しました。これはあなた様への贈物でございます。明日午後あなた様とご一緒したく思います。はいはい伺いますとも、とおっしゃるのが聞こえますわ。ではお越しをお待ちしております。その時には私の時計にもねじが捲かれることでしょう。こんな思い出をお許し下さい。私の女友達と私とであなた様へ共感によるキスをお送りいたします。きっと空気はクナイプホーフ〔カントの居住地〕もここと同じでしょうから、私たちのキスが共感の力を失うことがありませんように。では御機嫌よう。」(22)

この手紙の筆者は、全市に知られた美人マリーア・シャルロッタ・ヤコービであった。彼女は二十三歳で、結婚してすでに十年経っていた。そのような早婚はうまくいかず、結婚はやがて最終的に破綻してしまう。しかし、「私の時計にもねじが捲かれることでしょう」という謎めいた言葉は何を意味するのであろうか。親密な関係を暗示するうわついた冗談であることは十分考えられる。ローレンス・スターンの同名の小説の主人公である紳士トリストラム・シャンディが、どのようにしてこの世に生まれ出たか、を想起するがよい。彼の父は日曜の夕方竪形大時計のねじを捲いて、それから夫婦の務めを遂行する、という習慣をもっていた。その結果シャンディ夫人には――哲学者ロックの説に対応して――「現実には何物によっても相互に結合されていない」ところの諸観念の間に、すなわち時計のねじを捲くことと夫婦の交わりとの間に、強固な連合が生じたのである。[23]『トリストラム・シャンディ』は一七六〇年に出版され、イギリスで大成功を収めただけではない。カントはスターンを愛読した。ヤコービ夫人は読書好きの女性として知られていた。

カントは背が低く（一五七センチメートル）、虚弱な体格であった。彼の外面的貧弱を隠すのに仕立屋や理髪師の助けを必要とした。淡い金髪、生き生きとした聡明な青い眼、高い額、姿勢のよさなどが彼を十分魅力的にした。彼は当時の流行の範囲内で趣味の良い服装をしていた。（カントは流行に対して寛大であった。彼は流行を虚栄の事柄と呼んだが、「流行に従った馬鹿の方が流行遅れの馬鹿よりはましである」[24]、と語った。）

三角帽子と髪粉を振りかけた鬘、黒いレースと金モールと絹張りのボタンなどのついた褐色の外套、それと同色のチョッキとズボン、白いレースのワイシャツ、灰色の絹の長靴下、銀の留金付きの靴、そして腰の短剣。彼の服装はこんな風であった。同時代人はカントを「小柄なマギスター」としてだけではなく、「おしゃれなマギスター」としても記憶に留めた。人間的なもので彼にとって無縁なものは何もなかった。彼が人間について書いた時、彼は書物からだけではない材料に基づいていた。

このことはカントの著作『美と崇高との感情に関する観察』を読む際に、記憶していなければならないであろう。この著作は大人気を博し、カントの生存中に八版を重ねた。我々はそこに新しい文筆上の試みを見る。哲学者は自分にとって常とは異なるジャンルにエッセイストとして登場する。最初の諸著作がもっていた感激的パトスは消え、代わってユーモアとイロニーが現れ、文体は優雅になり箴言風になった。カントは人間の感情の世界について書き、人間の感情を、美と崇高との二つのカテゴリーに従って考察する。その際著作の中で、美学については実際には何も語られていない。そこには厳密な定義も見られない。

すべてはただ暗示的に、比喩的に、そして興味をそそるように述べられている。

夜は崇高であり、昼は美である、とカントは論じる。崇高は感動させ、美は魅惑する。崇高は常に大きくなければならないが、美は小さくともよい。行為の内で美に属するのはなかんずく、行為がやすやすといわば努力せずになされるような場合である。克服された困難は感嘆を呼び起こし、崇高に数えられる。女性の知性は美しく、男性の知性は深遠である。その場合の深遠は崇高の別名に他ならない。女性は悪を避けるが、それは悪が不正だからではなく、醜いからである、女性はいかなる当為にも、いかなる強制や責務にも耐ええないであろう。女性が或ることを行うのは、それが彼女の気に入るからである。美しい性である女性は原則によっては導かれない。その代り摂理は女性の胸中に親切な仁愛的な感情を植え込み、また礼儀正しさと好意の表現とに対する繊細な感情を与えた。女性に対して犠牲と克己とを要求してはならない。男にとって嘘つきとみなされることほど侮辱的なことはなく、女にとって不貞とみなされることほど辛いことはない、という文章をカントはイギリスの雑誌で読んだが、しかし彼自身の考えはそれとは異なる。男性にとって馬鹿者とみなされることほど侮辱的なことはなく、女にとって醜いと呼ばれることほど侮辱的なことはない、とカントは言う。

男性と女性とは互いに補い合う。結婚において彼らはあたかも一つの道徳的人格を生み出し、それは男の知性と女の趣味とによって構成される。統一が一致なしに、相互の価値の平等なしに生じる場合は、善くない。感覚の繊細と優しさは初めのうちだけ全き力を現すが、その後それらは環境と家事とによってしだいに鈍化し、遂には友愛へ推移するに至る。その際、かつてそのような結合を作り出すのに骨折り甲斐のあった喜びの全価値を、無関心と倦怠が台無しにしないようにするために、最初の感情の残滓を保持するところに大いなる技巧が存するという。

この著作の中でカントは人間の気質の差異について若干の考察を行っている。彼はまたもやこの主題を論じ尽くそうとはしない。美と崇高とは、彼が自分の興味ある観察をまとめうる出発点の役をしているだけである。崇高の領域には憂鬱質が入る。カントはその若干の弱い面をも見てはいるが、それを明らかに優位に置いている。

多血質の人の心の中では、美の感情が優越している。彼は快活や生活の喧騒を愛し、変化を愛する。他人の喜びは彼に心からの満足を与えるが、しかし彼の道徳感情は原則を欠いており、したがって不確実である。もし或る人が不幸に襲われるならば、彼は心から同情するであろう。しかし事情が変化しないうちに、彼は密かに立ち去るであろう。彼は気前がよく慈善を好むが、しかし自分の負債を忘れる。彼の性格が転倒すると、彼は愚かしく狭量で子供っぽくなる。

胆汁質の人は、崇高の感情によって生きているように見えるが、しかし実際には彼を引きつけるものは、人を迷わせる欺瞞的な外面的な光彩にすぎない。彼は深部に隠されているものに対しは冷淡である。彼は善人と思われるときは喜ぶが、真の善によって心を温められはしない。彼の挙動は不自然である。彼にとって重要なことは、自分が何であるかではなく、自分が何に見えるか、ということである。彼は愛人もしくは友人を装うときにも常に自分自身のことで心が一杯である。彼は宗教においては偽善的であり、交際においては追従的で、政治においては移り気である。彼は目下の者に対して暴君になるために、この世の力ある者の前に喜んで奴隷となる。

カントは『美と崇高』の最終章を国民性の諸特性にあてている。これは、今日初めてより厳密な経験的基盤を獲得した科学である社会心理学へ向かっての第一歩である。カントは自分の観察に満足している。この後彼は繰返しこれに立ち戻る。人間学について講義するたびごとに立ち戻る。彼の考えは必ずしも正確ではなく、時には議論の余地があるが、大部分は非常に独創的である。

スペイン人は真面目で寡黙で誠実である。彼は自負心をもち（どんな素朴な農民でさえも官憲に向かう時、自尊心を懐いている）、美しい行為よりもむしろ偉大な行為をすることを好む。個人生活においてさえも彼の振舞は尊大でもったいぶっている。外国人が傍を通り過ぎると、彼は鋤をおき、外国人が見えなくなるまで長剣とマントをつけて畑の中を歩き回る。彼は働かずにおれることを自慢する。スペイン人が恋に落ちると独特な行動をする。闘牛の際には特別の敬礼によって王妃に挨拶し、それから彼女の名誉のために危険な猛獣との格闘へ向かって突進する。彼は残酷である。それは宗教裁判の火刑の薪の山が証明している。

フランス人にあっては道徳的美に対する感情が優越している。彼は行儀よく、丁重で愛想がよく、即座に親しくなる。機知は彼にとっては優れた価値をもつ。彼は平和な市民であって、社会的抑圧に対しては諷刺によってのみ報復する。（これはフランス大革命の四分の一世紀以前に言われたことである。革命の後にカントはフランス人の国民性の中に「伝染性の自由の精神」を発見した。「その自由の精神は理性をさえ自分の仲間に引き込み、民衆が国家に関係するとき、一切を震撼する熱狂を引き起こして、極端をも越えるに至る。[25]」）

イギリス人はすべての外国人に対して軽蔑を示す。彼は自分の同国人のためには、他国民の許では見られぬような巨大な慈善施設を作るが、しかしブリテンの地で貧窮に陥っている外国人は常にのたれ死にの不安におののいている。イギリス人は才気があると見えたり、立派な行儀作法で人目についたりすることにほとんど気を使わない。彼は自分独りで振舞い、ただ一人で食事することの方を好むが、それは共同の食事はどんなにわずかでも礼儀正しさを要求するからである。彼は思慮深く、品位がある。彼は堅固であり、往々にして頑固にまでなる。大胆で決断力があり、我意にまでなる。彼は容易に変人になるが、それは虚栄からではなく、他人のことをほとんど気にしないからである。(この肖像画は明らかに商人グリーンをモデルにしている。)

ドイツ人は崇高と美の両方の感情をうまく混合して結びつけている。彼は万事において、恋愛においてすら、方法的である。誠実・勤勉・秩序愛はドイツ的徳である。カントは自分をドイツ人と感じる。彼はそのことを誇りにしたが、自己満足や高慢の影はなかった。(『人間学』の中で彼は「二つの最も進んだ文明国民」について述べながら、自分の言葉に次の注を付している。「この分類に際してドイツ民族が度外視されるのは当然である。なぜならドイツ人である著者の賞讃は自讃となるだろうからである」[26]。そこで取り上げられているのは、フランス人とイギリス人である。)

カントは自分の心の隠れた深部を覗きみた時、ドイツ人の内に見られるいかなる専制政治とも妥協する傾向をおそらく見いだしたのであろう。ドイツ人は他国民よりもより容易により長く時の政府の支配に隷属している。現存秩序に反抗することも、新秩序を考え出すことも、彼らには思いつかない。ドイツ人には分類と従属への情熱が非常に大きい。彼らは官等表の作成に飽くことを知らず、そしてその各段階が社会的権威の一定の度合に正確に対応するような、官等と称号の全き序列を設定するといった純然たる杓子定規を示すほどに屈従的である。

アラブ人はいわば東洋のスペイン人であり、ペルシア人はアジアのフランス人で、日本人はアジアのイギリス人である。カントによれば、インド人と中国人とに該当するものはヨーロッパには見られない。黒人についてはカントは低い評価を下しており、特に彼らの女性に対する虐待を非難している。「ちょうど我々のところでも、自分の家の外では誰の前にも敢えて出て行こうとしない男が、常に台所では暴君であるのと同様に、意気地のない者がいつでも弱者に対する厳格な主人である。」[27] カントはインディアンについては驚嘆をもって書いている。未開人の中で、北アメリカの原住民ほど崇高な性格を示すものはいない。彼らは名誉に対する強い感情をもつ。女性を尊敬する点では、彼らは我々の社会の教養階級をさえ凌駕している。そこでは女性が実際に命令を下す。彼女らは自分のその特権を大きな犠牲を払って得ており、すべての家事の重荷を背負い、しかも男たちの仕事に参加している。

これらすべての明るいおそらく時には気ままに書かれた章句の背後には、深い意味が隠されている。すなわち、それらの章句は国内の精神生活の中の変化を告知している。それは悟性から感情への到来しつつある転換と、個別的人格の唯一無二の心的体験に対する活発な関心を告知している。ここには、ハーマンの諸著作に見られるのと同様に、「疾風怒濤」の接近が感じられる。カントは時代に先行している。彼の哲学的関心の圏内に人間が登場する。

しかしながら論文の最も卓越した箇所は原本の中には収録されなかった。それらは断片のまま残され、哲学者の死後長い年月を経て出版された。カントが思いつきをすべて直ちに紙に記す習慣をもっていたことは注目に値する。それは時には特別に作られた草稿用紙であったが、たいていはちょうど偶然手に入れた紙片であった。すなわち、到着したばかりの手紙とか商人が持参した勘定書等であった。しばしばそれは学問上または著作上意味のない、記憶のための覚書でしかない。また時には覚書は驚くばかりの深い洞察を示しており、一様に体系的に仕事する悟性に対して多くの点ですぐれたものをもっている。そこには文章の断片もあれば、研磨された箴言も、将来の仕事の構想もある。これらの省察は完成した著作に対する極めて重要な補足である。

カントにはまた別の習慣があった。彼は自分のいくつかの講義を他人の教科書を用いて行った。論理学はマイアーにより、形而上学はバウムガルテンによる、等々である。講義の準備をしながら彼は心に浮かんだことをすべて習慣として教科書の欄外や見返しや扉や他の空欄に、時にはテキストの行間にも、書き入れた。長年彼が講義に使用した教科書は何千もの書込みで埋まった。マイアーの『論理学』に対する覚書は、アカデミー版全集第十七巻のほとんど全部を占めている。手書の省察は全部で十巻にのぼり、出版された著作よりも分量が多い。覚書には日付が記されていない。しかし手書の遺稿の編集者E・アディッケスはすべての特徴を基にして、個別的主題に従って資料を整理するだけでなく、それを近似的に年代順に配列することにも成功した。その結果現代の読者はカントの一種の研究日誌をもつのである。

我々はここに、カントが明らかに『美と崇高』の新版のために利用しようとした断片をもっている。カントは自由の問題について思索を試みている。彼はすでに教授資格獲得論文の中でそれを全く抽象的に取り扱った。いまやルソーの影響を受けて問題は社会的色彩を帯びる。自由、それは隷属や依存の反対物である。人間は多くの外的事物に依存しているが、しかし外的必然性の重荷よりもはるかに残酷で不自然であるのは、他人の意志への隷従である。私が以前自由であったとするならば、将来私の状態が私の意志ではなく、他人の恣意に依存するであろうという考えほど、私を強い悲しみにつき落とすものは他にない。今は厳しい酷寒である。私は思いのままに外出することもまたは家に留まることもできる。しかし他人の意志は、この場合に私にとって好ましいものを決定するのではなくて、彼にとって必要なものを決定する。私は眠りたい、しかし彼は私を呼び起こす。私は休息するか遊ぶかしたい。しかし彼は私に働くよう強いる。また彼が今私に親切であるとしても、彼が明日全くの別人にならないと誰が保証しよう。他人に依存する人間はもはや人間ではない。彼はこの名に値しない。彼は他人の付属物以外の何ものでもない。奴隷根性は人間本性における最大の害悪である。(28)

「人間は自由なものとして生まれたが、彼は到る所で鉄鎖につながれている。自分を他人の主人であると思っている者も、他人以上に奴隷であることからまぬかれていないのだ。」――『社会契約論』はこのように始まる。カントはルソーが設定した課題を変形し深化する。自由は人間を動物以上に高めるに違いないと思われるが、しかし実際には逆であって、人間は一層容易に隷従する。暴力による奴隷化のほかに、さらに奴隷化のより忌まわしい形態である眩惑による奴隷化がある。後者は、財物（例えば、安楽や享楽）への依存か、または観念への依存に基づく。人間は意見よりも財物の方を自分の思いのままに処理することができる。それゆえ眩惑による奴隷化のうちの第二の種類の方が、一層醜悪で軽蔑すべきである。(29)

カントはルソーにならってここで疎外の問題を取り上げる。この術語は彼に知られていないが、事の本質は正しく捉えられている。敵対的社会関係が人間活動の成果を人間にとって或る疎遠なもの、否敵対的なものへと転倒せしめる、ということが問題である。善はいかにして悪へと変化するかを、カントは学問の例をあげて明らかにする。

「学問が人間にとって不都合な点は特に次の点である。すなわち、学問を自分の誇りとしようとする人人の大部分が、少しも悟性の改善を習得せず、悟性の転倒のみを獲得することである。学問が多数の人々にとって虚栄の道具としてのみ役立つことなどは、論外である。……学者は一切が自分のために存在すると思っている。貴族も同様である。」(30)

カントの確信によれば、彼の時代の学問は二つの害悪に冒されている。一つの名前は精神的偏狭、思考の一面性であり、第二の名前は価値ある目標の欠如である。カントは繰返しこの問題を取り上げる。他の巻から一層特色ある断片を引用しよう。「野蛮な学識は多くの勤勉を含みうるが、しかし目的を欠き、特に人類の福祉への理念を欠く。」学問は「哲学の監督」を必要とする。学者に「一つの眼が、特に哲学が欠けている」ならば、学者は一種の一眼怪物になる。[31] 人間がなんらかの学問分野の先入見に閉じこもっているならば、それは恐るべき奇型である。「私はそのような学者を一眼巨人キュクロープスと名づける。彼は学問のエゴイストである。彼には対象を他の人々の観点から眺めるようにさせるところのもう一つの眼が必要である。この点に学問の人間性が、つまり判断の社交性が基づくのである。……第二の眼は人間理性の自己認識の眼であり、これなくして我々は我々の認識の大きさを目測することができない。[32]」カントは彼の時代の学問の欠陥を克服するという課題を立てる。「もし人間の必要とするなんらかの学問があるとするならば、それは創造において人間に対して指定された位置を、それに相応しく満たすように教える学問であり、また人間であるためには何でなければならないかを学ぶことのできる学問である。[33]」

この告白はカントにとって重大な意義をもっている。神にも似た全能を学問に付与することによって、自分の百科全書的知識を楽しむ、といった啓蒙主義者の過度の高慢とは、彼はいかなる場合にも無縁であった。学問の価値はいまや倫理的心構えに従って決定される。カントは将来人間のための学問に献身することを望む。それ以来彼の哲学的関心の中心に位置するのは、人間の問題である。一切は次の問に集約される。それは、人間が実際に必要とするものは何か、いかにして人間に役立ちうるか、という問である。

もしかすると文明と絶縁するのが最上なのであろうか。すべての人がルソーの受け売りをしている。流行の服装をし香水をかけ髪粉をつけた淑女や伊達男たちが、うんざりする安楽を離れた、自由な自然の中での魅力的な生活に憧れる。しかしもしかするとすべての学者的知恵を忘れ、真理を聖書の中に求めることの内にこそ解決があるのではなかろうか。

全く偶然に実験が行われた。一七六四年一月に一つのニュースが市の知識人層の耳目を驚かせた。ケーニヒスベルク近郊の森の中に「自然人」が現れたのである。彼は文明の束縛を断ち切り、信仰の源泉に立ち返っていた。この人はヤン・パヴリコヴィチ・ツドモツィルスキヒ・コマルニッキと称し、年齢五十歳で、八歳の子供を連れていた。二人は毛皮をまとい、いかなる天候の下でもいかなる季節においても裸足であった。彼らは場所から場所へ移動し、彼らの畜群、十四頭の雌牛、二十頭の羊、四十六頭の山羊から与えられるものによって生活していた。「山羊の予言者」の手には常に聖書があり、彼はそれを絶えず、都合のよい時にも悪い時にも引用する。

人々は群をなして森へ巡礼した。カントもそこを訪れた。現場で次のような詳細が明らかになった。コマルニッキが七年前にかかった重い胃病がすべての原因であった。彼は二十日間何も食べなかった。その後で彼の前にキリストが現れ、彼を真理の道へ導いた。今は彼は牛乳と山羊の乳を飲んでおり、時折大いに喜ばしい時には、わずかの肉を食う。警察は「山羊の予言者」をポーランドへ追放したが、彼はそこからまた来たのである。この事件は『ケーニヒスベルク学事・政治新聞』に報道された。それに続いて同紙上にカントの論文『脳病試論』が掲載された。

この論文は『美と崇高』と同じく、軽妙にエッセイ風に書かれている。カントの結論は、頭脳の病気の位置する主要な部位は消化器である、という。自然状態における人間は、現代の文明人ほどには精神病にかからない。カントは市民的社会組織の中に、精神的疾病の原因ではないにしても、ともかくその疾病を悪化させ助長する温床を見た。カントの思想は、現代の用語で表現すれば、次のようになる。精神病は、社会関係の倒錯した形態に対する一種の倒錯した抗議である、と。

＊

一七六四年にカントは満四十歳になった。彼は有名になり、評価され、尊敬された。講義は成功を収め、講堂は常に満員であった。そして若干の課目を自分の弟子に譲った。彼の著書はよく売れた。しかも『美と崇高』は彼に流行作者の評判をもたらした。

しかしそれでもまだ彼は私講師であり、大学から一ペニッヒの支給も受けなかった。ベルリンではそのような状態の不当性が理解される。一七六四年八月、教育事務を管轄する法務省から問い合わせが来る。それは、ボック(女帝エリザヴェータから褒賞とロシア科学アカデミー会員の招聘を受けた人)の死後、すでに二年間も空席になっている詩学および修辞学の教授職を、マギスター・カントが引き受ける意志がないかどうか、というものであった。その時代には専門化についての崇拝はまだ行われていなかった。神学者が医学を教えることが許され、法律家が大学の自然科学の教職につくことができた。かつてカントに優先して選ばれたブック教授は数学者であった。なぜ哲学者カントが詩学で運だめしをしていけないことがあろう。彼の関心は多面的であり、また美と崇高についての著述は彼が洗練された趣味の持主であることを証明した。他人の詩を編集したり、公の機会に自分の詩を作ったりすること、これらすべてが詩学教授に課せられた義務であったが、それらは彼にとって少しも困難ではない、と思われたにちがいない。

それにもかかわらずカントは断った。彼は目標をもっており、それを真直ぐ達成することを望んだ。道のりは遠くとも、真直ぐでなければならなかった。迂回することは彼の原則にはなかった。彼はすでに八年間待っており、もっと長く待つことができた。

拒絶は尊重された。特別の勅令によって王の名において、「当地の大学にて遍き支持をうけて講義を行う極めて熟達せるマギスター・カントは、次の最初の機会に昇任さるべし」、と約束された。(34)

カントは一年後にこの約束を思い起こした。彼の財政事情には遺憾な点が少なくなかった。彼は決して借金をしなかったし、それが彼の大きな誇りであった。彼は、ドアがノックされるといつでも安心して

「お入りなさい」と答えることができる、と語った。借金とりが来るはずがないことを知っていたからである。しかし町では、マギスター・カントが時々自分の蔵書を売らざるをえないことが知られていた。一七六五年十月、カントは王立城内図書館の司書補の職が空席であることを知った。この職には幾人かの候補者がいたが、カントは彼を優先させるとの政府の約束を思い起こした。一七六六年二月、彼は新しい地位についたが、大学での授業は止めなかった。

図書館は城内にあり、中心の塔の一階に設けられていた（上部には燈台があった）。蔵書数は市内で最高とみなされ、一万四千巻を数えた。我々がすでに知っているボロトフは、ケーニヒスベルク滞在中しばしば王立城内図書館を訪ねたが、これについての次のような記述を残している。「ここの書物は大部分古書であり、一部は写本である。私はたまたま非常に珍しい本を見る機会があった。それは昔の修道僧によって書かれたもので、大変きれいな整った筆跡であり、輝く色彩のさまざまな唐草模様で飾られていた。そしてそれよりもっと驚くべきことは、それらの多くが長い鉄の鎖で棚に結びつけられていることであった。その目的は、誰でもそれらを棚から取り出し、望み通りに見たり読んだりすることはできるが、盗んだり持ち帰ったりすることはできないようにするためであった。この図書館は夏季には全週日開館しており、誰でも自由に入場できた。そして一日中そこに座って好きな書物を読むことができた。書物を持ち去らないようにすることが注意されただけである。また読書がより快適になされるように、広間の中心に長机が置かれ、その周囲に長腰掛があった。多くの人々、特に学者と学生はこの許可を実際に利用しており、私は十人から二十人の人が腰掛に座って読書に没頭しているのを見ることがよくあった。(35)」

図書館の勤務に要する時間はわずかであった。当時図書館は水曜と土曜の両日、午後一時から四時までの間だけ開かれた。しかし図書館員としての給料も僅少で、年俸六十二ターラーであった。カントは以前と同様に家計を補う仕事について考えなければならなかった。彼はしばらくの間鉱物学標本室の管理を引き受けた。

その間に彼の名声は大きくなった。ランベルトとメンデルスゾーンとはカントに対して学問的文通をしたいとの提案を行った。ヨーハン・ハインリヒ・ランベルトは数学者・天文学者であって、カントより四歳年下であった。しかしすでに教授で、ベルリン科学アカデミーの会員であった。彼の手紙を持参したのは、ケーニヒスベルクに逗留中の神学者であった。(郵便料は当時はかなり高く、そのため通信を送るには個人的方法が用いられた。)ランベルトは手紙の中で、自分たちは二人とも、互いに知らずに、「ほとんど同じような研究に」没頭してきました、と書いた。彼は特に銀河の構成についての見解が共通していることを念頭においたのである。カントがそれより五年前に述べたことを、ランベルトは一七六一年に繰返した。しかしランベルトの断言によると、銀河を多数の星の集積と見る考えが彼に浮かんだのは、すでに一七四九年であり、或る日、「遅い夕食の後」夜空を見つめている時であった。彼はその時紙片にその考えを書きとめた。(この知らせはカントに印象を与えなかった。彼は依然としてそれを自分の発見とみなすことを止めず、時折自分が優先権をもつことを主張した。)さらにランベルトは、二人はいずれにせよ五分五分である、とほのめかした。それは、哲学的方法についてのカントの最近の考えは、ランベルトがすでにカント以前に公表したことを再現したものにすぎないからである。将来同様の相互の重複を避けるためには、自分の熟考をあらかじめ互いに伝達することが必要である。出版者のカンターが形而上学の方法の問題に関するカントの著作の間近い出版について、すでに広告を出していた。ランベルトはそれを一日千秋の思いで待っている、と書いた。[36]

カントは気をよくした。彼は返事を書いて、ランベルトを「ドイツ第一の天才」と呼んだ。彼らの方法が一致していることは実際に明らかである。(この承認は重要である。ランベルトは自分を経験論者と考え、ベイコンに倣って自分の哲学的主著を『新機関』と名づけた。) 多くの「転覆」の後にカントは遂に、観察が主要な役割を演じる自分の方法を確立した。さらに続けてカントは、新しいより決定的な「転覆」について告げる。哲学の苦悩は、原則の一致を納得させることのできるような、遍く拘束する規準を欠いていることである。哲学的方法のための自分の著作に関しては、明らかに誤解があり、出版社が広告を急ぎすぎたのである。実際に彼の将来の努力を要する仕事の、主要目標となりうるような著作は、完成の状態からまだはるかに遠い。カントはランベルトに対して、理論的および実践的形而上学のための若干の小著作を先に送るつもりであるという。ここでカントは初めて自分の「主著」について語っており、それは『純粋理性批判』を暗示している。[37]

それに続くランベルトの手紙はそれだけで完全な論文である。十三項目に分けて彼は哲学的方法についての自分の理解を述べ、それから五項目にわたって形式と実質の相互関係を明瞭ならしめ、さらにこれらの項目を九つの命題によって補足している。ランベルトはケーニヒスベルクの同僚の意見を一日千秋の思いで待っていた。[38]

学術的新聞雑誌がまだなかった十七世紀には、学者たちは意見の交換のために文通を利用した。スピノザの往復書簡は独特の哲学的日誌である。カントの書簡はこれとは異なる。わずかな例外はあるが、それらは印刷を予定していない。それらは簡潔に、かなり詳しく、またそっけなく、彼の学問的関心と家庭的個人的関心とを反映している。十八世紀には書簡体は文学創造の最も好まれた形式の一つになった。この書簡熱にカントは捕えられなかった。彼は手紙を書く際に自分の才能を浪費せず、特別に筆まめで際立ってはいなかった。彼はランベルトに対して四年半後にやっと再び手紙を書いた。

しかし親しい関係はそれによって崩れなかったようである。ベルリンに出発した自分の弟子のイェンシュを通じて、カントはランベルトに対して友情に満ちた挨拶を送った。

さらにもう一つの返事をランベルトはカントから受け取った。メンデルスゾーンを通じてカントは、彼の新著『形而上学の夢によって解明された視霊者の夢』をランベルトへ贈った。これはまたもや論文ではなく、むしろエッセイであり、エマヌエル・スウェーデンボリという異常人の活動を取り扱っていた。この人はスウェーデンの哲学者・数学者であるが、早くからその力学・鉱物学・鉱山業に関する仕事によって有名であり、ペテルブルク科学アカデミーに選ばれていた。スウェーデンボリは老齢になって突然、自分の正体は透視者であり、自分は新しい教会を創立するように神自身によって委託されている、と宣言した。彼は死者の霊と密接な関係に立っている、すなわち、死者を通じて他の世界からの報告を受け取り、自分の方からはこの世の事について死者に通知する、と彼は断言した。

カントがスウェーデンボリのことを初めて聞いたのは、以前の彼の学生であったデンマークの士官からであった。哲学者は詳細な情報を集め始め、証拠の目録を作った。彼はスウェーデンボリに手紙を書いたが、返事はなかった。返事は誰に対しても書物の形で与えると約束された。カントの知人が彼の依頼によってストックホルムにスウェーデンボリを訪問し、そして視霊者自身の口から次のような話を聞いた。神はスウェーデンボリに対して願い通りに死者の霊と交信する特別の能力を授けた。証拠は？　証拠は世間に遍く知られていると。

或る宝石商がストックホルムのオランダ公使の未亡人に対して、亡夫の注文で製作した銀食器の支払を要求した。故人の几帳面さを知っていた未亡人は、勘定が支払われていることを確信したが、領収証を見つけることができなかった。それは相当の金額であったので、それについて悩んだ彼女は自宅にスウェーデンボリを招いた。もし彼が評判通り、死者の霊と交際する異常な能力を実際にもっているならば、彼は親切にも彼女の亡夫から領収証のありかを聞くことができるにちがいない、と彼女は思った。彼女の願いを適えることはスウェーデンボリにはたいして困難ではなかった。三日後にこの夫人のところで小さなお茶の会が開かれた。スウェーデンボリも現れ、彼が故人と話したことを冷静な態度で伝えた。負債は死の七カ月前に支払われており、領収証は上の階の部屋の戸棚の中にある、という。戸棚は完全に空だと夫人は反駁したが、スウェーデンボリは答えた。夫君の言葉によれば、左の引出しを取り出して、底をはがさなければならない、そこに秘密の場所があって、その中に秘密のオランダの文書と領収証が保管されている、と。皆が上の階へ行き、戸棚を開いて、言われた通りにすると、夫人の知らない秘密の箱があり、その中に上述の書類が発見された。

もう一つの事件は、カントにはすべての疑いを取り除くほど説得的なものに思われた。それは一七五六年九月末のことであった。ストックホルムからちょうど五十マイル離れた所にある商人の家に客になっていたスウェーデンボリは、突然青ざめ、ストックホルムに大火災が起こった、と告げた。数時間後に彼は、友人の家が焼け、火が彼自身の家に近づいている、と言った。八時に彼は喜んで叫んだ。「ありがたい。火災は私の家のすぐ近くで阻止された。」二日後にストックホルムから急使が到着し、火災の経過を知らせたが、それはスウェーデンボリの言葉と完全に一致していた。

カントがこれらの物語の信憑性を疑わなかった時期があった。彼に説明を求めたクノープロッホ嬢への手紙の中で彼は、これらの話は彼を当惑させるが全く信用しうるとして、それらをそのまま伝えている。(39)この手紙の日付は不明であるが、アカデミー版全集では手紙は一七六三年の日付になっている。これについては同意することができない。すでに一年前にカントは霊の存在について決定的に疑っているからである（我々は彼の講義に関するヘルダーの筆記を想起する）。クノープロッホ嬢への手紙はもっと以前のカントの見解を反映している。手紙を最初に発表したボロフスキーが、この手紙の日付を一七五八年であるとしたのが明らかに正しい(40)。

カントが初め霊を信じていたことはなんら驚くにあたらない。十八世紀には透視者や「催眠術師」や錬金術師が群がっていた。そのうちの或る者は実際に催眠術をもっており、他の者は単なる山師であった。後で我々はカリオストロを問題にするであろう。七年戦争の時期に彼の先行者であるサン・ジェルマン伯爵が現れ、自分は無限に長く生きていると断言した。彼はアレクサンダー大王のバビロン入城の際に居合わせ、またイエス・キリストとも個人的に知り合いであった、と称した。伯爵は霊との交際の他に政治的陰謀を企て、それが彼の評判を遂に失墜させた。サン＝ジェルマンはフランスの宮廷での自分の影響力をプロイセンのために利用しようと努めたが、フリードリヒ二世との秘密の関係を疑われた。逮捕を恐れたこの冒険家はドイツへ逃亡した。

カントはスウェーデンボリが曖昧模糊たる空想を広めていることを直ちに確信した。この人の著書『天上の秘密』を、カントは大金を投じてロンドンから取り寄せて読んだ。彼がわずかな収入から苦労して高い金額を支払ったのは、関心が非常に大きかったからである。その結果カントは「不合理で一杯になった」八巻の書物を手に入れた。彼は痛烈な分析を与えた『視霊者の夢』の中でそのように述べている。『視霊者の夢』の中で、カントはすでに我々の知っている二つの話を繰り返しているが、いまやそれは皮肉な調子を帯びる。「おそらく人々は尋ねるであろう。理性的な人が辛抱して耳を傾けるのを躊躇するような作り話を一層広め、それどころかそうした作り話を哲学的研究のテキストにさえする、というかくもつまらぬ仕事を引き受けるように私を動かしえたものは、一体何であろうか、と。」カントは熟考する。

そして憂鬱な回答を与える。「愚昧と悟性との境界の表示は非常に見分け難いので、時として他方の領域の中に少しでも侵入することなしに、一方の領域の中でずっと進み続けることは困難である。[41]」しかしそれでも境界は存在する。したがって読者が視霊者を半分別世界に属する人間とみなす代りに、むしろ彼を医者の許に送り届けるとしても、読者を非難することはできない。

しかしスウェーデンボリと彼の追随者たちだけが問題であるのではない。カントは思弁的形而上学の大家をも視霊者たちと同列に置いている。もし視霊者が「感覚の夢想家」であるとすれば、形而上学者は「理性の夢想家」である。形而上学者もまた夢想する。彼らは自分の観念を物の根源的な秩序とみなす。カントは彼らの「発見」を一つも妬まない。ただ彼が恐れるのは次のことだけである。それは礼儀を弁えないが常識を備えた人が彼らに対して、ちょうど馭者がティコ・ブラーエに対して答えたこと、すなわち、ブラーエが夜間には星を頼りに馬車を走らせなければならないと言った時、馭者が「旦那様、天空のことは貴方様が確かに精通しておられますが、[42]この地上では貴方様は阿呆です」と答えた、それと同じことを告げはしないであろうか、ということである。

これはいわばヴォルフ主義的形而上学に対するカントの最後の言葉である。彼は視霊力を茶化しただけでなく、思弁的思考をも茶化す。彼は学問を経験に基づけること、認識のアルファでありオメガである経験にもっぱら基づけることを呼びかける。

カントは形而上学に別れを告げる。しかし彼は訣別することができない。彼の告白は次の通りである。「私は形而上学から好意を受けたと誇ることがほとんどできないにしても」形而上学に惚れこむ運命をもっている、[43]と。この不成功に終った恋物語は長年継続する。カントは大学教師としての全期間を通じて形而上学の講義（「バウムガルテンによる」）を行ったが、彼を悩ませたのは「忌まわしい」形而上学の諸問題、すなわち世界・神・霊魂の本質への問であった。彼が長く悩めば悩むほど、問は思弁的方法によっては解決されえないことがますます明瞭になった。それゆえカントは自分の恋人の再教育をもくろむ。すなわち、自然によって設けられた人間理性の限界が洞察された後に、彼は形而上学の中に英知の同伴者のみを見ようと欲するのである。

『視霊者の夢』の序言の中でカントは書いている。哲学的イロニーの第三の対象は教会である。「あの世は夢想家の天国である。……神聖なるローマのみがそこに収益のあがる領土をもっている。不可視の王国の二つの王冠が、地上の主権の崩れんとする王位である第三の王冠を支え、あの世の二つの門を開ける鍵が、同時に交感的に現世の銭箱を開ける」[44]、と。問題にされているのはカトリック教会である。しかしカントがここでプロテスタント正統派の名において語っている、と考えてはなるまい。まさしくプロテスタント正統派ともカントは後になお数回衝突しなければならない。

*

一七六六年、マギスター・カントは住居を変えた。マギスター小路の大学の近くの、クナイプホープにある古い住居は、プレーゲル河に面していて、側を通過する貨物船の騒音が注意の集中を妨げた。今度は彼はレーベニヒトにある書籍商カンターの家の三階の左側を借りた。教養のある活動的な商人であるカンターは、商売だけに限らず、出版をやり、個人図書館を開き、富籤を催し、新聞を買い取り、製紙工場を設立した。彼は自分の時間の半分を旅行に過ごし、自分の活動範囲を拡大した。旅に出るたびに彼は新しい書物を持ち帰った。彼の手からカントはルソーの『社会契約論』と、そして多分『エミール』をも受け取った。

カンター書店は都市の名所であり、営業所と文学クラブとの中間的な存在であった。ここで有名人たちが出会い、新聞を読み、新刊書を知り、談話をし、時には販売を手伝った。週に二日、学生たちはここで無料で読書することができた。ハーマンもここに定期的に姿を見せた。マギスター・カントは、カンターの個人的友人と間借人との資格で、なんでも好きな書物を持ち出すことができた。一七六八年の秋以来、彼の肖像画（J・G・ベッカー作）が他のプロイセンの有名人たちの肖像画と一緒にカンターの事務室を飾った。

カントはすでにプロイセンの中でだけ有名であったのではない。一七六九年、ハレのK・R・ハウゼン教授は『ドイツ内外十八世紀著名哲学者及び歴史家の伝記』を出版しようと計画した。カントもこの伝記中に取り入れられ、教授はカントに対して必要な資料の提供を依頼した。

ほとんど同じ頃エアランゲン（アンスバッハ辺境伯領）からの招聘状が届く。その地の大学の督学官が『美と崇高の感情に関する観察』を読んで感激し、設置されたばかりの理論哲学の講座をカントに担当してくれるように申し出る。この講座はまさしくマギスター・カントが熱望するものであった。給料は五百グルデンであったが、さらに冬期燃料（薪）の無料供与が加えられた。誘惑はあまりにも大きかったので、カントは仮の同意のようなものを与えている。直ちに任命が行われ、すでに住居まで用意される（初めての四部屋の住居である）。エアランゲンの学生たちは歓呼し、盛大な出迎えを準備する。その時カントは突然他のことに気づき、はっきりと拒絶する。

第二の招聘が（一七七〇年一月に）イェナから来る。ここの空席は条件がもっと悪く、給料二百ターラーの哲学第二講座である。しかしそれには個人教授による百五十ターラーの追加収入が保証されており、その上ワイマール公国では物価が他のどこよりも安いことが確かである。しかしもっと重要な理由となりえたかもしれないことは、ワイマールが間もなくドイツ文学の中心になり、ここでゲーテとシラーの偉大な親交が生じることが保証されていたことである。このことはもちろん当時誰も知らなかった。ゲーテは執筆を始めたばかりであり、シラーは十一歳でまだ学校に通っていた。

カントはエアランゲン大学への断り状の中で、故郷の町への愛着と自分が病弱であることを謝絶の理由としてあげ、さらにケーニヒスベルク大学での空席の生じる可能性をも理由とした。空席の生じることは願望にとどまらず、近く現実となるはずであった。七十九歳の老数学教授ラングハンゼンはすでに久しく病床から起き上がれなかったからである。彼は三月中旬に死亡した。カントは追悼の四行詩によって彼の思い出に敬意を表したが、次の日にはベルリンへ手紙を出し、政府に再度自分のことを思い起こさせている。彼は間もなく四十七歳になるが、いまだに教授団の正式メンバーに加えられていない。空席は確かに彼の専門とは一致していないが、しかしこのことは簡単な配置転換によって解決されうる。大学内の数学の最大権威であるクリスチアーニが道徳哲学の教授職にあり、論理学・形而上学の教授職には数学者のブックがついている。彼らのうちいずれかが喜んで空席を占めるであろう。そうすればカントが最後に自分に相応しい職を得るであろう。(45)

二週間後に返事が到着する。カントを論理学・形而上学の正教授に任命する、という一七七〇年三月三十一日付勅令である。(給料はイェナの申し出よりも少なく、百六十六ターラー六十グロッシェンである。このため教授カントはさらに二年間図書館の兼務を続ける。)しかし目標は達成された。五月二日大学評議員会は彼を就任させる。しかしなお一つの手続が必要であり、それがなければ任命は効力を発しない。それは就任論文の弁護である。十四年前にカントはすでに一度教授資格論文(『物理的単子論』)の弁護を行ったが、しかしその間に経過した期間があまりに大きいので、訓令によって新しい論文が要求された。

カントは夏の全期間を論文執筆のために費やす。八月二十一日に公開討論が行われる。カントが弁護するのは、四番目の論文である。反対討論者は大学卒業試験受験者《カンディダート》二人と学生一人であり、応答者は彼の弟子であり友人であるマルクス・ヘルツである。その公開討論には、「疾風怒濤」の未来の詩人である若いレンツが聴講者として出席しており、自分の師の生涯における記念すべき出来事を詩で記録している。

徳が英知と並び住む
その人は真の栄光で飾られる。
人類の師たるその人は
教えるところを自ら行い重んじる。

正しき眼は虚光により幻惑されず、
彼は愚昧をおもねって英知と称さず、
しばしば我等の厭うべき
仮面をば彼は剝ぎ取る。

…………
我等は常に英知のゆえに彼を仰ごう。
我等の師の教えたごとく生き
他の人々にも教えよう。我等の子等も
またかく望むべきである。

汝等フランスの息子等よ。我等北方を侮って、
天才の生み出されしや、と問う。
カントの生存するを知るならば、
汝等は二度とこの問を発しえまい。(46)

教授就任論文の題名は、『感性界及び英知界の形式と原理について』である。この中には、一年前に遂行されたとカントのいう、見解の新しい「転覆」がはっきり示されている。ほとんど懐疑主義にまで至ろうとする経験主義的立場に代って、独特の二元論が現れた。いかにして感覚器官の与件が知性と結びついているかという問は、もはやカントの心を動かさない。彼はこれら二種類の精神活動を異なる側面に従って展開した。一七六九年の大転換の年の執筆とされる手書の草稿中に、次のように述べられている。「我我のすべての表象の源泉は感性か、または悟性ないし理性である。第一のもの〔感性〕は思惟主観の特別の性質に対する対象の関係を表現するところの認識の原因である。……第二のもの〔悟性・理性〕は対象そのものに関係する。(47)」感性は現象、すなわちフェノメノンへ関係する。理性によってのみ把捉されうる英知的対象を、カントはヌーメノンと名づける。

フェノメノンとして考察される世界は、空間と時間の中に存在する。しかし両者(空間と時間)とも自体的に存立する或るものではなくて、主観的条件にすぎない。それらは悟性が感性的に知覚された客観を相互に結合しうるために、悟性に元来帰するものである。ヌーメノンの世界においては、すなわち物自体の領域においては、空間も時間も存在しない。したがってどこに神は存するかとか、なぜ神は世界を時間的にもう少し早く造らなかったか、と尋ねることは不合理である。

カントにとって大転換の年である一七六九年に、L・オイラーの著書『ドイツ王女への書簡』が出版された。著者は心身関係の問題を提起し、この関係は考えることはできるが、見ることはできない、というふうに答えた。カントはこの大数学者の思想を摂取した。その中に長い間彼を悩ませた問題の解決が含まれているように思われた。カントは転換を遂行した。彼にとってその代りに、直観することはできるが思考することのできない対象が存在する。空間的諸関係はそのようなものである。

さらに少し前にカントは形而上学に対して、もっぱら経験に立脚するように呼びかけた。いまや形而上学に対して経験の過大評価を戒めることが、彼にとって重要である。感性的認識の諸原理は自分の境界を越え出て、悟性の領域に触れてはならない。ランベルト宛の手紙、これは最後に書かれたもので、教授就任論文の贈呈本と一緒にベルリンに送られたが、その手紙の中でカントは特別の学科の建設を提案している。それは「一般的現象論」という学問であり、感性的認識が「純粋理性」の諸対象へ適用されることがないように、感性的認識の限界を規定する、という課題をもつものである。(ここに初めて「純粋理性」の術語が現れたことに注意すべきである。)(48)

教授就任論文の贈呈本はメンデルスゾーンと、美学上の労作によって有名になったI・G・ズルツァーとへも送られた。そしてベルリンからつぎつぎに三つの手紙が到着した。ランベルトの返事が一番目であった。彼の長い手紙は、学問は到る所で顧みられず、すべての人は芸術と美学に夢中になり、学生は詩と小説だけを読んでいる、という慨嘆で始まっている。彼らは大学の象牙の塔を去って実務的生活に入ってから、そこで勉強をやり直すか、全く新しく始めるかしなければならない。ランベルトは出版機関の設立に苦心しているところである。そこでは厳密な学問性の精神が支配し、異端のさらに極めてわがままな思想の充満した作品が一つも侵入してはならない場所である。カントの教授就任論文は全く優れている。そこには若干の疑問と異議があるだけである。カントは感性的知識と悟性的知識とを対置しているが、これらは決して一致しないものであろうか。さらに時間の問題がある。時間は客観が従うのと同じ変化に従う。もし変化が実在的であるならば、時間もまた実在的である。空間についても同じことが言える。その上これは不分明な事柄であり、人は絶対的明瞭性を求めてはならない。常に或る程度の不確定性が残っていなければならない。そして仮象は、もしそれが不変であるならば、人はそれを真理とみなさなければならない。「仮象の言葉」は「真理の言葉」と同じくらい正確に我々に役立ちうる。(49)

それからズルツァーの手紙が到着した。美学の大家は、芸術に関する新しい論文の出版で多忙である、と言う。しかしそれは、カントの著作の含むすべての「新しい概念」を根本的に分析する妨げとはならない。それらの概念は基本的で重要であると彼には思われた。ただ一つの小さな点で、空間・時間の問題について彼は同意できない。(ここでズルツァーは、持続と延長との原初的実在性を認めたライプニッツとヴォルフの立場に立っている。) 彼はカントの道徳形而上学に関する仕事を鶴首して待っている。彼を悩ましている問題は、いかなる点で有徳の魂は悪徳の魂から物理的および心理的に区別されるか、ということである。彼は教育にとって非常に重要なこの問題について自分で熟考し始めたが、今のところまだ暇がない。彼はカントが栄光をもって開始した道を歩み続けること、その立派な完成のために健康と力とに恵まれることを心から希望した。(50)

一七七〇年末、メンデルスゾーンが知らせを寄越した。彼は近来神経組織がひどく衰え、自分の知力を適度に集中することが困難であるが、しかし彼はカントの論文を非常な満足をもって読んだ。今日衰微している形而上学のために、カントが自己の思索の蓄積をできるだけ早く公衆に伝えることが、極めて望ましいであろう。生命は短く、そして死が我々を不意打ちするので、我々はすべてをできるだけ良く仕上げることができない。以前述べたことを繰り返すのを恐れてはならない。貴方自身の思想と結びつくことによって、古いものは新しい効力を得、新しい展望をもつことができる。「それは貴方が多くの人たちのために書く素晴しい才能を持っているからです。」メンデルスゾーンは、著作の原文に若干の注解を加えたが、他の人々と同様、彼もカントの時間と空間の概念については同意しなかった。(51)

カントはこれらの手紙のいずれにも返事を出さなかった。それぞれが彼に対して問題を提起し、彼をしばらく成果のない思索へ引き込んだ。半年後に彼はこれについてベルリンの友人マルクス・ヘルツに手紙を書き、病弱のための筆不精について彼らに陳謝してくれるよう依頼した。そして彼は『感性と理性との限界』という著作にとりかかっている、と報告した。

その八箇月後、カントは再びヘルツに手紙を書き、改めてランベルトとメンデルスゾーンとズルツァーに対する無沙汰の謝罪を依頼している。この手紙の中にはすでに、提出された異議と自分の観念とについてさらに熟考しなければならない、という単なる事実の確定以上のことが語られている。この手紙の日付（一七七二年二月二十一日）は、カントの哲学的主著の誕生日（おそらくより正確には受胎の日）とみなされている。子が世に出るまでにまだ長い時間が必要であるが、胎児は形づくられ、成長している。カントは依然として自分の将来の著書を『感性と理性との限界』と呼んでいるにしても、手紙の原文の中の或る箇所で『純粋理性批判』という表現が現れる。この将来の著書は「形而上学の全秘密を解く鍵」を与えるはずである。我々の概念がいかにして生じるか、の問に従来まだ誰も答を与えていない。感性的表象の場合に関しては、事情は容易に洞察される。これらの表象は客観の受動的複写だからである。概念については我々はこう言うことはできない。ここで我々が問題にしているのは、同時に物の内的秩序に適合するところの知性の産出物である。いかにしてこのことは可能であろうか。

カントが準備している著作の内容が解答を与える。三箇月のうちに第一部を書き上げるであろう、とカントは断言している。

ほとんど二年が過ぎた。カントはマルクス・ヘルツへ宛ててより進んだ手紙を書いた。「貴方は見本市の図書目録中のKの頭文字の項のなかに、或る名前を熱心に探されてもむだでしょう。私は多くの努力を払ってきたので、私がほとんど完成している無価値ではない著作でもって、私の名前を図書目録中に誇らしげに掲げることほど容易なことはないでしょう。しかし私は、哲学界の半数がかくも長い間無益に従事してきた学問を、改造することを意図する中で、次の教説、すなわち、従来の謎を完全に解決し、自らを隔離する理性の手続を確実な適用容易な規則の下におくところの教説を所有していると考えるようになっています。それでいばらの多い堅い地面を平坦にし、一般の取り扱いのために自由にするまでは、私は自分の志の許に頑固に留まり、より容易な人気のある分野で名声を博したいという著作家的欲望に決して誘惑されぬつもりです。……私はまだ時としてこの著作を復活祭までに仕上げるという希望をもっています。[52]」

これは一七七三年末の手紙である。さらに三年後にカントはヘルツにこう書いた。「私はこの仕事を復活祭の前に完成することはできないでしょう。それには次の夏の一部を費すことでしょう。[53]」それからさらに二年後にカントは、「夏までに」仕事を終えたいという希望を語った。[54]

書物は完成しなかった。カントはこれほど緩慢に仕事をしたことは一度もなかった。或る重要なものがいつも彼の手から滑り落ちた。発見された真理は再び解決不可能な謎に包まれるように思われた。そのうえ彼は『純粋理性批判』にだけ従事しているのではなかった。一七七〇年以降、カントはもっぱら認識論的問題についてだけ熟考し、それを解決するという効果のない試みにだけ全力を傾注したのでは決してなかった。以前と同様彼は多くの時間とエネルギーを講義に費やした。負担は今は確かに減少した。一週平均十四時間であった。その代り彼は新しい講座を設けた。それは鉱物学・人間学（これは彼の気に入りの課目の一つになった）そして教育学であった。

＊

カントの教育学上の見解は、ルソーの影響と、ルソー的考え方をドイツの土壌に移植しようとする実験の影響との下に、形成された。一七七四年、有名な教育学者ヨーハン・ベルンハルト・バゼドウはデッサウにその地の領主の援助の下で、「汎愛学舎《フィラントロピン》」という教育施設を設立した。これは教育全体の改革を試みるものであった。ここでの教育は特にコスモポリタン的性格によって際立っていた。キリスト教の教理の代りに、徳に基づく普遍的・「自然的」宗教が指導理念となった。博物学と精密科学に対して大きな注意が払われた。厳しい訓練や罰なしの、遊びの中の学習である。自由時間には完全な無秩序が許された。模範的行為に対しては功章が与えられた。多くの時間が身体の鍛錬に用いられた。入学は制限されており、授業料は高額であった。貧しい家庭の子供たちは使用人としてだけ採用された。

カントは教育学における新思潮に非常に心をひかれた。彼は事実上文筆活動を中止していたにもかかわらず、汎愛学舎のためにケーニヒスベルクの新聞に二つの記事を書いた。カントは学校制度全体の、改革ではなくて、革命を訴えた。カントの勧めによって、友人のマザビーが六歳になる自分の息子を教育のためデッサウへ送った。それは汎愛学舎の指導者であるバゼドウやカンぺらとの文通の機縁となった。数年前にヴィーラントはカントに対して、自分の創刊した雑誌『ドイツ・メルクーア』の東プロイセンへの普及のために協力してくれるように、有利な条件でカントに依頼した。哲学者はその時依頼を断り、自分の代りに出版業者のカンターを推薦した。しかし汎愛学舎によって発行された雑誌に関しては、カントは個人的に仕事を引き受けた。成果はもちろんわずかであった。予約者は全部でケーニヒスベルクで十人、リトアニアで十五人であった。ドイツの他地方においても同様の状況であった。新しい教育理念は特別の成功を収めなかった。

汎愛学舎が設立された一七七四年に、ケーニヒスベルク大学で教育学の講義が開始された。哲学部の七人の教授たちが、互いに交替しながら、新しい科目を講義した。カントの順番は一七七六年冬であった（さらに六学期後に再度担当した）。教科書としてカントはバゼドウの書物を使用し、いつもの通りそれに自分の修正や補足を書き込んだ。そこから独立の著作『教育学について』が生じたが、それは哲学者の死の直前彼の弟子のリンクによって出版された。

カントはその中で書いている。人間の二つの発明、すなわち支配する技術と教育する技術とは、確かに最も困難なものである。しかしまさしくそれらに社会は基づいている。「人間は教育によってのみ人間になることができる。人間は教育が人間から作り出すところのものにほかならない。」(55) まさにこのゆえに、人間の運命に関心を懐く哲学者は教育の問題を避けることができない。

両親や為政者は子供たちをだめにしている。両親は通例自分の子孫の生活が安定することだけを気づかい、為政者は臣下を単に支配の道具とみなす。どちらも教育に際して現存秩序から出発する。しかし真の教育は人間を未来へと、全人類のより良き状態を作り出す努力へと、向けなければならない。その時初めて人々はこの状態に生気を吹き込むことができる。いかなる方法でこの状態は生じるのであろうか。君主は常に独りであり、野原にただ一つ立つ木は歪んで成長する。バゼドウの君主への期待は幻想的である。君主学校は一般に国家の管理下にあってはならない。あらゆる文化は各人の発議によって始まる、というのがカントの意見である。

我々は人間を仕込みうるか、陶冶しうるか、のいずれかである。主要目標は思考のための教育でなければならない。人間は自覚的に教育の四段階を経過しなければならない。すなわち、規律を学ぶことと、熟練を身につけることと、社会的交際をこなすことと、道徳化を心がけることとである。最終段階が最も困難である。我々は規律の時期、文化と文明の時期に生きている。しかし道徳までは我々はまだ遠いところにいる。

教育の最も重要な課題の一つは、法的強制への服従と、自由を使用する能力とを結合することにある。児童には早くから行動の自由を与えなければならない（但し児童が自分や周囲の人たちを傷つけるような場合を除いて）。児童が他人にもその人たちの目的を達成する可能性を与える場合にのみ、児童は自分の目的を達成しうることを、児童に教えなければならない（満足は従順に対する褒美にほかならない）。公共的教育は異論の余地なき長所をもっており、それによって児童たちは、自分の権利を他人の権利と調和させることを学ぶ。そこでこそ義務の観念が獲得される。我々は人格を、すなわち自由に行為する個人を、人間の尊厳の精神と、社会の一員としての義務を遂行する自覚との中で、教育しなければならない。

カントは子供をもっていなかったが、それでも乳児期とともに始まる子供の養育について自分の意見をもっていた。哲学者は母親たちに対して、乳母の助けを借りずに、自分自身で新生児を哺育するように忠告する。子供にむつきをあててはならない。むつきから子供は不安と絶望を感じるだけである。大人をむつきにくるんでみるがよい。彼は子供と同様に悲鳴をあげるであろう。子供を揺すって眠らせることも同じく目的に適っていない。自分で確かめてみるがよい。揺り動かすことは、めまいを引き起こすだけである。子供が泣かないよう揺り動かすが、泣くことは子供にとって有益である。それによって肺が発達するからである。性格の最初の堕落は、子供が泣くと大急ぎで走り寄り、子供をなだめすかすことから始まる。もし泣いても注意を向けないならば、子供は泣きやむ。誰しもむだな努力をしたくないからである。両親が子供に歩行を教える場合、子供を手引き紐につかまらせてはならない。それは胸郭を圧迫し歪める。一般に子供をできるだけ子供の自由に任せなければならない。

しかしこのことは規律を乱さぬ仕方で行われなければならない。子供たちの意志を踏みつけてはならない。その意志は自然的障害に譲歩するように導かれなければならない。幼少時から子供は労働を学ばなければならない。怠惰ほど有害なものはない。甘やかされていない子供は、力と意志との緊張を要する仕事を喜んで引き受ける。食事に関して言えば、子供たちに食物を勝手に選ばせることによって、子供たちを美食家にしてはならない。子供の願いを拒絶する正当な理由がない場合には、その願いを叶えてやらねばならない。願いを叶えてやらない理由がある場合には、懇願に屈してはならない。拒絶の返事をしたら撤回してはならない。

汎愛学舎の模範に従って、カントは当時教育学の新傾向であった肉体的訓練を根気強く奨励する。駆足・跳躍・重量挙げ・水泳・目標への投擲など、これらすべては子供たちにとって有益である。また新鮮な大気中での遊戯も有益である。子供は遊ぶことができなければならない。しかし遊戯を仕事と混同してはならない。遊戯と冗談の中で子供に学ばせるというバゼドウの試みを、カントは受け入れない。学校での必須課目は仕事であり、人々はそれを一定の目標のために行うのである。遊戯はそれ自身の内に目標をもっており、ここで主要なものは過程そのものであり、外的結果ではない。仕事を遊びから区別する能力は大人にとっても重要である。大人は丸太に乗って遊びはしないが、それでも皆自分の木馬をもっている。子供たちにすべてを遊戯のようにみなさせるのは、極めて有害である。学校は、その目標が人間を自由へと教育することでなければならないにしても、強制的陶冶なのである。

「我々は記憶の中に保ちうるだけを学ぶ」、というラテン語の諺は記憶力を訓練する必要を語っている。体系的な読書と物語の復唱、そして外国語の学習は、記憶力を強める。小説の走り読みは、カントの意見によれば、記憶力を弱める。それゆえ子供たちの手から小説を取り上げなければならない。子供たちが小説を読んで、その中から新しい小説を作り出すのは、子供たちが小説を誤って理解しているからである。それで子供たちは空想し、放心状態で座っている。しかし放心はあらゆる教育の敵である。

教育者は罰を濫用してはならない。これは最後の手段であり、これに訴えるには最大の慎重さをもってしなければならない。その罰が最後には常に彼らの矯正に役立つことを、子供たちが理解するように仕向けることが大切である。度重なる罰は、怒りによって課せられた罰と同様に、目的を達しない。

人間の中に原理に基づく道徳的陶冶を育成することは、常に極めて困難である。道徳的陶冶にとっては規律だけでは十分ではない。この原理はなるほど主観的法則ではあるが、しかしそれは、人間の性格や確信や理性から生じる。性格を形成するためには、従順・誠実・社交性の三つの特性を発展させなければならない。

カントは最後に性教育について語っている。十三歳または十四歳という年齢は少年にとって根本的転換を意味し、性に対する興味が生じる。この興味は不可避的に発達し、自分の前に対象をもたずとも発達する。したがって若者を無知と無垢のままに保つことは不可能である。沈黙はさらに悪を助長する。このことは古い世代の人たちの教育から推察することができる。若者とともにすべてのことについて隠さずにはっきりと話さなければならない、という現代の考えは当然である。もちろん主題はデリケートであり、公然たる談話の対象とはなりにくいが、しかし会話の適当な形式は常に見いだしうる。カントは当時の見解と一致して、自慰への嫌悪と恐れとを青年に教え込むように、教育者に対して勧めている。「身体的結果は極めて有害であるが、道徳上の結果はさらに一層厭わしい。この場合、自然の限界が踏み越えられ、傾向性は、実際の満足が得られないので、停止することなく猛威をふるいつづける。青年が異性と関係することが許されるかという問を、成熟した青年を扱う教師たちが提起した。どちらか一方を選ばなければならないとすれば、もちろん後者の方が一層よい。前の場合には青年は自然に反して振舞い、後の場合にはそうではないからである。[56]」しかし遺憾ながら、子供を扶養し教育するよりも種を生殖することの方が本質的にはるかに容易である。それゆえ青年の第一の義務は、彼が結婚できる状態になるまで待つということである。幸福な結婚は純潔な態度に対する褒美である。

カントの教育についての考えは、どの程度まで彼自身の教育実践において実行されたであろうか。カントは教育の第一障害物を乗り越えた学生や若者たちと関わり合っていた。大学教師の課題は、知識を伝達し、自力での思考を教えることにあった。もちろん一番目よりも二番目の方が重要である。知識は獲得されるが、思考活動の自由なる習慣には到達し難い。機械的暗記や詰め込み主義は有害である。カントは講義の際に自分の学生がひたすらすべてを筆記することに不満であった。それは講義の妨げになるだけであった。彼は講義を開始するとき、まず初めに自分を理解させることに気を配った。理解の糸が途切れた場合には、彼は立ち止まり、新しくやり直した。彼は平均的能力を念頭においていた。「私は天才のために講義するのではない。なぜなら天才は自分の本性に従って自分で進路を開拓するからである。また私は愚者のために講義するのでもない。彼らは骨折甲斐がないからである。私が講義するのは、中間に位置していて将来の職業に備えて教育を受けようと欲する人たちのためである。[57]」

彼は通常、自分の近くに座っている聴講者の中の一人を選び、その顔つきによって、自分の今話したことがどの程度理解されているかを読みとった。自分の思想を首尾一貫して展開しようとしていた時、聴衆の中になんらかの無秩序があると、それは何であろうとカントの思想の脈絡をかき乱した。或る時彼は気が散って、普段より講義の出来が悪かったが、彼の注意の集中が妨げられたのは、彼の眼前に着席していた学生のチョッキのボタンがはずれていたためであると、カントは後で打ち明けた。

講義中彼は低い斜面机の後に腰掛けた。机上には覚書用紙か、または注の一杯書き込まれた教科書が置かれていた。教科書は教説の再現と体系化のために用いられただけでなく、論争のきっかけにもなった。講義はその場合対話に変じた。難解な箇所は、図解と明敏な面白い解説とでもって説明された。七十年代にカントの講義を聴いたヤッハマンは次のように証言している。「彼の機知は軽快で上機嫌で気がきいていた。それは晴天にひらめく稲妻であった。彼はそれによって社交的会話にも、講義にも興を添えた。彼の機知は真面目な深遠な精神に好ましい装いを与え、その精神を思弁の高い圏域から地上の生活の領域へと、緊張した聴講者たちの気晴しのために引き下ろした。」(58)

試験の際には教師と学生は場所を取り替える。今度は学生が問題を説明しなければならない。話法の滑らかさや証明法の習得した形式はここでは二次的役割を演じる。或る人が思想を言葉で表すのに困難を感じても、それはまだその人の知的能力について何も語るものではない。有名な学者のクラヴィウスは子供の頃、与えられた模範に従って詩を書くことができなかったので、無能力を理由に学校から退学させられた。後に彼は全く偶然に数学を勉強するようになり、そこで驚くべき才能を発揮した。(59)

哲学においては誤りの可能性はもっと早く与えられる。ここでは愚鈍が容易に英知とみなされ、そして新しい思想が権利を主張することは困難である。それゆえカントは、自分は哲学を教えるのではなく、哲学することを教える、と好んで繰り返したのである。「哲学を学ぶ」とは、理性の主観的側面のみを我がものとすること、すなわち誰かがいつか考えた事柄を記憶すること、を意味する。「哲学することを学ぶ」とは、自分の知識に客観的性格を与え、他人の意見を評価しうることを意味する。カントは自分の計画した主著をも、諸見解の列挙としてではなく、また学問の法律全書としてでもなく、構想した。それはむしろ従来為されてきたことと、それに従ってなお為されねばならないこととの、批判的考察でなければならなかった。

第三章　理性の自己批判

《理性は常に存在した。ただし必ずしも理性的形式においてではない。》　マルクス

数年が経過した。カントは長い間何も出版しなかった。教授就任論文『感性界及び英知界の形式と原理について』と、『汎愛学舎に関する論文』二編とのほかに、『モスカティの論文「動物及び人間の身体構造の本質的区別」への批評』と、一七七五年の講義公告（『さまざまな人種について』）とがあるだけである。沈黙が十一年間続いた。

ラーヴァーターはカントへの手紙の中で迫るようにして書いている。「どうか二、三行でもいいから私に言って下さい。あなたはこの世を去ってしまったのですか。なぜ書くこともできない多くの人々が書いていて、すばらしい文章を書くことのできるあなたがお書きにならないのですか。なぜあなたは沈黙しているのですか。この時期、この新しい時期に、なぜあなたは自分について知らせようとしないのですか。眠っているのですか。カントよ。――いいえ、私はあなたを賞めようとするのではありません。しかしあなたは私に、なぜあなたが沈黙しているのかを言って下さい。あるいはむしろ、あなたが語ろうと欲することを、あなたは私に言って下さい。(1)」ラーヴァーターが「新しい時期」について語っているのは、彼が「疾風怒濤」の到来を眼前に見ていたからである。その運動は当時まさにドイツの精神生活の中で確かな

地歩を占めつつあったのである。

ドイツ文学は新しい生命へと目覚めていた。すでに同世紀中葉、前途有望なゴットホルト・エフライム・レッシングが地平線上に現れた。彼は趣味と将来の思考法とを育成すべき運命を担っていた。彼は新演劇理論を創造し、また意識的に文学批判においても発言し、重きをなした。レッシングの作品『現代文学に関する書簡』が現れ、シェークスピアを論じた第十七書簡が有名になった。偉大な劇作家は彼の母国で完全に忘却されていたわけではないが、それでも結局はほとんど尊重されていなかった。他方大陸ではシェークスピアは全く知られていなかった。レッシングは彼をラシーヌとコルネーユの上に置いた。シェークスピアこそは、レッシングにとって古代悲劇の正当な継承者であった。レッシングは自国の文学に対してシェークスピアから学ぶように呼びかけた。かくして「疾風怒濤」は始まることができた。

運動は不統一であり、矛盾していた。反抗的行動が政治的無関心や保守主義と共存し、民衆への同情と極端な個人主義とが、また宗教的懐疑主義と熱狂的敬虔とが、共存していた。しかしこれらすべてを統一したものは、人間に対する関心であり、人間の心的世界の一回性に対する関心であった。個人の秘密に満ちた深部がいきなり打ち明けられた。この発見はアメリカの発見よりも一層重要であるとみなされた。すべての人が人格性の解放という唯一の考えを思考し語った。

確かにそうではあったが、「疾風」は文学の領域でのみ吹き荒れ、「怒濤」は書物と雑誌との限界内に留まった。運動の指導者の中に我々はカントの教え子のヘルダーを見いだす。彼はいまやすでに定評のある文学者であった。彼はケーニヒスベルクを出てリガへ移り、そこで牧師と教会学校の教師の職についた。ヘルダーの最初の文学批評の作品が出て彼が有名になった時、カントは自分の弟子に祝福の言葉を送った。それに対する返事はやっと半年後に届いた。丁重な温かい詳細な返事であった。弟子はその中でこう書いている。自分は師とは異なる道を選んだ。彼は大学での研究活動よりも聖職者の職業を良しとして選んだ。その仕事は彼の考えによると、民衆の中の質朴な人々との直接の接触へ導くからである。そして本来哲学はそれらの人々のために存在しなければならない[2]、と。ヘルダーはリガに長く滞在しなかった。彼はパリへ旅行し、帰還後ビュッケブルクの宗教局評定官の職についた。彼がここで過した五箇年（一七七一―一七七六年）は緊張した創造的探索と蓄積の時期であった。ヘルダーは職務のほかに歴史哲学と取り組み、シェークスピアに熱中し、教養ある人々のために民衆文学の謎を解明し、そして熱心に聖書を研究した。彼は著書『人類の最古の記録』を出版したが、そこでは聖書は霊感による作品とみなされている。ヘルダーと宗教的熱狂を共有していたハーマンは、その書物をカントに見せた。哲学者は聖書原文を最高の真理とみなすヘルダーの傾向について、不同意を表明した。この批評は幸にも個人的文通の域を出ず、著者には知られないままであった。「疾風怒濤」の宗教的傾向の仲間に、ヘルダーとハーマンのほかに、作家のラーヴァーターと若い哲学者フリードリヒ・ヤコービが属していた。

「疾風怒濤」の運動のもう一人の天才ゲーテは、彼の友人であり師であるヘルダーの敬虔な傾向を共有しなかった。彼は瀆神的であり、不穏な詩を作っている。「神々よ。天が下貴方たちよりも哀れなものを私は知らない。私が貴方たちを敬う？ 何のために？」これらの言葉は、「疾風怒濤」の「左」翼の詩的宣言となった、ゲーテの詩『プロメートイス』から引用したものである。急進的な疾風の中に、我々はカントの以前の弟子であるレンツや、未来のカント主義者のクリンガーとビュルガーを見いだす。運動の発生に或る程度立ち合ったカント自身は、「文学革命」が広がった今、それにもはや特別の注意を払っていない。彼は新たに前進し、哲学の革命を準備する。

しかし海の彼方ではその頃政治的革命が勃発する。アメリカにおけるイギリス領土に疾風怒濤が激しく襲いかかったので、近世史上初めて植民地支配が崩壊した。一七七六年七月、大ブリテンのアメリカ植民地は独立を宣言した。戦争はドイツ「疾風派」の精神の影響を強く受けた標語、民衆のための自由、人間のための自由、を掲げて行われた。カントは新聞を読み、彼の同情はワシントン将軍とその陣営の側に寄せられる。

或る時カントは街頭の公開の談話の中で（これは多分独立戦争以前であったろう）、北アメリカで生じている紛争に対する自分の態度について語った。そこに居合わせた者の一人が、自分はイギリス人として侮辱を感じると公言し、カントに向かって決闘を挑んだ。哲学者は剣を携行していたが、それを使うことを知らなかった。彼の武器は思想と言葉である。彼は話を続け、自分の立場を強い確信をもって説明したので、相手は最後に自分の誤りを認め、和解の手を差し出した。こうしてカントはグリーンと知り合ったのである。

ここにこの時期に書かれたカントの手書の省察がある。「現代イギリスの歴史の中で、彼らのアメリカに対する圧服は彼らが世界市民として記憶されることを著しく損っている。彼らは、アメリカが臣民の臣民となり、他人の重荷をその肩に背負うべきである、と欲している。問題なのは、よい統治ではなくて、統治方法なのである。(3)」最後の言葉に我々は注意しよう。将来この思想はカントの著作の中で常に反復され、遂に完全な国家理論へと発展するであろう。しかし今のところこれはついでに述べられたにすぎない。なぜなら哲学者は認識論と集中的に取り組んでいる。まさしく極度の緊張をもってそれと格闘しているところだからである。

カントの弟子のひとりがゲッティンゲンでその地の教授たちに向かって、自分の師の机の上に一つの著作が準備されているが、哲学者先生たちは確実にいつかそれによって多くの冷汗をかくであろう、と述べた時、笑い声が響きわたった。この哲学のディレッタントから期待するものはほとんどないというのである。（居合わせた者の間にフェーダー教授がいた。この人と我々は再び出会うであろう。）

カントの仕事机の上には草稿が積み重なっていた。書物はいつもまだ現れなかった。ヘルツへの手紙の中でも彼はもはやそれに言及することをやめた。

カントは不安に陥った。一七七五年に彼は再び住居を変えた。今度は窓の下で毎日鳴く隣家の雄鶏が彼を悩ませた。哲学者は雄鶏を殺してくれるよう頼んでいくらかの金を提供したが、主人は雄鶏を手放そうとしなかった。どうして鶏が人間を、それも有名な賢者を、邪魔することができよう。隣人は教授の御機嫌をとることを好まなかった。それでカントはカンターの家を出なければならなかった。

移転は特に厄介ではなかった。カントの所有物はわずかだったからである。「鍵、戸棚、インク壺、ペンとナイフ、紙、書類、書物、スリッパ、長靴、毛皮の外套、帽子、パジャマ、ナプキン、テーブルクロース、タオル、皿、丸鉢、ナイフとフォーク、塩入れ、瓶、ワイングラスとビールグラス、瓶詰ワイン、タバコ、パイプ、ティーポット、茶、砂糖、ブラシ。」[4]以上が、哲学者が新しい住居へ移る前に自分で書いた、つつましい所帯道具の目録である。オクセンマルクトの新しい場所で彼はより静かに暮らす。それでも相変わらず著書は現れない。

プロイセン文部行政の当時の指導者はツェードリッツ男爵であった。彼は自分の君主そっくりの小啓蒙専制家であり、自分の部下たちに哲学への尊敬を強制した。学生が専門課程修了後、医者・裁判官・弁護士等であるのは一日わずか数時間にすぎないが、これに反して一日中人間であることを、学生は承知していなければならない、と大臣は告示した。

それゆえ大学は専門的知識とともに基礎的な哲学的訓練を与えなければならない。これは真の知恵であって、空虚な争論や詭弁であってはならない。大臣はカント哲学の崇拝者であった。

特定の思想体系へのこのような愛好は、権力を行使しうる人間にとって何を意味するであろうか。一七七五年十二月に、ケーニヒスベルク大学における授業編成のための「勅令」が下された。「余は個人的意見を支配せんと欲するものではないが、しかし或る種の一般に無益と認められる意見が蔓延するのを予防することは必要であると考える。(5)」ツェードリッツは王の名において、クルージウス哲学が時代遅れで無用であることを理由として、その哲学の普及を禁止した。ヴァイマン講師(ボロトフの気に入りの教授でカントの反対者)は大学を去らなければならなかった。カントに対して勅令の中で特別の信頼と尊敬が明言されていた。大臣はケーニヒスベルクの哲学者について自分の計画をもっていた。

一七七七年夏の或る美しい朝のことである。カントの講義が間もなく始まろうとする時、講義室に未知の人が現れた。彼は学生としては年をとりすぎており、職員とも違っていた。背は低く濃いあご鬚を蓄えていた。彼は最初は笑いを引き起こし、次いで嘲笑を引き起こした。彼の周りは大騒ぎとなり、口笛や叫び声があがった。見知らぬ人は依然として落ち着いており、沈黙したまま空席に座った。カントが教室に現れ、講義を開始した。休憩時間に見知らぬ人は教壇の方へ行き、再び騒がしくなったが、これはすぐ静まった。教授が新来者を抱きしめたからである。この人はモーゼス・メンデルスゾーンであった。

カントは哲学について対等に話すことのできる人と出会ったことを心から喜んだ。彼はメンデルスゾーンを自分の家へ招待し、自分の質素なもてなしを困惑しながら詫びたが、客にとっても、主人にとっても、主な関心は対話であった。メンデルスゾーンは個人的用件で東プロイセンに来ていた。彼が特にカント教授を訪ねたのは、大臣ツェードリッツの委託があったからである。ハレ大学の教授職の候補について話合いがなされた。ヴォルフの死後、優秀な後継者マイアーがその地位を占めたが、マイアーも死んだ。それでツェードリッツは可能な後継者を捜していた。カントは自分の弟子のひとりの名を挙げたが、しかし大臣は自分の計画をもっていた。

一七七八年二月、カントはツェードリッツから個人的な通知を受け取った。その知らせによると、彼はおよそ八十マイル離れた所でカントの自然学講義を聴講している。彼の前には学生の筆記ノートがあって、彼はそれを注意深く研究しているという。一週間後の知らせでは、ツェードリッツは筆記内容について、学生が怠慢であるという不平を訴えている。学生はカムチャッカの後ですぐアストラハンの郊外について記し、ジャワの動物相の記述の箇所にも誤りがあると思われるからである。(6) カントは大臣の指摘に注意を払わなかった（両方の場合とも、責任は筆記した学生の側にではなく、教師の側にあった。二つの誤りは訂正されることなく、そのまま出版されたテキストの中にもちこまれた）。カントの注意を喚起したのは別の事柄であった。二番目の手紙は、ハレの教授の空席に初任給六百ターラーで就任して欲しいという申し出で始まり、それで終わっていた。

カントは断った。（この二年前彼はミタウに新設された大学への招聘を断ったが、そこでは給料八百ターラーが提示された。）一箇月後、ツェードリッツは提案を繰り返した。今度は彼は八百ターラーを約束した（カントの給料は当時二百三十六ターラーであったから、三倍以上の増額であった）。さらに大臣は哲学者に宮廷顧問官の肩書をも約束した。そして最後に、カントにとっておそらくこれが最重要であったであろうが、ツェードリッツはハレ大学の精神的雰囲気を熱っぽい調子で描き出した。そこには最良のアカデミックな才能が、数学者・物理学者・化学者・医学者・神学者が集まっている。「見てごらんなさい。いかに多くの立派な人々がいることでしょう。それに全ドイツの学問の中心地であり、東海《オストゼー》の傍の御地よりも良い気候です。貴方のように思索される方は、当然次の点に留意されるはずです。それは、もっと広い範囲の中で一般に役立つ知識と光を広めることが自分の義務だ、ということです。そして自分の才能をもっと多くの人々に伝達することができ、多くの成果をあげうるような場所を選ばなければならない、ということに思いを致されるはずです。私は貴方の専門分野で貴方のような知識と才能をもった人々が稀ではないことを望んでおりますし、またあなたをあまり悩ませたくもありません。しかし貴方に提供された機会を活かせば、貴方は多くの有益な仕事を達成することができるのです。この義務を貴方が見誤られることのないよう、私は願っております。また、ハレで学んでいる千人から千二百人の学生たちが貴方の指導を求める権利をもっていることを、貴方が考慮して下さるよう望んでおります。私は学生たちの求めを斥けることに責任をもつことができないのです。」(7)

カントは譲歩しなかった。彼は金銭も名声も称号も必要としなかった。もちろんケーニヒスベルクはハレに比べれば後背地であり、東プロイセンはヨーロッパの裏庭であった。しかしここは彼の安住の地であり、ここで彼は成長し、ここのすべてが彼には親密であった。すなわち、習慣は第二の天性であり、生活様式のいかなる変化も彼を不安ならしめる。社会一般の利益に関して言えば、その利益のために彼は自分の計画した著書の中で奮闘しているのである。見知らぬ町への転居は害になるだけであろう。三十年前に彼は、自分の道を選んだ、と自分について語った。当時は大きな声であった。今度は彼はその言葉を発しないが、しかしその言葉に相応しく決心する。彼はもはや岐路で躊躇しない。彼は選択したのであり、退却は不可能であった。『純粋理性批判』が書かれねばならない。

そしてカントは遂にそれを書き上げた。一七八〇年の春と夏においてである。大部分はずっと以前に用意されていた。そのためすべてを五箇月の間に完成することができた。五十五全紙の著作が彼の前に置かれた(最初の四分の一は新しく執筆された)。彼は書物の弱点を知っていた。それは主に文体上の弱点であった。しかしそれを書き直す力はもはやなく、その上彼は自分の生み出したものを公共の判断に委ねずにおれない気持を強く感じていた。

出版者は直ぐに用意を整えた。カントの以前の学生であり、その後カンター書店の従業員となったヨーハン・フリードリヒ・ハルトクノッホが、リガで独立し、書籍業を始めていた。一七八〇年九月、彼はハーマンから、カントが『批判』を完成したことを聞いた。ハルトクノッホは哲学者に対して、自分よりも良い出版者は見いだされえないこと、すべては自分の所で一層迅速に一層体裁よく実行されること、書物をドイツ国内到る所に周知せしめるための最良の条件が備わっていること、を請け合った。カントは彼に原稿を渡した。ハルトクノッホは自分の所で活版印刷を行わなかった。『純粋理性批判』はハレで印刷された。カントはこの書物をまず初めにランベルトに捧げようと思った。ランベルトはカントの理論的探究に熱心な関心を示していたからである。しかし彼が死んでからすでに二年経っていた。一七八一年三月、カントは大臣ツェードリッツ宛の献詞を書いた。五月に書物は世に現れた。

*

読者は『純粋理性批判』の第一ページにおいて、フランシス・ベイコンから引用した題辞に出会う。これは『科学の大革新』の序からの広汎な抜萃である。「我々は我々の個人的事柄については語らない。しかしここで取り扱われる事柄に関しては、それが単なる私見の表明ではなくて、大事業とみなされ、そしてそこでは或る学派の樹立や偶然の思いつきの弁明が問題ではなくて、人類の福祉と尊厳との基礎づけが問題である、ということを我々は望んでいる。……最後に、我々の大革新がよき信頼に応え、それが何ら無限なもの、超人間的なものを展開するのではないことを知って欲しい。なぜならまことに革新は限りなき誤謬の終焉とその正当な限界とを意味するからである。(8)」
読書はまだ開始されていない。しかし我々はすでに哲学の大改革者によって、全く特定の調子へと心の向きを定められる。ベイコンは彼の時代にスコラ的理性と日常的悟性との批判を遂行した。すなわち、死んだドグマと石化した偏見を投げ棄て、真理を要求するすべての主張を経験によって検証することを要求した(「真理ハ時代ノ娘ニシテ権威ノ娘ニアラズ」)。カントは自分をこの事業の継承者と見た。精神のこの迷路から脱出する最初の数歩を照らすべき使命をもつ、導きの星とカントが考えたのは、プラトンでもアリストテレスでもなく、また尊敬するルソーやヒュームでもなく、唯物論者であり経験論者であるベイコンであった。

ベイコンは、無限の彷徨を法則に従って阻止し、自分の著作によって科学の体系を樹立し、その中で科学の認識論的基本問題が解決される、と深く確信していた。彼は始められた仕事を完成することなく死んだ。しかし理性の彷徨に限界をおく試みがいかに大胆なものであったかは、それ以後一世紀半の歴史が示している。期待された終焉はまず端緒であることが示されねばならなかった。

ベイコンによって提起された問題の解決が自分に課せられた任務である、とカントは実際に考えたであろうか。十二年後に彼は論文『万物の終末』(一七九四年)を書くが、そこではなんらかの無限な進行に終末を設けようとする人間の要求を、皮肉に笑っている。人々はまだ一つの回答を捜してはならない。『批判』の次のページをめくった読者は、複雑な事態に対する回答が単純な然りか否かではないことを理解し始める。人間の理性には特別の運命が与えられている、とカントは書いている。人間理性は拒絶することのできない問によって悩まされている。なぜならそれらの問は人間理性自身の自然的素質と結びついているからである。しかし同時に人間理性はそれらの問に答えることができない。なぜならそれらの問は人間理性の能力を越えているからである。このような困惑に理性が陥るのは全く理性の責任ではない。人間理性は経験から導出された諸原則から始める。しかし人間理性は、それが認識の頂点へ一層高く登る限り、いよいよますます自分の前に新しい問が立ち現れ、その問に対して回答を与ええないことに間もなく気づく。そして理性は新しい原則へ逃げ場を求めることを余儀なくされる。その原則は明証的と見えるが、しかし、すべての可能的経験の限界を越え出ている。そこで、理性は矛盾に陥り、その矛盾は、経験的方法によっては発見することの不可能であるような誤謬がどこか根底の内に潜んでいることを証明するのである。

このように序文は始まっている。カントは二つの両極端の世界観的立場、すなわち、認識の問題に対する二つの一面的なしたがって誤った見方である独断論と懐疑論とを克服することに、自己の課題を見ている。同時にこれはヴォルフの克服である。なぜなら全哲学的流派を懐疑論者と独断論者とへ区分したのはヴォルフだからである。懐疑論者は物の不変の本性に関して疑っており、独断論者はかかる不変の本性を断固として（「独断的に」）想定している。（ヴォルフは独断論を、一つの存在形式が仮定されるか、それとも二つの存在形式が仮定されるかによって、一元論と二元論とに小区分した。一元論者は唯物論者と観念論者とに分かれ、観念論者はさらに、観念的存在の多数性を認める多元論者と、自己の人格にのみ基づく自我主義者とに分かれる。）

カントは第三の道を要請する。それは彼の意見によれば、唯一の通行可能な道であり、批判の道である。その際問題となるのは、なんらかの書物や哲学体系などの批判ではなくて、全く純粋に、すなわちすべての経験に依存せずにみられた理性そのものの批判である。カントは認識の道具を使用する前に、それを研究しようと意図する。（彼は水中に入らずに水泳を学ぼうとする、とヘーゲルは皮肉を言ったが、それは正しかった。カントは認識過程から全く離れることはもちろんできなかったからである。）

理性は自己批判をなしうるほど成熟しているであろうか。カントは自分の始めた仕事が時宜に適していることを疑わない。哲学（愛知）は教義への愛ではない、また知恵への愛は私見への愛ではない、とカントは言う。今は、すべての謬説、すべての種類の独断論と懐疑論に対して挑戦すべき時である。しかしそのためには批判の辛苦に満ちた仕事が不可欠である。「もしも政府が学者の仕事に関わり合うことを良しとするならば、学問と学者に対する政府の賢明な配慮としては、批判の自由を奨励する方が、学派の笑うべき専制を保護するよりもはるかに適当であろう。批判の自由によってのみ理性の作業は確固たる土台の上に立つことができる。ところが学派は自分の蜘蛛の巣が荒されると、天下の大事とばかりに大声をはりあげるが、公衆はそれについてなんの興味も示さず、その損害をなんとも感じえないのである。[9]」

カントの著作は、ヨーロッパ精神の重要な伝統の端緒である。その伝統の本質は、従来蓄積された理論的富、大切に保存されたしかし物神化されない理論的富を新しく熟考する営みとして、認識の前進のすべての歩みを捉える点に存する。カール・マルクスの主著が『経済学批判』という副題をもっていることを、我々は想起しよう。

我々は今『純粋理性批判』の若干の根本思想について親しく見てみよう。カントによれば、我々のすべての認識は経験と共に始まるが、しかし経験へ自らを制限するのではない。我々の認識の全部分は悟性活動そのものによって産み出され、したがって「アプリオリな」、すなわちすべて経験に先立つ性格をもっている。経験的な認識は恣意的で、したがって偶然的であるが、アプリオリな認識は普遍的で必然的である。（カントのアプリオリズムは生得観念についての観念論的学説とは区別される。第一に、カントによれば、認識の形式のみがすべての経験に先立ち、これに反して内容は全く経験からあてがわれる、という点で区別される。第二に、アプリオリな形式そのものも生得的ではなく、自らの歴史を持参する。カントのアプリオリズムの現実的意味は、個人は認識能力の使用に着手する場合、すでに彼の中で予め形成された一定の認識形式を用いている、という点にある。学はなおさらかかる形式を所有している。認識の最初の発生という観点から考察するならば、認識はその全範囲において結局人類の不断に拡張する経験の結果であるということになろう。直接的経験とともに、間接的な習得された経験がある、ということがさらに確認されなければならない。今日我々はカントによって提起された問題をこのように見ている。)

さらにカントは分析的判断と綜合的判断との区別を確立する。前者は解明的性格をもち後者は我々の認識を拡張する。「すべての物体は延長を有する」、という判断は分析的である。なぜなら物体の概念はすでに自分の中に延長性の述語を含んでいるからである。「昨日は雨が降った」という判断は綜合的である。なぜなら昨日という表象は雨天の表象とは結びついていないからである。

すべての経験的判断(経験判断)は綜合的である。これは明白である。しかしここに問題がある。アプリオリな綜合的判断はいかにして可能であるか、という問である。これは『純粋理性批判』の中心問題である。アプリオリな綜合的判断が現存することをカントは疑わない。さもなければ、万人に対して拘束力をもつ純粋な学は存在しないことになるだろうからである。彼の深い確信によれば、すべての数学的判断はアプリオリでかつ綜合的である。問題は、それらの判断の出所を説明することにある。このことは自然科学にも妥当する。自然科学は存在し、発達しており、万人に対して拘束力をもつ新しい認識を与えている。しかしそれはいかにしてであろうか。

哲学、またはカントが呼ぶところの形而上学に関して、彼は控え目に判断する。それが一般に学として可能であるかどうか、それが万人に対して拘束力をもつ普遍的な原理に立脚するような、新しい認識を与えるかどうか、について人々はまず確かめなければならない。

そこから、アプリオリな純粋な認識はいかにして可能であるか、という『批判』の中心問題は、三つの部分的問に分かれる。すなわち、純粋数学はいかにして可能であるか。純粋自然科学はいかにして可能であるか。学としての形而上学はいかにして可能であるか。この三つの問は『純粋理性批判』第一編の三部門を構成する。すなわち、超越論的感性論・分析論・弁証論である。(第二、第三部門は合して超越論的論理学を形成する。)

カントが自分の哲学を超越論的(transzendental)と名づける理由は、この哲学が認識体系への「移行」(transcendo——登り越える、越えて行く)を研究するからである。より厳密に言えば、我々の認識能力によって成就されるところの、すべての経験の前提をなす構造を研究するからである。カントは超越論的なものを超越的なものに対置する。超越的なものは可能的経験の限界の背後にあり、したがって認識の彼方にあるものである。

そこで我々は、カントが『純粋理性批判』の最初の数ページで提起したカント学説の重要な問題へ近づく。すなわち、外部から与えられる経験的感覚所与は、我々を囲繞する世界についての適合的な知識を我我に決して与えないということである。アプリオリな形式のみが認識の普遍性を保証するが、しかしこれは決して物の模写ではない。我々に現れる物(フェノメノン)と、自体的にあるところの物(ヌーメノン)とは、原理的に相互に異なる。一七七〇年論文の中ではカントはまだ、ヌーメノンは知性によって直接把捉されると主張したが、いまや彼は、ヌーメノンはいかなる認識にも達し難い、したがって超越的であると考えている。我々が現象の奥底にどれほど深く入りこもうとも、我々の認識はなお常に、自体的にあるところの物とは異なるであろう(10)。認識に達しうる「現象」と認識不可能な「物自体」とに世界を区分することは、不可知論への危険な傾向を示す。

カント自身は自分を決して不可知論者とは認めなかったであろう。彼は学者であり、科学を愛し、認識の進歩を信じていた。「現象の観察と分析とは自然の内部へと突き進む。そしてこのことが時とともにどれほど遠くまで進むかを我々は知ることができない。[11]」経験の限界は不断に拡大される。しかし我々の知識の外延がどれほど増大しようとも、それでも常に克服されるべき限界が存する。我々がどれほど遠くそれに向かって進んで行こうとも、地平が常に我々の前にあり続けるのと同じである。

認識は、制限を知らない。科学を信じることは必要であるが、それにもかかわらず科学の可能性を過大評価してはならない。物自体についてのカントの教説は、根拠のない科学の越権や、科学の全能についての独断的先入見（これは今日「科学主義」と呼ばれている）に対してこそ反対しているのである。この教説は誤って解釈された場合困惑をもたらしうるが、正しく把握されるならば、真理への道を開くことができる。

しかし真理とは何であろうか。それは重大な、哲学者にとって避けることのできない問題である。カントは返答を遅らせはするが、この問題に立ち向かう。理性に適った問を提出する能力は、理性の働きの不可欠な徴候である、と彼はややいらだって判断する。もし問がそれ自体意味を欠いているならば、問は質問者にとって恥であるだけでなく、さらに不合理な返答を引き出し笑うべき光景を呈する、という欠点をもつことになる。それは一人が雄山羊の乳を搾り、他の一人は篩で受けるといった光景である。

いらだちが生じるのは、真理についての問題がカントを悩まし、それに対する一義的な返答の不可能であることが明白であるからである。もちろん、真理は認識と対象との一致である、ということはできるし、彼もしばしばこれを繰り返している。しかし彼はこの定義が同語反復であることを知っている。真理問題に対する正しく定式化された問は、次のようになるであろう。すべての認識にとって普遍的に妥当する真理の標識はいかにして見いだされうるか。カントの答えはこうである。真理の普遍妥当的標識は与えられることができない。(12)

このことはいかに理解されるか。我々の哲学者は懐疑論を破ろうと企てた。そして彼は懐疑的陳腐さを繰り返す。しかし我々は性急に評価を下さないようにしよう。

カントは今日弁証法と呼ばれる壮大な哲学の建造物の基礎を創設した（時にはそのための場所だけを整えた）。弁証法的二律背反が（それについて明言的に述べられていないところでも）カントの諸著作のテキストを貫通している。カントは或る主張を立てると、直ちにその妥当性の限界を見、そしてその限界が条件づけられているのを見る。彼は、ヘーゲル風にいえば、「或るものをそれの他者と」結合するために、限界を越え出ようとする欲求を感じる。命題と共に反対命題が生じる。すなわち、それがなければ定立が不完全で不可解で誤ったものとなるような、独特の反定立が生じる。カント自身は必ずしも綜合にまで進んではいない。時として彼には単にそのための概念装置が欠けているだけである（そしてこれは彼の責任ではなく、彼の不運である。責任があるのは思想家に追い抜かれたところの時代である）。それでも問題は提起された。そしてその後の弁証法的思想の発展の事情に通じている現代の読者は、望み通りにもろもろの反対命題を結びつけることができる。

カントの定義の矛盾した面はしたがって考察の対象の矛盾した面によって引き起こされている。ヘルダーはカントを首尾一貫しない点で非難することができたが、しかしすでにゲーテは著作の中に或る一層注目すべきものを発見した。それは茶目なイロニーであって、カントは読者を初めは一生懸命に或ることへ向かって説得しようと努めながら、次には彼は再び自分の主張を簡単に疑問に付すのである。

真理問題についても事情は同様である。カントは普遍妥当的標識という考えを認識の内容に関してのみ斥けた。その形式に関しては彼はそのような標識を非常によく知っている。それは言表の無矛盾性である。これは真理への問に対する拒否的回答についての重要な修正である。先の拒否は独断論者の理論構成を破壊した。いまや問題は、懐疑論者の理論構成をも論駁することである。矛盾の禁止は「すべての真理の単に消極的な標識」[13]にすぎないことを、カントは知っている。しかしその標識を利用するならば、我々は学の堅牢な建造物を創設することができるのである。

今日では我々は、科学が「積極的な」真理標識をもっており、それが実践であることを知っている。弁証法的唯物論は認識論に実践を導入した。カントの批判主義は、「純粋な」理論にとって消極的な真理標識のみが定式化されうることを示した限りにおいて、この歩みを準備した。実践は学者の手中にある羅針儀である。しかしながら、実践の標識も同じく絶対的ではないことを我々は知っている。なぜなら、なんらかの人間的表象を完全には確証したり、反駁したりすることはできないからである。

実践は非ユークリッド幾何学の真理性を証明した。しかし他の実践はユークリッドの公理の妥当性を確立している。真理とは、世界をますます深く理解していく過程であり、無知から知への、不完全な知からより完全な知への運動、留まることのできない運動である。なぜなら世界は無尽蔵だからである。ヘーゲルはこの弁証法的観念を初めて定式化したが、しかし対象と思想との完全な一致、すなわち絶対知が可能である、と考えることによって、自己矛盾に陥った。(超主知主義は不可知論と同じくらい有害である。)カントはより慎重であった。彼の超越的「物自体」は、認識の内部には可動的な境界標があるが、しかし認識そのものには最終的な制限がおかれず、また総じておかれえないこと、を思い出させる。

さらにまた「物自体」は他の事情を指し示す。それは、科学が無力である領域が存する、ということである。例えば、人間の行動の領域、すなわち自由の国、より正確に言えば、選択意志の国、がそれである。カント以前と以後の芸術と文学は、人間が「科学に従って」行為しないだけではなく、時には基礎的論理学に反してさえも行為することを明らかにした。『純粋理性批判』の中に我々は次のような文章を読む。「誰もただ論理学だけを用いて対象について判断を下そうと企てはしない。(14)」

すべての制限や説明はカントにあっては、真理を幻想から解放し、それによって真理の探究者を幻滅から守る、という高貴な目的のために用いられる。哲学者は言う。「純粋悟性の国は島であり、自然そのものによって不変の限界の中に閉じ込められている。これは真理の国（なんという魅力的な名前であろう）であり、広大な荒れ狂う大洋によって囲まれている。この大洋は仮象の本来の座であり、数々の霧峰とたちまち溶けてなくなる数々の氷山とがそれらを新しい陸地と見誤らせ、発見を求めて彷徨する航海者を絶えず空しい希望でもって欺きながら、彼を冒険へと巻き込むが、彼はこの冒険を決して中止することもまたなし遂げることもできない。しかし我々はすべての広がりを探索し、そこに望む何物かがあるかどうかを確かめようと、あえて海洋へ船出するよりも前に、我々がまさに離れようとしている国の地図になお一瞥を投じて、まず次のように問うことが有益であろう。すなわち、我々はこの国の中に含まれているものにおそらく満足しえないのではないか、それとも我々の定住しうる土地がどこにも他にないとするならば、やむをえずそれに満足しなければならないのではないか。第二には、我々は一体いかなる権原によってこの国を占有し、すべての敵対的な要求に対抗して安全を保つことができるであろうか。このように問うことである。(15)」

このように哲学者は我々の前に認識の国（真理の王国）の地図を繰り広げ、それを注意深く研究することを勧める。国内への最重要の幹線道路は感性的認識である。『批判』の中のこれに対応する部分は「超越論的感性論」と呼ばれる。カントによれば、感性の二つのアプリオリな、すべての経験に先立つ形式として、空間と時間が存する。空間は外的感覚を組織化し、時間は内的感覚を組織化する。バートランド・ラッセルはカントの思想を次のように説明している。もし人が青い眼鏡をかけていれば、すべてのものが青い光の中に現れる。それと同様に、人間は世界を特別の空間的眼鏡によって観察し、すべてを空間的関係の中で眺める、と。

カントは空間と時間との経験的実在性を否定しなかった。彼の考えでは、空間と時間との観念性の学説は同時に、感覚器官に関しては、両者の完全な実在性の学説でもある、というのである。カントは自分の宇宙生成の仮説を決して放棄しなかった。そこでは世界の形成と崩壊の実在的過程が実在的空間の中で行われる。彼は時間がもはや存在しないような世界の終わりという考えを斥ける。『純粋理性批判』の中で彼は、持続と延長についての我々の表象はどこから由来するか、という認識論的問題を扱っている。経験からそれらを取り出すことはできない。それらはアプリオリで、したがって普遍的で必然的である、と彼は確信している。なぜならそれによってのみ量についての学、すなわち数学が可能だからである。しかし空間と時間についての表象はいかにして生じるのか。それらは構想力によって作り出される、とカントは説明する。

カントの空間と時間についての見解は或る程度まで、物にとっての二つのそれ自身で存立する空虚な容器という、絶対的持続と延長についての機械論的表象に対する反動である。カントは時間と空間を相互連関において考察しているが、しかしこの連関は認識主観においてのみ樹立される。人間の外では、物自体の世界では、別種の同時性と継続性が可能である。今日では我々は非ユークリッド幾何学の存在について知っている。我々は我々の視覚が実際に我々を取り巻く空間とは異なることを知っている。

カントの哲学構成の中で時間は重要な役割を演じている。もっともカントの時間の解釈は詩的と呼ぶしかないであろう。カントの超越論的感性論によって二人のロシアの詩人が霊感をうけたことは偶然ではない。

アンドレイ・ベールィ

春、視線は遠くへ彷徨う。
そこは紺青の高み……
だが我が前には『批判』が、
その革の装幀がある……
遠くに、別の存在の
星ちりばめた装い……
そして、身震いして思い出す
空間の幻想性[16]を。

アレクサンドル・ブロク

私は屏風の後に座る。私はもっている
こんな小さな足を。
こんな小さな手を私はもっている、
そしてこんなに暗い窓を。

ここは暖かくて暗い。私は消す
もって来られた明りを。
だが私は感謝する。
私は気晴しするよう早くから求められている。
だがこの小さな手が……私は好きなのだ。
私の皺だらけの皮膚。
私は甘い夢を見ることができる。
しかし私は自分を不安にさせまい。
静止したまどろみを乱すまい。
ここの窓には陽が当り……
そして私は小さな手を組む、
そしてまた小さな足を組む。
私は屏風の後に、暖かい所に座る。
ここには誰かがいる。明りはいらない。
眼は窓ガラスのように測り難い。
皺のよった小さな手にある、小さな指輪。(17)

詩は「イマヌエル・カント」と題されている。そして詩人は彼の言によれば、超越論的感性論によって霊感をうけたのである。小さな弱々しい人間が、世間を離れて、暗いところにまどろみながら、全くの自己沈潜の中で座っている。このように詩人は哲学者を見ている。これはほとんどグロテスクな描写である。しかしそこでは空間と時間はどこにあるのか。おそらくブロクは偶然『純粋理性批判』のちょうど対応する部分を読んで（任意の他の部分をも読むことができたはずだ）、それから個人としてのカントに対する自分の関係を詩の中で表現したのではなかろうか。超越論的感性論は口実にすぎないのか。このような可能性は排除されていない。しかしおそらくは或る他の事柄がここでは問題であり、それについてやがて述べるであろう。

カントの認識論の疑いの余地なき達成は、直観と知性との相互関係に対する新しい見解である。十七世紀には認識論において二つの反対の流派——感覚論と合理論——が競い合っていた。感覚論者たちは感性的認識が主要な役割を演じると考え、合理論者たちはこれとは逆に、知性を優先させた。両学派いずれも、両種の認識の間に原理的差異を見いださなかった。感覚論者にとっては、論理的認識は完成された感性にすぎなかった（感覚の中に存するものしか悟性の中には存しない、とロックは語った）。合理論者にとっては、感性は潜在的な知性のようなものである。カントは一つの「認識の幹」を他の幹へと還元しえないことを強調した。「これらの固有性の内のいずれも他方に優先するのではない。感性なしには我々に対象が与えられないであろうし、また悟性なしには対象が思考されないであろう。内容なき思想は空虚であり、概念なき直観は盲目である。(18)」学的認識は感性と悟性との綜合である。

この綜合はいかにして成就されるであろうか。超越論的論理学の大部分がこの問に対する解答にあてられている。伝統的な形式論理学は、抽象的思考、すなわち、内容を捨象した思考の構造を研究することを自己の課題としていた。カントは論理学の改革を企てる。「この場合、認識のすべての内容を捨象するのではない論理学が存在することになるであろう。……それは、また対象についての我々の認識の起源をも問題にするであろうが、ただしその起源が対象に帰せられえない限りにおいてである。」[19]最後の制限は非常に重要である。しかし今の場合、我々が関心をもつのは制限ではなく、事柄の本質である。すなわち、カントの超越論的論理学は内容に関係していること、それは認識の由来・範囲・意義を追求すること、が重要である。そしてさらにもう一つのことをしっかりと理解しなければならない。それは、カントは形式について多く語っているが、その際彼は内容と関係する形式を念頭においており、内容のない空虚な形式は彼にとって存在しない、ということである。カントは形式主義者ではない。(最後の点はカントの芸術哲学の正しい理解のために特に重要である。)

いまや認識の綜合が問題である。綜合の基礎として役立つ論理的諸形式を、カントはアリストテレスに倣ってカテゴリーと名づける。カントにとって、カテゴリーはアプリオリである。(ただしそれは決して生得的であるのではなく、「純粋理性の後成説」の過程において我々自身によって作り出される。[20])四つの異なる判断の種類に対応して、カントは次のようなカテゴリーの表を作る。(1) 量のカテゴリー——単一性・数多性・全体性。(2) 質のカテゴリー——実在性・否定性・制限性。(3) 関係のカテゴリー——内属と自存、因果性と依存性、相互性。(4) 様相のカテゴリー——可能性—不可能性、現存在—非存在、必然性—偶然性。

各カテゴリーのグループが三項目に区分されていることが目立つ。ここにはすでに後のヘーゲル的三分肢法、すなわち、定立・反定立・綜合が明瞭に認められる。後に(『判断力批判』において)カントは自分の考えを次のように説明している。「純粋哲学における私の区分がほとんど常に三分法になっていることに対して、人々は不審を感じた。しかしこれは事柄の本性によるのである。区分がアプリオリになさるべきであるならば……一般に綜合的統一にとって要求されるものに従って、すなわち第一に条件、第二に条件づけられたもの、第三に条件づけられたものとその条件との合一から生じる概念に従って、区分は必然的に三分法でなければならない。(21)」

カテゴリーは最高の普遍的概念であり、いわば認識の骨格である。カントによれば、カテゴリーが存在するがゆえにのみ「純粋」自然科学が可能である。しかし骨格に皮膚を張ることによって有機体であるとするわけにはいかないのと同様に、科学の身体もまた、十二のカテゴリーの形式を経験的内容でもって満たすことよりもはるかに複雑な構造をもっている。各々のカテゴリーから、より小さい普遍性をもった派生的概念が生じる。例えば因果性のカテゴリーは、力・働き・受動の概念によって補足される。相互性のカテゴリーは、現前・抵抗の概念によって補足される。望みとあれば「純粋悟性の系統樹を完全に描き上げる(22)」ことができるが、脇道へ逸れないため、それをしない、とカントは言う。彼の課題は体系の完全性を叙述することではなく、体系を基礎づける諸原理の完全性を叙述することである。

弁証法的唯物論者にとっては、すべての哲学的カテゴリーは客観的現実の実在的な連関からの抽象である。カントにとっては事情は異なる。「我々が前もって自ら結合しなかったいかなるものをも、我々は客観の中に結合されたものとして表象することはできない。」さらにより決定的な説明がある。「悟性は自然から自らの法則を汲み取るのではなく、法則を自然に対して措定するのである。(23)」

カントの思想には注釈が必要である。その思想を誤って解釈するなら、我々はカントの認識論における主要な要素を、すなわち我々の意識の能動性（積極性）についての考えを理解することができない。まさにこの能動性の中にこそ哲学者は自分の根本的功績を認めたのである。彼は哲学における事態を少なくとも根本的に変えたと考えて、自分をコペルニクスに比しさえした。以前には人々は、我々の認識は客観に準拠しなければならない、と考えていた。カントは、客観が我々の認識に準拠しなければならない、ということから出発する。

逆説的に聞こえはするが、しかし我々は逆説を恐れてはならない。逆説は熟考を目覚ませ、それを新しい道へ向ける。カントが強く主張した新しいものは、我々の意識の能動的役割を洞察することであった。カント以前のすべての哲学は人間の知性を、自然的または超自然的な方法によって得られた観念の受動的容器とみなしていた。この点では観念論者も唯物論者も等しく誤りを犯していた。カントは自分の確定的な定式化によって弓を張り過ぎたが、しかしこれは善き意図から為された。曲ったものを真直にするためには、我々はそれを反対の方向に曲げなければならないからである。カント以前の認識論においては多くのものが誤って曲げられていた。しかもすべて一方の側へ曲げられていた。

さらにまた我々は、カントが「認識の対象」と（のみならず「自然」と）言うとき、彼が思い浮かべているのは物自体ではなく、現象であること、すなわち我々の認識と相互関係を行うところの現実の部分であること、を知っている。そして現実のこの部分——人はそれを無視することができない——は、我々の悟性活動の経過の中で我々が行う働きに準拠しており、現象の現実領域は合理的に組織された我々の経験の体系の中に含まれている。マルクスは、認識の能動的側面を強調した理由でドイツ古典哲学（その創始者がカントであった）を評価した。意識は世界を反映するだけではなく、それを作り出しもする——弁証法的唯物論者にとってこのことは公理である。その起源はカントの内にある。

しかもこの場合問題になっているのは、個々の人間の個人的意識というよりも、むしろ「意識一般」、言語や他の文化形態の中に固定された精神的共有財産である。カントによれば「自然」を規定するところの超越論的意識は、したがって全き構成された世界像である。超越論的主観は個々の人間でもありまた全人類でもある。

しかしこれがまだすべてではない。意識の能動性についてのカントの学説は、概念形成の過程という最も謎に満ちた過程の一つをはっきりさせた。カントの先行者である偉大な頭脳たちは、この問題を解決しようとして行き詰まった。感覚論者たちは経験の事実から或る普遍的徴表や原理を導出する帰納法に固執した。我々は日常の経験によって、白鳥が白く、鳥が黒いことを知っている。しかし健全な悟性〔常識〕でさえもそうした種類の普遍化に対して非常に懐疑的な態度をとる。「白い鳥」という表現は、諸物の通常の秩序に反する、極めて稀なしかしそれでも起こりうる違反を示している。黒い白鳥に関しては、それは実際に存在する。ところで帰納法の助けによって、したがって普遍的徴表の抽象によって、以前にはなかった或る新しいものの精神的創造や構成、すなわち機械や科学理論といったような発明の可能性は、いかにして説明されるのであろうか。

合理論者はこれとは異なる道を進んだ。彼らは理念の秩序と物の秩序との間に、人間に依存しない、厳密な一致を見た。思考を彼らは或る「精神的自動機械」(スピノザの表現)と考えた。この自動機械は、あらかじめ生み出された「予定された」(ライプニッツの表現)プログラムに従って働く限りにおいて、真理を打ち出すのである。説明は堅固であったが、一つの本質的欠陥があった。それは、誤謬がどこから生じるか、という問題に答えることができなかった点である。この矛盾から脱出しようとするデカルトの試みは特徴的である。誤謬の根を彼は自由意志の中に見る。人間は神的真理の光を遮ることが少なければ少ないほど、誤りからより多く守られている。したがって受動性が認識の真理性の保証なのである。

カントはコペルニクスと同様に、先行する伝統と決然として絶縁する。彼は人間的知性の中に、あらかじめ設けられた構造、すなわちカテゴリーを見る。しかしこれはまだ科学的認識そのものではない。これはその可能性にすぎない。同じような可能性を経験的所与が与える。この所与は一種の建築材料であって、カテゴリーの骨組の中で空けておかれた部分がそれでもって満たされる。しかし建物が連関をもって出来上がるためには能動的建築家が必要である、そしてカントはそれを生産的構想力と名づける。

カント以前には、構想力は詩人の特権と考えられていた。ところがケーニヒスベルクの無味乾燥な、細事にやかましい人が、科学の中に、概念形成の作用の中に、詩的原理を認めた。自動機械のように生きていた人間が、人間の知性のために自動機械の名称を拒否した。カントによれば、精神は自由な芸術家である。

おそらく地理学への愛好がカントをして、認識過程における構想力の役割を理解させたのであろう。彼は学生たちに対して、自分では一度も見たことのない国々について語ったが、それを他人の報告に従って生き生きと描き出した。カントは、有名な『百科全書』のために想像力に関する論文を書いたヴォルテールから、或る本質的なものを読みとることができた。ヴォルテールの見解では、想像が応用数学の中に示されており、アルキメデスにおいてはホメロスの場合に劣らぬほど想像力が発達していた、という。

ところでこの点に関して、現代の学者たちはなんと言うであろうか。私の前には、有名なフランスの数学者ジャック・サロモン・アダマールの著作『数学の分野における発明の心理学』がある。この書物には、もっと有名な数学者であるH・ポアンカレの論文『数学的創造』が付加されている。アダマールは彼がどこから自分の思想を汲み取ったかを隠さなかった。そこでは、科学的創造過程が準備・潜伏・着想・決着の四段階に条件づきで区分されうることが問題にされている。第一段階と第四段階は意識の活動に基づき、第二と第三の段階は心の無意識的要素に基づく。科学的発見はその中間項では、知性の統制されない働きと結合していることが明らかである。思考の意識的要素が弱められるか、または完全に排除された瞬間に、往々着想が生じる。

このことは、発見が本性上偶然的であることを決して意味しない。学者の高度に発達した意識だけが、「発見的状況」を作り出し、新しい与件へ注意を向け、これら与件と既成の理論との矛盾を見ることができる。意識のみが問題を立て、定式化し、探究に共通の方向を与えることができる。しかしその上何が生じるのであろうか。仕事には全く別の思考の型が含まれており、それは判然と固定された記号体系と結合した、そしてコミュニケーションの必要のために整えられた、通常の思考型ではない。創造的思考はより柔軟な形式を要求する。「私が考えているとき、言葉は私の頭脳の中に完全に存在しない」、とアダマールは主張している。言葉の代りに彼は「無規定の形式の斑点」を用いる。アンリ・ポアンカレは粗雑な比較を詫びながら、無意識的なものの要素を或る種の「アトム」として思い浮かべることを提案する。このアトムは知的活動が始まるまでは、あたかも「壁に貼りつけられ」ているかのように、不動の状態にある。その後、意識のみが休むであろう。無意識的思考過程にとっては休息は見せかけであることがわかる。潜在意識の「アトム」の最初の意識的活動は、問題へ注意を傾注しながら、これらのアトムを運動させる。その後、意識のみが休仕事は、解決が見いだされるまで停止しない。「我々の意志によってアトムに伝えられた衝撃《インパルス》の後、アトムはもはや最初の不動の状態には戻らない。アトムは自由に自分のリズム運動を続ける。」創造的に活動するということは、不適当な変形を無視して選択を行うことを意味する。しかも無意識的選択を指導するのは科学的美に対する感情である。(24)

さて再びカントへ戻ろう。彼は「無意識的なもの」という術語を使用しない。しかし我々は前章において読者に対して、カントが一七六四年の懸賞論文の中で用いた、別の術語「不分明な表象《ドゥンケル》」を記憶に留めておくように願った。(25) ここに手書きの遺稿中の意味深長な一省察があるが、それは次のように述べている。「大部分は不分明の中で悟性から起こる。……不分明な表象は明瞭な表象よりも含蓄がある。道徳学。明瞭性のみを道徳学へもたらすこと。思想の助産婦。悟性と理性との全作用は不分明の中で起こることができる。……美は言い表し難いものでなければならない。我々は考えることを必ずしも語りうるとは限らない。[26]」他の手書きの遺稿からカントの一連の類似の、同様に決定的な表現をさらにこれに付け加えるならば、彼とアダマール＝ポアンカレとの間の共鳴は驚くほどであろう。現代の発見法は、すでにカントを動かした諸問題と取り組んでいる。

『純粋理性批判』の中では「不分明な表象」という術語は用いられていない（それは初期および後期の著作の中でだけ用いられている）、と我々に対して人は異議を唱えるかもしれない。それにもかかわらず無意識なしかし能動的な創造的な原理の観念は、事態として曖昧でなく見いだされる。カントは思考の自発性について語っている。悟性は生産的構想力のおかげで、それ自身自発的である。すなわち意識による統制なしに、それ自身の働きによって、自分の概念を作り出す。「構想力が自発性である限り、私はそれを時々生産的構想力と呼ぶ。[27]」『純粋理性批判』の中心思想の一つはこのようなものである。

しかし我々の構想力が役立つ概念を産出し、訳のわからぬものを生み出すのではない、という保証はどこにあるか、と読者は尋ねるであろう。それはまさに認識の真理問題であり、それについては前に述べた通りである。その上、すでに我々が説明したように、生産的構想力も、第一に、でき上がった構造物（カテゴリー）によって、第二に、与えられた建設材料、すなわち経験的与件によって、条件づけられている。まさにこのゆえに、構想力は空中楼閣を作るのではなく、堅固な科学の建造物を作り上げる。生産的構想力は空虚な幻想ではない。この道具によって感性と悟性の綜合が行われるのである。

カントはこの一般的確定以外にほとんど補足的説明を与えていない。彼はこの綜合の過程そのものを精確に規定しようと試み、その中で或る中間的位相、すなわち、感性と抽象的思考との間の中間項を発見する。『純粋理性批判』の中に、「図式」という新しい術語が登場する。そこでは生産的構想力はいわば中間物を作る。それは一方では感性的、他方では知性的といった、或る全く奇妙なもの、すなわち「媒介的表象」、「感性的概念」である。後にヘーゲルは(別の連関の中で)「抽象的表象」と言うであろう。しかしそのような綜合の問題は偉大な弁証論者の関心をもちろん誘わない。彼は感性からはただ不快感を予期するだけであろう。ヘーゲルの意見によれば、精神は感性なしにも真理へ向けて自分の歩みを進め、そして真理は存在と思考との同一性の中に存する。カントはそれほど重要な弁証論者ではないが、しかしまさしく彼は弁証法的課題を解決しようと試み、感性的なものと論理的なものとの対立を合一しようと試みる。

図式は形象と区別しなければならない、とカントは強調する。後者は常に直観的である。五つの点を次次に打てば、それは一定の「多数」の形象であり、「多数」の純粋な図式はしかしひとり数のみである。概念の基礎にあるのは、形象ではなくて、図式である。図式がいかにして生じるかを言うことは難しい。それは、「人間の心の奥底に隠された技術であり、その真の扱い方を我々がいつか推量して、それを一目瞭然たらしめることは、困難であろう。」(28) カントはなるほど感性と悟性との綜合の媒介的メカニズムである時間を指摘してはいる。時間系列は直観と概念とのどちらにも等しく属する。時間は図式の根底に存する。

我々がいま再びカテゴリーに眼を向けるならば、カントがすべての経験より先に存するカテゴリーの成立をいかに考えているかは、明らかになろう。「純粋理性の後成説」については我々はすでに言及した。各カテゴリーはそれぞれの図式をもっている。例えば、実体の図式は何であろうか。それは時間における実在的なものの恒常性である。因果性の図式は何か。それは他の実在的なものが後続するところの実在性である。時間の助けによって、我々の構想力はカテゴリーを組み立てる。しかもそのカテゴリーは「自然に対して法則を指定する」。人が自然の法則性の彼方に赴こうとするならば、時間を克服しなければならない。この命題を我々は記憶しておかなければならない。我々が再びブロクを取り上げるとき、我々はこの命題を用いるであろう。

この命題はもちろん直覚の特別な本性を明らかにしない。この場所で直覚の概念が使用され解明されなければならない。カントが直覚を全く感性の範囲内へ入れた限り、彼が直覚を知性の領域から追放した、とする見解は正しい。実際にはカントはその言葉のみを追放し、事柄そのものは拡大し豊富にした。デカルトとスピノザは、彼らの先行者たちと同様、「直覚」(Intuition)の術語でもって、真理の受動的直接的な洞察を表した。カントはこの解釈を受けついだ。彼の意見によれば、感情は受動的である。知性が活動的である限り、知性の内には直覚のための場所は存在しない。カントによれば、直覚(直観)は感性的でのみありうる。

今日我々は直覚を別のものとして見ている。我々は直覚の中に、創造への直接的能力、すなわち必要とするものを見つけ出す働きを見る。受動的認識は一般に存在しない。最新の心理学的研究が証明しているように、感覚器官のレヴェルにおいてさえ、人間の心理は活動的である。ここでは自動的な模写的撮影は行われず、全く独特の創造過程が見いだされる。カントが生産的構想力と呼んだところの、知性の中の活動的原理は、直覚の変種に他ならない。

直覚は概念形成においてだけでなく、概念使用においてもまた必要である。学者は(また他のすべての人も)、普遍的規則・法則・原理などの器具類を意のままに用いるだけではなく、それらを具体的な個々の場合において適用しえなければならない。カントはこの直覚的性能を「判断能力」と呼ぶ。判断力は「いわゆる生来の機知の特別なものであって、その欠如はいかなる学校も補うことができない。なぜならたとえ学校が狭い悟性の持主に対して、他人の知恵を借用して、多くの規則を与え、いわば詰め込むことができるとしても、これらの規則を正しく利用する能力は、生徒自身に備わっていなければならない。そして人が生徒に対してこの意図で規則を指定しようとしても、そうした自然の賜物が欠けている場合には、いかなる規則も誤用をまぬかれることができない。……判断力の欠如は本来、愚昧と呼ばれるものであり、この欠陥は全く救治されえない。(29)」

カントは直覚を別の名称のもとに、我々の現代の理解に適合するように、記述している(後に芸術における直覚と倫理学における直覚が問題になるであろう)。直覚は各方向に働く認識運動に随伴する。抽象が生じる時は「上へ向かって」、これらの抽象が事柄と結合する時は「下へ向かって」働く、といった具合である。第一の場合は生産的構想力が働き、第二の場合は判断能力が働く。この両者がなければ、悟性の機能は不可能である。

このようにして我々は直覚的判断能力と結合した悟性をもつ。この二つのほかに、カントは知的活動のもう一つの範囲、しかもその最高の段階を、理性と呼ぶ。言葉の広い意味では理性は、カントにとってすべての論理的思考と同義である。カントは時々一貫せず、この意味で「悟性」の用語を使っている。言葉の狭い意味では、悟性は科学の領域である。まさしくここでは認識の綜合が実現される。それに対して理性は検査し統制する最高の中枢機関である。この範囲が哲学である。分析論は悟性についての教説であり、弁証論は理性についての教説である。

まさしく分析論とカントは数年間苦闘した。書物の四分の三はすでに書かれていた。初めと中心の部分が欠けていた。カントは主要課題を解決すること、すなわち、学的認識一般がいかにして生じるかを示すことができなかった。彼はこの問題の前に立ち止まって、あたかも出口のない壁の前に立って、手で煉瓦を剝ぎ取ろうと試みるかのようであった。彼は鉄のような不屈な意志をもって毎日毎日、毎月毎月、自分の仕事に没頭した。そして壁は倒れた。それは光がさすようにして訪れ、この光は永久に存続するにちがいなかった。

＊

科学の進歩は先入見からの解放である。例えば、科学的知識が全能であると考えるのも、その先入見の中に入る。これは初期の啓蒙主義によって生み出された幻想の一つであった。それによると、科学はすべてをなしうる。科学は神の現存在を証明し、霊魂不滅を基礎づけ、人間存在の全秘密を解明することができる。このような理性の自負が無根拠であることを明らかにすることが、カントによる理性の自己批判の課題の一つであった。

弁証論は、カントによれば、仮象の論理学である。なぜなら理性は幻想を生み出し、見せかけのものを現実的なものとみなす能力をもっているからである。批判の課題はこの点について明瞭ならしめることである。そのためカントは弁証論を「仮象」の概念の定義から始める。その概念は、個人的意識の所産であるところの幻覚でもなければ幻影でもない。仮象は「いかにしても避けられない錯覚」である。(30) 確かに我我には、太陽は天空を運動しているように見える。これはすべての人にそう見える。しかし我々がそれを昼夜の交替の自然現象として規定しようとするならば、我々は地球が自分の軸の周りを回転する、という説明を選ぶ。現象と仮象とは異なる概念である。経験的仮象のほかに、論理的規則を無視することから生じる論理的仮象もありうる。誤謬はそのつど容易に除去される。可能的経験の限界外に存する物について判断が下される場合に生じる、哲学的超越論的仮象に関しては、事態はもっと困難である。例えば、「世界は時間において初めをもたねばならない」、という判断の場合である。

理性にとっての困難は、理性がここでは自然科学的概念（悟性の範囲に属する）を扱うのではなく、理念を扱わねばならない点に存する。理念とは、それに対して直観において適合的な対象が与えられえないような概念である。理性は直接的作用の中で、経験に対してではなく、悟性に対して向けられる。理性は何よりもまず悟性にその活動の場を開く。理性は原則、すなわち普遍的原理を作り出し、悟性と判断力はそれを個々の場合に適用する。理性は認識過程において統制的機能を遂行し、悟性を一定の目標へ向かわせ、悟性に対して課題を提起する。（悟性の機能は構成的である。悟性は概念を作り出す。）理性は認識を純化し、体系化する。

このゆえに、カントが理性を公平に扱っていない、と考えるのは誤っている。正当な訓練された使用によってこの思考器官は大いに役立つことができる。なぜなら理性のおかげでのみ、理論は実践へ移行し、理念は我々の認識を統制するだけでなく、我々の行為をも統制するからである。なんびとも純粋な徳の理念に従いえないからといって、そのような理念そのものが幻想である、と推論することは許されない。あらゆる道徳的価値判断は、そのような理念によってのみ可能である。

カントはプラトンの完全な国家についての理念を思い出させる。この理念が実現不可能であるという口実の下に、この理念の要求を避けることは許されない。各人の自由が他のすべての人の自由と結合されるような、最大の人間的自由に基づく国家秩序は、あらゆる新しい立法の基礎でなければならない必然的理念である。それと矛盾すると称する経験を気儘に引き合いに出すことほど有害なものはないし、哲学者に値しないことはない。カントの意見によれば、たとえ完全な秩序は決して存在しないにしても、それでもなおこれは真の理念であり続ける。理念はこの原理をいわば原型として立て、それによって普遍的法秩序をますます大きな完全性へと導くための規準を与えるのである。

理論的範囲においても理念は大きな役割を演じる。理性は経験の限界の彼方に存する最高の普遍化へと進むことによって、悟性のカテゴリーによる綜合が制限されていることを示す。理論的理念は、カントによれば、実在性に対する概念の三つの可能な関係から導出される体系を形成する。第一に、主観に対する関係、第二に、客観に対する関係、第三に、両者に対する関係、すなわちすべての物一般への関係。このようにして理念の三種類、すなわち、霊魂・世界・神に関する理念が存する。

カント以前の哲学者は、三種類の理念のいずれについても極めて軽率に判断した。まさにこの領域で、理性は最も徹底的な自己検証と自己批判とを必要とする、とカントは考える。霊魂や実体についての混乱した判断と、それから導出された不死についての命題とが、何の役に立つであろうか。カントはそのような判断を誤謬推論と呼ぶ。すなわち、誤った形式的推論である。カントは苦もなく誤謬を暴露する。

『純粋理性批判』の第二版（一七八七年）の中で、カントは批判の矛先を特定の相手へ向かって突きつける。テキストの中に新しい章「霊魂の持続性についてのメンデルスゾーンの証明に対する論駁」が現れる。モーゼス・メンデルスゾーンは彼の論文『ファイドン』において、霊魂の単純性と不可分割性を引き合いに出すことによって、霊魂の不死性を基礎づけた。不可分割的なものはより小さくなることができず、したがって消滅することができない。カントはこの証明に対して、減少は大きさの変化として、すなわち外延的にだけ生じうるのではなく、実在性の度の変化として、内包的にも生じうる、と指摘する。意識は原子に分割されず、実在性の種々の度を有する。

『純粋理性批判』第二版の出版の二年前に、匿名の著作『アンチ・ファイドン』がドイツの書籍市場に現れた。この書物の著者カール・シュパッツィーアは、デッサウの汎愛学舎の教師で、文学者・哲学者であったが、彼はメンデルスゾーンに対するカントの批判的論証を先取りしていた。意識の内包量（緊張度）

は年齢に応じて変化する、すなわちそれは青年期に増大し、老年期には減少する、とシュパッツィーアは指摘した。カントが『アンチ・ファイドン』の原本を知っていたかどうかは確言し難い。

しかしシュパッツィーアはカントの著作に親しんでいた。彼は自分の著書の中でカントを「偉大な思想家」のひとりと呼び、『視霊者の夢』と『純粋理性批判』とを引き合いに出した。この事情は非常に重要である。カントの批判主義は観念論的独断を破壊することによって、唯物論的世界理解の成立に際して重要な役割をも演じたからである。シュパッツィーアは確かに全く独特の唯物論者であった。霊魂は物質的であり、それゆえにこそ不死である、と彼は考える。唯物論的学説のそのような変種はドイツにかなり広く行われていた。人々は科学の進歩に遅れまいとし、しかし神とは争わないことを望んだ。これら二つの方向線はカントをも導いた。ただし彼は性急な結論に対して用心した。

我々は純粋理性概念の次の群、すなわち宇宙論的諸理念へ進もう。我々は読者にあらかじめ問題の全射程について知らせておきたいと思う。生産的構想力の学説が分析論の頂点を示すのと同様に、二律背反はカントの弁証論の頂点である。それは『純粋理性批判』の第二の主要な問題群である。それゆえ二律背反について多くのことが、意味深長にしかも美しく書かれてきたのである。例は容易に見いだされる。ソ連の文献学者J・E・ゴロソフケルの著書『ドストエフスキーとカント』からの次の抜粋を、我々は問題の本質的考察に先立って見ておこう。

「思想家がいかなる哲学の道を進もうとも、彼はカントという名の橋を渡らなければならない。そしてたとえこの哲学の橋が、思弁的構成主義の七不思議の一つが、人間の経験の高い土手によって確実に守られているとしても、絶望の凍りつくような風は、旅人の骨身にしみわたる。そして彼が周囲の薄明の中に生命の太陽を探し求めてもむだであろう。そしてこの寒さに震えた思想家が、どんなに注意深くゆっくりと、たびたび休息しながら進んでも、彼がまだ橋の半ばにも達しないうちに、彼の足はおぼつかなくなっていること、橋は足下で揺れ動いていること、彼が疑わしい懐疑の道を辿っていることを彼は感じるであろう。……

そして突然橋が思想家である彼を人形芝居の道化役のように、端から端へ投げ始める。彼は急に下へ落ちるかと思えば上へ飛び上がる。まるで橋はもう橋でなくて、踊る天秤棒の或る込み入った体系であり、それが彼を端から端へ、天秤の一方の腕から他方の腕へと投げるかのようである。おまけにこの連結された天秤棒の間に彼は大きく口を開いた深淵に気づく。しかしその最深の底までは思想家としての彼の探究好きの視線は決して達しない。もしすべての文化の本質的要素である堅実性に対する欲求が、頑固な独断家である彼をして、まさにここでこれら踊っている四つの天秤棒（然り、それは四つである）の間で、一つの然りか否かの堅固な支柱を求めるようにしむけるならば、そしてこの独断的欲求が、多肢的詭弁的部門の世界からできるだけ早く逃れたいという本能を抑圧するならば、その時彼、旅人は死んだのである。なぜなら、彼はそこから決して出ることはできないし、彼は自分の日の終りまで天秤棒の上で揺れ動き、一つの端から他の端へと滑り、それ自身一個の振子となるように運命づけられており、最後に狂気または死だけがこの精神的拷問から彼を解放するからである。しかし旅人はこの悪魔の橋を渡り終えると、振り返って、自分が建設者のこの壮大な冗談を真面目に受け取ったことで自分を責めないわけにはいかない。なぜなら彼の後ろには、彼自身の独断的頑固の産物である幻想的現実があるからである。この頑固は彼の克服し難い懐疑論を圧倒することのできたものなのである。[31]」

さて本題に戻ろう。二律背反は相互に排除し合う判断であり、そのそれぞれが等しく証明力をもっている。理性は世界を全体として捉えようとする際に、不可避的にこの不和に陥る。カテゴリー表の四項目と一致して、理性の前に四つの宇宙論的理念が現れる。そこでは定立と反定立とが等しく根拠づけられる。（もしカントのカテゴリーの三分法が、ヘーゲルの有についての三分法的構造と一致するならば、同価値の二律背反は明白にヘーゲルの本質論における相互に関係する一対のカテゴリーの先取りである。）

第一の定立——世界は空間と時間において初め（限界）をもつ。反定立——世界は空間と時間に関して無限である。第二の定立——世界における一切のものは単純なものから成る。反定立——単純なものはない。すべては合成されている。第三の定立——世界の中には自由による原因性が存在する。反定立——いかなる自由もない。すべては自然に従って生起する。第四の定立——世界原因の系列の中には端的に必然的な存在者が存在する。反定立——この系列の中にはいかなる端的に必然的なものもない。その中のすべては偶然的である。

我々は第一の二律背反を詳しく考察しよう。定立と反定立との証明は、対立する主張の不可能であることを示す、という仕方でなされる。カントが第一の二律背反の定立を証明する場合、世界は時間において限られていない、という仮定から出発する。しかし無限の時間は（現在の）所与の時間点によって限られていることが証明される。これは無限性の観念と矛盾する。無限に過ぎ去った、同時に「継起的な」世界系列は不可能である。カントが反定立を考察する場合、彼は再び、世界は時間の中に限界をもつ、という反対の仮定から始める。すると人々は、世界が存在しなかったような「空虚な」時間があったことを容認せざるをえない。再び不条理が生じる。

理性は額でもって壁に穴をあけようとするのか。そうしない方がましである。その場合には確かにこぶはできないであろうが、頭の混乱は決してなくならない。なぜなら壁は見せかけのものだからである。もし誰かが、或る対象は良い匂いがするとか悪い匂いがするとか言うならば、或る第三のことも、すなわち当の対象は決して匂わないということも言いうる。その場合両方の矛盾する命題はともに誤りであることになる。上述の場合も事情は同じである。見せかけの十分な理由づけにもかかわらず、世界の有限性または無限性についての両方の相反する命題は誤りである。これらの命題は現象の世界に関係するだけである。物自体の世界においては或る第三のものが可能である。

カントは弁証論的問題を定式化する。「これは人間理性の極めて特異な現象であり、理性の他のいかなる使用においてもその例を示すことはできない。(32)」理性が世界を全体として把握し、その本質を解明しようとするならば、理性は必然的に矛盾に陥らざるをえない。矛盾は思考の不可避的な契機である。

カントは第二の二律背反においても全く同様に行う。ここでもカントは定立も反定立も等しく誤りであるとする。第三と第四の二律背反に関しては事情が異なる。この二つの場合には、定立も反定立もともに真である。

カントにとって最も重要なのは第三の二律背反である。自由は存在しない。世界中のすべては遍く決定されている。然り、これは実際に現象の世界に当てはまる。しかし人間は意志の自由を与えられており、自然法則による決定は人間に対して力をもたない。これも同様に正しい、とカントは同意する。ただしそれは物自体の世界において妥当するだけである、と説明する。

人間は二つの世界に生きている。一面では人間はフェノメノンであり、感性界の細胞であって、その法則によって存在しており、しばしば人間性の精神から遠く離れている。しかし他面、人間はヌーメノンであり、超感性的存在者であって、理想に服従する。人間は、環境によって制約された経験的性格と、その固有の自然的素質からみて彼に帰属する可想的・英知的性格という、二つの性格をもつ。これら両者は相互に結合されているであろうか。それとも英知的性格は、我々を取り囲む世界の中には現れえない或る彼岸的なものであろうか。否、人間の道徳的振舞において両方の自然的素質の結合が実現される。そして人間の責任能力はこれに基づいている。

カントは自分の考えを簡単な例をあげて説明している。もし人間が悪意をもって嘘をつき、彼の嘘が社会に混乱をもたらすならば、誰に罪があるであろうか。人間の経験的性格から出発するならば、我々はこの悪意の振舞の原因を悪い教育と悪い環境の中に見いだすことができる。しかし我々はたとえ違反がそのような原因から生じることを認めるとしても、それにもかかわらず違反した人を非難する。それは彼に対する環境の影響のためにではない。我々は行為を全くそれ自身のために考察し、そして原因が彼の振舞を別様に規定しえたし、また規定しなければならなかった、として理性に注目するように指示するのである。「行為は人間の英知的性格に帰せられる。彼は今、彼が嘘を言う瞬間に完全に責任を負う。したがって行為のあらゆる経験的条件にもかかわらず、理性は完全に自由であった。そしてその行為は完全に理性の怠慢に帰せられるのである。」(33)

この点に批判哲学の頂点の一つが聳える。そしてそれと同時にその生成の原因も存する。カントは晩年に或る手紙の中で、『純粋理性批判』の成立の歴史を回想して、次のように強調した。まさしく自由の問題が、すなわち「人間は自由であるというのと、その反対に、自由は存在せず一切は自然的必然性であるというのと」、この自由の二律背反の問題が彼を独断的まどろみから目覚ませ、「理性の自己矛盾という躓きの石」を取り除くために、理性の批判へと向かわせたのである、と。(34)『純粋理性批判』の主要問題——「アプリオリな綜合判断はいかにして可能であるか」——と一緒に、カントにとってより重要な別の問題が生じる。それは、人間の自由はいかにして可能であるか、の問である。自由は存在する。しかしそれはどこにあるか。「現象」の世界の中には我々はそれを発見することができない。人間は「物自体」の世界においてのみ自由である。カントの二元論は、環境への適応が命ぜられ、道徳的行為が英雄主義を必要とする、そのような敵対的社会における人間の行為の必然的な二重性を正当化する独特の試みである。

ところでカントが、唯物論的思考を当惑させる時間の観念性を導入したのは、いかにして自由を救いうるか、という考慮からであった。時間は自然における現象を秩序づけ、なんびとも左右しえない状態の発生的順序を整える。しかし自由は人間が自己支配の力をもつように要求する。それゆえもし時間が物自体に属するとするならば、自由は不可能である。英知界においては原因と結果の遍き連結は存在せず、時間は存在しないからこそ、特別の種類の因果性、すなわち、自由による因果性が可能である。そしてこれのみが人間を道徳的存在者たらしめるのである。自然においては同一の原因は常に、鉄の必然性をもって、同一の結果をひきおこす。しかし人間はなされた結果を見通すことができるし、またたとえ条件は変わらなくとも、異なる行為をすることができる。彼は時間を排除することができ、時間の進行に介入することができる。このような理解において時間は物理的実在性から詩的隠喩へ変化する。

いまや我々に、なぜブロクがカントに捧げる詩の中で超越論的感性論を、すなわち『純粋理性批判』の中の空間・時間に関する部分を引き合いに出したのかが明らかになる。この章をブロクはカントの全学説中の最重要なものと考えた。「あたかも二つの時間、二つの空間があるかのようである。一方は歴史的、暦的なものであり、他方は計算不可能な、音楽的なものである」[35]、とロシアの詩人はドイツの哲学者を説明した。ブロクにとって「音楽的なもの」は、世界調和に関与し、歴史的決定と文明との限界を越え出てそれらを放棄する能力を意味する。ブロクの叙述の中でカントはその能力をもつとされている。

「時間とは何か。時間は存在しない。時間は数である。」これは『罪と罰』の草稿中の言葉である。[36] ドストエフスキーは『純粋理性批判』を知っていた。(彼はシベリアにいた時、この書のフランス語版を送ってくれるように頼んだ。）彼が、道徳と法律との規範を犯したあのロジオン・ラスコーリニコフについての小説を構想していた時、彼の手許に『純粋理性批判』の書物があったであろうか。また彼がムイシキン公爵の生涯を考えていた時はどうであろうか。アレクセイ・フョードロヴィチ・カラマーゾフの物語の場合はどうであろうか。それに答えるのは困難である。しかし『カントとドストエフスキー』という主題は存在の権利をもっている。

先に引用したゴロソフケルの書物は「小説『カラマーゾフの兄弟』とカントの『純粋理性批判』とについての一読者の考察」という副題をもっている。小説の中では、哲学者の名前やその著作の名称は一度も言及されていない。それにもかかわらず、対照のための豊富な材料が提出されている。ゴロソフケルは次のように述べている。「ドストエフスキーは『純粋理性批判』の二律背反論を知っていただけでなく、それについて熟考していた。その上さらに彼は小説の劇的状況の理由づけの際に二律背反論を部分的に考慮した。そしてそれを越えて彼はカントを、というよりカントの二律背反の反定立を、彼が作家・評論家・思想家として、それに反対して闘った（自分自身に対しても、自分の反対者に対しても）ところのものすべてのシンボルにしたのである」と。そこで問題にされているのはカントの第四の二律背反である。定立——「端的に必然的な存在者」（これはカントの神に対する表現である）が存在する。反定立——端的に必然的なものは何も存在せず、自然界の中に神を見つけ出すことはできない。ただ自由の領域、物自体の世界においてのみ、神の現存在が考えられうる。カントとドストエフスキーとの間に「命がけの決闘が、人類の思想史における最も天才的な決闘の一つ」が行われた、とゴロソフケルは言う(37)。巧みに述べられているが、しかしそれは本質的な留保を必要とする。決闘は外見的なものにすぎない。カントとドストエフスキーとは正反対の人間ではない。彼らは共に人格性の自由という一つの旗印の下に闘っているのである。

神の存在を実際に否定している第四の二律背反の反定立は、ドストエフスキーの不倶戴天の敵であるにちがいない。なぜなら「もし神が存在しないならば、すべてが許される」からである。これはスメルジャーコフの手によってなされた「代理殺人」である。この反定立はカントの敵でもある。定立と反定立との間の不決断の動揺は、イヴァン・カラマーゾフを発狂させる。定立と反定立とは、小説『カラマーゾフの兄弟』の著者を苦しめる。しかしそれらは『純粋理性批判』の著者をも苦しめる。これについてはカントの手稿が証明している。信仰と知識とが混同されてはならないことを、カントは確実に知っている。自然界は認識可能である。自由の世界については特別の章を設けて考察しよう。

もともと信仰に無関心である者や、自分の君主についてのように神についてぜひとも何かを知りたいと欲している者は、カントに対して反発した。ハイネはカントをロベスピエールと比較して言った。フランスの革命家は王の暗殺を図ったが、ケーニヒスベルクの哲学者はそれより以上のことをあえてした、すなわち、神へ向かって手を振りあげた。「マクシミリアン・ロベスピエールにとって、イマヌエル・カントと比較されることは、実際非常に大きな名誉である。サン＝トノレ街の偉大な俗物であったマクシミリアン・ロベスピエールは、王政が問題になった時、狂暴な破壊欲の発作に襲われたし、また弑逆的癲癇の中で恐ろしいひきつけをおこした。しかし話題が最高存在者のことになるやいなや、彼は再び口から白い泡を拭い手の血をふきとって、ぴかぴか光るボタンのついた青い晴れ着を着て、さらにその上幅広の胸衣に花束を挿すのであった。……

しかし思想の国の偉大な破壊者であるイマヌエル・カントは、テロリズムについてはマクシミリアン・ロベスピエールを遙かに凌駕していたとしても、彼と多くの共通点をもっていた。したがって、我々は両者を比較してみよう。まず第一に、我々は両者の中に同じような容赦しない、鋭い、散文的な、冷静な正直さを見いだす。次に、我々は両者の中に同じ不信の才能を見いだすが、ただし一方が思想に対して疑いを向け、批判と名づけるのに対して、他方は疑いを人間に対して向け、共和国の徳と名づける、という違いがある。しかし両者の中には最高度に小市民的性格が現れている。彼らは生来コーヒーと砂糖を量り売りするのに向いていた。しかし運命によって彼らは他のものを量らねばならなかった。一方の者の秤皿には王が、そして他の者の秤皿には神がのせられた。……そして彼らは正しく量ったのだ。[38]」

『純粋理性批判』が哲学者の同時代の間でいかなる精神的動揺をひきおこしたかは、哲学者の死後三十年も経って、ハインリヒ・ハイネのような急進的な人がカントを激しく皮肉らなければならなかったことからも、容易に想像されよう。カントの小市民根性を非難するのは不当である。それはかえってハイネ自身の隠れた小市民性をさらけ出すだけである。この偏狭さのためにハイネは、カントが「思想の国」でなしとげた偉大な創造を認めることができなかったのである。ハイネは次のように告白している。誰かが神の存在について議論しているのを聞くと、彼は奇妙な不安、不気味な圧迫感に襲われる。それは彼がかつて精神病院の中で狂人たちに囲まれ、案内者を見失った時に経験したのと同じものである、と。この狂気の世界に随伴者なしに一人残されるという見込みがハイネをひどく恐怖せしめる。しかし至高の存在者を擁護するためにカントと争うことは彼の力を超える。彼はただ自分の不満を表し、教条の偉大な転覆者が突然不整合性を示したように思われた時、意地悪い喜びを感じることができたにすぎない。

カントと公然たる論争を敢えて行うことができたのはヘーゲルだけであった。彼は『神の現存在証明についての講義』の中で、カントの批判的理性が行ったルター神学の破壊を修理するのに、努力した。それはカントの理性がすべての周知の神の存在証明を解き明かし、それらが論理的誤謬に基づいていることを示したからである。

カントに最初の文名をもたらした論考が『神の現存在論証の唯一可能な証明根拠』であったことを、我我は思い出す。当時彼は、そうした証明としては存在論的証明が提供する理由づけで十分である、と考えていた。論証は次のごとくである。我々は神を最も完全な存在者として表象する。もしこの存在者に「存在」の述語が属しえないとするならば、それは端的には完全ではない。こうして我々は矛盾に陥る。いまやカントはそのような証明法を軽蔑する。彼は神学者たちに向かって言う。諸君が可能的なものとしてのみ思考しようと欲する対象の表象に対して、実在性の表象を付与した時に、諸君はすでに矛盾をおかしたのである。現実的対象は可能的対象よりもより多くの述語をもたない。現実の百ターラーは可能な百ターラーよりもより多くの価値をもたない。その差異は前者が私のポケットの中にある、という点だけである。概念は存在ではない。

同種の誤謬をカントは、第二の、宇宙論的証明の中にも見いだす。世界の現存は、世界のためにその第一原因として神の存在の承認を要求する。カントによれば、そのような仮定は許されはするが、この考えが実在的な事象の関係に一致している、と主張することだけは許されない。なぜならここでも概念は存在ではないからである。

最後に、第三の、物理神学的な神の存在証明は、自然が示す普遍的合目的性から出発する。その合目的性は創造者の英知について証言していないであろうか。カントの答によると、それは可能ではあるが、しかしその場合神は世界創造者ではなく、用意された材料を加工する世界の建築家であるにすぎない。しかしより重要なのは別の点である。すなわち、ここでも同一の誤謬が繰り返されており、世界が原因の上で依存的であるとする恣意的な考えが現実的とされている点である。

カントは要約して言う。物理神学的証明は宇宙論的証明に基づいており、宇宙論的証明は存在論的証明に基づいている。これら三つの証明以外に神の存在証明は存在せず、したがって存在論的証明が唯一の可能な証明である、と。カント教授はここで彼の私講師時代の結論を繰り返したのであろうか。しかしそれには重要な制限が付せられている。それは、「もしすべての経験的悟性使用を越えた崇高な命題について唯一の証明がおよそ可能であるとするならば(39)」という制限である。

カントの皮肉《イロニー》も論理もヘーゲルを困惑させることはできなかった。ヘーゲルによれば、神の存在証明は、それが弁証法的論理の助けを用いてなされるならば、いかなる誤謬をもたない、という。カントは(彼はすでにずっと前に死んでいた)それに対して反駁することができたであろう。弁証法は仮象の論理であると。「私は主張する。神学に関して理性の単に思弁的な使用の試みはすべて全く無益であり、またその内的性質からみて無効である。しかし理性の自然的使用の原理はいかなる神学へも全く導かず、したがって道徳法則が根底におかれず、または手引きとして用いられない場合には、いかなる理性の神学もおよそありえないと(40)。」

さて要約しよう。カントは自然と論理学との範囲において、愛する神を退位させたが、しかしながら神にある無制限の支配領域を残した。それは道徳の領域である。自然現象を説明するためにカントは神を必要としない。しかし人間の道徳的振舞が問題になると、神なくしては万事休すとまで彼は強くは言わないが、それでも最高存在者の観念は全く無用というのではなくなる。

まさにこれがハイネの意地悪い嘲笑をひきおこした。「諸君は、もう家へ帰れるだろう、と思う。いや、とんでもない。もう一幕残っている。悲劇の後に茶番劇がくる。イマヌエル・カントはここまで厳格な哲学者の役を演じてきた。彼は天上界を襲撃し、全守備隊を皆殺しにした。世界の主権者は証明されぬまま血まみれになっている。もはや寛大な慈悲も、父性愛も、現世の節制に対する来世の報酬もない。霊魂の不滅は死に瀕しており、うめき、あえいでいる。そして召使の老ランペがこうもり傘を小脇にかかえ、悲しげな目撃者としてその傍に立っている。冷汗と涙とが頬をつたわって落ちる。それでイマヌエル・カントは同情し、自分が偉大な哲学者であるだけでなく、優しい人間でもあることを示す。彼は思案し、半ば親切に半ば皮肉に言う。〃老ランペには神様が必要である。さもなければこの可哀想な人間は幸福ではありえないだろう。しかし人間は地上で幸福でなければならない。これは実践理性の告げるところである。よろしい、それでは実践理性が神の存在を保証しよう。〃この考えの結果カントは理論理性と実践理性とを区別する。そして魔法の杖のようにこの実践理性でもって、彼は理論理性が打ち倒した理神論の屍に再び活を入れるのである。(41)」

この文章は機知に豊んでおり、小市民根性の非難よりもカントに的中している。カントによれば、我々は神について知ることはできず、信仰のみが残されている。しかし信仰とは何であるか。『純粋理性批判』の最後の章の一つは「私見、知識、信仰について」と名づけられている。信仰はここでは知識に比べて真理に対するより低い要求しかなしえない（ただし信仰は単なる私見より高い段階にある）。判断の真理性が主観的にのみ妥当し、客観的には不十分に基礎づけられている場合には、それは信仰である。知識は判断の真理性の主観的にも客観的にも十分なる承認である。

「私は信仰に場所を与えるために、知識を揚棄しなければならなかった」、と『純粋理性批判』第二版の序文の中でカントは大胆に告げた。『批判』は知識に対して最高の要求を提出した書物である。その大胆さを我々は文章の二重の意味から聞きとらなければならない。そしてその中に全カントが示されている。彼は「揚棄する」(aufheben) という動詞を使ったが、これは文字通り「揚げる」を意味する。それは次に「除去する」を意味し、最後に「保管する」、「保存する」を意味する。カントは厳密に知識に属さない領域から知識を遠ざける。彼は知識をより高い立場へと持ち揚げ、『純粋理性批判』の内に厳重にしまいこむ。そしてそれによって彼は知識を純粋さと力の中に保存する。(42)

これが知識の運命である。しかし信仰についてはまだすべてが述べられてはいない。カントによれば、三種類の信仰がある。個々の場合にのみ有効であるような人間の信仰を、彼は実用的信仰と名づける。このような信仰は金一両以上の価値をもたない。「しばしばある種の人は、あらゆる誤謬の懸念から全くまぬかれているかのように、確信のある御しがたい傲慢さでもって自説を述べる。賭がそうした人を当惑させる。彼はなるほど一両の価値のありうる信念をもっているが、十両の価値のある信念をもってはいない、ということが時としてわかる。なぜなら一両なら彼はまだ賭を敢えてするであろうが、十両賭けるとなると彼ははじめて、彼が以前には気づかなかったこと、すなわち、自分が誤っていたかもしれないということ、を悟るのである。(43)」

理論的事柄における信仰をカントは理説的信仰と名づける。この信仰は、いずれかの惑星上に住民が存在するという考えに、全財産を賭けるかもしれない。これは理説的信仰の例である。この中にカントは神の現存在の説をも含めている。理説的信仰はまだある不確かなものを伴っている。思索の際に出あう困難がしばしば我々をこの信仰から遠ざけるが、しかし我々は絶えずそれへと立ち返る。

道徳的信仰は全く別の性格をもっている。そこでは判断の真理性の問題は全く起こらない。「道徳的指図は同時に私の格律である（そうあるべきことを理性が命令する）から、私は不可避的に神の現存在と来世とを信ずるであろうし、また何者もこの信仰を動揺せしめえないことは確実である。なぜなら動揺すれば私の道徳的原則は覆されてしまい、私はそれから離れることによって自分自身の眼に厭うべきものと映じざるをえないからである。(44)」ここでは神への信仰は、人が神の現存在について思索することではなく、単に道徳的に善であることを意味する。

こうしてカントは、知識は信仰よりも上位にある、という命題に対して、それを制限する反対の命題を添える。それは、信仰はもっぱら実践的態度によって実現されるがゆえに、知識へは関係づけられないというものである。

『純粋理性批判』は将来のためのプログラムで終わっている。カントはまだなんらかの新しい批判書を著すことを考えていない。批判的作業は唯今成就されたのである。畑は雑草を除かれ、耕作され、肥料を与えられた。いまや栽培されなければならない。カントはいかなる若芽が育つのかを知っている。それは形而上学の積極的原理である。

「形而上学」という用語の信用を後で傷つけたのは、ヘーゲルである。彼はこの用語によって、形式論理学の諸前提から誤った世界観的結論を引き出すところの時代遅れの思考を意味した。生きた哲学的思考をヘーゲルは弁証法と呼ぶ。カントにとっては事態は逆である。弁証論は幻惑的な論理学であり、形而上学は世界知である。カントは形而上学について最大の敬意を表明している。これは彼にとって、「人間理性の全文化の完成」である。人が形而上学に幻滅しても、彼は早晩「仲違いした恋人のもとへ戻るように」形而上学のもとへ戻るであろう。[45] 人間精神がいつか完全に形而上学的思索を断念することは、ありそうにない。それは、我々が汚れた空気を吸込むおそれから、いつか全く呼吸するのをやめることがありえないのと同様である。

形而上学においては「非真理に陥ることを恐れずに種々さまざまなたわごとを言うことができる」[46]、という点にすべての悩みがある。ここには例えば自然科学が用いうる検証の標識が欠けている。そのため形而上学は今日まで学ではなかった。しかし形而上学は学になるすべての可能性をもっている。他の諸科学と比較して、形而上学は計りしれない利点をもっている。すなわち、形而上学は究極的に妥当する状態へもたらされうる。なぜなら他の科学の場合に不可避的である新しい発見が、形而上学においてはおこりえないからである。それは、認識領域が形而上学では外界の対象ではなくて、理性自身であるためである。理性が完全に明白に自己の能力の根本法則を述べた後では、理性がさらにそれを越えて知る必要のあるようなものは何も残っていないのである。

カントはこれまで知られなかった計画に従って形而上学の新しい誕生を予言する。『純粋理性批判』の最後の数ページに、読者は哲学の復興の計画を見いだす。それは残念ながらあまり独創的ではない。カントは形而上学の全体系を四部に区分する。それは存在論・自然学・宇宙論・神学である。存在論は存在の普遍的諸原理についての学説であり、自然学は、カントの理解では、自然についての学説であり、物理学と心理学とに小区分される。宇宙論は世界全体についての学であり、神学は神についての学である。ヴォルフの形而上学もほぼ同じ構成であった。カントは『批判』の初めに課された問、すなわち「学としての形而上学はいかにして可能であるか」という問には、事実上解答を与えなかった。彼は自分の超越論的弁証論によって、この領域内のすべての独断的建造物を破壊した。しかし彼は新しい学的な哲学の必要性を単に宣言する以上には進まなかった。

*

『純粋理性批判』の出現は大評判とはならなかった。カントもそれを期待していなかった。しかしそこに生じたことは彼の最悪の予想をも越えていた。書物は全く気づかれなかった。売行きが非常に悪かったので、ハルトクノッホは残部を廃棄しようかと考えたほどである。(初版本は現在西ドイツの古本屋で約七千マルクの値段である。)

書物は難解であり、あまり興味をひかなかった。誰も公然とカントの味方をしなかったし、また攻撃もしなかった。ただ時折難解さについての不平が彼の耳に入った。モーゼス・メンデルスゾーンは書物を数ページめくって、放り出した。ハーマンは著者と一緒に『批判』の校正刷を読んだが、この時彼は大きな喜びを感じなかったようである。こんな大部の著書は、著者の大きさにも、純粋理性の概念にも相応しくないし、純粋理性の概念は自分の怠惰な理性と対立する、とハーマンは一七八一年五月にヘルダーへ書いた。彼はカントを「プロイセンのヒューム」と呼んだ。ヘルダーの意見は次の通りである。「カントの『批判』は私にとっては硬い食物です。それは多分読まれずに終わるでしょう……この厄介な空中楼閣がなんのためのものなのか私にはわかりません。」(47)

カントは『純粋理性批判』の出版直後、贈呈本を友人や著名な学者たちに送った。まず最初に大臣ツェードリッツ、マルクス・ヘルツ、メンデルスゾーンへ送った。一七八一年八月にカントは宮廷説教師ヨーハン・シュルツを思い出した。彼はかつてカントの教授就任論文の書評を書いて、カントを当代の全哲学者中の最良の頭脳として賞讃した人である。彼にも一部贈呈されたが、カントはその返事を受け取るのに二年待たなければならなかった。

カント宛の手紙の中には、さまざまのことが述べられているが、『批判』については一言も述べられていない。出版者のハルトクノッホは、自分がカントの新しい著作の出版を期待していることを、カントに思い出させている。そして自分の自由にしうる書籍を利用してくれるようカントに提案し、友情の印として哲学者にお茶一ポンドを送ったことを知らせている。商人のベーレンスはカントに対して、邪道に陥った息子を立ち直らせてくれるよう依頼している。数学者のベルヌーイはカントと故ランベルトとの往復書簡に対して興味を示した。哲学者は自分の著作の出版とその著作の根本思想についてベルヌーイに報じたが、ベルヌーイはランベルトのことにしか興味を示さなかった。

シベリアからヨーロッパ・ロシアへ侵入した、謎のような伝染病について、ペテルブルクから知らせが届いた。これはカントの手紙に対する返事で、一七八二年の春東プロイセンに広まった病気の源について、カントは知りたがっていた。病気はめったに命にかかわるものではなかったが、病人は数日間ひどく不快を感じた。発熱がおこり、目まいとひどい咳と鼻かぜが伴った。しばしば街に出て他人と多く会った人たちが主に発病した。人々は発汗剤を用いて治療し、時には放血法を用いた。咳に対しては発泡膏を用いた。この奇妙な病気はインフルエンザと名づけられた。七年前にインフルエンザがロンドンで発生したことを、カントは想起した。これが誘因となって彼は地方新聞にこれについて小記事「医師への知らせ」を発表したが、それには一七七五年のロンドンの伝染病についてのイギリス人医師の論文の翻訳がつけ加えられていた。カント自身は病気にかからなかった。彼が注意深く作り出した衛生上の規則の体系が彼の役に立った。カントが興味をもったのは伝染病の範囲であった。諸民族間の接触が商業のために不断に増大することについて彼は考察し、ヨーロッパにおける新しい伝染病の発生を予言した。

『批判』に対する最初の個人的反響を(現存する通信で判断すれば)、カントは自分の弟から受け取った。彼らは稀にしか文通しなかった。大学卒業後、ヨーハン・ハインリヒはクーアラントに定住した。彼は愛し合って結婚した。「僕は貴方より幸福です。兄さん、僕を見倣って下さい」と、彼は一七七五年兄への手紙の中で書いた。いま一七八二年九月、ヨーハン・ハインリヒは、自分がしばらく前からミタウとリガの間のある場所で牧師として勤めていることを報告し、家事のための貴重な実用書を送ってくれたことを兄イマヌエルに感謝した。その書物は新しい環境の中で大変役立っている。ここは土地が肥沃で、庭園が広大であり、子供たちは成長していて、不満なことは何もない。ただつき合いがなく、教区には一人の貴族もいない。ヨーハン・ハインリヒは親類——姉たちや伯父・伯母——の生活に関心を示し、兄の仕事について尋ねている。手紙は次の文で終わっている。「あなたの『純化された理性の批判』は当地のすべての思想家の間で評判になっています。あなたは著者としてこれで退役するわけではないでしょう。私は貴方の弟として一般読者よりも早く貴方の書物について知らせを受けるという、ささやかな特典を要求することができないでしょうか。(48)」さらに弟の妻の追伸が続き、そこでは家政の書物についての感激が語られ、「兄上様」への心からなる感謝の辞が述べられている。

その間にすでに二つの匿名の書評が現れた。最初の書評は一七八二年一月に『ゲッティンゲン学報』に掲載された。書評家は、『批判』が全然述べていない思想をカントのものであるとし、最初に気づかなければならない事柄については触れなかった。カントはそこに自分の考えを認めることができなかった。『純粋理性批判』の主要原理はおおよそ次のようなものとされていた。我々のすべての認識は、我々が感覚と名づけるところの、我々自身の一定の修正から生じる。どこにこの修正があり、どこからそれが生じるかは、我々には完全に知られない、と。書評はカントをバークリーの模倣として非難した。

書評の執筆者はクリスチアーン・ガルヴェであった。彼は「通俗哲学」の代表者で、英語およびギリシア語の著作の有名な翻訳家であり、虚弱な健康のため大学の教職を早くから断念していた。『批判』が出版された時、彼は旅行の途中でゲッティンゲンにおり、書物をいまだ手にしないうちに、それを検討する約束を与えた。彼は書物を読んで、自分には歯が立たないことにすぐ気がついた。しかし引き返すには遅すぎた。さんざん苦しんで書評ができ上がった。書評は最後に編集の協力者であるフェーダー教授の手に渡った。教授はガルヴェに知らせずに書評を短縮し、自分の意見をつけ加えた。特にカントをバークリーと比較したのは、彼であった。ガルヴェは公表された書評を敬遠した。ゲッティンゲンの書評家に対して匿名を明かすようにというカントの公開の訴えを受けて、それへの返答として、ガルヴェはカントへ興奮した手紙を送った。その中で彼は全事件の詳細な経緯について報告し、自分の力に余る仕事を引き受けたことについて自分を非難し、謝罪した。しかし主たる罪は、書評原稿を十分の一に縮めて活字にした新聞の編集協力者の側にあるとした。(これは事実と一致しなかった。後にガルヴェの書評は最初のままの形で『全ドイツ叢書』に掲載された。そしてカントはそれがゲッティンゲンの書評の文章とほとんど違わないことを確信することができた。したがってカントはそれについても同程度に不満であり、人は自分を精神薄弱とみなしていると語った。)この後悔した手紙に対してカントは丁重な詳細な返事を送った。彼は交友関係を維持するよう提案し、失敗した書評家を慰めた。そして自分の唯一の関心事は事実に即した問題の平和的な解決である、と彼は語った。憤激した学問的論争は彼には耐え難かった。しかし我々は残念ながら次のことしか期待することができない。「弱い人たちよ、君たちは真理と知識の増大とのためにだけ努力しているように称しているが、しかし実際には虚栄心だけが活動している。(49)」

一七八二年八月ゴータに現れたもう一つの書評があった。その筆者はエーヴァルトと言い、全く凡庸な人で、自分の読んだ書物についてなんら評価を与えることができなかった。幸いにも彼は書物の序論と二、三章の紹介だけにとどまった。

これらすべてがカントを悩ませた。偉大な哲学者が無理解の憂き目をみようとは、彼は考えてもみなかっただけに尚更である。彼は反対に、どんな難解な作品も一般向きに書かれうるし、また書かれなければならない、と確信していた。ここには、彼の意見によれば、独特の真理標識、すなわち通俗性による検査が隠れている。ガルヴェ宛の手紙の中でカントは次のように述べている。「あなたは通俗性の欠如についいて指摘されましたが、これは私の著作についてなされうる当然の非難です。なぜなら実際にすべての哲学的著作は通俗性をもつことができるからです。さもなければ、それはみせかけの鋭敏さの靄の下におそらくナンセンスを隠していることになるでしょう。しかし非常に高くまで達しようとする研究においては、この通俗性から始めることは許されないのです。」(50)

主著ができ上がった今、カントは自分が正しく理解されることについても、配慮しようと考えた。『批判』の校正中にすでに彼はマルクス・ヘルツ宛の手紙の中で、この書物の内容を、一般向きに理解しやすく叙述したいとの意図を示している。著書の反響が冷やかであったのを見て、哲学者はさらに自分の意図を固めた。しかし仕事は長引いた。カントは同時に道徳形而上学の著述に着手していた。彼はなお書評の現れるのを待っていた。それは現れた。そしてカントは『純粋理性批判』の概要の完成をもはや躊躇しなかった。『学として現れうるあらゆる将来の形而上学のためのプロレゴーメナ』という表題の下に、一七八三年春、書物が出版された。

『プロレゴーメナ』は「予備的解説」を意味する。『批判』の注解は主著より著しく短かったが、決してわかりやすくはなかった。著者は前書きの中で、この『プロレゴーメナ』は、生徒のためではなく、将来の教師のためのものである、と書いている。重点は形而上学の問題へ置かれた。彼が哲学を(除去するという意味で)「揚棄し」ようと意図している、という非難をカントは耳にして、世界知〈哲学〉に対する自分の帰依を強調して倦まなかった。そして世界知が彼の基礎づけを受け入れた場合の、希望にみちた未来の展望を描き出した。(しかし世界知がいかにして学へと改造されるかは、依然として不明のままである。)最後の箇所でカントは発表された書評に言及している。まさしくここで彼はゲッティンゲンの書評家に対して、自分と公開の論争を行うように要求している。主観的観念論という非難に関しては、カント

は自分の命題をバークリーの命題と比較しながら、自分は現在の観念論とは正反対である見解を表明したのだと断言した。(51)

バークリー主義という非難はカントを悩まし続けた。このため哲学者は『純粋理性批判』第二版の中に、「観念論論駁」の一章をつけ加えた。また序文の中で、我々の外にある物の実在的現存を証明する必要を指示した。我々の外にある物の現存在を単に信仰に基づいて想定しなければならないというのは、「哲学のスキャンダル」であるとした。このような考慮に基づいて、彼は明らかに生産的構想力の産出的機能に関して資料を著しく削減した。ここでの省略は非常に大きいので、その点について完全な解明を得たいと望む現代の研究者は、第一版のテキストに拠らなければならない。カントの生前に出版されたそれ以後の三つの版のテキストには変更が加えられていない。

第二版は一七八七年に現れた。いまや氷は破られた。批判哲学は着実に読者層へ向けて道を切り開いた。著者を悩ませた『批判』の解釈の通俗性の問題は、全く思いがけなく解決された。突然あのヨーハン・シュルツが現れた。彼は一七八一年八月にカントが『批判』の一部を贈呈した人である。二年間彼は書物を研究した。(メンデルスゾーンにはこの期間も短いように思われた。二年後に彼はカントに次のように書いているからである。「貴方の『純粋理性批判』は私にとって健康の標識でもあります。私の力が増大したように思われると、たびたび私は神経液を吸い尽す貴方の著作と思い切って取り組みます。そして私は自分が生きている間にこの書物を完全に理解しうるようになるという希望をまだ完全には失ってはいません。」(52)) シュルツはカントの著作を徹底的に研究した上で、詳細な書評を書いた。彼はそれを発表する前にカントに送った。というのは、著者が「自分の言葉の最良の解釈者」であり、何よりも読者は書評される書物の意味の適切な解釈に関心をもつ、とシュルツは考えたからである。

カントは喜んだ。それは、書評の支持をえたからだけではなく、自分を正しく理解する人をついに見いだしたからである。彼は自分で若干の補足を加えた後に、シュルツに対して労作を単行本として出版するように勧めた。シュルツはこの勧めに従った。彼は自分がカント学説をわかりやすく伝える権利をもっている、と考えた。なぜなら『プロレゴーメナ』はこの課題を解決していなかったからである。『プロレゴーメナ』は『純粋理性批判』をあらかじめ読むことがなければ、それだけでは簡単に理解しえなかった。書評は書物に変わった。シュルツの『カント教授の純粋理性批判についての解説』は、カント認識論のための良心的注解である。

一七八四年二月一一日、『ゴータ学術新聞』は短報欄に、ケーニヒスベルクの宮廷説教師シュルツが、カントの『純粋理性批判』を通俗的叙述へ書きかえてわかりやすくする仕事に従事している、と報じた。そして本文の中には次のような記事がある。「カント教授のお気に入りの理念は、人類の究極目的は最も完全な国家機構の達成にある、ということである。そして彼は哲学的な歴史家がこの観点でもって人類史を叙述し、どこまで人類がさまざまの時代にこの究極目的に接近したか、またそれから離れたか、そしてその達成のためになお何がなされねばならないか、を示すよう企てることを望んでいる」[53]と。この記事は偶然に現れたのではない。それはカントの新しい関心、新しい計画を伝えている。

第四章　人格性の理念

《それについて熟考することがしばしばでかつ持続的であればあるほど、ますます新たな増大する驚嘆と畏敬の念をもって心情を満たす二つのものがある。それは私の上なる星の煌めく天空と私の内なる道徳法則とである。》　カント

一七八四年春、カントは満六十歳を迎えた。彼は充実した精神力をもって誕生の祝を受けた。（ただし身体の状態についてはそうは言えなかった。）老衰にはまだ遠かった。彼の人生の最も生産的な時期がようやく始まったといえる。彼の生涯の四分の三はすでに過ぎた。しかし彼の著作の半分もまだ書かれていない。いまや著作はつぎつぎと現れるであろう。著書・論文・書評等々。カントは批判哲学の枠を拡張する。認識論の中に見いだされた諸原理を彼は他の専門領域に適用する。一度発見された真理は絶えず繰り返し吟味される。真理が確保されると、それは一層豊かに理由づけられる。真理が確保されない場合には、それは新しい真理によって代替されるが、今度は新しい真理が吟味を受け、精確にされ、完全にされる。「労働は人生を享受する最善の仕方である」[1]、と七十五歳になってなおカントは言う。しかし六十歳の時にも彼は同じように考えた。

公けの祝賀会が早目に、学期終了日の三月四日に催された。学生たちは教授へ記念メダルを贈呈した。メダルの表側には誕生日を祝われる人〔カント〕の肖像があり、裏側には寓意的な像が彫ってあった。そ

れは測鉛を垂らしたピサの斜塔で、その土台のところにスフィンクスが描かれていた。発案者はメンデルスゾーンであった。彼がどんなに苦労して『純粋理性批判』を学びとろうとしたかを、我々は知っている。哲学者の建設する塔のイメージは『プロレゴーメナ』から得られた。カントの哲学はメンデルスゾーンにとって、倒壊しようとしている建築物のように思われた。それゆえ彼は、「塔は倒れる危険があるが、まだ倒れていない」という内容の詩句を付すことを提案した。しかしそれではあてつけがあまりに明白なので、他の字句が選ばれることになった。「基礎ノ厳密ナル探究ニヨッテノミ真理ハ確立サル。」今はただスフィンクスの像のみが、カントの理念の非凡さを想起せしめる。哲学者の誕生の年は誤って一七二三年とされている。(彼の誕生年はしばしば一年繰り上げて記された。それはおそらく彼が満年齢ではなく、数え年で年齢を計算する習慣をもっていたからであろう。)誤りはさらに名前の書き方にまで及んだ。その上肖像と実物との間には遺憾ながら類似点が少ない。要するに、メダルは祝賀を受ける人の気に入らなかった。特に裏側の両義的な寓意が気に入らなかった。

『プロレゴーメナ』の中には実際に、人間理性は定期的に塔を建設するが、その後基礎の状態を調べるために塔を再び取り壊す、ということが述べられていた。(2) もちろんカントはそれでもって自分自身の場合を考えていたのではない。彼は基礎から始めた。そしてその堅牢性を確認した後に初めて、高さと広さとへ向かって建築を進めたのである。

建築物の拡張と関連するのは、特にすでに言及した歴史哲学についての思想である。イタリア人ヴィコは歴史哲学と自分の著作とを「新しき科学」と名づけた。その著作の中で初めて人類の発展が入念に考察された。認識論は千年の歴史をもっているが、歴史過程の理論はカントの眼前において成立した。

有益な刺激が外国からやってきた。すでに一七五〇年にソルボンヌで、ルイ十六世の未来の大臣テュルゴーが人間理性の成果について有名な演説を行った。その中で彼はこう語った。利害や名誉心や虚栄心が世界の舞台の上で起こる事件の不断の交替を条件づけており、大地に多くの血の雨を降らせてきた。しかしそのようにして引き起こされた惨憺たる変化の中で習俗は緩和され、人間の理性は啓蒙されて、孤立した諸国民は接近し、商業と政治は遂に地球のすべての部分を相互に結びつける。そして人類の全員は、従来交互に平穏と興奮、幸運の年と苦難の年とを経験してきたが、いまや緩慢な歩みではあるが、ますます大きな完成へ向かって着実に前進している、と。

テュルゴーによって述べられた思想を、当時多くの人々が分かちあった。ヴォルテールはすでに『諸国民の習俗と精神についてのエッセイ』を書いたが、その基礎になっていたのは、知識および啓蒙の進歩の理念であった。ドイツではイザーク・イゼリンの著書『人類史について』が現れたが、それは世界史を三段階の図式に区分した。第一段階は感情の優勢によって特色づけられ、原始的「素朴」の状態、人類の幼年期の状態である。東洋の諸民族はこの段階に止まっている。ギリシア人とローマ人は第二の段階に達した。これは感情より空想が強い段階である。野蛮性がまだ完全には克服されていないが、徳と啓蒙された英知とが習俗を緩和した。千年に及ぶ暗黒の支配（イゼリンは中世をそのように呼んだ）の後にやっとヨーロッパの諸民族は文明を獲得し、その時理性は感情や空想に対して勝利した。このように人類史は、理性と道徳とがますます大きな完成へ向かって進む徐々なる不断の歩みなのである。

さらに二人の名前と著作が挙げられなければならない。それによって画面が完成し、その中に最後にカントとその弟子ヘルダーとが登場するのである。それはレッシングの『人類の教育』（一七八〇年）とアーデルングの『人類文化史試論』（一七八二年）とである。レッシングは彼の発展の図式を宗教史へ適用したが、その中でキリスト教は人間性の理想へ進む人類の道徳的進歩における第一段階としてのみ見られた。

アーデルングは文化史の問題と取り組み、ここでの規定的要因は人口増加であるとした。

ヘルダーの『人類史哲学考』第一部は一七八四年五月に現れ、カントの論文『世界市民的見地における一般歴史考』は同年十一月に現れた。この論文は明らかに春には完成していた。先に引用した『ゴータ学術新聞』中の記事は、この論文の出現の予告になった。論文の冒頭でカントはその記事について言及し、彼が旅行中の或る学者と対談した自分の歴史観について精確に表現しなければならぬこと、それを今公表することを述べている。カントの『一般歴史考』はヘルダーの『人類史哲学考』とは独立に生じたものである。

この点ははっきり確認しておかなければならない。なぜなら弟子は(非公式にではあるが)自分の師を剽窃のかどで非難したからである。事態がいかにして公然たる衝突にまで進んだかを我々は続けて語ろうと思う。まず初めに我々は読者に論文の内容を紹介しよう。それは簡潔に(ほとんど命題のような形式で)カントの歴史哲学の基礎を述べたものである。『ベルリン月報』に掲載された論文は著者にとって成功であった。哲学者の生存中にそれの版が幾通りも出された。フリードリヒ・シラーがカント哲学を最初に知ったのは、まさにこの論文によってであり、彼は間もなくその熱烈な信奉者になった。

論文『一般歴史考』は、十八世紀に多かれ少なかれ共通財産となった問題、すなわち、社会生活の中に自然法則の影響があるかどうか、という問題の探究から始まる。これは人間の生活の中で結婚よりも一層偶然的であるように思われるにちがいない。しかし毎年の資料は、この影響の過程が大きな国々では不安定な気候の変化と同様に、規則正しく経過することを示している。気候の変化は個々の場合には予め決定されえないが、しかし一般的には均等にそして不断に、植物の生長や河の流れやその他自然の出来事を維持している。個々の人間や民族全体でさえもそのことを考えはしないが、彼らは自分の目的を追求することによって——各人が自分の思い通り部分的には愚かしく、他人に害を与えたりしながら——自分自身では気づかずに未知の自然の目的を導きの糸としてそれに沿って進んで行き、そしてこの目標の達成に協力しているのである。同様にすでにヴィコが、個人の懐く目的と最終的に社会によって達成される成果とが著しい対照をなすことについて、確認していた。その後ヘルダーがこの考えを繰り返し、後にヘーゲルがそれを「理性の狡智」と呼ぶことになる。

カントによれば、個々の人間の許に理性的目的が現前していると仮定することはできない。むしろ愚かさ、子供っぽい虚栄、悪意、破壊欲などがしばしば行為の動機となるからである。しかしそれらから目を転じるならば、歴史の一般的過程の中に全人類が義務を負うところの或る理性的目的を見いだすことができる。理性を使用するように定められた人間の自然的素質は、この意味で個人においてではなく、類においてのみ完全に発達する。個人は死ぬが、類は不死である。類に適合した我々の素質が完全に発達するためには、無限に長い世代の系列が必要であり、そこで世代はつぎつぎに啓蒙を伝えるのである。

人々の中に植えつけられた素質を発達させるために、自然はいかなる手段を用いるのであろうか。人類における合法則的秩序の原因は、原本的敵対関係であり、カントはそれを「非社交的社交性」と名づける。すなわち、社会に入りしかも同時にその社会に対して崩壊の恐れのある反抗を企てようとする傾向性である。名誉欲や支配欲や所有欲によって駆り立てられて、個々人は自分の同胞の間に一定の場所を自分のために作り出す。彼は自分の同胞に我慢できないが、しかしこの人たちなしにはやっていけないのである。ここに野蛮から文明への第一歩が始まる。田園の牧人生活の条件においては、完全な和合・自足・相互愛の下では、人々の才能は発揮されなかったであろう。そして羊のように温和な人々は、家畜以上に価値ある存在を示すことがなかったであろう。それゆえ自然は非協調性や、嫉妬をもって競争する虚栄心や、飽くことのない所有欲と支配欲などを人間に与えたことのために、賞讃されてよい。人間は和合を欲するが、しかし自然は人類にとって何が良いかを一層良く知っており、人類を不和の道へと導くのである。

この道はどこへ通じているか。カントはオプティミストである。彼の確信するところによれば、それは最終的には合法的な市民社会の形成へ通じており、その社会は各成員に対して、他のすべての成員の自由と両立するところの最大の自由を与える。そのような社会にも敵対関係はやはり存在するであろう。しかしそれは法律によって制限される。そのような条件の下でのみ、人間本性に植えつけられた潜勢力の最も完全な発達が可能となる。

法を司る普遍的社会の状態を達成することは、最も困難な課題であり、それは人類によって一番最後に解決される。問題は、人間がその動物的素質のゆえに主人を必要とする、という点にある。理性的存在者として、人間は万人のために個々人の我儘を制限する法律を作るが、しかし利己的動物的傾向性は、人間をつき動かして自分自身のために例外を設けるように仕向ける。権力をもったすべての人間は、法律によって彼に対して強制力を行使する者が彼の上にいない場合には、常に自分の自由を悪用するであろう。人類に与えられた課題の困難さはこの点に存する。それを完全に解決することは不可能であるが、しかし解決へ接近することは、我々に対して自然の命ずるところである。そのためには相互に結合された次の三つの条件がぜひとも必要である。すなわち、国家機構についての正しい観念、数世紀にわたって蓄積された経験、そして善意志、がそれである。これがいつ得られるか、その時期についてはカントは幻想を懐かない。そう早くはない。それどころかまだずっと先であり、多くの無益な試みの後である。

国家の内部に完全な市民的秩序を創出する問題は、さらにもう一つの事情によって左右される。すなわち、国家間の合法的外交関係が樹立されなければならない。これは、諸個人が相互的絶滅を防止するために国家の内に結合する場合と同様である。「そこで、自然は再び人間の非協調性を、さらにこの人間の作る大きな社会や国家組織の間の非協調性をも手段として用いて、そこに生じざるをえない敵対関係の中で平穏と安全の状態を求めさせるのである。すなわち、自然は戦争によって、極端な決して縮小することのない軍備の増強によって、またそのためすべての国家が平時においてさえ国内で感じざるをえない窮迫によって、初めは不完全な試みをするように促し、しかし最後には、多くの荒廃と転覆とさらに諸力の完全な消耗とを経た後に、理性がそれほど多くの悲痛な経験なしに語りえたところのものへと、すなわち、未開人の無法律状態から脱して、国際連盟を結成することへと促すのである。そこではすべての国家が、最小の国家でさえも、その安全と権利とを、自国の権力や法的判決によってではなく、ただこの大国際連盟によって、すなわち、合一した権力と、合一した意志の法律による決定とによってのみ期待されるのである。(3)」

カントの許にイェーナから誘惑的な提案を含んだ手紙が届いたとき、カントは世界史の問題に没頭していた。有名な言語学者のシュッツ教授は『純粋理性批判』を褒めそやし、それについての自分の考えを開陳してから、自分が翌年『一般文学新聞』の発行を計画していること、それはもっぱら文芸上の新刊書の書評を掲載するはずであること、を知らせた。カントの協力は新しい機関紙の評判を高めるであろう。カントにそのための骨折りをお願いできないであろうか、そしてヘルダーの著書『人類史哲学考』の批評を引き受けて下さらないであろうか、と。カントは承諾の返事を与えた。(4)

我々はヘルダーとビュッケブルクで別れた。ここで彼は牧師を務め、「疾風怒濤」の文学運動に参加していた。一七七六年に彼はその地のプロテスタント教会を指導するため、ワイマールへ招かれた。自由主義的なザクセン-ワイマール公カール・アウグストの宮廷では、自由思想が支配していた。ヘルダーはスピノザ哲学に心酔し、ゲーテと共に生物学の研究に従事した。一七八四年ゲーテは重要な発見に成功した。彼は動物にはない顎間骨が人間にあることを発見した。これは人間と動物との基本的差異を証明する論拠となるものであった。発見は公表されなかったので、カントはそれについて知らなかったが、ヘルダーはもちろん知っていた。それゆえ我々には、ヘルダーが自分の哲学的主著『人類史哲学考』の中で述べた、自然の進化に関する思想を真剣に問題にする理由があるのである。

ヘルダーは人類の発展を分析する前に、我々の惑星の歴史について述べている。地球の発生と宇宙における地球の位置とを記述する際に、彼は自分の師カントの著作『天界の一般自然史と理論』を引き合いに出している。さらに地球の地質学的歴史と、その植物相および動物相とが問題にされる。ヘルダーは極めて曖昧な暗示によって、生命の自然的発生について語っている。生命は彼の意見によれば水の中から生じた。同様に曖昧に彼は動物種の連続的発展について理屈を述べている。『人類史哲学考』の中の自然科学的臆測は、魂の遍歴と不死の信仰についての考察と交代する。発展の目標は無限の彼方にある。人間の完全化の過程がどこへ向かって進むかについて、ヘルダーは思案する。地球上では人間は限界をもっている。生命のそれ以上の進展をヘルダーの想像力は非地上的彼岸的な世界へと移す。カントの手に入った第一部はここで終っている。人類史については、もともとここでは何も述べられていなかったのである。

しかしまさしくこれが批評家の注意をひいた。カントはヘルダーの構成の中に、軽率な大胆さ以外の何ものも見いださなかった。師がまだ若い頃『天界の一般自然史と理論』の中で未解決のままにしておいた問題を、弟子はいとも簡単に片づけた。カントは発展の原理が有機物に適用される可能性を疑問視した。その上ヘルダーの文章の書き方、すなわち、情緒に溢れた、時として誇張された、明晰さと証明力を欠いた書き方が、カントに不快な印象を与えた。概念の厳密さの代わりに、読者は曖昧な多義的な暗示だけを見いだす。カントは意味深長な文章を集めたが、それらは人々が従来ただ空想することのみができたような事柄について、ヘルダーがいかに判断しているかを示している。有機的進化の理念はカントには非常に奇妙なもので、明らかにすべての人間理性を凌駕しているように思われた。(この点でカントを非としてはならない。その哲学が全く発展の思想で貫かれていたヘーゲルでさえも、この理念を自然界に適用することを、決断することはできなかった。)

カントは、ヘルダーが霊魂不死の理念を基礎づけるため進化論に立脚しようとするのを皮肉った。たとえ人間よりもっと高度に組織された存在者が可能であるとしても、このことから同一の個体がこのより高度の段階へ達する、と結論してはならない。ますます完全になる組織の諸段階を占めるさまざまの存在者がある。たしかに毛虫は蝶に変わる。しかしこの両方の状態の間にあるのは死ではなく、蛹の状態である。カントは書評の最後に次のような希望を述べた。それは、弟子が「彼の華々しい天才を若干抑制すること、そして傲慢な寵児の活動よりもむしろその制限について配慮している哲学は、彼を暗示によってではなく、明確な概念によって、臆測された法則によってではなく、観察された法則によって、また形而上学によってであれ感情によってであれいずれにせよ天翔る想像力を用いてではなく、企画では広く実行では慎重な理性によって、彼の企図の完成へと導くであろうこと[5]」を望む、というものであった。

書評は『一般文学新聞』の最初の号に掲載された。署名はなかったが、ヘルダーは論調によって直ちに自分の師の執筆であることを知った。カントの名前は新しい新聞の協力者の中にあった。したがって匿名の書評者が誰であるかは公然の秘密であった。

ヘルダーは感情を害し、狼狽し、ぜひとも反撃を加えたいと思った。ハーマン宛の手紙の中で彼は『純粋理性批判』へ咬みついた。「私が彼の理性の偶像を撃退しまたは破壊するならば、私は心から愉快に感じるでしょう。[6]」しかしこれはずっと将来の計画である。ヤコービ宛の手紙の中で彼は、カントの論文『世界市民的見地における一般歴史考』から受けた印象について述べている。ワイマールのプロテスタント教会の長たるヘルダーは、その手紙の中で敵意ある検閲者のような言葉を敢えて発している。「天の励ましを受けて、貴方がこの『一般歴史考』の中の若干の命題の無意味なことについて文章を書いて下さることを願っています。（なぜなら他の命題と構想全体が『人類史哲学考』からの剽窃だからです。）例えば、人間は主人を必要とする動物である。人間は自分のためにではなく、類のために存在する。人間は類においてすべての力を発達させる。そして最後には、すべてが政治的敵対関係と最も完全な君主政体とへ、しかも純粋理性がすべてを治める多くの最も完全な君主政体の共存へ、向かって進む、といった具合です。[7]」

　怒りで盲目になったヘルダーは、カントが書評において不当であったのと同じくらい、彼のカントに対する非難において不当であった。両者とも相手の中に肯定的なものを全く認めようとしなかっただけでなく、相手の思想を解説する際に、意図的にそれを単純化し歪曲した。カントは類似した状況を品位をもって耐えた。ゲッティンゲンの書評は彼のガルヴェとの個人的関係を暗くしなかった。彼は『純粋理性批判』の著者としての課題を、そこで展開された思想を読者にわかるようにすること、自分を理解するように読者を助けることの中にのみ見いだした。彼は批評家に対して論拠だけを要求した。熱しやすいヘルダーはどんな犠牲を払っても相手の信用を失墜させなければならなかった。牧師は憤激で煮えくりかえった。カントとの論争は、カントができるだけ皮肉な態度を保持するように努めたにもかかわらず、間もなくあからさまな口喧嘩に変わった。

　カントの書評は、ヘルダーが『人類史哲学考』の第二部をちょうど書き終えようとしている時に現れた。ヘルダーは大急ぎで批判哲学に対するいくつかの攻撃を挿入した。しかしヘルダーの書物が出版される前に、カントは雑誌『ドイツ・メルクーア』の中でもう一つの鋭い反駁を読まなければならなかった。カントの書評には多くの人が不満であった（これがヘルダーをますますそそのかした）。哲学者で詩人のクネーベルは酷評されたヘルダーへ宛てた手紙の中で、カントを「知恵を画一的に裁断する著名な石頭」と呼び、さらにこの「学者驢馬」がヘルダーの歩みをあるいは引き止めはしないか、という懸念をつけ加えた。『ドイツ・メルクーア』誌の発行者であるヴィーラントも不満であった。その雑誌に「某地の牧師」と署名された、カントへの返答が掲載された。

反批評家は批評家を「形而上学的紋切型」といって非難した。この紋切型のために批評家は、新しい経験的資料に基づいた生き生きとした思想を、『人類史哲学考』の中に見ることができないのである、と。彼の詳細な評論の中には別の非難と鋭い表現も少なからず含まれていた。皮肉にも、牧師の仮面の下にはヴィーラントの娘婿が隠れていた。彼は新進の哲学者K・L・ラインホルトで、当時まだカントの主著を読んでいなかった。（彼は後に『純粋理性批判』を読んで熱心な支持者になり、その思想の積極的な普及に努めた。）

カントはそれを我慢しなかった。彼は「反批評」についての自分の意見を公表した。彼は『一般文学新聞』の中で次のように書いた。反対者は自分に対して、経験的資料を認めず不毛な抽象の中で硬直している形而上学者である、との非難を向けている。しかしそれとは反対に自分はまさしく、人間学や他の諸学から集められた経験的事実に立脚している、と。カントを特に刺激したのは、いかなる大胆な理念の前でも理性は退却してはならない、という偽装「牧師」の指摘であった。答弁の中でカントは、ヘルダーの『人類史哲学考』の非科学性について固執した。

著者〔ヘルダー〕自身は批評家の前で弁明する必要があるとは思わなかった。彼の返答は弁明ではなくて、新しい攻撃であった。ヘルダーは『人類史哲学考』第二部の中で一度もカントの名をあげていないが、しかし行間に葛藤が吹き出している。そこでヘルダーは、カントの『一般歴史考』の根本思想である、不和が最初の社会状態を決定する、という考えに対して反対する。最後に彼はカントの論文を——歪めて——引用する。「ここに人類史の哲学にとっての容易なしかし悪い原則がある。それは、人間は主人を必要とする動物であるとか、あるいは主人または自分たちの結合によってその最終使命である幸福を期待するところの動物である、とかいうものである。」しかし幸福の問題に関することはすべてカントの文章には見あたらない。カントが表現しようと欲したことは、人間は自分の自由を濫用し、そのために「主人」を必要とする、そして主人が全人類を導いて、国家において制度化された形態を獲得する、ということだけである。ヘルダーの国家に対する憤激した攻撃演説は同様にカントに対しても向けられる。しかしカントはこの制度を不可避的とみなし、その完全化について熟考したにすぎない。ヘルダーにとって国家は、時として破壊されねばならないところの機械である。そこで彼は、「人間は主人を必要とする動物である」というカントの警句を次の命題へと転倒する。主人を必要とする人間は動物である。彼が人間になるや否や、彼はもはやいかなる固有の主人をも必要としない、と。(8)

さらにもう一つの矢がカントへ向けて放たれた。それは、批判哲学は人類を自己充足的存在として設定している限り、人間の個人を軽視している、という（これもまた根拠のない）訴えである。「もちろんもし誰かが、個々人ではなくて人類が教育されるのだと言ったとするならば、その言葉は私には理解できないであろう。なぜなら種や類は個々人の中に実存することがない限り、普遍概念でしかないからである。もし私がこの普遍概念に対して、理想的概念が許すところの人間性・文化・最高の啓蒙などのすべての完全性を賦与したとするならば、私は人類の真の歴史に対して、あたかも一般的には動物性・鉱石性・金属性について語りながら、それらを個々の個体の中では互いに矛盾する極めて立派な属性でもって飾るのと、同じようなことを語ったことになるであろう。(9)」

『人類史哲学考』第二部が出版されたとき、カントはハーマンから書物を借りて、注意深く研究した。ハーマンのヘルダーへの報告によると、カントは彼の習慣に全く反して一週間以上もそれに時間を費した。『一般文学新聞』の中に新しい批評が現れた。今度はそれは好意的な調子で始まっていた。カントは民族学的資料の賢明な選択と適切な判断の付された、手際のよい資料の解釈を賞讃した。しかし解釈の仕方の比喩の過剰が問題になると、彼はすぐ皮肉になった。カントの意見では、同義語が論証に代り、比喩が真理に代っている。ヘルダーが自己矛盾している例をカントは挙げた。

カントはもちろん書物の中の彼に向けられた攻撃を見逃さなかった。ヘルダーはすべての物にまさって個人の幸福を強調し、それを国家の利害に対置する。人はさまざまの仕方で幸福でありうる、とカントは答える。彼は各人が自己流に作る幸福の観念を認めない。「不断に前進し成長する活動と文化——その最高度は人権概念によって整えられた国家体制の産物(10)」でのみありうる——これのみが摂理と啓蒙の真の目的である。しかし文明と接触することのなかった幸福なタヒチ島が理想であるとするならば、一体そのような幸福のために人間が必要であるのか、人間の代りに幸福な羊や牛の方がそれに相応しいのではないか、という問題が生じる。ヘルダーはカントの原則を「容易な、しかし悪い」原則と呼んだ。人々はこの原則を容易に我がものとすることができる。なぜならそれはすべての時代と民族の経験に適合しているからである。しかしなぜその原則は悪いのか。多分、それを悪い人が発表した、という意味なのであろう。

個体の中に同時に存しないようないかなる類の属性もない、というヘルダーの主張に対する、カントの批判的所見の中にも嘲笑の響きがある。ただ一頭の馬も角をもたないが、属としての馬は角をもつ、というならば、これはもちろんナンセンスである。しかし全体としての人類は個々の個人には見いだされない或る徴表をもっている。類一般のみが自己の予めの決定を実現する。すなわち、それのみが発展の途上にあり、発展の頂点に達することができる。

これをもってカントは論争を終えた。彼は『人類史哲学考』の第三部を批評することは厳しく拒絶した。論争の名残はたしかに少し後の若干の著作、例えば論文『人類史の臆測的起源』（一七八六年）の中に見いだすことができる。この論文ではカントはもちろん非常に慎重に、ヘルダーの牧師的心情が特に好んだところの旧約聖書を皮肉っている。しかしこれは一時的な余震でしかない。カントにとって論争は片づいた。ヘルダーは論争を開始したばかりであった。心の底まで傷つけられたヘルダーは、自分の主著を完成しないで、批判哲学を打倒するというむだな試みのために、莫大な時間と労力を消費した。彼は『純粋理性批判』に対して『純粋理性批判のメタ批判』を、『判断力批判』に対しては『カリゴーネ』を、論文『永遠平和のために』に対しては、同名の著書を対置した。カントは攻撃に気づかなかった。

さしあたり彼の注意を引いたのは、当時のドイツの教養層を捉えていた別の論争であった。それは有名な「汎神論論争」であった。『純粋理性批判』出版の少し前（一七八一年）にレッシングが死んだが、彼の死後四年経て、この偉大な批評家がスピノザ主義を信奉していたことが明らかになった。このことを世間に知らせたのは哲学者フリードリヒ・ヤコービであった。彼はメンデルスゾーンがレッシングについて論文を書くつもりであることを知って、自分が故人と交した談話の内容を彼に伝えた。談話はゲーテの詩「プロメートイス」についての判断から始まった。この作品に対してレッシングは完全な賛意を表明した。彼にとっては正統派的神観念はもはや存在せず、神と世界は同一であった。このような意見を期待していなかったヤコービは、驚き困惑して訊ねた。「すると貴方はかなりスピノザと同意見ですか。」これに対してレッシングは答えた。「もし自分が誰かの名前を挙げなければならないのなら、スピノザ以外の誰も知りません。貴方は何かもっと良いものを知っていますか。」スピノザ主義は当時のドイツでは無神論の同義語であった。焚書の記憶がまだ生ま生ましく、またこのオランダの汎神論者の思想体系を支持した人々に対する迫害も忘れられていなかった。

メンデルスゾーンはヤコービの話を信用しなかった。彼らの間で文通がなされ、その文通は、メンデルスゾーンがスピノザとレッシングに関する著書（『朝の時間』）を出版した後に、一七八五年ヤコービによって公表された。メンデルスゾーンは新しい著書『レッシングの友人への書簡』でもって再度答えた。この書物に続いてヤコービの著書『スピノザ説についての書簡に関するメンデルスゾーンの非難を駁す』が現れた。

ヤコービは彼の攻撃をスピノザ主義に対して向けた。スピノザ主義は彼にとっては合理主義哲学の最も徹底した表現であり、彼の意見によれば、信仰とも真の認識とも両立しえないものであった。彼は神的本質を直接洞察する能力を理性と呼んだ。メンデルスゾーンも同様にスピノザ説にくみしなかった。彼はヤコービと論争しながら、汎神論ではなく、ヴォルフの合理主義を擁護した。彼の最大の配慮は今は亡きレッシングから厭うべき無神論者という非難を払いのけることにあった。

両者はカントの支持を求めた。ヤコービは神の現存在を合理的方法によって証明しようとするすべての試みを拒否する点において、自分とカントとは一致すると考えた。メンデルスゾーンは『純粋理性批判』をまだ読んでいなかったにもかかわらず、カントが合理的神証明に関して自分と意見を異にすることを知っていた。しかし彼はまた、非合理主義者のヤコービがケーニヒスベルクの哲学者に援助を求める理由のないことをも知っていた。それゆえ彼はカントの学問的誠実さに訴え、この論争について態度を表明してくれるよう頼んだ。他の人たちも同じような依頼をした。カントは文字どおり論争に引きずりこまれたのである。

もちろん、メンデルスゾーンの立場はカントにより近かった。カント自身ヴォルフ主義から出発したからである。彼は啓蒙主義の制限を知っていたが、その最良の伝統に対して忠実であった。彼は科学を批判しながら、同時にそれを放棄しなかった。「汎神論論争」の始まる少し前に、カントは自分を育てた精神的思潮に対して、論文『啓蒙とは何か』の中で讃辞を呈した。彼の意見によれば、この問に対する答は簡単である。啓蒙とは、人間が自分自身に責任のある未成年状態から脱出することである。未成年状態とは他人の指導なしに自分の悟性を使用しえないことである。「汝自身の悟性を使用する勇気を持て。」これが啓蒙の標語である、と。

それとともに、人間は悟性または科学的知識だけでは十分でないことが、カントにはすでにずっと前から明らかであった。メンデルスゾーンに関して言えば、神の現存在と霊魂の不死とを論理的方法によって証明しようとするメンデルスゾーンの試みは、科学との関係をもっていない、というのがカントの確固たる意見であった。カントはメンデルスゾーンに対する自分の不同意を示すために、『純粋理性批判』の対応箇所を思い出させるだけで十分であった。彼はこのことを、彼の信奉者のひとりであるハレのマギスター、L・ヤコブの著書『メンデルスゾーン「朝の時間」の吟味』への短い序文の中で行った。ヤコービとの関係を明らかにするためには、特別の仕事が必要であった。それは『思考の方向を定めるとは何か』と題され、一七八六年十月の『ベルリン月報』に、ほとんどヤコブの書物と同時に現れた。

『純粋理性批判』と比較して、この論文はいくつかの新しい思想を含んでいる。前者では、論理的に矛盾のない間接的証明法によって神の認識へ至ろうとする試みが批判されたが、後者では、直覚的方法による神の直接的認識の可能性が斥けられた。カントは書いている。神が直接人間に啓示されるすべてのものの中に、神の概念と矛盾するものが何もない場合でさえも、それでもそのような直観は決して神の現存在を証明はしないであろう。「したがって最高存在者の現存在について、なんびともまずなんらかの直観によって確信させられることはできない。」知識を信仰と混同してはならない。その際カントは決して信仰に反対しているのではない。信仰は羅針儀であり、道標である。思考の方向を定めるとは、客観的原理が同時に存在していない場合、真理の規定において主観的原理によって導かれることを意味する。そこで直ちに、客観的真理に基づく知識は信仰以上である、という異議が迫ってくる。カントは「然り」と言い、しかし同時に「否」と言う。道徳と同一である理性信仰がある、と彼は控え目に考える。この理性信仰は、「(人間の中ですべてがただ道徳的に善く整えられている場合には)真とみなすことであり、その種類が全く相違しているにせよ、程度上いかなる知識にも劣るものではない。」[11]

論文『思考の方向を定めるとは何か』は、丁重な調子で書かれており、カントのヤコービに対する関係を少しも損なわなかった。彼らはその後書簡を交換し、著作を贈呈しあい、挨拶を交わした。ヘルダーとの衝突は、論争において控え目であることと、相手の自尊心を尊重することとをカントに教えた。

ヤコービに対するカントの反対によって汎神論論争は第一段階の終りを画した。論争は突然意外な方向転換を示した。ヘルダーが『神——若干の対話』(一七八七年)の著述によって論争に加わったからである。彼は『人類史哲学考』の仕事をしばらく延期していた。ヘルダーはカントに対して第二の密かな論争の矢を放ち、スピノザ説はキリスト教と完全に一致すると言って、それを弁護した。これは急進的スピノザ主義者たちの抗議をひきおこした。彼らは全く正当にワイマール教区監督の議論の組立ての中にこじつけを見抜いた。論争はさらに数年続いた。いまやそれは直接スピノザと汎神論の問題とに関わるものになった。

カントはそれによって心を乱すことはもはやなかった。その上彼は今後論争には加わるまい、と決心した。彼は『純粋理性批判』第二版（一七八七年）の序言の中であらたまった約束をしている。当時カントは彼の『批判』について世間の関心の欠如を嘆く必要はなかった。嘆くとすれば無理解についてであった。もはや論文としてではなく、書物としてカントに対する反対がつぎつぎに現れた。人々はカントを懐疑主義や主観的観念論のかどで非難した。物理学者・哲学者のリヒテンベルクは、カント主義者ではなくただ誠実で聡明な人であったが、カントに向けられた攻撃の論理を見事に要約している。「もしカントが正しいとしたら、我々が正しくないことになってしまう。しかしかくも多くの我々学識ある活動的な公正な人人が、正しくないことはありえないので、カントが正しくないことは明々白々である。[12]」

すべての人に返答することは不可能であったし、また必要でもなかった。批判者たちの数と並んで味方の数も増大した。彼らはカントの利害を文筆によって擁護するだけでなく、手に武器をとってさえ擁護する気構えであった。これは決して誇張ではない。一七八六年春イェーナで、カント哲学は決闘の原因とさえなった。一人の学生が、『批判』を正しく理解するためには大学で少なくとも三十年間研究しなければならない、と言明した。そのことでもう一人の学生が彼に決闘を申し込んだ。[13]「カント熱」がドイツの大学を風靡した。あちこちで政府は不安を感じ始めた。マールブルクでは方伯が、カント哲学は人間認識の基礎を掘りくずす、という理由でその公の講義を禁止した。

その頃カントは大学総長に選ばれた（この職の任期は一年間であった）。またベルリン科学アカデミーは彼を終身会員に選んだ。学界だけがカントの名誉をたたえたのではない。雑誌『ドイツ・メルクーア』には連続して匿名の「カント哲学についての書簡」が掲載された。それは明快で同時に通俗的に書かれていたので、広汎な読者を獲得した。その筆者は最近までカントの反対者であったK・L・ラインホルトであった。彼は『純粋理性批判』を読み終えて、強い感動をうけた。カント宛の手紙の中でラインホルトは、以前自分が『人類史哲学考』のカントの批評に対して「反批評」を書いたことを告白した。今彼はカントへ傾倒の気持を打ち明け、カントの理念が彼の心中に喚起した有益な革命に対して感謝するとともに、カント哲学の普及と擁護のために自分の力を捧げることを約束する。(14)

カント自身はごく稀にしか自分の反対者たちに答えなかった。学問的論争は、事象的に新しいことが言われる場合にだけ、彼にとって興味があった。反対者の浅薄さや愚かさを責めることは、徒労の仕事である。新しい課題が待っている場合には、特にそうである。カントの前に遂に思想の未知の広大な土地が開かれた。それは偉大な哲学者たちがずっと以前からそれを求めて遍歴し、彼自身長い間求めてやまなかった土地である。

＊

倫理学が問題である。ここでのカントの功績は認識論の場合に劣らず大きい。特に倫理学的問題に対する関心、その問題を解決する際に生じる困難（なかんずく自由の二律背反）が、カントをして『純粋理性批判』に着手せしめたことを、我々はすでに知っている。主著を完成した後、彼は改めて倫理学そのものへ向かう。この分野での仕事の開始を知らせる最初の前触れは、ヨーハン・シュルツの著書『道徳学案内試論』に対する批評であった。（批評は、論争に巻き込まれないという約束よりも前に、ケーニヒスベルクの雑誌の一つに掲載された。）

このシュルツを、少し前に言及したケーニヒスベルク在住の、カントの友人と混同してはならない。両者ともヨーハンという名であり、両者とも牧師であった。しかし前者が民間の学者であり、思弁の深みへゆっくり突き進んでいったのに対して、後者は多産的な文学者・批評家であり、説教壇上の自由思想家であった。それで彼は信者たち（ベルリン近傍ギールスドルフ）の前に伝統的な鬘をつけて現れるのを拒絶し、流行の弁髪をつけたので、そのため彼は、「弁髪のシュルツ」と呼ばれた。彼は君主たちに無神論の効用を信じさせようと試み、宗教は王座の不確かな支柱であり、無神論者は信者よりもはるかに信頼できる臣民である、と説いた。ブランデンブルク宗務院は報告を求めてこの自由思想家を召喚したが、フリードリヒ二世自身は彼を保護した。フリードリヒの好む格言は、「望むだけ多く、そして何事であれ望む事柄について、論議せよ。しかし服従はせよ」というのであった。

「弁髪のシュルツ」は、汎神論論争に積極的に参加した。彼は、メンデルスゾーンがレッシングをスピノザ主義者と認めなかったことで、メンデルスゾーンを叱責した。スピノザの信奉者たちは無神論者とみなされたが、はたしてどうであろう。流布した意見では、無神論者とは危険な非道徳的人間であり、彼は家庭の父であることも、国家の市民であることもできないとされる。このような主張ほど不合理なものはどこにもない。道徳と宗教とは別箇の事柄である。

一七八三年、「弁髪のシュルツ」は道徳論の書物を出版し、それに対してカントが批評で応じたのである。この書物は機械的唯物論の基本的観念を述べており、カントはそれを良心的に紹介した。シュルツは自然が遍く生気を帯びていることを信じた。無生命のものは何も存しない。ただ生命のみが現存し、多かれ少なかれ実在性を所有している。身体と区別された存在としての霊魂は想像力の産物である。すべての存在は機械装置《メカニズム》である。天使も木材も同じく結局は人工的機械である。それゆえ自由意志も存在しないし、すべては厳密な必然性の法則に従う。

最後の主張がカントの特別の注意をひき、まさにその点を彼は批判した。彼の深い確信によれば、宿命論は人間の一切の行為を操り人形芝居に変じ、それによって道徳的行為への義務づけを全く免除してしまう。しかし道徳的行為はカントにとって倫理学の礎石であり、理性の実践的適用の礎石なのである。

カントは『道徳形而上学の基礎づけ』において倫理学の最初の体系的叙述にとりかかった。この書物は一七八五年に出版された。なぜカントはこの著作を、『純粋理性批判』との類比によって『批判』と名づけなかったのであろうか。それは倫理学においては問題が認識論においてよりも簡単だからである、とカントは説明した。ここでは理性にとって、理論の領域におけるような多数の弁証論的陥穽がなく、また最も普通の悟性でさえも特別な批判の用意なしに、高度の真理性に容易に到達することができる。他方、そのような批判は、カントの意見によれば、実践理性と理論理性と（すなわち、道徳性と学と）の統一を示すことが可能と証明された場合にのみ提出されるであろう。しかし一七八五年にはカントはまだこのような課題を解決する状態にはないと考えていた。この課題を解決しうるようになるや否や、彼は『実践理性批判』に着手した。それは一七八八年に出版された。倫理学についてのこの二つの著作の内容は部分的には反復があり、部分的には相互に補い合っている。

これらの著作において取り扱われているのは、カント倫理学の原理だけである。倫理学が完全な形で現れるのは後の著作においてである。カントは認識論を長年かけて作り上げ、遂に認識論は、厳密な組織化された体系的方法でもって叙述された総体として、生み出された。道徳の理論については事情はより簡単に思われたが、しかしより困難であることがわかった。老年になってやっとカントは、すべてを考えぬいた著作――『道徳形而上学』を完成した。

人間の行為のためにカントが語った新しい言葉は、道徳性の自律である。従来のすべての理論は他律的であった。すなわち、それらは道徳を道徳の外部に存する諸原理から導出した。一方の道徳理論は道徳的諸原理の根拠を、ある強制的な法則――神の意志・社会組織・生得的感情の要求などの中に見た。他方の道徳理論は、善悪についての我々の表象は人間が獲得しようとする目的から導出されたものであるか、人間の行為の結果であるか、または幸福への志向の派生物であるかである、と説明した。これに対してカントは道徳的諸原理の原則的自立性と自己価値性とを教示した。

カント倫理学の基本概念は自律的善意志である。

カントが善意志について語る時、そこにはパトスの高揚がある。「およそ世界の内で、それどころか世界の外にあってさえも、無制限に善とみなされうるものは、ひとり善意志のみであって、これ以外には考えることができない。悟性・機知・判断力、その他いかように呼ばれようと精神の諸才能、あるいはまた勇気・決断・堅忍不抜などの気質の諸特性、これらは疑いなくいくたの点で善であり、望ましいものである。しかしこれらは、もしこれら自然の贈物を使用すべき意志、その固有の性質がそれゆえ性格と呼ばれるのであるが、この意志が善でない場合には、極めて悪しく有害にもなりうるのである。……

運命の特別の寵愛が失われたり、継母のような自然から賦与されるものがあまりにも乏しかったりするために、たとえ善意志にその意図を完遂する能力が全く欠けていることがあったとしても、すなわち、善意志の最大の努力をもってしても、それにもかかわらず何事も遂行されず、ただ善意志しか（もちろん、単なる願望ではなく、自分の力の内にある全手段を尽した上で）残らなかったとしても、しかもなお善意志は、その全き価値をそれ自身のうちに有するものとして、宝石のごとくそれ自身によって光り輝くであろう。[15]」

地獄への道は良き意図でもって敷きつめられていると言われる。しかしカントの善意志は受動的ではない。善意志の持ち主に対して実行力・行為能力が要求される。これは各人の用いうる限りのすべての手段を行使するという能力である。カント倫理学の形式的傾向が批判された。特定の条件下で良いとされうるものが、他の条件下では害悪となりうる、というのである。これはその通りであり、哲学者はこのことを承知している。今のところ彼は、日常の大海の嵐の中で正道を見いだすように人々を助ける羅針儀について語るにすぎない。もちろんどんな羅針儀も妨害に屈するが、しかし妨害が通り過ぎれば、羅針儀の針は再び極を指す。そのように道徳的方向指示器の損害は決定的ではない。早晩、人間の前に道徳的地平が明示され、そして人間は自分の行為がどこへ通じているか、善へか悪へか、を見る。善は善であり、たとえなんぴとも善でないとしてもそうである。この場合基準は、絶対的で明白であり、右手と左手の相違のごとくである。

善悪を識別しうるためには、いかなる特別の教養をも必要とせず、直覚のみで十分である。我々がすでに知っているように、カントは直覚という術語を使用しないようにした。彼の術語は実践的判断力であり、これは「神」から、本性からくるもので、認識からくるのではない。「正直で善であるためには、それどころか賢明で有徳であるためには、何をなさねばならないかを知るのに、我々はいかなる学問も哲学も必要としない。(16)」ここでカントの見解は倫理学の創始者ソクラテスの見解と分かれる。ソクラテスにとっては善は認識と一致する。そして認識の欠如はすべての道徳的不完全性の唯一の原因である。カントは彼自身啓蒙主義の子であり、その熱心な擁護者でありながら、それと同時に啓蒙的合理主義の限界を越えている。科学と道徳とは人間存在の異なる範囲である。両者の関連はもちろん存在しており、彼は後にまたその関連に立ち戻るが、さしあたり彼が関心をもつのはその差異である。

理性が経験から遠ざかり、純粋理論へ入り込むと、理性はそこで自己矛盾に陥り、不可解となり、不確実・不明瞭・不安定の混沌へ落ち込む。実践的行為においては事情は異なる。実践的判定能力が感性的材料から解放されるならば、それは副次的な層を除去し、自分の課題を単純化する。道徳性がここでは純化されたくもりのない形で現れる。このようにして哲学することは、道徳が哲学の外に成立するにしても、道徳性の役に立つ。「無垢はすばらしいことである。しかし他方で非常に具合悪いことには、無垢は自分を十分守ることができず誘惑されやすい。それゆえ知恵でさえも――これはいつもは知識の中でよりも全行動の中でより多く働くものであるが――やはり学問を必要とする。しかしそれは学問から学ぶためではなく、知恵の指図に影響力と永続性とを与えるためである。(17)」

理性は実践的(道徳的)範囲においてのみ構成的機能を有する。すなわち、基本概念の形成とその実現という課題をそこにおいて引き受ける。(認識の範囲においては理性が統制的であることを、我々は想起しよう。すなわち、理性は行き過ぎのみを阻止する。認識においては悟性だけが構成的である。)実践理性の対象は最高の幸福である。すなわち、人間の自由にとって必要であるものの発掘と実現とである。カントは実践理性の理論理性に対する優位性について語る。初めに行為があり、次に認識がくる。哲学はここでは思弁的構成の奴隷から解放され、生活的実践的に重要な問題の領域へ入り込んで、人間が道徳性の確実な土台を見いだすことを助けるのである。

倫理学上のカテゴリーの哲学的分析は経験から出発しない。カテゴリーはアプリオリに人間の理性の内に存している。カントはこの考えをさまざまの場所で執拗に繰り返す。我々はこの考えを正しく理解しなければならない。カントは意識の形式としての倫理学的カテゴリー全体の由来を探究しているのではない。意識の形式は社会関係とともに発生し、それとともに変化したであろう。しかしここで問題にされているのは、個人の道徳的状態だけである。敵対的社会の日常的経験は道徳性と矛盾しており、それは人間を教育するよりはむしろ精神的に歪める。道徳的行為はある内的命令の結果であり、時としてこの命令は周囲の現実の非道徳的実践と対立する。

厳密に言えば、すべての行為は命法的である。行為が遂行されるためには、意志の集中が必要である。しかしカントの説によれば、一定の目的の達成に向けられた命法は、そのような目的によって制約されない命法とは区別されなければならない。前者は仮言的（行為は目的によって制約され、したがってそれは他の或ることの手段である）と名づけられ、後者は定言的と呼ばれる。道徳的行為は定言命法の結果であり、人間はこの命法によっていかなる目的をも達成しようとはしない。行為は自体的に必然的である。

仮言命法は二重の目的を追求することができる。第一の場合には、人間は自分が何を欲しているかをはっきり知っており、したがって彼はいかなる仕方で自分の意図を実現しうるか、ということだけが問題である。君が医者になりたいと思うならば、医学を学びなさい。命法は熟練の規則として現れる。この規則は、立てられた目的が良いか合理的であるかについては語らず、その目的を達成するためには何をなさねばならないか、ということだけを問題にする。患者を治療する医者にとっての指図と、相手を確実に殺害するための毒殺者にとっての指図とは、ここでは等価値である。それらの指図は意図したことを実現するのに役立つからである。

第二の場合には、目的は存するが、非常に曖昧な形で現れる。ここでは人間の幸福が問題である。仮言命法はここでは思慮ある振舞のための勧告という形式をとる。この勧告は、もし誰かが幸福について明瞭な観念を与えてくれさえするならば、熟練の規則と一致しうるであろう。しかしこのことは遺憾ながら不可能である。あらゆる人間が幸福を得たいと願うとしても、彼は自分が本来何を欲しているか、何が自分に必要であるか、を確定的に自分自身と完全に一致して言うことができない。人間は富を得ようと努力する。するといかに多くの心配や嫉妬や憎悪を我が身に背負いこむことであろう。彼は知識と洞察を欲する。

彼がそれを必要とするとして、彼がいまや明敏なまなざしでもってこれまで隠されていた不幸を見るとき、それは彼に満足をもたらすであろうか。彼は長生を空想する。しかしそれが彼にとって長い苦しみの時間にならないと、誰が保証しえよう。彼はせめて健康でもと願う。しかしいかにしばしば虚弱な身体であることが彼を放蕩から守ったことであろう、等々。幸福に関しては、幸福ならしめる行為を厳密に指図するようないかなる命法も不可能である。なぜなら幸福は理性の理想ではなく、構想力の理想であり、全く経験的な基礎に立脚しているからである。

道徳性はそのような浮動的な基礎から導出されてはならない。もし各人が自分特有の幸福のみを求めようとするならば、人間の行為の格律（規則）は、極めて独特な「普遍性」をもつにいたるであろう。互いに破滅させ合っている二人の夫婦の心からの和合として、諷刺的詩人が描いたような「調和」が生じるであろう。おお、驚くべき調和よ！　彼が欲するものを彼女も欲する！　このような条件の下では、万人にとって規則として役立ちうる道徳法則を見いだすことは不可能である。

普遍的幸福を原則として立てる場合にも、この事態は変わらない。ここでも人々は相互に協同することができない。目的は不確定的で、手段は浮動的であり、すべてはもともと不安定である意見に依存している。（それゆえなんぴとも他人に対して、彼が外部から押しつける観念に従って、他人が幸福になるように強制することはできない。）道徳法則は、それが理性と意志をもつ各人にとって拘束的な力を持つ場合にのみ、客観的に必然的であると考えられるのである。

カントの定言命法は、最終的定式化において次のように表される。「汝の意志の格律が常に同時に普遍的立法の原理として妥当しうるように行為せよ。(18)」本質においてこれは次の古い真理の言い換えである。すなわち、他人が汝に対して振舞うべきである、と汝が望むように、汝は他人に対して振舞え。万人が為すべきであることを、汝は為せ。

カントの定言命法について、それは聖書の戒めのように形式的で抽象的である、と言って批判することは容易である。例えば、汝盗むなかれ、という戒めがある。しかしいま一片のパンが問題であり、私が飢えのために死のうとしている場合、しかも隣人がこの一片のパンを失ってもなんら損害を蒙らない場合には、どうか。カントはもちろん人々が餓死すること、またそれとともに食物がなくなること、を望んでいるのでは全くない。カントは直截簡明に言わんとしているだけである。最悪の場合に盗むとしても、それを道徳的行為と称することはできない。これが肝心な点である。道徳はあくまで道徳であり、窃盗は窃盗である。概念規定は厳密でなければならない。

カントには『人間愛から嘘を言う誤れる権利について』という意味深長な題名の小論文がある。人生のあらゆる機会に人は誠実でなければならない、と哲学者はあくまで主張する。たとえ君の友人を殺そうと決心した殺人者が、君の友人が家にいるかどうか、を君に対して訊ねた場合でさえも、嘘を言ってはならない。君の嘘が善を招くという保証はない。君の友人が家にいるか、という殺人者の質問に対して君は正直に答えることがおそらく可能である。しかし友人はその間に君に気づかれずに家から出ている。こうして殺人は行われずにすむことができるであろう。もし君が嘘をついて、君の友人が家にいないと答えたとすると、そして実際に友人が君に気づかれずに家から離れ、殺人者が彼に路上で出会い、殺人が行われたとすると、人は十分な根拠をもって君に対して彼の死の責任を追及することができる。しかしもし君が知っている限りの真実を言ったとするならば、さしあたり殺人者は自分の敵を家の中に探すであろう。その間に駆けつけた隣人たちによって殺人者は捕えられ、こうして殺人が行われえない、ということも可能であったであろう。真実は義務である。この法則からは最小の例外だけでも許すならば、法則は堅固でなくなり、何の役にも立たなくなる。道徳的命令はいかなる例外をも許さない。

それにもかかわらず例外はカントを苦しめる。後の倫理学の著作『道徳形而上学』において、多くの箇所で「決疑論的問題」という同じ見出しをつけた独特の補足(定立に対する反定立のようにして)が見いだされる。

例えば、次の定立が挙げられる。自殺は道徳的ではない。すると直ちに誘惑者が反定立の形式で問題を提起する。祖国を救うために確実な死に突き進むのは自殺であるか。自由意志的に生命を断つことによって不正な死刑を免れることは許されるか。戦争において捕虜になることを欲しないで自殺する者の行為に対して、罪を帰することができるか。自分の病気が不治であると信じている病人に対して、罪を負わせることができるか。これらの問は答のないままになっているが、いずれにせよそれはカントが人生の矛盾に対して目を閉ざさなかったことを示している。彼は、道徳は(法もまた同じく)これらの矛盾に迎合してはならない、と考えただけである。人間は道徳の中に不動の支柱を見いだす。この支柱は危機的状況においては揺らぐかもしれない。しかし危機と規範とは異なる事柄である。

道徳性の最も堅固な支柱、定言命法の唯一の源泉は義務である。ある他の動機(傾向性等々)ではなく、義務のみが行為に対して道徳的性格を賦与する。「多くの同情心に富む人たちがいる。彼らは虚栄心や利己心などの別の動機なしに、自分の周囲に喜びを広げることに心の満足を見いだし、そして他人の満足が自分の所為である限りそれに悦びを感じることができる。しかし私は、そのような場合にかかる行為は、いかに義務に適合し愛すべきであろうとも、それにもかかわらず何ら真の道徳的価値をもつものではない、と主張する。(19)」

この厳格主義的文章は異議と嘲笑を招いた。シラーは次のような諷刺詩を書かずにおれなかった。

私は友人に奉仕したいのだが、遺憾ながら私はそれを傾向性から行う。
そのため、自分は道徳的でないという思いが、私を苦しめる。
他の忠告は無用だ。君は友人を軽蔑するよう努めねばならない。
然る後に、義務が君に命じるところを、君は嫌悪をもって行うのだ。

後にカントは自分の定式化の厳格さを緩和した。最初は彼は愛を義務に対置したが、後には両者を結びつける方法を見いだした。知恵と穏和さが年とともに加わる。老年になっても一層賢明になることが望ましい。ただし熱狂的なカント崇拝者であったシラーの諷刺詩を、人は真面目に受け取ってはならない。それにもかかわらずシラーは哲学者に対して影響を与えたにちがいない。老齢になってカントは次のような「決疑論」的問題を立てる。「冷やかな心をもって為された善行はいかなる意味をもつであろうか。」

両極端は相互に排除し合わない。カントは初めに幸福を道徳法則に対置したが、その後、長年の熟考を経てから、遂に両者を一緒に考える。哲学者は最初から幸福な生活への要求を人間から奪おうとしたのではない。彼は人間の幸福についての配慮をも、ある程度までは義務として認める用意があった。ただしそれは、幸福（健康・富・教養）が義務の遂行にとってより良い条件を作り出すのに対して、この世の富の欠如は義務に背く誘惑を招く、という理由にだけ基づく。しかしながら幸福への努力は道徳的原理とはみなされえない。他人の幸福に関して言えば、それは『道徳形而上学』において人間の目的および義務として規定されている。「自己の完成と他人の幸福」[20]——これが義務の最終的定式である。その際幸福についての表象がいかに相対的であり、他人の意志を強制することがいかに危険であるか、ということを忘れてはならない。健全な常識と人間性とは常に用心していなければならない。両者は最も重要である。

カントは人種的・国民的・身分的所属から離れて、人間の人格性の自立的価値を宣言した最初の思想家たちのひとりである。定言命法の導出法式の一つは次のように言う。「汝の人格と他のすべての人格との内にある人間性を、汝は常に同時に目的として扱い、決して単に手段として扱わぬように、行為せよ。[21]」これは『道徳形而上学の基礎づけ』からの引用であるが、『実践理性批判』の中でも同様に断固として述べられる。「諸目的の秩序の中で人間（それとともにあらゆる理性的存在者）は目的自体であり、すなわち、なんびとによっても（神によってさえも）決して単に手段として用いられることはできない。[22]」

多くのものが人間自身に依存している。そこに尊厳の概念が存する。尊厳が何を意味するか、そしてそれをいかにして維持するかを知らなければならない。他人の奴隷となるな。諸君の権利の勝手な侵害を許すな。借金をするな（諸君がそれを返済しうるという完全な確信がない場合には）。慈善を受けるな。寄食者や追従者になるな。そうすれば諸君の尊厳は保たれる、とカントは言う。自ら卑しめるものは、人から踏みつけられても、不平を言うことはできない。

カントは特別に「思想家の種属」のために、次のような格律を掲げる。(1) 自分で考えること、(2) 思考の中で他人の立場に自分を移すこと、(3) 常に自分自身と一致して考えること。知性が人間に与えられているのは、人間が強制なしに知性を使用しうるためであり、そこから人間の精神的地平が十分広くなり、思想のつながりが首尾一貫するのである。

カントはいかなる種類の狂信に対しても断固として反対し、それを人間理性の限界の破壊として特徴づけている。ストア主義者の「英雄的狂信」でさえも、彼の興味をそそらない。義務の冷静な承認のみが思考する人間の行為を指導する。「義務よ。汝、崇高なる偉大なる名前よ。汝は人に巧みに取り入るような、好まれるものを何一つもたず、ただ服従を要求する。しかし汝は意志を動かすために、心中に自然な嫌悪をひきおこし恐がらせるものをもって、脅迫するのではなく、単に法則を立てるだけである。この法則はおのずから心に受け入れられ、しかも心ならずも尊敬を（必ずしも遵奉をではないにせよ）獲得する。法則の前では一切の傾向性が、たとえ密かに反抗しようとも、沈黙する。いかなるものが汝にふさわしい源泉であるのか。そしていずこに、傾向性との類似をすべて誇らかに拒否する、汝の高貴な血統の根源はあるのか。人間のみが自分自身に与えうるような価値の不可欠条件は、いかなる根源から発しているのか。それは、人間を（感性界の一部としての）自分自身以上に高めるもの以外の何ものでもありえない。すなわち、悟性のみが思考することのできる諸物の秩序、そして同時に全感性界と、時間の内なる経験的に規定される人間の現存在と、あらゆる目的の全体（これだけが道徳的なるものとしてかかる無制約的実践法則にふさわしい）とを内に含むところの諸物の秩序、この秩序へと人間を結びつけるものがそれにほかならない。それは人格性にほかならないのである。[23]」人格性であるとは、自由であることを意味する。すなわち、自己法則的な振舞によって自分の自己意識を実現しうることである。なぜなら人間の本性は自由だからである。

自由は倫理学の観点からは、選択意志ではない。所与の原因から同じ権利をもって異なる行為が出てくることのできる単なる論理的構成では決してない。私は欲する、したがってそのように私は行為する。私は欲する、それで今私は逆に行為する。人格性の道徳的自由は義務の承認とその履行の内に存する。自己自身と他の人々とに対して、自由な意志と、道徳法則に従う意志とは、同一である。

カントにとって人間の自由がいかにして可能であるかを、我々は前章から知っている。人間は二つの世界に属する存在者である。感性的に知覚されうる（フェノメノンの）世界は、人間を外的因果性の玩弄物たらしめる。ここでは人間は外部の力、すなわち、自然法則と社会の制度とに服従する。しかし英知的な（ヌーメノンの）世界、「物自体」の世界の一員としては、人間は自由を備えている。この二つの世界は、対立世界ではなく、相互関係の中で両立する。英知界は感覚的に知覚される世界の基礎である。

同様に人間のヌーメノン的性格は、人間のフェノメノン的性格の基礎をなしている。後者が前者に対して優勢である場合には悲惨である。教育の課題は、人間が全く自己のヌーメノン的性格によって指導されるところに存する。人間があれかこれかの生活上の重要な決定を行う場合、外的秩序（立身出世・利益その他）への考慮を重んじるのではなくて、専ら義務の命令を重んじなければならない。人間がそれにもかかわらず逆のことをなさないために、人間に良心が、すなわち自己統制の驚くべき能力が、与えられているのである。

「人間は法則に反した自分の振舞を思い出すとき、それを意図せぬ失策として、また完全には避けることのできない単なる不注意として、したがってまた自然必然性の流れによってさらわれた出来事として、弁解し、それについて自分の無罪を説明するために、できるだけ小細工を弄するであろう。しかしそれでもなお彼は、もし彼が不正を犯した時に自分が正気であった、すなわち自由を使用したことを意識するならば、自分の利益のために弁じる弁護人が自分の内の原告を決して沈黙せしめえないことを、見いだすのである。[24]」

良心のメカニズムは人間の二分性を除去する。人はすべてを正しく理解することはできないが、それでも不正に行為してはならない。人間は一方の足で英知界に立ち、他方の足でフェノメノンの世界に立つ。一方は知ることであり、他方は行うことである。人は良心をはぐらかすことはできない。良心は眠り込まされえず、早晩それは目覚めて、返答を迫るであろう。

自ら決定せよ。道徳的義務の意識によって貫かれていよ。常に至るところで道徳的義務に従い、自分の行為に対して責任をもて。これが、厳格で妥協のないカント倫理学の真髄である。

厳格主義者はカントの不整合性を非難する。カントはヨーロッパ自由思想の伝統の継承者である限りにおいて、道徳の宗教的基礎づけとは関係を絶った。神の命令ではなく、人類に対する義務が我々を道徳的行為へ導く、とする。しかしながらカントが『純粋理性批判』の中で、絶対に証明不可能として斥けたすべてのこと、すなわち霊魂不滅、意志の自由、神の現存在は、『実践理性批判』の中では、要請として復興される。要請とは、我々の知識を拡張しないにせよ、それでも「一般に思弁的理性の諸理念に対して(実践的なものとの関係を通じて)客観的実在性を与え、そして理念をして他の場合にはその可能性を主張することさえ越権として斥けられるような概念たらしめるのである。」[25] この点についてハイネが嘲笑したことを、我々はすでに知っている。

ショーペンハウアーもまたこの点を揶揄した。彼はカントを、仮面舞踏会で美人と近づきになろうとして美人のあとを追い回す男と比較した。舞踏会の最後に婦人が仮面をはずすと、それは自分の妻であることがわかる。カントは倫理学を神なしに樹立すると約束したが、彼の口約束のからくりのすべては仮面でしかなく、その背後には宗教的道徳の周知の顔が隠れているというのである。[26]

ハイネとショーペンハウアーは重要な細部を看過した。宗教はカントにとって道徳の原因ではなく、その結果であり、支えなのである。道徳は人間を動物から区別するが、しかし道徳が何に由来するかは、カントにとって宇宙の最大の謎のままである。それは宇宙そのものが彼にとって謎であるのと同様である。「それについて熟考することがしばしばでかつ持続的であればあるほど、ますます新たな増大する驚嘆と畏敬の念をもって心情を満たす二つのものがある。それは私の上なる星の煌めく天空と私の内なる道徳法則とである。(27)」

これは『実践理性批判』の結語からの引用である。(原文は、哲学者の墓碑の向かい側の大理石板に刻まれており、すでに広く知られている。) 驚嘆と畏敬は確かに研究への刺激を与えることはできるが、しかしそれに代ることはできない、とカントは続けて言う。何が探究そのものにとって重要であるか。まず第一に科学的方法である。それは内的世界の探究にとって必要であるのと同様に、外的世界の研究にとっても絶対必要である。哲学は常に科学の保護者であり、教師であらねばならない。カントは自分に提出された学問上の課題の大きさと効用とについての堅固な信頼を決して放棄しなかった。

*

告げられた言葉は決して実行を伴うとは限らない。教えに従うよりも教える方が容易である。哲学史の中には、告げられた教説と実際の態度とが一致しない例が少なからずある。ショーペンハウアーは禁欲主義を説教したが、しかし彼は美食家で道楽者であった。超人を描出したニーチェは明らかに劣等感に悩んだ。道徳家カントと人間カントとは常に同一人格である。

もちろんカントはあらゆる場合に定言命法によって導かれたわけではない。彼は小心であり(特に老齢になって)、風変りで、短気で、往々吝嗇で(最後に裕福になった時でさえも)、杓子定規的であって(杓子定規が有害で、「病的形式主義」であることを、カントは明瞭に理解しており、杓子定規の人を戒めはしたが)、反論に我慢ができなかった。生活が妥協を余儀なくさせ、それで彼は時々狡く外交的に振舞った。しかし全般的に彼の態度は、彼が倫理学の諸著作の中で述べたところの内面的に自由な人格性の理想と合致していた。自由な人格が人生の目的であり、義務であった。それは願望と欲情を、さらに身体機構をも支配する能力であった。それは性格であり、善きものであった。

自然は人間に対して気質を賦与するが、性格は人間自身が作り上げるものである。カントの考えでは、人は徐々に善くなるように試みても、とうていうまくいかない。性格は一挙に、爆発的な仕方でもって、倫理的革命として作り出される。人々は道徳的革新の欲求を成熟した年齢になって初めて感じる。カントはそれを四十歳代の初めに経験した。彼が物質面で独立したのはそれより遅かった。

一七八四年にカントは自分の家を手に入れた。彼は今は労せずに五千五百グルデンを、芸術家ベッカー（カントの肖像画家）の未亡人の不動産を買うために、支払うことができた。家は町の中心の静かな横町、王女通りにあり、王宮から遠くなかった。家にはさまざまの花や日陰を作る樹木の沢山ある小庭園が接していた。しかし間もなく少年たちが柵越しに投石するという不快な出来事が付随的に生じた。警察は彼らに禁止を命じることができなかった（あるいは望まなかった）。こうして哲学者は自分の庭園に出ることをやめた。

彼はまた別の用件で警察へ出向かなければならなかった。庭の後ろに市の監獄があった。夏に監獄の窓が開放されたとき、そこから讃美歌を合唱する大きな歌声が鳴り響いた。それが思索の集中を妨げた。その上哲学者は、囚人は自分の魂の救済のために歌っているのではなく、ただ看守におもねるためにだけ歌っている、と確信した。そこで彼は、窓を閉めてその上もっと低い声で合唱を行うように要求した。看守は彼の訴えを無関心に聞き流し、囚人たちの信心深さについて証言した。カントは市庁の中に友人たちをもっていたので、それで彼は目的を達した。

家は二階建で、八部屋を備えていた。階下には、教授が学生たちと演習を行う講義室と、女中部屋とがあった。二階には、食堂と寝室と客間と書斎とがあった。屋根裏部屋には、退役兵で召使のランペが住んでいた。食堂には食卓と、六つの亜麻布張りの椅子と、質素な陶器を収めたガラス戸棚と、そして銀器と手持の金とを収めた事務用机とがあった。書斎には二つの簡単な机があり、書物と書類が一杯積み重ねられていた。薄い灰色の塵で覆われた壁（片づけることはここでは許されなかった）にはルソーの肖像画が掛かっていた。蔵書は小冊子も含めてせいぜい五百冊くらいであり、それらは寝室に置かれていた。（比較のために言えば、ゲーテは二千三百冊、ヘルダーは七千七百冊を所蔵していた。）寝室には一つの窓があったが、カントはそれを決して開かなかった。それは、害虫を身体から遠ざけるのにこれが最善の方法である、と彼が考えたからである。ランペは主人の不在の際に密かに寝室の換気をした。冬でも寝室は暖房されなかった。哲学者が仕事をしているとき、家には墓地のような静けさが漂った。

カントの仕事日は朝五時に始まった。（人々が電気を知らなかった当時、早起きはむしろ普通であった。）カントは若い友人のキーゼヴェッターに四時に起きるように忠告した（東プロイセンのロシア人長官ヴァシーリ・スヴォロフ、総司令官の父である人、について、彼が深夜二時にはすでに起床していたことが知られている）。五時十五分前にランペは教授の寝室に現れ、教授が起床するまで立ち去らなかった。部屋着をつけ室内帽をかぶってカントは書斎に入った。書斎で彼は薄い紅茶を二杯飲み、パイプをふかしたが、これは一日中一回だけであった。（トルストイは誤解して、カントが煙草に対する抑え難い欲望をもっていたと見なし、もしカントがこれほど多く喫煙しなかったならば、『純粋理性批判』はおそらくこれほど「不必要に難解な言葉」で書かれはしなかったであろう、と想像した。）哲学者はコーヒーを好んだが、彼はそれを有害と考えて、多く飲まないように努力した。

仕事日の最初の一時間は、最も生産的な楽しい時間であった。次に講義が続く場合には、その時間は講義の準備に費やされた。講義は通常七時に始まった。カントはその頃週九時間講義を行い、通例夏には論理学と自然地理学を、冬には形而上学と人間学を講義した。講義の後、教授は再び部屋着を着て、書斎に籠った。一時十五分前に彼は再び着替えをした。昼食に招待した友人たちが家に姿を見せた。古い友人であるグリーンとマザビーのほかに、新しい友人たち——軍事顧問官シェフナー、宮廷牧師シュルツ、牧師ボロフスキー、哲学者のクラウス、リンク、イェッシェ、数学者ゲンジッヘン、著述家ヒッペル、医者ヤッハマン、神学者ハッセ、その他二、三名が加わった。主人はみずから銀の食器を召使に手渡した。正一時にランペが敷居の所に現れ、「スープの用意ができました」と聖なるきまり文句を唱えた。客は食堂の中へ入り、急いで席に座った。彼らは主人が空腹であることを知っていたからである。

カントは決して一人では食事しなかった。哲学者の考えによれば、人は決して一人で食事してはならない。一人での食事は力の回復にはならず、力の消耗である。一人だけでの食卓では人は自分の考えと差し向かいになり、考える作業は休止しない。同席の食事仲間だけが新しい活力を与えることができ、彼らとの自由な談話は気分を和らげ、楽しませてくれる。皆が談話に参加しうるためには、食卓の人数は多すぎてはならず、妥当な意見として、文芸の女神の数〔九人〕より多くなく、美の女神の数〔三人〕より少なくないのがよい。カントはこの点でも中庸を守った。彼の家には六人分の食器だけが用意されていた。

食事中の談話は偉大な芸術である。隣席の人とだけではなく、同席者のすべてと談話することができなければならない（仲間が小グループに分かれることは良くない）。重苦しい長い沈黙の時間があってはならない（短い休止だけが許される）。また談話の対象を一遍に別の対象へ飛躍させてはならない（主題が語り尽くされたならば、急いでそれに近い話題へ移らなければならない）。談話中に激情が燃え上がることがないようにしなければならない。食卓での会話は遊戯であって仕事ではない。もし真剣な論争が起こった場合には、相手の意見を尊重しながら、品位をもって行わなければならない。討論を終らせる最良の方法は冗談である。冗談は対立する意見を仲裁するだけでなく、笑いを呼び起こして消化作用を助ける。以上がカントの「談話の美学」についての考えであり、カントはそれに大きな意味を与え、そして主人役としてそれに精通していた。著作や講義においてだけでなく、社交の集いの中でカントとつき合った者だけが、本当にカントを知ることができた、とヤッハマンは伝えている。カントの知識は年とともに限りなく広がり、彼は任意の主題について魅力的に語ることができた。天性の機知と社交性の上に、さらに聞き手を魅了し、相手の話を注意深く聞き、興味をもって相手に理解される、という職業上の巧みさが備わっていた。

常に注意の中心に立つことに慣れた人にとっては、会話の精髄であろうとするカントのやり方は、もちろん気に入らなかった。ラインホルトの紹介状をもってケーニヒスベルクに来ていた伯爵プルクシュタルは、社交の席上主人役が学問的主題について話したがらず、冗談めかした話をするので立腹した。伯爵の言葉によれば、食事中カントはひっきりなしに喋った。「わがシュタイヤーマルクには、いかなる家禽がいるか、国はいかなる様子であるか、カトリックの司祭はどの程度啓蒙されているか、等について彼（カント）は私よりも良く知っていた。これらすべての事柄に関して彼は私に反対した。[28]」

昼食は哲学者が自分に許した唯一の正餐であった。十分御馳走があり、良いワインがついて（カントはビールを好まなかった）、食事は四時か五時まで続いた。「彼は食欲旺盛であっただけでなく、楽しみながら食べた」、とカントの客の中のひとりは回想している（彼は哲学者が通常一日に一度しか食事しないことを、知らなかったにちがいない）。「彼の顔の下部、顎の周辺は明らかに享楽の快感を表していた。それどころか聡明なまなざしは、あれこれの料理に吸い寄せられて、その瞬間彼がすべてから離れて食卓の人であることを示していた。[29]」カントは実際おいしく食べることが好きで、調理に対して興味をもち、料理について論じてもひけをとらなかった。ヒッペルは間違いなく、カントが「料理法批判」を書くつもりである、と断言した。彼の好きな料理は新鮮な鱈であった。食後、哲学者は起きたままで過ごした。グリーンの生存中（彼は一七八六年に死んだ）、カントは通常彼を訪問し、二人で椅子に腰掛けたまうたた寝をした。今は彼は日中の睡眠を有害と考え、居眠りしないために椅子に座らなかった。伝説的な散歩の時間が始まった。ケーニヒスベルク市民は、名士が毎日静かな足どりで同一の道——哲学者の道を、通常一人で、老齢と思索の重みのために頭を垂れて歩むのを見ることになじんだ。鬘はもはや若い頃のように申し分なくかぶさってはおらず、しばしば横へずれた。カントは道の途中では考えないようにしたが、それでも思想が思い浮かぶと、彼はそれを書きとめるため、ベンチに腰掛けた。散歩の終点はフリードリヒスブルク堡塁であった。家に戻ると、哲学者は家計のための指示を与えた。夕方の時間を、彼は軽い読物（新聞・雑誌・文学作品）にあてた。そのとき浮かんだ着想はすぐさま紙片に書きとめられた。灯がまだともされないたそがれ時、カントはレーベニヒトの教会の塔に目を走らせた。彼はこの風景を非常に見慣れていたので、隣の庭のポプラが成長して教会を覆い隠したとき、平静さを失った。そして隣人が哲学者の願いを聞き入れて、定期的に木の梢を切り取るようになってから、やっと平静さをとり戻した。夜十時にはカントの家は寝静まっていた。

規則正しい生活様式、自分で定めた衛生規則の遵守は、健康の維持という唯一の目的のためのものであった。『純粋理性批判』に従事していた頃、すでに健康状態は不安の徴候を示し始めていた。書簡中に、不快感や疲れやすさについての訴えが見られる。早く老衰したメンデルスゾーンの侘しい実例が眼前にあった。カントは薬を信用せず、それを自分の弱い神経組織にとっての毒とみなした。暫く彼は胃酸過多を癒す薬を規則的に服用したが、それを中止すると具合が良くなった。そして今カントは老齢にさしかかって、長い間の自己観察と自己制御に基づいて作り上げた厳しい養生法に自分の身体を従わせた。それは独特の衛生上の実験であり、今日でも我々の関心をひく。カント哲学と全く没交渉である人々が彼の生活様式から学んでいる。

その例として、ソヴィエトの作家ミハイル・ゾシチェンコがいる。(彼は心理学上の研究を著し、その成果は有名な生理学者I・パヴロフによって高く評価された。)

ゾシチェンコは物語『青春の回復』の中で、カントについて次のように書いている。

「彼は自分の身体組織、すなわち自分の機械、自分の有機体を、徹底的に研究した。そして彼はそれらを、化学者がある化学反応をいろいろの要素をつけ加えながら観察するように、観察した。

そして生命を予防し、維持し、継続させるこの方法は純粋理性に基づいていた。彼は理性と意志との力によって、時々彼に現れた一連の病理現象を克服した。

伝記作者が確言したように、彼は感冒や鼻風邪にかからずにすますことができた。

彼の健康はいわば、自分自身のよく考えぬかれた創作品であった。意志の心理的力を彼は身体の最高の支配者と考えた。

著者は機械の仕事にも似たこのような生活を理想とは考えていない。しかしそれでもカントの実験は成功した。彼の長い生命と強大な仕事の力とはこれを見事に証明している、と言わなければならない。」

カントは自分の「体系」の叙述をあとに残した。(今問題にしているのは哲学体系ではなく、健康の体系である。)この体系は著作『学部の争い』の中に見いだされ、その第三部の表題は、「単なる決意によって病的感情に打ち勝つ精神力について」となっている。著作はカントの晩年に出版されたが、すでに一七八六年に彼はその核心を次のように表した。すなわち、汝の本性を統御せよ、さもなければ汝がそれによって統御されるであろう、と。

カントは、自分の処方箋が全く個人的なものであることを承知していた。(「各人が自分特有の健康法をもっており、それを変更することは危険である」[30]、と彼は或る手紙の中で述べている。) 彼が語っていることは盲目的に模倣さるべき手本ではなくて、自分の行動基準を熟考し作り上げるための誘因である。さらに現代医学の見地からは、カントの勧める二、三の方法は無効である。

養生学(病気を治療する技術である治療学と区別して、病気を予防する技術を、カントはこう呼んだ)の根本規則は、自分の力を惜しまないことであり、自分の力を安楽と怠惰によって弱めないことである。器官を働かさないことは過度に働かせるのと同じくらい有害である。ストアの哲学者の格言「忍耐シ節制セヨ」は、徳論においてだけでなく、治療法においても守られなければならない。

カントの衛生上の綱領は全く簡単である。(1) 頭・足・胸を冷たく保つこと。足を氷水で洗うこと(それは「心臓から遠い部分にある血管を弛緩させないため」である)。(2) 比較的少なく眠ること。「ベッドはもろもろの病気の巣窟である。」[31] 夜中にだけ、短い深い睡眠をとること。眠れない場合には、眠りを呼び寄せなければならない。カントにとっては「キケロ」という言葉が魔術的催眠作用を及ぼした。彼はこの言葉を心中で繰り返しながら、考えを散らし、すぐ眠りこんだ。(3) 多く運動すること。身の周りの仕事を自分で片づけ、どんな天候でも散歩すること。

食事に関しては、カントはとりわけ流動食(スープなど)を避け、飲物を制限することを勧める。一日に何回食事すべきか。カントの答が驚くべきものであることを我々はすでに知っている。毎日一回である。壮年は夕食の際に食欲を最終的に満たすために、昼食時に食欲を抑えることができる(ただし抑えねばならないのではない)。しかし老齢になるとこれは確かに有害である。胃はまだ最初の食物を処理しないのに、次の食物が加えられるからである。

食事中や散歩中に緊張して考えることは、有害である。人は胃と頭、または足と頭を同時に働かせることはできない。前者の場合、ヒポコンデリーが起こり、後者の場合、目まいが起こる。（ヒポコンデリーがどんなものかをカントは良く知っていた。彼は幼少時から「自虐」の状態に苦しんだ。その時生活は愉快でなく、医学の教科書で読んだすべての病気が自分の身体の中にあった。そこではどんな医者も無力であり、自制だけが病気を癒すことを、カントは自分の経験から知っていた。）養生学の技術は、胃と足との機械的な仕事を精神的な仕事と巧みに交替させることにある。

それとは反対に人がひとりだけで食事をし、食事中読書や思索に耽るならば、病的感覚が生じるであろう。なぜなら脳の働きは胃から力を奪うからである。歩行中に考える場合にも同様である。これらの場合、過度に緊張した精神は「構想力の自由な戯れ」へ場所を譲らなければならない。それゆえ我々の哲学者は常に友人たちの集いの中で食事したのである。

しかしカントは一人で散歩することを好んだ。散歩中に談話すると口を開かなければならず、そのため冷たい空気が身体に入り込んで、これがリューマチを引き起こすからである。概して哲学者は正しい呼吸に大きな注意を払った。唇を堅く閉じて常に鼻で呼吸せよ、という彼の執拗な忠告は些細であるように思われる。しかしこれは彼の時代にはおそらく新発見であったにちがいない。なぜならカントはこのテーマについて詳細に論じているからである。正しい呼吸は風邪を防ぎ、安眠を助け、さらに喉の渇きを追い出しさえする。

独身生活の利点についてのカントの判断は微笑を誘いさえする。自ら年老いた独身者である哲学者は断言する。未婚の男性、または早く妻に先立たれた男性は、年より若く見える顔つきを長く保つが、他方家族もちの父親の顔は、「束縛の印」を帯びている。それを理由としてカントは前者の方がより長寿であると推定した。(この説に対しては、統計的資料によって論駁する反対者が現れた。)

そして最後に、哲学の研究(もちろん職業としての研究ではなく、活発な興味に基づく研究)がくる。これは種々の不快を克服する優れた精神的手段であり、一種独特の気分の刺激剤である。哲学は外的事情から引き離し、年をとるとともに始まる肉体的衰弱を補う精神力を生み出す。人間はいつまでも活動的でなければならない。「狭隘な頭脳の持主」は最悪の場合にもなんらかの活動の代用品を選ばなければならない。例えば、ある老人は、常につぎつぎに鳴り続けるいくつもの置き時計を蒐集した、等々。

我々が知っているように、カントは薬に対して否定的態度をとり、薬を警戒した。これはもちろん哲学者が医学を軽視したことを意味しない。反対に彼は医学の成果と進歩を注視し、さらにそれに対してほとんど専門的な関心を示した。

カントは自分の生命について恐れを感じなかった。死の恐怖を彼は知らなかった。健康はカントにとって彼の仕事のためにのみ必要であった。健康のための用心はもっぱら実験の実り多い成功のためにぜひとも必要であった。そして試みは成功した。

ゾシチェンコは次のように確認している。「それは成功でもって終わった驚くべき実験であった。しかしそこには、むしろ作業機械と等しいような或るものを人間から作り出す、という誤謬も隠れていた。

人はもちろん身体のための任意の習慣を作り出すことができる。しかしそれをたびたび繰り返すと、心理はこの習慣をいわば強化し極端にまで高めることを、忘れてはならない。……カントは二十年後すでに躁病的特徴をもつにいたった。」

ゾシチェンコはちょうど、人間が自分を機械(たとえ思考機械であろうと)に変えないために、人間の生活からあらゆる躁病的なものを除去しようと苦心していた。生活の意味は自分の願望を満たすことにあるのではなく、一般に願望をもつことにある、と彼は語っている（ついでにいえば、カントも同じ意見であった）。その上、願望はできるだけ種々さまざまでなければならない。ゾシチェンコはこの点では疑いなく正しい。しかし彼がカントの生活を悲劇的と考えるとき、全く正しくない。「女性を全く知らなかった、ニーチェ、ゴーゴリ、カントの生涯は悲劇的である」という文章を、我々は『青春の回復』の中に読む。カントは年をとるとともに、独身生活が自分に適している、とますます確信した。悲劇的と呼びうるのは、人が生活上特別重要な何か或るものの喪失を意識的に早すぎて招くような場合だけである。カントは自分の病気を失っただけであり、彼は自分に必要と思っただけの長い一生を生きたのである。

第五章　真・善・美

《死すべき人間について、これまで次のカントの言葉より偉大な言葉が語られたことはない。この言葉は同時に彼の全哲学の内容である。「汝自身によって汝を決定せよ。」自己決定のこの偉大な理念は、自然のある種の現象から我々に反照する。その現象を我々は美と名づける。》

シラー

八十年代末に、カントの哲学観に新しい変革が生じる。全体としては批判主義の既得の立場にとどまりながら、彼は一連の彼にとって本質的な問題に対する彼の見解を正確にする（一部は重要な変更を加える）。まず第一にこれは形而上学の問題に関わる。『純粋理性批判』において問題は未解決のまま残された。一方カントは、理論的学科としての形而上学は不可能であることを、説得的に明らかにした。他方彼は、超感性的なもの（神と霊魂の不死と）についての学としての新しい形而上学を構想するという計画を宣言した。形而上学に対するカントの愛好はあまりに長く衰えぬ情熱をもって持続したので、瞬間的な、痛みのない離別は起こりえなかった。

一七八八年、ベルリン科学アカデミーは、「ライプニッツ及びヴォルフ以来形而上学は実際に進歩せしや否や」という題で、広く懸賞論文の募集を行った。二、三年後、古いヴォルフ主義者シュヴァープが受賞した。彼はその論文の中で、形而上学はいかなる成功も収めなかったし、またそうした必要もない、と主張した。

カントは三度仕事に着手したが、この懸賞論文募集に参加しなかった。残された手稿が形而上学に対する彼の当時の関係を明瞭に示している。感性的経験の限界外ではいかなる理論的認識もありえないことを、カントはきっぱり述べている。概念に対象性を与えるためには、なんらかの直観を概念の基礎に据えなければならない。それゆえ我々は理論的には神や自由や我々の魂（身体から区別された）について、何も知ることができない。実践的意味において我々は自分に対してこれらの対象を作り出した。我々はそれらを信じ、それに相応しく振舞う。超感性的なものの形而上学は「実践的＝定説的」観点からのみ可能である。一方カントは自然の形而上学を、自然科学の概念装置の仕上げとしてのみ構想した。形而上学は批判であり、健全な人間悟性のための調整であって、それ以上のものではない。このように手稿の中に書かれているのを読むことができる。

ベルリン・アカデミーの懸賞問題の公示される二年前に、カントは著書『自然科学の形而上学的原理』を出版した。カントは『純粋理性批判』の中で自分の将来の自然哲学の構想を描いて、それをまた合理的物理学と合理的心理学とに区分したが、今度はカントは心の本性を科学的認識の対象とは考えていない。「夫々の特殊的自然学において、その中に数学が見いだされる度合に応じてのみ、本来の学が見いだされうる、と私は主張する。(1)」心は外延量ではなく、心的現象の記述は自然科学ではない。後者はもっぱら身体を扱うだけである。

しかし身体の変化は運動であり、運動は形而上学的自然学の対象である。我々は運動についてアプリオリに、すなわち、すべての経験に先立って純粋なカテゴリーの助けによってのみ、何を知りうるか、という問をカントは立てる。カントは四種類のカテゴリーに対応して、運動を、量・質・関係・様相の観点から考察する。こうして四部から成る運動論の構成が生じる。第一部は運動学で、空間における物質の量的配置を考察し、第二部は動力学で、質的動力の影響の下での物質を研究する。第三部は機械学で、物体と力の相互関係を論じ、そして第四部「現象学」は、運動の問題へ様相のカテゴリーを適用する(すなわち、運動の可能性・現実性・必然性を問題にする)。現代の読者にとってカントの自然哲学の中で興味があるのは、運動および静止の相対性の観念と、空虚な空間の物理的実在性の否定とである。

カントは批判哲学の立場に到達してからも、若き日の「初恋」の対象、自然科学を忘れはしなかった。彼は自然地理学の講義を継続した。彼は天文学と天体力学への関心を持ち続け、この主題について二つの論文、『月面上の火山について』と『天候に及ぼす月の影響について』を書いた。一七九一年、彼は弟子のゲンジッヘンに対して『天界の一般自然史と理論』からの抜萃を作るよう勧め、ゲンジッヘンはそれに注解を付して、イギリス人ハーシェルの天文学論文(『宇宙構造について』)に対する付録として出版した。(九〇年代末にはさらにカントの宇宙生成の仮説の五つの版が現れた。)

カントは科学的発見の実地への応用に熱心に関与した。ケーニヒスベルクにおける最初の避雷器の設備はカントの名と結びついている。それには長い物語がある。ハーバーベルク教会が雷によって破壊された後に、すでに一七七四年、市議会は大学に対して、いかにして災害の繰り返しを避けうるか、について助言を求めた。照会は物理学教授ロイシュへ、資格ある専門家つまり哲学者を加えるという注文をつけて伝えられた。ロイシュはカントを選び、カントに自分の見通しに対する意見を聞かせてくれるよう依頼した。カントはロイシュの見通しに賛成した。「私が判断を述べて御考慮いただきたく思うわずかなことは、次の通りであります。避雷器は、電気を塔のてっぺんにある金属によって他へ導くようにし、雷雲から誘い出したり引き寄せたりしないようにして、設置されなければなりません。それゆえ避雷器は、尖頭なしに単に棒と銅被覆との上に取り付けられなければなりません」、と彼はロイシュに書いた。[2]

避雷器の問題は紙上では解決したが、実際には進まなかった。ついに雷が再び塔の上に落ちた。市の長老たちは改めて学者に相談した。ロイシュは新しい報告書を書いたが、カントはそれを率直に喜んだ。「報告書は、詳細さの点でも、簡潔と配列と明瞭さの点でも、最良のものです。それがこうして私のものになりました。[3]」

しかし市議会は直ちに新しい施設を作る決定を下すことができなかった。ハンブルク出の顧問が招かれた。彼はロイシュの計画に若干の補足を行った（「彼〈顧問〉への相談が全く余計なものであったとは思われない」、とカントは説明した）。市議会は、ハンブルクの顧問の提案に関して、大学へ新しい問合わせを提出した。導線を地中にするか、隣接の貯水池の中にするか、の問題が長い間論じられた。準備が十年続いた。一七八四年になってついにハーバーベルク教会はその鉄の棒を屋根の上に取り付けた。

プロイセンの工場に新型織機を導入する試みは、もっと成功しなかった。ヨーハン・ベッティヒャーは、従来のものより三倍も多く生産する、しかもより簡単な織機を製作した。実験は成功であり、その成果が発明者への表彰願いを付してベルリンへ送られたが、しかし首都の官吏は、所期の効果は全く不可能である、と回答した。カントは発明者を個人的方法で援助しようと企てた。彼は知人であるベルリンの実業家に依頼状を送り、その中で巨大な収益をうけあった。それは「産業と、それとともに福祉を著しく増進することができるでしょう。福祉のもとで通常よりよき考え方が現れるのです。[4]」しかし再びベルリンからの返事は否定的であった。ところでイギリスではこの時期にそれより遥かに完全な紡績機械が採用されていた。

カントの主要関心は依然として哲学の分野にあった。彼によって破壊された思弁的形而上学の建造物を再興するという試みが、改めて実行しえないことが彼に明らかになったとき、彼は哲学体系全体を構築する新しい方法を探し始めた。なぜなら哲学において彼が評価したのは何よりも体系性であり、彼自身偉大な体系家であったからである。「歴史的認識は体系なしに獲得されうる。ある程度までは数学的認識も同様であるが、しかし（純粋理性の）哲学的認識は体系なしには獲得されえない。全体の輪郭が諸部分に先行しなければならない[5]」、と手稿は述べている。

ところで彼の学説の一般的輪郭はすでにずっと以前に確定していた。しかしそれにもかかわらず体系はこれまでにでき上がっていなかった。もちろん二つの『批判』は特定の仕方で相互に結合しており、そこには同一の構想が展開されていた。しかし理論理性と実践理性との統一の達成は、彼には不十分と思われた。そこにはある重要な媒介項が欠けていた。

哲学の全体系の観念がカントにおいて成立したのは、彼が自然と自由との間に、純正なそれ自身で存立する世界、すなわち、美の世界を発見してからである。カントが『純粋理性批判』を著したとき、彼は美学的問題は万人を拘束する立場からは捉えられない、と考えていた。美の原理は経験的性格をもっており、したがって普遍的法則の確立に役立ちえない。「美学《エステーティク》」（「感性論」）という用語で彼が当時意味したのは、感性についての学説であり、空間・時間の観念性についての学説であった。しかし一七八七年に手紙の中に「趣味の批判」への言及が現れる。その年の終わりにカントはラインホルトに対して、精神活動の新しい普遍的原理の発見について、すなわち「快・不快の感情」について、伝えている。いまやカントの哲学体系はより明確な輪郭を獲得するのである。

彼は体系を、人間の心性の三つの能力、すなわち、認識能力・評価能力（「快の感情」）・意志能力

(「欲求能力」)に対応する三部門から成るものとしている。『純粋理性批判』と『実践理性批判』とにおいては、哲学体系の第一と第三の部門、すなわち理論的部門と実践的部門が取り扱われている。中間部門をカントはこれまで目的論、すなわち合目的性についての学説と名づけた。いまや目的論は美学、すなわち美についての学説へ場所を譲る。カントは計画した著作を一七八八年の春に完了するつもりであった。しかし仕事はまたも延引した。原稿が印刷所へ廻るまでに、さらに二度の春を経なければならなかった。著書は『判断力批判』と題された。

「判断力」という術語をわれわれは知っている。『純粋理性批判』においてこの術語で表されたのは、直覚的認識能力の中の一つであった。悟性が規則を与えると、判断力は、この規則をそれぞれの具体的な個別的事例の中で適用する能力を与える。それは思考の自立的使用にほかならない。我々がよく言うように、裁判官は法律を知っているだけでは十分でない。彼が法律を全く形式的に適用すると、彼は「正しいが拙く」裁いたことになる。裁判官は事件の全事情を考慮しながら、感情を移入し公平に考量する法的感覚をもって裁かなければならない。民話に登場する人物の中に、常に型にはまって行動するために、たえず苦境に陥る間抜け者がいる。彼には規定的判断力が欠けている、とカントは言うであろう。カントは普遍的規則を個別的事例へ適用する能力をこう名づけた。

いまやカントは、反省的判断力と名づける、別の種類の直覚について考察する。人は所与の特殊的なものに対して、形式的ならざる普遍的なものを探究しなければならず、悟性の仕事である普遍的徴表の抽象は、ここでは問題ではない。我々の前に緑の葉があるとすれば、悟性はそれを他の葉と比較し、普遍性のカテゴリーのプリズムを通して観察しながら、生産的構想力の助けによって、悟性は葉一般の概念を作り上げる。しかし我々は反省的判断力を適用するならば、所与の葉の中に植物の一部を見る。我々はこの葉が有機体にとって何の役に立つか、を熟考する。我々は全体の中での葉の意味についての問を立てる。目的についての学説は目的論である。それゆえカントは反省的判断力のこの変種を目的論的判断力と名づける。それと並んで彼は美学的判断力を置くが、それは芸術的体験が、合目的性の発見が与えるのと同様の満足を与えるからである。伝統的なヴォルフ主義的目的論は、世界を合目的的に配備した創造主の英知について取り扱う。カントは問題へ異なって接近する。より高次の理性によって目的が設定されなくても、合目的性は存しうる。目を楽しませる調和的な相互作用は、誰かが熟慮してこの調和を創出しなければならなかった、ということを語ってはいない。目的論はカントにとって究極原因論ではなく、神的世界秩序への服従ではない。『純粋理性批判』においてそのような事柄は、学的認識からそらせる仮象としてきっぱり斥けられた。現象の原因を解明する代わりに、究極原因論者はより高次な英知の探究不可能な決定を引き合いに出すからである。

究極原因論は明敏な弁証論が論証の武器を磨く恰好の主題であった。ここでどの原因に優先権があるかを言うことは難しい。「神が人間を創造したのは、人間が我々の食物となるためである」、とヴォルテールは著作の中で賢い蚤に語らせている。しかしカントは別の解決を提案する。寄生虫は清潔への誘因であり、清潔はさらに健康保持の働きをする、といったような目的論は嘲笑を招くだけである。目的論はカントにとって対象考察の原理であり、まず第一に生ける有機体の原理である。有機体はすべて合目的的である、すなわち、各々の部分は必然的に他の部分と関連している。あたかも或る知性が一定の目的に従って整備することによってそれら一切を創出したかのごとくである。一七八八年、カントは人間の活動の中に、結果が同様に或る有機的なものを示す領域、すなわち芸術、を見いだした。

雑誌『ドイツ・メルクーア』にカントの論文『哲学における目的論的諸原理の使用について』が掲載さ

れた。その動機は論争であった。カントは論争に巻きこまれないという誓いを守ることができなかった。彼は誓いを破って、若いがすでに有名であった自然研究者のゲオルク・フォルスターからの批判的攻撃に対して反論した。フォルスターは、彼も参加したクック船長の世界一周についての紀行によって、有名であった。フォルスターはカントの人種についての論文の中に、自然科学の分野への哲学者の侵害を見た。カントの主張は、我々が経験の中に見いだすものは、我々が探求すべきことを知っていて、探求されるものだけである、というのであった。フォルスターは、哲学の眼鏡を通じて物を見ることに反対して、制限なしに純粋経験を重んずべきである、とした。フォルスターに対する返答の中で、カントは自分の考えをより精確に表現した。「それに従って探求すべき指導原理を欠いた単なる経験的模索によっては、なんら合目的なものは見いだされないであろう(6)」、と。人種の問題に関しては、フォルスターは人類の二種類、すなわち白人と黒人とだけを認め、両者間に発生的相違を見た。すなわち、アフリカはアフリカの人間を生み出し、ユーラシアはユーラシアの人間を生み出した、と彼は考えた。これに対してカントは、少なくとも四種類の人種が存在し、しかも唯一の起源から発生した、と考えた。フォルスターに反対する論文の中で、カントは自然と芸術とを比較検討した。自然と芸術においては、人は生ける有機的全体を見なければならない。生ける自然と芸術作品とを統一的な唯一の視点から見ること、すなわち、合目的性の原理に基づいて見ることは、『判断力批判』の根本理念の一つである。これは美学に新生面を開く言葉であった。カント以前にも自然と芸術とは比較検討されたが、いかなる成果が得られたであろうか。フランス人ロビネは、特殊な体系としての生ける有機体の理念に魅せられたが、皮肉に次のように指摘した。芸術作品は成長しない。芸術作品は部分ごとに制作され、各部分が他の部分に付加されるとき、各部分はそれだけででき上がっている。芸術作品は自分と同様の芸術作品を産出しはしない。それとも、或る家が他の家屋を産出したのを、誰かが見たとでもいうのであろうか。

これらはすべてもちろん正しいが、しかしカントはそれを越え出ている。「人は芸術作品に接して、それが芸術であって自然でないことを意識していなければならない。しかしそれでも、その作品があたかも単なる自然の産物であるかのように、作品の形式における合目的性が恣意的規則のあらゆる強制から自由であるように見えなければならない。(7)」

カントの発見は同時代人の頭脳を深く刺激した。ゲーテは、『純粋理性批判』については評価しなかったが、『判断力批判』には感激した。この発見は文化史において二重の役割を演じた。何よりもまず、ここで芸術創造の問題が提起された。ロビネの次の主張は疑いなく正しかった。有機体は或る全体的なものとして一挙に生じるが、芸術作品は部分ごとに成立し、或る部分はすでにでき上がっていて、別の部分はまだ芸術家の構想の中にだけ存在する、と彼は述べた。しかし最終的結果は有機体のように生きている。それを勝手に攪乱することは許されない。もし未熟な人の手が芸術家によって創造された調和、すなわち「合目的性」を破壊するならば、美の現象は消え失せる。

カントの時代には、問題の別の局面である自然に対する美学的見方を評価することは困難であったが、その見方に対して哲学者は大きな意義を与えたのである。「それとは反対に私は、自然の美への直接的関心をもつこと(自然美を判定するための趣味をもつだけでなく)は、常に善き心の特徴である、と主張する。(8)」自然美へのこの関心は知性的であって、我々を喜ばせるのは、自然対象の形式だけではなく、自然対象が現存するという事実そのものである。未来の時代はますます自然から遠ざかるであろう、とカントは予見した。このことが何を意味するかは当時まだ全く不明瞭であった。我々の時代になってやっと、我我を取り巻く自然を調和的芸術的全体として見るカントの見方は、世界観的な深い影響を及ぼした。自然は芸術作品そのものである。人は芸術有機体の生命の中へ侵入してはならないように、自然の調和を、すなわち、自然の中に投げ入れられた合目的的均衡を、破壊してはならない。

カントの目的論は、神学ではないし、また自然科学でもない。目的論の助けによって、哲学者は自然の中に神を捜し求めるのでもなければ、また自然を支配する法則を発見するのでもない。彼の考察の中心にあるのは、依然として人間である。人間のみが自覚的な目的を立てることができ、その結果として文化の世界が生じる。カントの目的論は文化理論へと転化する。

カントの手稿の中に(八十年代中頃のもの)「人類の性格」と題する興味ある断片がある。哲学者は問を立て、それに答える。「人間の自然的使命は何であるか。最高度の文化である。これが可能となる状態はいかなるものか。市民社会である。動機は何か。非社交性と競争心。労働。」(9)

カントは二つの型の文化を考察している。すなわち「熟練の文化」と「訓育の文化」とである。前者は目的を達成するのに必要であるが、目的の選択にとっては不十分である。後者のみが意志を、「欲情の専制」から、物への執着から解放する。広義における文化は、自然に対立するもの、人々によって作り出されたもののすべてを包含する。しかしそれは人間の運命に無関心である。文化は敵対関係をもたらし、その力によって進歩する。不平等がそのメカニズムである。一方は他方を抑圧し、重労働を課し、乏しい満足を与える。カントはここで「疎外」の状況を記述する。彼は疎外という術語を用いないが、私欲と分業が社会の運命に及ぼす矛盾的影響を明らかにする。ここでは進歩と退歩が同時的である。この外的「技術的」な文化型をカントは文明とも呼んでいる。彼はこの型に対して、彼が「訓育の文化」と呼ぶ、より狭い領域を比較する。それは絶対的な道徳性の領域である。両方の領域は発展するが、文化は明らかに文明に立ち遅れる。しかしカントは、文化がそれでもなおいつか文明に追いつくという希望を捨てない。そうでなければ不幸な事態である。

文化はその構造において有機的であり、人間は文化の中で手段であるだけでなく、目的でもある。ここに「主観的合目的性」の原理が現れ、その指針は「快・不快の感情」であるとされる。このカントの用語は、今日ではあまり適当とは思われない。現代の読者はフロイトの「快楽原理」を連想し、欲望充足の動物的傾向を思い浮かべる。しかしカントはこれと別のものを考えていた。快・不快には二種類がある。カントは感覚的快感と道徳的快感とを区別する。後者は彼にとって文化の概念と同意義である。換言すれば、「快・不快の感情」は現代の言葉で表現すれば、価値関係である。この感情つまりこの関係に、美学的判断力(芸術的直覚)が基づいており、この判断力が自由と自然との間の中間項として芸術を作り出すのである。

「主観的合目的性」は美学の原理であって、目的論の原理ではない。目的論は(カントの理解においても)客観的合目的性、すなわち対象の完全性に立脚している。客観的合目的性は間接にだけ快と結合している。もちろん或る理性的意図の実現を見ることは快適である。しかし一方の事柄は疎遠であり、(自然が作り出した、我々に未知な力の)「客観的な」意図であって、他方は我々のものであり、「主観的な」人間的な意図であって、これは創造的文化の基礎である。

カントは『判断力批判』の仕事の過程において、ますます目的論の範囲を狭く限定し、それから独立の役割を奪った。体系の中間項を形成する機能は美学へ移された。目的論はカントにとって、対象の特殊化とその認識の限界設定とを遂行するものである。客観的合目的性は存在するが、その本質は捕捉されず、ここで幻想的仮説を立てるのは無意味である。目的論はこの点では、物自体の本質へ迫ろうと試みながら不可避的に矛盾の中に巻きこまれるところの理論理性と類似している。目的論も理論理性もともに統制的機能を有する。理性は構成的（すなわち組み立てる）役割を、人間の行動において、道徳性において演じる。認識の領域では、悟性に構成的機能が属する。「判断力」の範囲では、美学的価値づけが構成的であり、目的論的評価に類似していると同時にそれと対立している。

カントは芸術の本性についての思索からではなく、自分の哲学体系を完成させるという志向から出発して、これらの美学的問題を提起するに至った。その結果を図式的に示すと次のごとくである。

心性の全能力	認識能力	アプリオリな諸原理	適用対象
認識能力	悟性	合法則性	自然
快・不快の感情	判断力	合目的性	芸術
欲求能力	理性	究極目的	自由

ここにカントの哲学体系が最終的な形で示されている。判断力は明らかに、悟性と理性との中間的位置を占めている。カント自身も『判断力批判』について、それは哲学の二部門を一つの全体へ統一する手段であると、明瞭に語っている。「第三批判」の序論の中の対応する節は、そのように題されている。カントは人間の芸術的能力へ訴えることによって、科学と道徳の二元論を独特の仕方で克服した。カントの哲学体系の定式は、真・善・美である。それらは統一されて、文化の創造者である限りでの人間の中に基礎を据えている。そして文化は再び芸術的直覚に基づくのである。

カントは美学の中に、「すべての哲学の予備学」を見る。[10] これは、哲学の体系的研究が美の理論とともに始まらなければならないことを意味する。その時初めて善と真は全き豊かさにおいて示される。それゆえ人は他の二つの批判よりも先に、「第三批判」に習熟しなければならないであろう。

＊

我々はここでカントの美学そのものへ進もう。彼の先行者であるイギリス人のシャフツベリとハチソンは、美学的なものの固有性が認識にも道徳にも還元されえないことを強調した。カントはこの命題を擁護する。しかしそれと同時に反対命題を提起する。すなわち、まさしく美学的なものが真と善との間の中間項であり、ここで理論と実践が一つに合流する、と言う。

美学的なものそのものは一枚岩ではない。それは二つの位格、二つの相貌をもっている。一つは主として認識へ向いており、すなわち美しいものである。他は主に道徳へ向いていて、すなわち崇高なものである。美学上の基本カテゴリーについてのカントの分析は、美と崇高との考察に限られる（喜劇的なものについて彼は簡単に論じ、悲劇的なものについては全く言及していない）。このこともまた特徴的であり、カントが美学そのものに対して関心をもつのは、美学が媒介的機能を果たしうる限りにおいてだけである。それは彼に提起された課題を解決するのに、美と崇高とで全く十分だからである。

美しいものの分析論は、我々がすでに判断論から知っている分類に応じて、四つの徴表——質・量・関係・様相——に従って構成されている。第一の定義は一面的に響く。それは、関心を呼び起こすことなしに気に入るものが美しい、という。快適なものがよく気に入るという判定は感覚の中に生じ、関心と結合している。善なるものを我々は概念の助けによって判定し、そこでの満足感は同様に関心と結合している。美の判定は感官や理性の関心から自由である。カントは合理主義的理論と功利主義的理論とに対して戦わなければならず、それゆえ彼の定式化は定言的である。これらの理論は一面的に受けとられて、多くの形式主義的芸術理論の基礎になっている。そのような理論に対してカントは特に彼の批判を向けているのである。

しかし美しいものの第二の定義はすでに、問題を一層広く捉えようとしている。問題とされているのは、量に従った美学的判断の特徴づけである。そこから趣味判断の普遍性に対する要求が導き出される。「美とは、概念の媒介なしにすべての人の気に入るところのものである。」しかし概念をもたないとすれば、どこから普遍性が得られるのであろうか。感情は個人的である。そしてそれが享受の根拠であれば、それはいかなる普遍性をも要求しえないはずである。このことは、美における快が構想力と悟性という二つの認識能力の「自由な戯れ」から生じることを示している。この点に美の「主観的普遍性」が存する。

カントが研究するのは、快の感情が対象が気に入るという判定に（「表象力の自由な戯れ」を介して）先行するのか、それとも後者が前者に先行するのか、という問である。この課題の解決がカントにとって「趣味批判への鍵」である。

もし快が根源的であるならば、普遍性の問題はなくなる。快は他人へ譲り渡すことができないからである。「認識以外に何物も普遍的には伝達されえない。[11]」しかしこの場合、概念は我々の精神の諸力の戯れの内には存しない。その代り我々は、おそらく「認識一般」と一緒にすることのできる或る「心性の状態」を所有する。それは「認識能力（または表象諸力）の自由な戯れ」の状態である。その結果、構想力と悟性との自由な戯れのおかげで、気に入るという判定が生じる。この判定は快の感情に先行し、それをまず生み出し、美学的判断に普遍的性格を賦与する。

ここに我々は実際に問題をとく「鍵」を手にする。それどころかこれはカントの注目すべき発見の一つである。彼は美しいものについての知覚が媒介によって成立することを発見した。彼以前には、美は感官の助けによって直接人間に伝えられる、と考えられていた（多くの人が今日でも依然としてこのように考えている)。美に対して敏感であり、美学的感覚をもっていさえすれば十分である、と。しかし「美学的感覚」そのものは、複雑な知的能力である。すでに古代人たちが、超感性的な美が可能である、と確言した。対象の美を享受しうるためには、人は対象の真価を判定しえなければならない。時としてこれは「一挙に」生じるが、時としては時間と知的努力とを必要とする。対象が複雑であればあるほど、その美学的判定はますます複雑で個別的である。学問上の美は専門家にとってのみ存在する。数学的公式の美を理解するためには、美学的教養を持たなければならないが、なかんずく数学の知識を必要とする。美学的判断の普遍性は、万人にとっての直接の近づきやすさの中にあるのではなく、「伝達可能性」の中にある。すなわち、あらゆる人が十分に力と時間を使いさえすればそれを理解しうる、ということの内に存する。ついでに言えば、美学的感覚そのものは必ずしも生来備わるものではなく、むしろ漸次育て上げられるものである。

注目に値するのは「自由な戯れ」(freies Spiel)という概念である。カントはこれを彼以前の誰よりも決定的に美学に導入し、これにその中の中心的位置を与えた。あらゆる遊戯は健康の感情を促進し、全生命活動を高揚し、精神的組織を新鮮にする。遊戯は非強制的である。遊戯は社交性と構想力とを発達させ、これらなくしては認識は不可能である。

我々にとって今日、遊戯は何を意味するであろうか。生命的有機体は受動的状態に留まることはできない。有機体の能動性が生命の再生産に向けられないときには、その生命力は自分自身へ向けられる。これも遊戯であり、外的成果はないが、一定の規則に従った活動性そのものである。遊戯は自己の内に矛盾を含んでいる。遊戯者はたえず虚構的と現実的との二領域の中に留まっている。遊戯する能力は二重構造の振舞を為しうる能力を含んでいる。芸術には同じ二重性がある。現実に最も忠実な場面が現れる時でも、観客（または読者）は、自分の前にあるのはやはり虚構的世界であることを一刻も忘れない。人間が芸術の平面の内の一つを見失うとき、彼は芸術の作用領域の外にいることになる。芸術の享受は遊戯への共同参加である。カントは問題の本質そのものを洞察したのである。

美しいものの第三の定義は、我々をさらに一層認識へ接近せしめる。「美は、合目的性が目的の表象なしに対象において知覚される限りでの、その対象の合目的性の形式である。」ここでは特にこの定義に付せられた制限が重要である。カントは「純粋な」美とならんで「付随的な」美の概念を導入する。前者に対する例は花であり、後者の例は人間・建物等である。付随的な美は、事物がいかにあるべきかを規定する目的概念を前提する。これはすでに反対命題である。

「付随的な美」はあるいは価値のより少ないもの、美しいものの低い段階であるのであろうか。むしろ逆である。付随的な美の領域においてのみ、美学的理想が実現されることが明らかに示される。美しい花の理想は想像されえない。美の理想は、カントによれば、「道徳的なものの表現」の中に存する。カント美学の最重要の結論の一つはこうである。「美しいものは道徳的に善なるものの象徴である。」こうして我々は再び倫理学の領域の中に立つことになる。

さらにカントは我々を認識の領域へ引き入れる。ここで問題となるのは最も低次の段階、つまり経験的知識である。美の理想と並んで、カントは「基準理念」を立てる。これは外的形態の理想表象である。基準理念は所与の部類の現象の中間的大きさである。諸君が美しい男性の理想形態がいかなるものであるかを知りたいと思うならば、千枚の描写をとり、それを重ねて置くがよい。色の濃く出ている中間部分が同時に標準型である。人は個々の身体部分の平均値を確定することによって、標準型を簡単に算出することができる。そしてカントは、実在する釣合の許に逃げこむ必要が決してないこと、そして構想力の力動的な効果を頼りにするだけで十分であること、を弁明してはいるが、それでも彼はなお問題の機械的理解に留まっている。これを彼自身再度取り上げ、そして正当に批判した。（彼はそのことを念頭において、後の著作の一つの中で次のように精確に表現する。平均値は不十分であって、美はなお性格的なものを必要とする、と。）

美しいものの第四の定義は、「美しいとは、概念なしに必然的な満足感の対象として認識されるものである」というが、これは本質的に新しいものを何ももっていない。趣味判断はすべての人にとって拘束的である。なぜか。必然性の条件つまり前提は、「普遍的感情」（共通感覚）の表象であり、この感情は我々がすでに知っている「認識能力の自由な戯れ」に基づく。美しいものは社会においてのみ関心を引き起こす。それが伝達手段であるのは、趣味判断が万人の同意を得ようと努めるからである。

以上の美の四つの定義は、一つの命題に総括される。「我々は一般に美を（自然美であろうと芸術美であろうと）美学的理念の表現と名づけることができる。(12)」理念は周知の語であり、我々はカントの認識論の許でその語に出会った。理性理念は、いかなる直観も表象もそれに添えられえないような概念である。美学的理念は、「多くのことを考える機会を与える」が、それには概念が適合することのないような表象である（「したがっていかなる言語も完全にはそれに達しえず、それを理解させえない(13)」）。真なき美はカントにとって無意味であるが、しかし両者は厳密に相互に区別される。

美学の媒介的役割は、崇高なものの分析論において、美しいものの分析論においてよりも一層明瞭に認められる。美は「それ自身のために気に入る」が、崇高における満足感は理屈づけなしには可能ではない、ということから始まる。「なぜなら本来的に崇高なものはいかなる感性的形式の中にも含まれえず、理性の理念にのみ関わるからである。(14)」

カントは崇高なものを美しいものと対照することによって、後者が常に形式と結合しているのに対して、前者（崇高）が無形式の対象の中にも見つけ出されうることを指摘する。崇高なものから与えられる快感は、媒介されており、ここにはもはや「遊戯」はなく、真剣な「構想力の仕事」がある。美しいものは引き寄せ、崇高なものは引き寄せかつ突き放す。美しいものの根拠を我々は我々の外に（例えば、自然の事物の中に）探さなければならない。しかし我々は崇高なものの根拠を我々の内と我々の理念の内とに探さなければならない。ところで崇高なものとは何であるか。

カントは初めに全く形式的な定義を与える。「崇高とは、それと比較すれば他のすべてのものが小さくなるようなものをいう。」しかしすぐそれを内容に富む反対命題で補強する。崇高の感情は、道徳的満足感へと近づけるような心性の状態を要求する、と。論証過程は次の通りである。崇高なものの知覚は、その広さや力が既知の尺度を越えているような対象を観察する際に生じる或る特定の内的な興奮と常に結合している。「しかしその光景が恐ろしければ恐ろしいほど、ただし我々自身が安全の中にいさえするならば、それを見ることはますます心を引きつける。そしてこれらの対象を我々は喜んで崇高と呼ぶ。なぜならそれらは精神力を普通以上に高め、自分の中に全く別種類の抵抗する能力を発見させるからである。この能力は自然の外見上の全能と力くらべをする勇気を我々に与える。(15)」

崇高なものは通常の尺度の破壊であるが、それにもかかわらず自らの尺度をもつ。カントは、フランスの将軍サヴァリがナポレオンとともにエジプトに滞在した時に、ピラミッドは全く特定の距離をおいて見なければならない、と語ったという話を引用する。ピラミッドは余りに遠く離れて眺めると何の印象も与えない。これは、ピラミッドに近づき過ぎた場合に眼が一挙に全体を捉えることができないのと同じである。

崇高なものは、高揚するものである。すなわち、恐ろしいものに対する恐れなき態度、恐怖の克服とそれに伴う道徳的満足である。

こうして崇高なものは道徳性の尺度であることが明らかとなる。まずそれは人間の感官表象の内に、その極度の緊張である激情の内に存する。善の理念と結合した激情は熱狂である、熱狂なくして、「偉大なものは何一つ達成され」えない。(この言葉を後にヘーゲルが反復する。) しかし激情をもたぬこともまた崇高でありうる。「なぜならそれは自分の側に純粋理性の満足感をもっているからである。[16]」

崇高なものへの感情は、美しいものへの感情よりもはるかに高度の陶冶を必要とする。そして完全に発達した構想力を必要とする。(美しいものは構想力と悟性とを結び合わせるが、崇高なものの知覚においては、構想力と理性とが出会う。理性は行動の立法者である。)

それゆえ我々は、崇高の感情が抽象的対象と接触して減少することを恐れる必要はない。構想力は直観の不足を補いうるどころか、あらゆる直観性を凌駕しさえする。聖書の中に次の戒律以上に崇高な箇所はない。〝汝のために偶像をつくるなかれ。〟物神は力を麻痺させ、低下させる。「このゆえに政府は、宗教がその付属物でもってふんだんに自分を飾ることを許したのである。それは、政府によって勝手に設けられた境界線を越えて臣民が自らの精神力を拡張する労力と同時に能力をも、政府が臣民から奪い取ろうとするためであり、かくして臣民を単に受動的なものとして一層容易に支配しようがためである。[17]」

カントによって最初は極めて狭い量的見地の下で考察された崇高なものは、道徳性の視点から人間に対して予期せざる精神的可能性を開示する。我々の内に道徳法則が現存することは、崇高なものに対する人人の満足感にとっての普遍的条件を作り出す。

カントは美学的なものを美と崇高との二つの構成部分に区分した。彼はそのつどこれら二つの部分と、隣接する心性能力との関連を示した。結論で彼は全体としての美学的判断について再説し、そこでもう一度二つの対立する定義をつき合わせている。今度は公然たる二律背反、すなわち二つの相互に排除しあう命題の形をとっている。定立――趣味判断は概念には基づかない。さもなければ、趣味判断について論議すること（証明によって決定すること）ができることになるからである。反定立――趣味判断は概念に基づく。さもなければ、趣味判断の相違にもかかわらず、それについて争うこと（この判断についての他人の必然的賛同を要求すること）さえもできなくなるからである。

カントはいつものように直ちに綜合にとりかかることができない。彼は論争の余地のない二つの真理を衝突させながら、両者を統一する公式を見いだそうとは試みないで、初めは両者を異なる側へ引き離す。その際、「概念」という用語はここでは同じ意味では使用されていない、と説明する。第一の場合、概念は悟性の産物であり、第二の場合には理性の産物を意味する。カントは矛盾を見かけのものと称するが、それでも一定の成果はそれによって達成されうる。美学的判断能力は全体としては、直接に無媒介的に、道徳性の立法者である理性と結合している。美学的判断能力と、認識の立法者である悟性との結合に関しては、カントは直接的結合の可能性を斥けながら、間接的結合を容認している。美学的理念は認識能力を「活気づける」。構想力は認識への適用において悟性に従属し、そして悟性の概念に一致するという必然性に制限される。「しかし美的見地においては、構想力は自由であり、概念との一致を越えて、内容豊かな未発展の素材を悟性のために提供する。悟性は概念においてそのことを顧慮しないが、しかし客観的に認識のためにではなく、主観的に認識諸力を活気づけるために、したがって間接的に認識のために、右の素材を使用するのである。[18]」ここに綜合の公式が見いだされた。

いまやすべてのものがその場所を得た。人間の精神活動の各領域は区切られ、その特殊性において記述された。それとともに、一つの領域から他の領域へ通じ、かつ一点に合流する運河が開削された。真・善・美はそのつど、その特性においてしかもその統一性において理解された。煩瑣な定義は真の弁証法であることを実証した。

真・善・美の統一は、カントの芸術論において補足的に基礎づけられる。カントの美学は一般哲学的問題の方向へと展開されたため、そこにおいて芸術に割り当てられたのは、十分重要ではあっても比較的小さな場所であった。美学的なもののすべての特殊性は、いま初めて正しく解釈される。芸術の限界はなるほど不明瞭ではあるが、それでもかなりの確実性をもって線を引くことができる。芸術は自然ではない。(「自由を通じての産出」である。) 芸術は科学ではない。(「人がその最も完全な知識をもっているとしても、だからといってまだ直ちにそれを作りうる技能をもつことにはならない、そのようなもののみがその限りにおいて芸術に属するのである。」) 芸術は手仕事ではない。「しかしそれにもかかわらずすべての自由な芸術においては或る強制的なもの、またはいわゆるメカニズムが要求される。芸術において自由でなければならず、それのみが作品に活気を与えるところの精神は、このメカニズムがなければ、身体をもたず、完全に発散してしまうであろう。このことに注意することは無益ではあるまい。[19]」この場合にも定義には制限が伴っており、それによって定義が硬直化し、意味を失うことを防いでいる。

芸術は、カントの意見によれば、(芸術が認識を実現するならば) 機械的であり、また美学的でありうる。後者はさらに快適なものと美しいものとに小区分される。快適な芸術は、享楽や娯楽や気晴し (例えば「お喋り」の芸術や食卓の装飾などはこれに属する) のためのものである。美しい芸術は「心性の諸力の開化」を促進する。それは美学的なものの領域を認識の領域へ近づける限りにおいて、特別な「反省の快感」を与える。

カントの芸術概念の二分法はこれだけにとどまらない。カントは美学史における先駆者のひとりとして、美的芸術の分類を行っている。区分は美学的理念の、すなわち美の表現様式に従って為されている。芸術のさまざまの種類は、美のさまざまの種類である。これには思想の美と直観の美がありうる。第二の場合、芸術家の材料として役立つのは、内容かまたは形式である。かくして我々は三種の美的芸術、すなわち、言葉の芸術、造形芸術、感覚の遊戯の芸術を有する。

言葉の芸術には、雄弁術と詩芸術とがある。カントは後者を芸術的創造の最高形式とみなしている。「詩芸術は心性を拡張するが、それは、詩芸術が構想力を自由ならしめ、そして与えられた概念の制限内において、この概念と調和する可能的な諸形式の無限の多様性の中で、言語表現が完全には適合しない充実した思想と右の概念の表出とを結びつけるような形式を提供し、かくして美学的に理念へと高まることによってである。詩芸術は心性を強化するが、それは詩芸術が心性に自由な自己活動的な、自然規定に依存しない能力を感じさせるからである。この能力は、現象としての自然が感官に対しても悟性に対しても経験の中で自分からは提示しないような見方に従って、自然を考察し判定するものであり、それゆえその能力は自然を超感性的なもののために、そしていわばその図式として利用するのである。[20]」これは非常に賢明な定式化であるが、思想は単純である。詩芸術の意義は、それが我々の知的また道徳的可能性を完成し、思想の遊戯の中で抽象的な概念的表現手段の限界を越え出て、それによって精神を強化するにある、というのである。そしてさらに詩芸術は、人間が単に自然の一部ではなく、本質的に自由の国の創造者であることを示すことによって、精神を高めるのである。詩は「それが任意に引き起こす仮象と戯れるが、しかしそれによって欺くことはしない。なぜなら、詩は、自分の営みを単なる遊戯であると言明しながら、それにもかかわらずこの遊戯は悟性と悟性の仕事とのために合目的的に使用されうるからである。[21]」以上から、カントは芸術を認識から分離しようとしている、と一体誰が主張するであろうか。彼は芸術と認識とを同一平面上に置かないようにしているだけである。

造形芸術は自分の中に感官的真理の芸術（彫塑術）と感官的仮象の芸術（絵画）とを含んでいる。彫塑術に属するのは彫刻と建築である。彫刻は、自然の中に現われうるような物の概念を形体的に産出し、建築術はその規定根拠を自然の中にではなく、恣意的目的の中にもつ。建築術において主要なことは、芸術によって産出された対象の利用である。そしてこれは美学的理念の作用を制限する。カントは工芸をも建築術に入れている。カントは彫刻を感官的真理の芸術として定義したにもかかわらず、この点での行き過ぎを警告している。感官的真理は、作品が芸術であるのをやめるところまで達してはならない。絵画をカントは自然の美的描写の芸術と、自然の産物の美的構成の芸術とに区分している。カントにとってグラフィックは独立の芸術の種類とはみなされない。彼にとってこれは絵画の構成部分、しかも主要な構成部分である。すべての画像の基礎には線描がなければならないからである。

感覚の美的遊戯の芸術は、聴覚と視覚に依存している。これは音の遊戯と色彩の遊戯である。（両者の原理的相違をカントは知っている。）刺激と精神的興奮の力に関して、カントは音楽を詩芸術に次ぐ第二の地位に置く。しかし音楽の与える印象は、詩芸術の与える印象とは違って、一時的にすぎない。音楽は思索に余地を与えない。音楽は理性の判断によれば、他のすべての美的芸術よりも価値が少ない。カントの意見によれば、音楽には「洗練さがやや欠けている。」それは「音楽がその影響を（隣人に対して）要求されているより以上に及ぼし、無理強いし、そのため他人の自由を侵害する」からである。特にカントをいらだたせたのは、宗教歌の高唱であった。このような（なかんずくパリサイ的な）敬虔が大きな不快感の原因となるのは、「彼らが隣人に対して一緒に歌うか、または思索の仕事を放棄するように強制する」

からである。この長広舌は、カントが自分の家で静けさを守るために行った闘いの残滓である。主な種類の芸術相互間の結合は、新しい種類の芸術を産出する。絵画と結合された雄弁は演劇を、音楽と結合された詩芸術は歌曲を、音楽と結合された歌曲はオペラを生み出す、等々。

カントの認識論を分析した際に、我々はカントが形式主義者ではないことを主張した。このことは美学においても同様である。それを正しく理解するためには、文脈から個々の命題を引き離さないこと、そして定立を反定立と別個に考察しないことだけが必要である。例えば、次の文はいやおうなしの定言的主張であるようにみえる。「それでもすべての美的芸術において、本質的なものは形式である。」人はこの命題を引き離して引用し、それで満足することができるであろう。しかしこの命題はもっと進み、それには次の説明が続いている。それによれば、美的芸術においては「精神を鈍麻し、対象に対して漸次吐き気を感じさせ、そして理性の判断の中で反目的的な気分の意識によって心を自ら不満かつ不機嫌ならしめる」ような享受だけが問題であるのではないという。カントの結論は曖昧ではない。美的芸術が上述の運命におちこむのは、それが「もっぱら独立の満足感を伴っているところの道徳的理念と、直接または間接に結合される」ことがないような場合においてである。(22) 芸術は「自然においては醜いか不快であるような物」を美しく記述することができるとカントが言う時、問題となるのは醜さが気に入ることでもなければ、純粋に形式的な巧妙さでもない。「狂暴・疾病・戦争の荒廃等は、災害として非常に美しく記述されうるし、それどころか絵画においてさえ表現されうる。(23)」主要なことは形式ではなくて内容であり、芸術家の構え、人生に対する彼の見方である。

芸術作品の判定にとって必要なのは趣味であり、その創造のために要求されるのは天才である。心性の諸能力の統一が天才を作るが、それらの能力は構想力と悟性とである。天才はなんら超自然的なものや神秘的なものではなく、単に力の唯一性と独創性である。次の四つの特徴が「天才」を性格づける。(1) それは特定の規則が与ええないところのものを作り出す能力である。(2) その作品は模範的でなければならない。(3) 制作者は自分の作品がいかにして生じたかを他人に説明することができない。(4)「天才の領分」は科学ではなくて芸術である。カントの説によると、科学の領域では、最大の発見者も苦労の多い模倣者や弟子と程度の上でしか相違しないが、これに反して、美的芸術の天賦の才を備えた人は種別的に相違する。ニュートンが自然哲学の原理についての彼の不滅の著作の中で述べたことを、人はすべて学習によって完全に我がものとすることができる。しかし霊感をうけて詩を作ることを学ぶことはできない。ホメロスといえども、いかにして観念が自分の脳中に生じ、空想と思想に満ちて統一されるか、を示すことはできない。なぜなら彼自身それを知らないからである。

カントの美学は今日我々に何を語っているであろうか。それはいかなる問題を提起しているであろうか。その道はどの方向を示しているであろうか。より妥当な答をえるために、我々はしばらく脇道へそれてみよう。カントの美学はイマヌエル・カントのものであるだけでなく、同じくフリードリヒ・シラーのものでもある。

我々は彼の名前にすでに言及した。シラーについて、彼はカントを通読する以前にすでにカント主義者であったと言われる。それは本当である。彼はシュトゥットガルト大学医学部卒業生として学位論文『人間の動物的本性と精神的本性との関連について』を作成した。その冒頭の箇所を読んでみよう。「これまで多くの哲学者が主張したところによると、身体はいわば精神の牢獄であり、そして身体は精神をあまりに多く地上につなぎとめ、完全性への精神の飛翔を妨げている、と。他方ではかなりの哲学者によって多少ともはっきり次のような意見が述べられている。それによると、科学と道徳は目的であるよりはむしろ幸福のための手段であり、人間のすべての完成は身体の改善によって行われる、と。私にはどちらの意見も同じく一面的であると思われる。」そしてシラーが最も得策であると思うことは、「真理の中央線を一層確実に歩むために、この二つの教説の間の均衡を保つことである。[24]」これは『純粋理性批判』が現れる一年前、一七八〇年に書かれたものである。

真理の中央線！　シラーはこの路線を守りながら、カントへ通じる道を真直ぐ進む。シラーの学位論文の中には、カントが倫理学の著作の中で論じる、エピクロス学派とストア学派とに対する批判を暗示するものが見いだされる。シラーの戯曲『盗賊』の基礎にはカントの将来の法観念が据えられている。それは強奪行為によってはいかなる法秩序も創出されえないというものである。

シラーがカントの著作を熟知するようになったのは、八十年代の中頃である。詩人は哲学者になる。それもカントの信奉者・宣伝者・後継者になる。シラーは自分の体系を作らなかったが、それでも哲学史に名前を残した。彼の名前はカントの名前のすぐ後に挙げられる。特に芸術哲学が問題になる場合にそうである。

「この諸原則を普及するために、純粋悟性概念に適した叙述をする力を備えた文学的才能の持主が現れることを、私はいつも望んでいましたが、しかしそれがかなえられるとは思いませんでした。なぜなら概念の定義において、学校的正確さを華々しい構想力の通俗性と統一しうることは稀有の才能であり、そうした才能にすぐに出会えるとあてにすることはできないからです。[25]」カントのこの言葉は、批判哲学を講義した美学者フリードリヒ・ブウテルヴェク宛の手紙の中のものである。この言葉が最もふさわしい人はフリードリヒ・シラーである。

シラーの『人間の美的教育についての書簡』は、シラー自身が述べるようにカントの原理に基づいている。カントはそれを好意をもって読了した。これは美学史上最も輝かしい著作の一つである。根本命題は無条件的な内容をもっている。「人は美を通じて自由へと遍歴する。[26]」(ロシア人の読者はドストエフスキーの「美は世界を救う」という言葉を想起するにちがいない。後で我々が見るように、この一致は偶然ではない。)シラーは何を考えていたのであろうか。

詩人シラーは文化の矛盾的発展というカントの概念を共有した。彼は一層断固として強調する。人類は、文明の桎梏が我々を恐ろしく締めつけるのに応じて、自らを完成する。そして「悪の均衡」のみがこれにある制限をおく。進歩の武器は敵対関係であり、仕事や能力に関しての人間相互間の隔離である。「世界全体が人間諸力の分割的形成によっていかに多くの利益を得ようとも、この形成に関わる諸個人が世界目的の呪詛の下に苦しむことは否定されない。確かに学校の訓練によって競技者の身体は作られるが、しかし四肢の自由な均整のとれた遊戯によってのみ美は作られる。全く同様に、個々の精神力の緊張は確かに非凡な人々を生み出しうるが、しかし精神力の均整のとれた調和のみが幸福な完全な人々を生み出すことができる。[27]」換言すれば、分業や狭い領域での自己制限は、確かに人間から専門家を作り出しはするが、しかし同時に今日「専門馬鹿」と呼ばれるようなものをも作り出す。これはまさしく調和の喪失である。調和を回復する使命を帯びているのは芸術である。芸術家は時代の子である。しかし彼が時代の寵児になるならば、彼にとって不幸である。そしてシラーは芸術家に向かって命じる。「君の時代とともに生きよ。しかし時代の産物であるなかれ。君の同時代人に奉仕せよ。しかし彼らが必要とするものに奉仕して、彼らが賞讃するものに奉仕するなかれ。[28]」人々は教育を必要としている。芸術家は美を通じて教育することができるし、そうしなければならない。

美は人間の隠れた本性に合致する。美は人間自身と同様に二重的である。未来の医師たらんとしてシラーはすでに、人間は完全に物質的でも完全に精神的でもない、という結論に達していた。詩人であり哲学者となった彼は、この意見を一層はっきりと確信した。美についても事情は同様である、と彼は考えた。美は物質的でもあれば精神的でもあるし、客観的でもあれば主観的でもある。美は生命そのものであり、同様にその模写でもある。美の本質は遊戯である。ここには同じ二重性がある、すなわち、実在的なものが仮構的なものとからみあっている。シラーはカントの思想を自分のものにした。

もちろんここで問題になっているのは、物質的利害が優先し、低劣な欲情が吹き出す賭事ではない。真の遊戯は自己目的であり、その中で文化を産出すべき人間の創造的本性が現れるところの自由な活動である。古代ギリシアのオリンピック競技はこのようなものであり、その反対はローマの剣闘士たちの試合であった。「人間は、言葉の完全な意味で人間である場合にのみ、遊戯する。そして彼が遊戯する場合にのみ、彼は完全に人間である。」[29]

シラーが美的教育について語るとき考慮しているのは、芸術を理解する能力の形成だけではない。良い趣味はせいぜい人格の諸成分中の一つにすぎない。また彼は、そこで芸術が手本を示さなければならないような道徳的資質の教育について配慮しているのでもない。これは視野の狭い事柄である。美と道徳性との結合は複雑な媒介された過程である。直接的模倣は知性や美的体験を看過する。

美的教育は、全面的に発達した人格性、すなわち消費に対してだけでなく創造に対しても能力のある「全体的な」人間、の形成を目ざす。創造の可能性が制限されているだけならば、大したことではない。全世界的な基準は真・善・美にとっては無条件に必要ではない。さらに美は活動の条件を作り出すだけである。美を我々の「第二の創造者」[30]と呼んだシラーは、直ちに美を道徳的行為や認識と直接に連結することを斥けた。「美は悟性のためにも意志のためにも何ら成果を与えないこと、美は思考や決意の仕事に介入しないこと、美はこれらのための能力を与えるだけで、この能力の現実の使用については全く何も規定しないこと、これらのことがはっきりと証明された。[31]」

犯罪者が教訓的小説を読んで改心するようなことは、期待されえない。科学的問題の解決は芸術作品の中には求められない。そこには直接的結合はないのである。しかしシラーが間接的結合を強調したことは正しい。芸術作品の中に道徳的理念が生じ、それは後に行動の規範になる。美学的理想が共同社会の理想となることも珍しくない。すなわち、調和の感情は社会的調和を要求する。

美学的領域の中には、実践的創造と理論的創造とに対する刺激が存する。現代の最大の学者たちは、科学的発見の過程において最も重要な役割を演じるのは、精神の直覚的ひらめきであることを証言している。直覚は美学的感覚と全く同じである。ここではさらに他のものも重要である。美の中には創造への刺激のみでなく、創造によって達成される目的をあらかじめ熟考する必然性もまた存する。最近に至るまで、科学は結果について考えることを少しもしなかった。あらゆる知識の増加は善とみなされ、あらかじめ正当化された。ヒロシマ〔広島〕以後、状況は変化した。科学的発見の道徳的価値の問題が生じた。科学的発見は社会的敵対関係の条件下では、人類の損害のためにも利用されうる。真理は善なしには、道徳的価値の規準なしには、存在しえないことが明らかになった。美学的に形成された人間に対してそれら真・善・美が豊かにその秘密を開示する。今日では真理についての新しい理解が議題にのぼっており、それはカント哲学の土壌から成長したが、すでにそれを越え出ている。真理は或ることを確実に知るといった単純な事柄ではなく、それより以上の事柄である。それは認識と対象との一致のみでなく、対象と認識との一致でもある。例えば、我々は真の友について語り、それによってその行動が友情の概念に一致する人間を理解する。真理は対象的で具体的である。人は真理を認識するのみでなく、それを実現しなければならない。

人は世界についての我々の概念と一致し、我々の道徳的・美学的要求と一致する対象的具体的な世界を作り出さなければならない。このような真理の理解は、善および美と一層緊密に結びつき、それによって統一は同一性へと変じるのである。

*

カントが美学の問題を取り上げたのは、彼の哲学的体系の要求からであって、芸術の概念自身を解決しようとしたからではない。しかしこのことは、彼の理論的構成がこの領域において自分の芸術的経験に全く基づいていなかったことを意味するであろうか。彼は一般に芸術に対して無縁な位置にあり、そこではなんらの足跡も残さなかったことを意味するであろうか。また彼の周囲の環境も、美学的感覚の発達と充足のためにほとんど何も寄与しえなかったことを意味するであろうか。

もちろん東プロイセンはザクセンではないし、ケーニヒスベルクは、芸術生活が活気づいていたドレスデンではなかった。それはまた、ゲーテとシラーが住んでいたワイマールでもなければ、ロマン主義者たちがたむろしていたイェーナでもなく、まして啓蒙の中心地ベルリンでもなかった。征服されたバルト海沿岸地方の辺境の町であるケーニヒスベルクは、学芸の殿堂によりは、むしろ商業の中心地と軍事基地にうってつけであった。建築術の点でケーニヒスベルクは大したものを与えなかった。「全体としてこの都市は美しい建築物をもっていない」と十八世紀末に旅行者が指摘した。王宮は均整の美よりも規模の大きさによって人を驚かせた。同じことが都市の寺院についても言えた。その上カントの時代にはゴチック建築はあまり尊重されていなかった。古典主義とロココの時代であって、中世建築は野蛮とみなされた。カントはこの一般的な趣味を分かち持った。

彼は建築術については主に記録と図によって知識を得た。しかし彼の知識は決して表面的ではなかった。彼の口からウェストミンスター橋の描写を聞いた或るイギリス人は、カントがロンドンに何年も住んだことがあり、建築術が彼の専門である、と確信したほどである。

絵画については、事情はもっと厄介である。カントは、彼自身の言葉によれば、他のすべての造形芸術よりも絵画を好んだが、それにもかかわらず或る本質的なものが彼の注意には欠落していた。彼は絵画を線描の芸術と呼んだ。ケーニヒスベルクにおいて彼は（個人のコレクションで）レンブラント、ヴァン・ダイク、デューラー、クラーナハ、ロイスダールだけを見ることができた。偉大なイタリア人たちはここにはなかった。或る著作中で彼はラファエルをコレジオと混同した。

五十年代の半ば以降、ケーニヒスベルクは専用の劇場をもった。マギスター・カントはそこの常連のひとりであった。カントは自分で楽器を演奏しなかったが、それでも音楽が好きであった。彼はコンサートを訪れ、（特に老年には）オーケストラよりも器楽の方を好んで聴いた。

我々がすでに知っているように、カントは詩芸術を他の一切の芸術よりも高く評価した。彼の趣味はラテン語学校で育成された。彼がローマ文学をギリシア文学より高く評価したことは驚くにあたらない。彼の確信によれば「ヴェルギリウスはホメロスよりも趣味がよい。」彼はホメロスを悟性的なヴィーラントと同列においたが、これは「悟性によって整理された感性の遊戯(32)」というカントの詩の定義に、完全に合致するものであった。さらに彼の熱烈なシェークスピア評価も有名である。彼自身も詩を作ることを試みたが、これは大学の同僚の死が誘因となっただけである。そのような若干の試みが保存されている。かつて彼は詩学の講座を提供されたことがあった。

ゲーテは、カントが彼（ゲーテ）の作品に対して少しも注意を払わなかった、と断言した。しかし他の証拠もあり、それによれば哲学者はゲーテもシラーもともに評価した。カントを崇拝したシラーはカントに二度手紙を書いている。一つは彼が計画した雑誌『ホーレン』に参加するよう勧めたものであり、二度目は自分の論文『美的教育についての書簡』の掲載された、右の雑誌の初めの号を送ったときの手紙である。哲学者はシラーに丁重な返信を書き、『美的教育』を賞讃して、その著者を学識と才能のある人と呼んだが、(33) しかし彼がシラーの美学上の作品以外のものを読んだかどうかは明らかでない。

ゲーテに対してカントは、そのスピノザ主義への傾倒と、ヘルダーとの友情とのゆえに警戒した。カント対ヘルダーの論争についてゲーテは無関心であり、いずれの側にも味方しなかった。しかし全体としては、偉大な詩人は「ケーニヒスベルクの哲人」を尊敬し、当時ドイツに生存していた他のいかなる思想家よりも彼を好んだ。カントを読むと明るい部屋に入ったような感じを受ける、とゲーテは語った。

ゲーテは、自分がカントからいかなる恩恵を受けているか、を良く知っていた。カントの死後に書かれたゲーテの論文「新しい哲学の影響」の中で、彼は自分とカントとの関係の歴史について述べている。それは『純粋理性批判』に関する最初の論争とともに始まる。「あの論争が話題になったとき、すぐに私は人間にとって最も多く名誉となる側に喜んで味方した。そして多くの友人がカントとともに、たとえ我々のすべての認識が経験とともに始まろうとも、だからといって認識がすべて経験から生じるのではない、と主張したことに対して私は完全に賛成した。私はアプリオリな認識を、アプリオリな綜合判断と同様に受け入れた。私も自分の全生涯において、詩作し観察しながら、綜合的にそしてまた分析的に振舞ってきたからである。人間精神の収縮と弛緩は、私にとって第二の呼吸のようなもので、決して分離されず、常に鼓動していた。……

……それゆえ何度も何度も私はカントの教説へ立ち返った。それぞれの章を私は他の章よりもよく理解したように思った。そして私はかなりなものを自分の日常の使用のために獲得したのである。ところで『判断力批判』が私の手に入った。私はこの書物に対して人生の最高に喜ばしい時期を与えてくれた恩義を感じている。私はここに私の相互に全く異なるもろもろの仕事が並置されているのを見た。芸術作品と自然の作品とは、他のものと同じく一つに取り扱われ、美学的判断力と目的論的判断力とは、交互に啓発しあっている。(34)」

カントの『判断力批判』の中に、ゲーテは彼の「従来の創作と活動と思索」に一致するいくつかの理念を見いだした。それはまず第一に、ゲーテが反感を懐いていた素朴なヴォルフ流の目的論に対する批判であった。それはまた、自然と芸術との分析にとっての統一的な諸原理を見いだそうとする努力であった。そしてそれは最後に、有機的全体の認識というゲーテにとっての根本的な問題に対する決定的な明瞭な摑みとりであった。通常の悟性的思考の手段はここでは無力であることを、カントは明らかにした。ヘーゲルは具体的概念に関する自分の学説の中で、弁証法的論理学による解決を探究するであろう。ゲーテの前には別の可能性が開かれた。「根本現象《ウアフェノメーン》」についてのゲーテの学説によれば、人間は個別的なものの中に普遍的なものを見、現象の中に本質を発見することができる。この特別な眺め方は単なる知覚より高次の或るものであるが、しかしそれはなお感性的性格をもっている。ゲーテはそれを「直観的判断力」と名づけたが、その用語は明らかにカントの影響である。

カント全集二十九巻の中に、『ファウスト』からの引用文は一つもない。哲学者が『ファウスト』を読んでいたかどうかは確言し難い。しかし『ファウスト』の中には次のようなほとんど文字通りのカントからの引用文がある。「生存《ダーザイン》は義務である。たとえ一瞬の間であろうとも」〔九四一八行〕、とファウストは愛について理屈を言い出したヘレナに対して熟考を求めている。

『ファウスト』は『精神現象学』と比較される。事実、ゲーテの悲劇の主人公が生の意味を求めて休みなく探索することは、ヘーゲルの世界精神が真理を求めて長い遍歴の旅に出ることを想起させる。しかし後者が探求したものを発見したと断然確信するのに対して、前者は自分の幻想の犠牲になって破滅する。ファウストの前には巨大な建設のパノラマが開かれる。彼は労働の讃歌を口にするが、遂に何事もなく、死者の霊が彼の墓塚の周りに群がるだけである。ゲーテは活動的意志の努力の徒労なることを示すことによって、活動的意志を無力化しようと欲したのであろうか。その逆である。彼は活動的意志を讃えようとしている。しかしカントはある講義の中で、あらゆる歴史的出来事は他の予見不可能なものをはらんでいる、と述べた。結果を推測することは確かに不可能であるが、しかしこれは無為に座していなければならないことを意味しない。それゆえ「理屈をこねるな」、生きよ、義務に従え、全力を尽くせ、戦え、敢えて為せ、そうすれば君は赦されるだろう。それしかない、それ以外にはないのだ。歴史的個人の最善の運命は赦しであり、最悪の運命は呪いである。まさにこれがファウストの最後に言わんとするところである。メフィストフェレスはファウストの魂を手中に獲得したと信じているが、彼は辱かしめられる。愛が勝利を収める。瀆神から始めたゲーテは、キリスト教的愛の崇拝に到達した。カントもまたそこへ到達したが、それはかなり早くそして散文的な仕方によってであった。

悲劇の第一部において、ファウスト個人は、カントの用語で言えば、「経験的」性格の持主である。彼は欲情に引き込まれ、それは罪に終わる。第二部では、我々の前にすでに「ヌーメノン的」人格が立っている。負目の感情が自由の獲得を助ける。(全く同じ考えがカントにあることを、我々は次章で確認するであろう。) ファウストは善き意図に溢れている。不純な力との彼の同盟は、自分の幸福のためではなく、公共の幸福のためになされる。しかし何が得られるであろうか。ファウストは海から陸地を戦い取り、水中に敵の部隊を沈めようとする。ファウストは海上貿易を活気づけるように命じるが、実行者のメフィストフェレスは貿易を海賊行為に変じる。得られた結果は意図と一致しない。ゲーテのこの作品の中にカントの理念が認められる。

カントはドイツ文学にも直接所属している。しかし彼は良い文章家とは呼ばれないであろう。むしろ逆である。カントは非常に入念に自分の著作に従事した。彼は未完成なものや中途半端なものを決して出版者に送らなかった。しかしそれにもかかわらず彼の主要著作は、最も忍耐強い読者をも絶望させるような仕方で書かれていた。任意のページを開いてみるならば、直ちに読者は十行や二十行の長さの文章に出会うであろう。読み始めるや否や、脱線、説明、括弧つきや括弧なしの制限、本文の中や外の注が始まる。「僕は君の著作をもっと多く読みたいけれど、僕には指が足りないよ」、とカントに向かって昔の学校友達が嘆いた。「どういう意味かね」というカントの問に、友達は答えた。「愛する友よ。君の文章にはやたらに括弧や前提条件が多くて、それを僕は眼中に留めておかなければならない。それで僕は一本の指を一語の上に置き、そうして二本目、三本目、四本目とつぎつぎに指を別の語の上に置くのだが、ページをめくらないうちに僕の指は足りなくなってしまうのだ。」(35)

全くその通りである。それにもかかわらず私は伝説に逆って、あえてカントの天賦の芸術的才能について弁護したい。もっともそれは非常に狭い、専門的領域において妥当するものではあるが。彼はイロニカーであった。彼は言葉と戯れた。

ここでは主題から離れてもよかろう。イロニーとは何であろうか。A・F・ローセフの言葉を引用しよう。「イロニーが生じるのは、私が〝否〟と言いたいのに〝然り〟と言い、そして同時にこの〝然り〟を、もっぱら私の本当の〝否〟の表現と暴露のために言う場合である。最初のことだけが起こる、すなわち私が〝然り〟と言って、しかし実際には自分では〝否〟と考えている場合を想像してみよう。するとこれは当然欺瞞であり、嘘でしかない。イロニーの本質は、私が〝然り〟と言いながら、私の〝否〟を隠さず、それどころか明瞭に表すところに存する。私の〝否〟はなんら独立の事実ではなくて、表現された〝然り〟に依存しており、この〝然り〟を必要とし、〝然り〟の中で自分を固め、この〝然り〟なしにはなんらの意味をももたないであろう(36)。」

イロニーの起源は古い。イロニーは、その本質が開明されるよりも以前に、哲学的思考の中で用いられていた。イロニーの父は、イロニーを発見的手段として使用したソクラテスであると考えられている。アテネの賢者はイロニーによって、根強い偽りの表象に対する不信の念を呼びおこした。無知の装いのもとでソクラテスは、自分の対話の相手に向かって、相手から教えをうけたいかのようにして、問を提起した。その結果、すべてを知っていると考えていた人の側に困惑が生じた。イロニーは人々に対して、彼らが無知であるか、またはほとんど何も知らないことについて、知ることを教えた。イロニーは真の知への道を浄める働きをした。

ドイツのロマン主義者たちにあっては、イロニーは別の性格をもつ。イロニーは手段ではなく、目的となる。ソクラテスのイロニーは認識への第一歩にすぎず、その最後には常に真・善・美があるが、ロマン主義者たちにとっては、イロニーは時として精神の最高段階であり、一度その頂上に登った芸術家＝哲学者は軽蔑の眼をもって下界を眺める。美への参与に関しても事情は同じである。しかし真と善はどこに存在するのであろうか。

すでに同時代人たちがこのような考え方の弱点を感じていた。現実に対する関係は、そこでは自己満足か自己充足かでしかありえないからである。ヘーゲルはロマン主義者たちと論争しながら、イロニーのソクラテス的理解へ戻るように要求した。もし彼がそうしようと思ったなら、彼はその際カントを拠りどころとすることもできたであろう。

イロニーの概念の発展において批判哲学の創始者が演じた役割は、まだ十分には評価されていない。カントは確かにイロニーについて理論的には論じなかった。彼はソクラテスと同様に、真および善の建物の基礎を据えるための場所を、イロニーを用いて浄めることによって、イロニーの武器を単純に利用しただけである。彼はそれを巧妙かつ周到にやってのけた。しかし哲学的ユーモアと哲学的イロニーは誰にでもわかるというものではない。カントの三批判の中にイロニー的原理を捜し出すためには、人はゲーテのように偉大でなければならないであろう。「私がカントの学説を、見抜くことができない場合にも、できるだけ役立てようと思ったとき、私にはしばしば次のような考えが浮かんだ。すなわち、この類まれな人は、認識能力を最も狭く制限しようと努めたかと思うと、すぐにまた彼自身が引いた限界の彼方を側面からの合図でもって示すことによって、いたずらっぽくイロニーをもって振舞うのである」とゲーテは書いた。[37]

天は人間に対して彼の運命を緩和するために、希望と睡眠とを与えた、とヴォルテールは語った。カントはさらに笑いをも加えようとしたのであろう。ただし一つの条件をつけてである。「理性的な人々」に笑いを引き起こすことが非常に容易であり、そしてそのためにぜひとも必要な機知が見いだされることがそれほど珍しくない、という条件である。哲学者は自分のユーモア感覚を磨いた。そして彼は年とともに著作においてますます多くユーモアに頼った。特に社会の出来事について態度表明をしなければならないような場合が、そうであった。それは材料そのものが機知を直接誘発したり、またひどい不正が看過しえなかったり、あるいは検閲を欺くか俗物の硬化した頭脳を揺り動かすかしなければならなかったりしたような場合である。

諷刺文学の分野でのカントの精通は申し分がなかった。ペルジウス、ユヴェナール、エラスムス、ラブレー、スウィフト、ヴォルテール、フィールディング、スターン、リヒテンベルクは彼の愛好する作家たちであった。「人間は笑う動物である」[38]、とカントは言う。彼は笑いについて述べることはほとんどなかったが、それでも笑いの本質を鋭く見抜いていた。笑いを引き起こすものは或る無意味なものでなければならない、と彼は主張した。(カントがシャフツベリに倣って、嘲笑に耐えることのできる能力の中に、学説の真理性の試金石を認めたことは、偶然ではない。)すべての機知の底にはなんらかの不合理がある。人が或るものを期待し、全く予期しない或るものを見たり聞いたりすると、人は笑う。「笑いは緊張した期待が突然無に変じることから生じる激情である。[39]」カントは自分の思想を三つの機知で説明している。イギリス人がインド人に瓶に入ったビールを御馳走する。インド人は流れ出る泡を見てびっくりする。泡を見てどうしてそんなにびっくりするのですか、とイギリス人が尋ねる。私は泡が出るのに驚いているのではなくて、どうやって泡を詰めたのかを驚いているのです、とインド人は答える。次に、恩人のために十分な葬式をしてやれなかったことを相続人が嘆く。それは泣人たちが悲しみの様子を見せるように、泣人たちに金を多く支払えば支払うほど、泣人たちは一層陽気になったからである。最後は、嵐に遭遇して積荷の全部を海中に投棄せざるをえなかったために、一夜のうちにかつらが白くなった、という商人の物語である。これは『判断力批判』の中で、喜劇的なものについて読むことができるおそらくすべてである。その他には「注」の文章の中で述べられているだけである。イロニーについては一言も述べられていない。

しかしカントはどうしてもイロニカーでなければならなかった。彼は二重の世界に生きていた。そこでは生活環境、日常の習慣、規則が〝然り〟ということを強制したが、同時に良心の声は〝否〟と叫んだ。このような条件の下で、良心を全く沈黙させず、自ら俗物や体制順応者に変らずにいることが、いかにしてできたであろうか。この問に対する独特の返答の試みが、カントの二元論的哲学であった。それは、外的必然性に従う現象の世界と、自由と道徳的純粋性が支配する「物自体」の世界とを、貫通不能の壁によって隔てるところの哲学である。

ヘーゲルはカントの二元論の道徳的・美学的根源を明瞭に看取し、決然としてその克服へ突き進んだ、と言わなければならない。その際ヘーゲルはカントによって提起された問題の鋭さを鈍らせはしなかった。世界は実際に二元化されており、真の世界と並んで「転倒した世界」が存在する。これはヘーゲルにとって比喩的表現ではなく、『精神現象学』のカテゴリーの一つである。ヘーゲルの注釈者たちは、このカテゴリーが諷刺の伝統から由来することに対して、繰り返し注意を向けた。「転倒した世界」の中に含まれているものは、現実の世界の単なる反対物にすぎないのではない。この転倒は、歪んだ鏡におけるように、現実の世界の中に生じるものの密かな歪曲を見る可能性を与える。「転倒した世界」の揚棄は諷刺の揚棄を意味する。その時哲学そのものがはからずも諷刺の対象になる。ヘーゲルに関してそのことが起こった。世界の不和は、ヘーゲルによれば、意識の運動において消滅し、さまざまの対立は和解し、融合する。ここで人はマルクスを思い出さざるをえない。彼はヘーゲルのカテゴリーのそのような「運動」をからかって言った。「〝然り〟は〝否〟になり、〝否〟は〝然り〟になって、〝然り〟は同時に〝否〟と〝然り〟である。このようにして諸対立は均衡を保ち、中立化し、互いに揚棄し合う。」(40)

カントは或る幻想に満足することができるためには、あまりにも冷静にものを見た。イロニーは注意深くて、〝然り〟と〝否〟との間の境界に明白な一線を画した。(イロニカーは決してこれらのものを混同しない。彼の外見上の〝然り〟はただ〝否〟を強調するのみである。人は彼を誤って理解することはできても、彼自身は常に何が問題であるかを知っている。)カントのイロニーは、世界には「転倒したもの」が現存することを鋭敏な感覚でもって捉えた。

我々はすでに『視霊者の夢』を知っている。これはカントのイロニーの芸術の輝かしい模範である。論文『人類史の臆測的起源』の中ではイロニーは隠れている。わずかに認められる著者の微笑だけが読者の注意を引きつける。カントは、「聖なる記録を地図として」利用しながら、歴史的資料によってただ「遊覧旅行」を企てようと思っただけである、と断言している。それでも彼は事柄を真面目に扱っている。聖書は歴史的資料になっている。

カントはその中で自分の読者が聖書について申し分のない知識をもっていることを前提している。我々は原文を絶えず記憶に呼び戻さなければならない。問題になっているのはアダムの子供たちのことである。「そしてアベルは羊飼いになり、しかしカインは農夫になった。」カントはその中に、「最初の状態における未開の狩猟生活からの移行と第二の状態における不定の根菜採取や果実採集からの移行と」を見る。すなわち、労働への移行を見る。

「三、しばらくして、カインは地の果物を持ってきて主に供え物とした。四、アベルもまたその群の初子と肥えたものとを持ってきた。主はアベルとその供え物とを顧みられた。五、しかしカインとその供え物とは顧みられなかったので、カインは大いに憤って、顔を伏せた」（『創世記』第四章）。牧人生活は気楽であり、最も確かな生計をもたらす、とカントは考える。農夫の生活は苦労が多く、天候に左右され、定住家屋と耕地の所有とそれを防衛する力とを必要とする。「かくして農夫は牧人を天からより多くの恵みを受ける者として羨んでいたように見える。しかし実際には、牧人が農夫の近くに留まっている限り、牧人は農夫にとって非常に重荷になった。草食の家畜は農夫の栽培地を侵害するからである。」(41)

この後兄弟殺しが続き、カインはノドの地へ立ち去る。カントの考えによれば、これ以外にはありえなかったのである。「それで農夫は、他の者が不法とはみなさなかった侵害に対抗して力を行使し、また（このような侵害への誘因がなくなることはありえなかったので）農夫が長い間の勤勉の果実を失うまいとするならば、どうしても彼は牧畜生活を送る人々からできるだけ遠く離れて生活しなければならなかった。この分離が第三の時期を画する。(42)」すなわち分業の時期である。「遊覧旅行」は、世界史の初めの諸段階についての内容豊かな解釈を伴った科学的探険であることが示された。

『純粋理性批判』においては、イロニーは内部へ進み、奥底を照らし出し、ときたま表面にはね返る。我我は有名な警句を思い出そう。「私は信仰に場所を与えるために、知識を揚棄しなければならなかった。」この命題がカントの伝記的文脈の中でいかなる意義をもちうるか、について我々は次章で知るであろう。

第六章　希望としての信仰および愛

《しかし道徳性のない神はいかに恐ろしいか。》　カント

一七八九年晩春、新進のロシア人作家ニコライ・ミハイロヴィチ・カラムジンは何箇月も続く長旅に出発した。フランスでは近づく革命の大火災の兆候がすでに現れていたが、ヨーロッパの辺境では静穏であった。若い作家は所々でゆっくり滞在しながら、西方へ向かって気楽な旅行を続けた。彼は日記をつけ、旅行中の新鮮な印象を記録した。ケーニヒスベルクは規模の大きさで彼を驚愕させた。彼が町に到着したのは定期市の直前であった。街路は騒々しいお祭気分の群集で埋まっていた。赤や白やオレンジ色の折返しのついた、青や紺や緑色の明るい軍服が、到る所で目についた。カラムジンは士官たちの輪の中で昼食をとらなければならなかった。彼らの談話は以前の観兵式についてであった。ありふれた冗談が交わされ、大きな笑声が響いた。このすべてが作家の趣味には合わなかった。彼は軍人の職業を特別尊敬していなかったし、ケーニヒスベルクに来たのもプロイセンの軍隊を知るためではなかった。

食事を終えた後、カラムジンは王女通りを探しに出かけた。モスクワを出発する前に彼は、かつて「疾風怒濤」の一員であり、現在モスクワで生活しているドイツの詩人レンツから、カントを訪問するようにという助言を受けていた。精神的躊躇がなくはなかったが、青年は著名な哲学者の家へ入って行った。

「私は彼宛の紹介状を持っていなかった。しかし勇気にかなうものなし、である。そこで哲学者の家の扉を開けた。小柄で痩せた、非常に物柔らかな白髪の老人が私を出迎えた。私は彼に言った。〃私はロシアの貴族で、有名な学者の方々と近づきを得るために旅行しております。それで私は貴方の許へ参りました。〃彼はすぐに私に座るよう求めて、そして言った。〃私の書物はすべての人の気に入るというわけにはいきません。ごくわずかの人しか、私が取り組んだ深い形而上学的研究に興味をもたないのです。〃」

初め会話はさまざまな事柄についてなされた。哲学者は地理や歴史についてすばらしい博識を示した。しかしその後、客は話を思い切って哲学の領域へ移した。彼は『純粋理性批判』を知っていたが、カントの倫理学の著作を読んでいなかった。しかし倫理的・宗教的疑問が彼を動かした。彼はカントに向かってすぐさまその疑問を提出した。カントは自分の見解を説明しながら、早口に小声で、聞きとり難く話した。ロシアの青年は全身の注意を集中して聴いた。会話はおよそ三時間続いた。

「我々の使命は活動です。人間は決して自分が現に所有しているもので完全に満足することはできず、いつもさらに他のものを求めて努力するのです。我々の願望の目標に向かう途上で我々は死に出会います。人間に対して彼の欲しがるものをすべて与えてごらんなさい。彼はそれを獲得した瞬間に、このすべてはすべてではない、と感じるでしょう。そこでは我々は努力の目標や終りをもたないので、我々は困難が解決されなければならない未来を想定するのです。この考えは人間にとって、現世には喜びと悲しみ、享楽と欠乏との間に均衡がほとんどないだけに、それだけ一層喜ばれます。私としては、自分がすでに六十歳を越しており、私の人生の終りがもうそう遠くなく、そこでより善い生活へ入るように望むことで満足しています。私が自分の人生の中でこれまで味わった喜びを今思い出しても、私は満足を感じません。しかし私が私の胸中に記された道徳法則に従って行為した場合のことを考えると、私は最も純粋な喜びを覚えます。私はそれを道徳法則と呼びます。他の人はそれを良心とも正・不正の感覚とも呼んでいますが、それはどちらでもかまいません。要するにそれは有るのです。私が嘘をついて、誰もそれを知らなくても、それでも私は自分を恥ずかしく思います。ところでもちろん未来の生活がありそうに思われることは、確実ではありません。しかしすべてを綜合すると、理性はそれを信じるように命令します。もし我々がそれをいわば眼で見るとしたなら、一体何が我々に起こるでしょう。その時我々はもしかするとそれの魅力によって、現在の生活の正しい用い方から引き離されはしないでしょうか。しかし我々が使命について、未来の生活について語る時、我々はすでに永遠の創造的知性、すなわち一切を何か或るもののためにしかも或る善なるもののために創造した知性の現存を前提しています。何を？　いかにして？　ここで第一の賢者は自分の無知を告白しなければならない。ここで理性は自分の光輝を消去し、我々は暗闇の中に残るのです。構想力のみがこの暗闇の中でさまよい、幻像を作ることができるのです(1)。」

旅館に戻ったカラムジンは、急いで談話の内容を記録した。「尊敬する人よ。もし私がこの文章の中で貴方の思想を損じたらば、許して下さい」、と彼は胸中で哲学者に願った。カントがロシア人旅行者を感動させたのは、単に思弁の深さによってだけではなく、さらに一つの驚くべき精神的特徴、すなわち寛容と他人の見解への尊重とによってであった。カラムジンにとっては、すべての人と一緒に平和に生活することのできる人、自分の思考法と一致しない思考法をも尊重する人、このような人が真の哲学者である。我々は人間精神の誤謬を、高貴な熱意をもって、しかし悪意なしに明示しなければならない。或る人に対して、彼が不当であり、なぜそうであるかを言うことは、彼の心を傷つけ、彼を馬鹿呼ばわりすることであってはならない。いかなる口実のもとであろうとも人間は苦しめ合ってはならない。カラムジンはこのように宗教についてのカントの会話を要約している。

カントの宗教哲学は彼の倫理学と隣接している。道徳は神の仕組からは生じない、という命題を我々は記憶している。しかしまた、道徳は不可避的に宗教へ導く、という反対命題をも知っている。人間の素質は、人間の幸福への権利を普遍的義務と一致させるには不十分である。それゆえ人は全能の道徳的存在者を世界指導者として承認しなければならない。(承認? 無神論者のフォイエルバッハならば、案出というであろう。信仰者であるカントは幾分控え目な言い方をする。「それぞれの人間は自ら神を作る、ということは、疑わしくはあるが、決して非難さるべきではない。(2)」) 反対命題の基礎づけに従事しているのが、論文『単なる理性の限界内の宗教』である。

カントは人間の道徳的本性についての思索から始める。人間は悪に陥っていて絶望的である、と確信する哲学者がいる。他の哲学者は、人間を本性上善とみなし、悪を環境の影響下でのみ生じるものと見る。両者とも厳格主義者であり、自分の判断について断言的である。それらに対立するのは、人間は本性上中立的で、善でも悪でもない、と考える無関心主義者と、人間を同時に善でも悪でもあるとみなす折衷主義者とである。カントは道徳の問題では厳格主義者であるが、しかし同時にまた弁証論者である。彼はここでも対立を統合しようと試みる、否むしろ相互に衝突させようと試みる。

人間は本性上悪である、とカントは断言する。人間の内には悪を為す根絶しがたい傾向があり、この傾向は獲得されたもののように見えるが、しかし人間に生来属するものである。それにもかかわらず人間は根源的な善の素質をもっている。道徳教育は、この良き素質に力を与えること、それによってその素質が人間の悪への傾向との戦いにおいて勝利を収めるようにすることに存する。

このような勝利は思考法の革命としてのみ可能である。カントは自らの生活を通じてこの革命を体験した。そして根本的な道徳的革新は全く独特の再生であり、個人と全人類との性格形成の必須の条件である、と彼は考えた。

善の勝利のためにはそれ以上の条件が必要である。「なぜなら最高の道徳的善は、個々人が自分自身の道徳的完成へ向かって努力するだけでは実現されず、個々人がこの目的のために善意の人々の体系のための一つの全体へと統一することが必要であって、その中でその統一によってこそ最高の道徳的善は成立しうるからである。(3)」共同体的善は社会的要求であり、これこそが初めて社会を生みだす。宗教論の中で、カントの抽象的倫理学は社会的特徴をもつ。

カントは「倫理的公共体」の概念を導入する。これがなければ、道徳化の過程の中で「自然状態」を克服することは不可能である。自然状態においては、ホッブスによれば、万人の万人に対する戦いが行われ、法だけでなく、道徳的規則も存在しない。倫理的公共体とは教会である。人類の精神史の一定段階での宗教の一定の型は、人間の公共体を強固にし完成するために、どうしても必要な道具なのである。

すでに古代において、恐怖が神々を発見した、という宗教の啓蒙的見方が現れた。中世の終わりにはこの見方は一層はっきりと定式化された。不安が土壌を準備し、非良心的欺瞞者が蒙昧な民衆にあれこれの神々を押しつけた、というのである。大部分の民衆と時代を、当時と実際に世界で支配していた宗教的諸原理と一緒に考察してみるならば、それらの原理が病める人々の熱にうかされた幻想とは別物である、と確信することはとてもできない。カントの尊敬するヒュームが達した結論はこのようなものであった。しかしなぜ欺瞞と熱にうかされた幻想とが、それほどひどく蔓延したのであろうか。悩む神の観念はいかにして生じたのであろうか。ヒュームの意見によれば、宗教は解明不可能な謎である。宗教の研究は懐疑とあらゆる評価の拒絶のみをもたらす。

プロテスタンティズムと敬虔主義《ピエティスムス》の土壌に成長したドイツの啓蒙主義は、宗教を常に歴史的観点からのみ考察した。レッシングは『人類の教育』の中で、諸宗教の発展の図式を描いたが、その根本思想は人間の道徳的完成であった。そして彼は将来を展望しながら、道徳が最高存在への信仰なしにすましうるような、無宗教時代の到来を予言した。

カントは過去へ遡り、神信仰の社会心理学的基底を探究し、人間（人類）の中に善と悪との二原理の闘争を見る。悪が初めのうち優勢であるが、しかし善への素質は人間を突然支配する罪責感として発言するに至るのである。

罪の体験（自分自身の罪の体験、または自分が関与した他人の罪の体験）が道徳の根底である。安らかな良心は悪魔の発明である、と後にアルベルト・シュヴァイツァーは言うであろう（彼はカントの宗教哲学に関する学位論文を書いた）。常に正しいと信じている人間は道徳と無縁である。道徳的革新は自分自身との闘いとしてのみ可能である。カントは宗教の根底を尋ねることによって、突然道徳性の根源を見いだした。彼はその基礎を発見した。そして我々がすでに知っているこの基礎の建築者である構想力に出会った。構想力がこの領域でいかに働くかを我々は注視しよう。

恐怖が神々を発見した。そして神々が禁止を定めた。タブーを破る不安、すでにタブーを破ったかもしれないという不安は、贖罪の供物の観念を生む。供物の奉納が自己犠牲へ変じる時、道徳的・宗教的革命が生じる。自己犠牲を決意した人間は自己を神に擬する。こうして悩める「神の子」、神であると同時に人間であるところの使者、というイメージが生じる。

福音書の教師は天から遣わされた者として現れ、古い奴隷的信仰の形式的な儀式をそれ自身つまらぬものであるとし、道徳的信仰を魂を救う唯一の信仰であるとして明示した。さらにカントはつけ加えて言う。この死とともに彼の公の歴史は終わる。「これに付録として付加されたより内密の、彼の親しい人々の眼前でのみ生じた、復活と昇天の歴史は……その歴史的評価とは関係なく、単なる理性の限界内の宗教のために利用することはできない(4)」、と。

幾年か過ぎた後、若い全く無名の神学マギスター、ヴィルヘルム・ヘーゲルが、カントの影響下に『イエスの生涯』を書くであろう。これはなんらの超自然的奇蹟をも含まぬ或る偉大な道徳家の伝記である。ヘーゲルはイエスの教えをモーゼの教えに対置する。すなわち、生ける言葉を死せるドグマに、新約聖書を旧約聖書に対置する。そしてこの点でもヘーゲルはカントを繰り返す。

キリスト教と旧約聖書との対比について、カントは原理的な意義を付与する。聖書の十戒はカントにとって強制的律法であり、それらは外面的、形式的なものにのみ向けられている。そこには、キリスト教にとって最も重要であるもの、すなわち道徳的心術への要求が見いだされない。これが第一点である。

モーゼは政治的公共体の建設のみを望み、倫理的公共体の建設を望まなかった。「ユダヤ教の信仰は、その本来の制度から見ると、国家体制がそれに基づいている単なる規約的法律の総体である。なぜなら道徳的付加物が当時かまたは後に追加されたとしても、それら付加物は決してユダヤ教そのものに属するものではないからである。ユダヤ教は本来全く宗教ではなく、多数の人間の統一にすぎない。彼らは特殊な血統に所属していたので、単なる政治的法律の下に公共体を形成したのであり、教会を形成したのではない(5)。」これが第二点である。

第三点。「ユダヤ教は、普遍的教会の状態に相応した時期を、またこの普遍的教会を、その時代に作り出すことに全く失敗した。そして自分たちを特別エホバによって選ばれた民族であるとして、全人類をその共同体から排除した。この民族は他のすべての民族を敵視し、そのため他のすべての民族から敵視されたのである(6)。」

キリスト教の成立は旧約聖書的信仰からの完全な離反を意味した。これは宗教における革命であった。カントはキリスト教だけから「一般教会史」を始めている。

宗教論の中にカント的思考の歴史主義が明白に現れる。カントは人間の最初の本質的に無宗教的な状態を見、その次に最初のまだ不完全な宗教類型である「神奉仕の宗教」を見る。第三段階は理性信仰である。神奉仕の宗教（最も普及した類型）は、最高存在者の好意を得ようと努め、最高存在者の気持を崇拝や聖礼の供物や命令および儀式の遵守などによって和らげる。人間は、自分がより良い人間にならなくとも、神が自分を幸福にしてくれる、という幻想で自分を慰める。そこでは或る外面的行為をすることによって、適当な方法で神に懇願するだけで十分である。もともと問題になっているのは、「私は汝へ、汝は私へ」の原理による取引である。司祭は仲介者の役割を演じる。神奉仕の宗教においては、司祭は神官であり、儀式の執行者である。教会はそこでは儀式が行われる寺院である。理性宗教は、善への、自分の道徳的潜勢力への、純粋な信仰であって、なんらの打算をも含まず、また自分の責任をより高い力へ転嫁することはしない。これは内面的完成を義務づける良き生活態度の宗教である。司祭はそこではただの教師であり、教会は教導のための集会場である。

恐怖は神々を生んだ（そして、神々は禁止を定めた）。しかしその後良心が入り込んだ、とカントは言う。まさに良心は宗教意識の発展における主要な操縦者である。良心は共同知をも意味する。その人の前では隠れることができない〝共に知る人〟という観念が、自己意識の中に組み込まれる。私は罪を犯し、誰も私の犯罪を証明することができない、それでも私は目撃者がおり、告発者がいると感じる。良心は、いまや内部へ進み自分自身へ向けられた恐怖である。最も恐るべき種類の恐怖である。教会信仰では恐怖は、戒律を定めその違反を罰するがその赦しと慈愛をも得ることのできるところの神の観念へと、対象化される。純粋な理性宗教では、そのような神との取引（すなわち良心との取引）は不可能である。ここでは禁止を破らぬこと、定言命法に服従することだけが残る。「善き生活態度以外に、人間が神の気に入るために為しうると思い込む一切のものは、単なる宗教的妄想であり、神への偽りの奉仕である。(7)」――同時代人がしばしばルターと比較したところのケーニヒスベルクの宗教改革者〔カント〕の信仰箇条はこのようなものである。カントは確かに新しい教会を創立しなかったが、しかし多くの追随者をもった。ツングース族のシャーマンとヨーロッパの大僧正との間には、本質的相違はない。両者とも一つの志向、すなわち人間の運命を支配する見えざる力を自分の利益の方に向ける、という志向をもっている。これに取りかかる仕方について考え方が相違するだけである。

『純粋理性批判』の最終章の一つで、カントは、彼の意見によれば人間の全理性的関心を包括するところの、三つの周知の問を定式化した。

(1) 私は何を知りうるか。

(2) 私は何を為すべきか。

(3) 私は何を望むことが許されるか。

第一の問については、彼の理論哲学が解答を与えると彼は考えた。第二の問には実践哲学が解答する。理論的であると同時に実践的である第三の問に対する解答に関しては、事情はより複雑である。文化の問題につながる『判断力批判』は、個人が進まなければならない「希望の道」を指示した。文化は自然の究極目的であり、人間は文化を創造する使命をもつ。その際人間は自分自身の潜在能力以外の外部の力をあてにすることができるであろうか。全能の存在者への信仰はいかなる種類の希望を示すであろうか。

超自然的力の助けを望むことは許されない。経験の客観的法則の限界外へ超出する奇蹟もなければ、我我の精神の可能性の彼方に存する神の秘密もない。また神の権威の力でもって我々の道徳性を遍く照らす幸福もない。それゆえカントは神との交通の手段としての祈禱を斥ける。声に出して自分自身と話している人に出会うと、それは精神錯乱の軽い発作ではないかという疑念が起こりうる。また彼は偶像崇拝の形式をもつ教会通いを、他の宗教的儀式とともに斥ける。(8) 内容の点では、宗教は道徳と少しも異なるところがない。異なる種類の信仰があるが、唯一の道徳があるように、唯一の宗教があるのみである。神への信仰は何よりも自分の道徳的力への信頼である。第二と第三の問は一つに合流する。

しかしながらカントは死後の報償への希望を奪おうとはしない。あたかも来世において褒賞が君を待っているかのように、行動せよ。あるいはそうでないかもしれないが、それはどうでもよいことである。それでも君は道徳的にのみ行為せよ。「あたかも来世の生活と、我々が現在の生活を終える際の道徳的状態とが、来世に入る時の結果を含めて不変であるかのように行為することが賢明である。(9)」死後の来世への信仰がなければ、どのような宗教も無意味である。

神はいわば客観的に現存する道徳法則である。しかしそれだけであるというのではない。カントはストア主義者ではない。ストア主義者にとって、禁欲主義とさらに生活からの自由意志的離脱〔自殺〕が最高善である。カントにとっては、自殺は義務の違反である。しかし彼は希望を義務の厳格な遵奉とだけ結合したのではない(多くのカント通はそう考えているが)。

神は愛である。カントは年をとるとともに、彼の無情さを非難する批判的声に耳を傾けるようになった。おそらく彼自身、一人の人間を他の人間へ駆り立てる激情の力を理解したのであろう。激情は恐怖や義務よりもより堅い絆で人々を結びつける。ともあれカントは老年になるにつれて、ますます好んで愛について論じた。

愛と義務とは幾分異なる。最初の命題はそうなっている。義務を愛するとは、無意味である。「汝自身のごとく汝の隣人を愛せよ」と言う時、このことは、汝がまず最初に人間を愛し、しかる後にこの愛によって人間に善を為すべし、ということを意味しているのではない。逆である。汝の隣人に対して善を為せ、そうすれば汝の中に人間愛が目ざめるであろう、というのである。我々の能力に応じて他人に対して善を為すことは義務であり、これは我々が他人を愛していようといまいと無関係である。そしてこの義務は、人類がこの愛に値しないという悲しい発見を余儀なくされたにしても、なお力をもっている。

カントの倫理学の最後の著作『道徳形而上学』の中に、そう語られている。反対命題は不可避であり、それは同じ著作の中の、「他人に対する愛の義務について」と題する章で述べられている。読者は戸惑うであろう。しかしまたカントの付する但し書が読者を救う。今度は愛は感情としてではなく、或る普遍的原理として理解されている。

そこで残る仕事は、極端な定式化から尖鋭さを取り除くような綜合を見いだすことである。我々は綜合を、論文『万物の終り』の中の、愛がいかにして義務の遂行を助けるかについて論じた箇所に見いだす。「人間は喜んで行うのではない事柄を行う場合には消極的になり、それどころか詭弁的な逃口上でもって義務の命令をまぬかれようとする。それで動機として愛の協力がないならば、あまり多く義務をあてにすることはできないであろう。(10)」

ところでもしキリスト教を良くするために、それにさらに或る権威(神的な権威であろうと)を付加するならば、いかにその意図が善意であり、また目的が実際に良くあろうとも、キリスト教の愛すべき性質は消滅する。なぜなら或る人に対して、或ることを行うだけでなく、それを喜んで行うべきである、と命ずることは矛盾だからである。

キリスト教は、自分の義務の遵守のために愛を促進することを意図しており、これを実現している。なぜならその創始者は、自分の意志への服従を要求する命令者の資格において語るのではなく、同胞に対して彼ら自身の思慮ある意志、自分自身を十分吟味したらそれに従って自発的に行為したにちがいない、そのような意志を揺り動かすところの、人類の友の資格において語るからである。

「奴隷根性からも放縦からもひとしく隔たっている自由な思考法こそは、キリスト教がその教説のために好結果が得られることを期待するものである。この思考法を通じてキリスト教は、義務の法則の観念によってすでに悟性が啓発されている人々の心胸を獲得することができる。究極目的の選択における自由の感情は、人々に対して立法を愛すべきものと感ぜしめるのである。」[11]『宗教哲学』の中にも同じ思想がある。「有限の被造物の道徳的完成という、人間にとって完全には達成不可能な目標は、法則の愛である。この理念に適合するのは、宗教においては〝神は愛である〟という信仰原理である。」[12]

神は愛である。この福音書の真理を反復した人は、またそれについてあれこれと思いめぐらした。神は愛である、とヘーゲルは言う。そしてここに弁証法的論理学の問題を見る。愛は諸対立の同一性であり、その最高形式は、「あらゆる特殊性の無価値性」によって媒介された「共同体の愛」である。[13]愛は神そのものである、とフォイエルバッハは答える。しかし「神」という語は彼にとって隠喩としてのみ響き、彼はキリスト教を決定的に拒否する。カントにとってキリスト教は、人類の道徳的・宗教的発展の最高段階である。他のすべては後退である。

しかし愛はどこから来たのか。カントはここでも歴史的に考えようと試みる。愛は天の贈物ではなくて、地の贈物であり、性本能の変形である。禁止の制限の中で結びつけられ、完全には満たされぬ低次の動物的欲望は文化の高次の要素へ変形する。カントは社会的発生について考える。「人間は次のことに気がついた。すなわち、性的刺激は動物においては一時的な大部分周期的な衝動に基づいているが、人間にとっては構想力によってそれを延長し増大することが可能であって、構想力はその仕事を、対象が感覚から遠く離れていればいるだけ、一層節度をもって、しかし同時に一層持続的かつ一様に遂行する、ということである。そしてそれによって、単なる動物的欲望の充足が随伴するところの嫌悪感が予防される、ということである。……拒絶は巧妙な方法である。それは単に感覚的な刺激を観念的な刺激へ変じ、単に動物的な欲望を漸次愛へと、そしてそれとともに単に快適なものの感情を最初は人間における、次に自然における美の趣味へと変じるところの技巧である。(14)」この「小さな端緒」は次のすべての文化の拡大よりも重要である、とカントは述べている。

カントの後継者たちの間で、人間の無意識的衝動の問題について論争が一度ならず生じた。何が最初にあったか、それは恐怖か禁止か。カントによれば、構想力が最初である。それは恐怖を注ぎ込み、行為の能力を麻痺させる。それとともにそれは情欲を強化しまた純化する。おそらく哲学者が自分に課さねばならなかった制限が、彼をこのような結論へ導いたのであろう。

カントは聖書を解釈しながら、飲食の本能と愛の本能のほかに、さらに二つの強力な文化形成の刺激を挙げている。それは未来の期待であり、すなわち、子孫のために生きるという考え、より良き未来の生活(もはや自分のためではなく、自分の子孫たちのための)への期待である。そして最後に、自分が目的自体であろうとする(他人のための手段ではない)欲求である。

こうして我々の前に新しい見慣れぬ衣服をつけたカントが現れる。以前に我々は彼の中にイロニカーを見いだしたが、いま我々の前にいるのは、愛の擁護者であり、その分析家である。彼はキリスト教を道徳的原理として、人間愛のプログラムとして理解する。彼はこのプログラムをますます完全なものにしながら、それを理論的に基礎づけようと試みる。彼は教会教義学とは縁遠い。カントは教義を仮説に変じる。「仮説としての神」――これはカントの遺稿の中の言葉である。[15] また次のような言葉もある。「神は私の外なる存在者ではなく、単に私の内なる思想である。[16]」疑惑はカントを去らなかった。それでも彼は不信心者ではなかった。

七十年代半ばに、カントは宗教の道徳的解釈に到達した。これについては彼のラーヴァーター宛の手紙が証明している。ヨブとともに、彼は「神に阿諛すること」を罪とみなしている。[17] 天上の諸力に対する自分の畏敬を示すために、跪いたり平伏したりすることは、人間の尊厳に反する。それは画像によって天上の諸力と結合しようとすることと同じである。この場合人は自分の理性の立てる理想を崇拝しているのではなくて、自分の「手作り」の偶像を崇拝しているのである。[18] カントは教会へ通うのをやめた。彼の学説は公認の教義と矛盾していた。支配者との衝突は不可避であった。

＊

この時期には、プロイセンの王位にフリードリヒ二世はすでにいなかった。王位を継承したのは彼の甥のフリードリヒ・ヴィルヘルム二世であった。この王は、伯父が専制君主にして自由思想家、果断な行政官・司令官にして学術の保護者であったのとは違って、優柔不断で愚鈍であり、神秘主義的傾向のある人物であった。彼は魔術に心魅かれ、秘密結社「薔薇十字会」に属していた。プロイセンでは専制主義は縮小せず、その代り啓蒙主義がますます減少した。フリードリヒの標語「したいだけ論議せよ、しかし服従はせよ」は、より普通の格言「論議せずに服従せよ」に場所を譲った。

最初カントと新しい王との関係は、哲学者にとって都合よく進んだ。フリードリヒ・ヴィルヘルム二世が即位宣誓のためケーニヒスベルクへ来た時、カントはちょうど一度目の総長に就任していた。大学総長として彼は王宮に招待され、そこで彼は教授および学生全体の代表として王に挨拶の言葉を述べ、王も彼に対して好意を示した。(カントは祝賀の礼拝には、病気を口実にして参加しなかった。)

二度目の総長の年(一七八八年)に、カントは王の誕生日の祝賀会を、次のような言葉でもって開催した。「世界に我々の最高貴なる王を与えた日は、正義と人間性に基づく平和、しかも力によって確実にされた平和を我々が愛する限り、我が大学にとって、忠実なる臣民の各層にとって、そしてまたヨーロッパにとって、真に祝賀の日であります。最高の義務を負う我が大学は今日講演者の口を通じて、自己の崇敬と感謝の念を至仁の君主に対して述べるでありましょう。閣下各位には、忝くも御厚意をもって本日の祝詞に賛同賜わり、この祝典に御来臨下さいましたことを光栄に存じます。[19]」最後の言葉は市当局の名士たちに向けられたものである。三つの文章から成るこの原文の草稿が保存されているが、一面に訂正されており、文字は削られたり書き替えられたりしている。追従的な儀礼的文章はカントには苦手であった。彼の地位が彼にそのような文章を書くことを義務づけたが、彼は少なくともそれを手短に片づけた。

彼は両義的であることを自分に許した。一七八七年『純粋理性批判』第二版が出版された。霊魂不滅を証明する理論的試みに反対する特別の節を哲学者が追加したことを、我々は覚えている。しかしこれは書物の終りの方であって、冒頭ではどうなっているか。新しい序言が付せられ、そこでは批判哲学が初めて宗教を基礎づける、と述べられている。「私は信仰に場所を与えるために、知識を揚棄しなければならなかった」と言う。反啓蒙主義者は喜んで「知識の揚棄」を、信仰のために場所を空ける「知識の排除」と解した。この言葉は警察の耳には、「私は知識を監禁しなければならなかった」と響いた。しかし『批判』を最後まで読み通した読者の注意深い目は、全く別のことを理解した。哲学者は信仰のための場所を得るために知識を「高め」なければならなかった。使用された動詞の多義性とイロニーをもった機能とについては、我々はすでに述べた。

王はカントを科学アカデミーの会員とすることを裁可した。ケーニヒスベルクからの申請なしに、ベルリンは彼の給料を著しく増額した。それはいまや七百二十ターラーになった。一七八八年秋、ベルリンからケーニヒスベルクへ有能な青年ヨーハン・ゴットフリート・キーゼヴェッターが国費で派遣された。それは批判主義を源泉から研究して、後でそれを宮廷で講義するためであった。キーゼヴェッターはケーニヒスベルク大学で一年間過ごした。彼はベルリンに帰還すると、そこで批判哲学の講義を開始した。ところが彼は思いがけなく、時代が変わったことを確認せざるをえなかった。

フランスでは革命の炎が燃えていた。最初ドイツでは、革命の報知は普遍的な感激を呼び起こした。これは民主的な気分からだけ生じたのではない。ブルボン王家はドイツ国民の敵と考えられていた。そのため彼らの滅亡は上流階級によっても歓迎された。ポツダムの近衛兵のオーケストラはサンキュロットの行進曲を吹奏した。ベルリンの上流社会のハイカラ女性は三色のリボンをつけ、公妃ゴータは自分のサロンをパリの革命家たちの胸像で飾った。

その後興奮は冷め始めた。革命の火災がプロイセンの地に燃え移るかもしれない、というおそれが生じた。ベルリンでは最初の防衛対策が講じられた。カント主義者のツェードリッツが占めていた大臣職に、ヴェルナーが交代して就任した。「嘘つきの狡猾な坊主以外の何ものでもない」と、かつて故フリードリヒはヴェルナーを特徴づけた。新しい宗教勅令が公布された。その中で良心の自由は宣言されていたが、しかし同時に臣民は、「自分の意見を秘密にしておき」、それを広めることを用心するように、命じられた。それに続いて検閲に関する新勅令が出た。これは「現今のいわゆる啓蒙家たちの無軌道ぶり」と「出版《プレス》の破廉恥《フレヒハイト》へと堕落した出版の自由《プレスフライハイト》」とを阻止するためのものであった。

キーゼヴェッターは、彼の講義の中で宗教に反対する意見を語らないように、またカントの哲学はキリスト教と矛盾しないと述べることを忘れないように、と通告された。『実践理性批判』の解説の際にキーゼヴェッターは実際このことだけを述べた。（そしてこれは無益ではなかった。聴講生の間に変に熱心な青年がいて、講師の言葉を逐一筆記しようとして注意をひいた。彼は翌日はもう出席しなかった。）キーゼヴェッターは彼の出版物の中でも同じことしか述べなかった。そして彼はカントにこう断言した。「私は少なくとも次のことを明白にすることができると確信しています。それは、あなたの道徳体系の原則はキリスト教の教説と完全に一致しており、もしキリストがあなたの説を知ったとしたならば、これこそ自分が神の愛によって説こうとするものである、とキリストが言われたであろうということです。[20]」しかし別の意見もあり、それはカントを煽動者・懐疑論者・疑惑の伝播者とみなし、カントは出版禁止になる、というものであった。また国王は出版禁止措置の懇請をうけた、という意見も流れた。しかしさしあたりキーゼヴェッターは宮廷の女官たちにカント哲学を講義したし、彼には皇太子の教育さえも委任されていた。状況は依然として不明のままであった。

宗教勅令に関して「弁髪説教者」ヨーハン・シュルツが法廷に召喚された。彼の道徳に関する書物を当時カントが書評した。彼はフリードリヒ二世の保護のために追及から免れていた。輝かしい演説家であるシュルツは自分の裁判官たちに対して、彼の説教は三位一体を否定しているが、キリストの教えとは矛盾しないことを納得させた。裁判所は、シュルツがルター派の説教者ではないが、しかしキリスト教の説教者であることを認め、彼に無罪の判決を下した。王は彼の無罪判決を有罪に変えるよう命令し、裁判官たちにかなりの罰金を課した。シュルツは解職された。

王は巧妙な廷臣たちの手玉にとられた傀儡であった。彼らは自分たちの陰謀のために王の弱点（情事と亡霊信仰）を利用した。王のお気入りは伯爵夫人デンホフであった。彼は密かに王妃と離婚し、伯爵夫人と結婚した。このすべてはもう一人の伯爵夫人リヒテナウの損害にはならなかった。この人は第一の側室とみられていた。

王妃は精神病と噂された。「彼女は机や椅子の上で踊り回り、幽霊を見た」からである、とキーゼヴェッターはカントに報告した。さらに彼女の離別した夫である王についても状態はよりよくはなかった。王にはすでに何回か幻影が現れた。「身心の虚弱な」王は「何時間も座って泣いていた」[21]。

次の驚くべき物語は、信憑性には非常に乏しいが、フリードリヒ・ヴィルヘルム二世についての同時代人たちの意見を生き生きと伝えている。ヴァルミーの戦闘の少し前、プロイセンの部隊はヴェルダンを占領した。この戦果とサンキュロットの間近い全面降伏とを祝して、王は舞踏会を催した。お祭り騒ぎの最中に、フリードリヒ・ヴィルヘルムのところへ見知らぬ男が近づいて、王の耳に「薔薇十字」の合言葉を囁き、彼についてくるように言った。秘密結社の規約に全く忠実な陛下はそれにためらわずに従った。彼は暗い部屋に連れて行かれ、そこには一本の蠟燭もついていなかった。くすぶっている暖炉の火だけが不吉な反射を薄暗い壁に投げかけていた。未知の男は消えていなくなった。王は直ぐ客たちのところへ戻ろうと思ったが、その時彼のよく知った声が彼をひきとめた。（彼はこの声を知っていた。いや疑いはありえなかった。彼はこの声をサン・スーシーの部屋の中や、従軍中や観兵式場で千回も聞いた。）闇の中に彼はよく知った猫背の姿を認めた。目立つ横顔、性急な動き、見知ったフロックコートと杖を見た。亡き伯父の亡霊は、王に向かって反逆について語った。プロイセンは危険な冒険に引きこまれている。これ以上一歩も進んではならず、直ちに自国の境界に撤退せよ、と。

それ以後に起こったことについては、誰も理解することができなかった。プロイセン部隊はその位置に立ち止まった。決定的攻撃がなされなかったヴァルミー以後、全般的退却が始まった。同時代人と歴史家たちは推測に苦しんだ。ボナパルトでさえもプロイセン軍の行動を説明することができなかった。

老フリッツの亡霊についての物語は、ボーマルシェによって有名になった。劇作家にはフルーリという俳優の友人があった。彼はフリードリヒ二世役を見事に演じることで知られていた。彼は王の声と態度を完全に模倣することができた。彼はなんらかの方法でプロイセン王のフロックコートと帽子を手に入れた。進入の始まった一七九二年の騒がしい九月の或る日に、フルーリは急ぎパリからヴェルダンへ向かった。この物語のすべての中で我々に興味があるのは一つのことだけである。すなわち、全ヨーロッパがフリードリヒ・ヴィルヘルム二世の異常さについて語ったということである。

カントはその異常さについてキーゼヴェッターの手紙によって知っていた。彼はまたそれが時代の病気であることをも知っていた。カントは「ますます優勢になる熱狂への傾向」をインフルエンザの流行病になぞらえた。啓蒙の世紀は啓蒙された世紀ではなかった。不幸の原因は半端な教養にあった。人々は沢山読むが、知り理解することはわずかである。そして異常な軽薄さでもって世の中のすべてのことについて判断する。幻想家は「動物磁気」(十八世紀には催眠状態をこう呼んでいた) の原因を知ることを求める。学者は当然返事を控えるが、そうすると幻想の遊戯が始まる。「このような不正を防止するには次の対策があるだけである。すなわち、催眠術師に催眠をかけ、彼や他の軽信者たちの気に入るだけ、解体状態に陥らせなければならない。しかし警察には道徳性を侮辱しないように勧め、その上対象の性質を外部感覚に知らせる実験と観察によって自然探究の唯一の道を遵守しなければならない。冗漫な反駁はこの場合理性の尊厳に反し、また無用である。軽蔑を示す沈黙がこのような狂気には一層ふさわしい。なぜならこのような出来事は道徳的世界では長続きせず、別の愚行に場所を譲るからである。(22)」

四分の一世紀前、カントは視霊者スウェーデンボリを嘲笑したが、今問題になっているのは伯爵カリョストロであった。イタリア人の冒険家ジウゼッペ・バルサモはカリョストロ伯爵の称号と名前を手に入れ、ほとんど全ヨーロッパを周遊した。そして自分を錬金術師・魔術師・千里眼と称して、上流社会のお人よしたちを愚弄し、到る所で金をゆすった。八十年代に彼はミタウに現れ、それからペテルブルクとワルシャワへ行った。エカテリーナ二世は彼について自ら二編の喜劇を書いた。ドイツの新聞に暴露記事が載った。カントの弟子のボロフスキーがカリョストロに反対する書物を書いた。ボロフスキーは自分の師に向かって、熱狂と透視術について意見を述べてほしいと依頼した。カントは印刷用の文章を手紙で書いた。ボロフスキーはそれを自分の著作の付録として発表した。

しかしカントに対してすでにずっと前から別のものが、すなわち宗教に関する書物の出版が期待されていた。信心家たちは彼の無信仰を非難し、弟子たちは批判哲学の正教性を証明した。カントは遅かれ早かれ自分の立場を表明しなければならないことを理解していた。彼が自分の論文を書き終えるより前に、彼は、彼自身の思想を表現しようとした、他人の筆になる著作を読んだはずである。その著作は『すべての啓示の批判試論』と題され、著者はフィヒテであった。

古典的ドイツ観念論の創始者については特別に語らなければならない。ヨーハン・ゴットリープ・フィヒテは一七六二年に生まれた(彼はカントと同様、職人の息子であった)。少年は稀有の記憶力をもっていた。九歳のとき彼は教会で聞いた説教を一語一語反復することができた。さらに別の性格の特性が早くから注意をひいた。それは妥協のない率直さと自己の使命についての信念である。後に彼は自分について次のように言う。「私は真理の司祭である。私は真理に雇われている。私は真理のためにすべてを為し、敢えて行い、苦しむよう、義務を負っている。私が真理のために迫害され憎悪されたとしても、私が真理への奉仕の中で死んだとしても、私は特別なことをしたことになるであろうか。私は自分が絶対為さねばならぬこと以上をしたことになるであろうか。(23)」

彼は青年時代を物質的窮乏の中で過ごした。大学修了後、彼は裕福な家庭の子供たちを教えながら、個人の家々を遍歴した。彼がすでに二十八歳になっていた時、或る学生がカント哲学の研究の手助けをしてくれるよう彼に頼んだ。カント哲学についてフィヒテは漠然とした観念をもっていた。彼は誰もカント哲学を理解できないということだけを知っていた。それでフィヒテは『批判』に取りかかり、直ちにその中に真理があることに気づいた。いまや唯一の願望が彼の心中に燃え上がった。できるだけ早くカントを知り、彼の指導の下に自己教育を完成することである。

一七九一年夏、フィヒテはケーニヒスベルクへ行った。事情が許すとすぐ彼は哲学者のところへ出かけた。期待があまりに大きかったので、それを満たすことができなかった。フィヒテはそこに、自分の思索に沈潜した、客に無関心で、客の感激に気づかない、疲れた老人を見いだした。カントの講義にもフィヒテは同様に不満であった。師とより親密な関係をもちたいという気持はおこらなかった。そこで青年は決然たる行動をとった。彼は一箇月以上講義に出席せず、猛烈に勉強して、それからカントへ手紙を書いた。「私がケーニヒスベルクへ参りましたのは、全ヨーロッパが尊敬している方、しかし私のように深く愛している者は全ヨーロッパでもごくわずかである方、その方と親しく知り合いになるためです。私はすでに貴方へ自己紹介を致しました。その後私は、ごく小さな資格をも示さずにこのような方と知り合いになることを求めるのは、不遜であることに思い至りました。私は推薦状を持たなければなりませんでした。それで私は自分で推薦状を作ることにしました。ここにあるのがそれであります。(24)」フィヒテは手紙の中に厖大な論文を同封した。それは三十五日間の集中的作業によって書かれ、書き上げられたばかりであり、『すべての啓示の批判試論』と題されていた。

感激に満ちた手紙はカントにとって驚くべきものではなかった。これより少し前、彼は遙かに風変りな手紙を受け取った。「偉大なるカントよ。私は、信者が神に対するように、貴方に対して助けを、慰めを、あるいは死への指示を呼び求めます。私には未来のためにあなたの著作の中の理由で十分でした。それであなたへ避難場を求めるのです。」(25) これはオーストリアのマリア・フォン・ヘルベルトという女性からの手紙であった。彼女は不幸な恋愛を経験し、カントの倫理学の著作の読書によってだけ自分をもちこたえていた。哲学者は返事を牧師のボロフスキーへ託した。(それから彼はもちろん自分で詳細な激励の手紙を書いた。)

それでもフィヒテの原稿は彼の注意をひいた。そこには彼自身が研究していた対象が取り扱われていただけに、なおさらであった。カントは数ページをめくって、相手が非凡な人間であることを理解した。フィヒテは招待され、改めて王女通りに現れたが、再び幻滅して別れた。彼は暖かい心で迎えられたが、会話はうまくいかなかった。フィヒテは招待主に質問を浴びせかけたが、彼はフィヒテに『純粋理性批判』の参照を指示し、そしてまた宮廷説教者シュルツを指示した。三度目の訪問が遂に弟子を満足させた。今やっと彼は、カントの著作の中に満ちているあの偉大な精神に価する特徴を、カントの内に認めた、と彼は日記に記した。この時はフィヒテは昼食に招待された。食事の間カントが十分に心を打ち明け、知性と機知を輝かせることを、我々はすでに知っている。

その間に熱烈な信奉者は物質的な困窮に陥った。金がなくなり、収入への期待もケーニヒスベルクにはなかった。フィヒテは新たな決然たる行動をとった。彼は再びカントに手紙を書き、援助を求めた。「私には二ドゥカーテンしかありません。それも私のものではありません。部屋代その他を支払わなければならないからです。もし未知の誰かが私の帰り旅の料金を、私が返済を確実に見込みうる時まで、つまり来年の復活祭まで、私の名誉を担保にして、また私の名誉を堅く信頼して、立て替えてくれる人がいないとするならば、私には救いの手段が残されていないように思われます。嘲笑される恐れなしにこの担保を申し出ることのできる人を私は、善良な方よ、貴方以外に誰も知らないのです。」さらに続けてフィヒテは、自分の懇願とつながる精神的な悩みについて報告する。「私は原理上というより気質上また私の得た経験によって、自分の力の内にないものに対しては非常に無頓着です。私が逃げ道のない困惑に陥ったのは、これが最初ではありません。しかしいつまでも困惑の中にいるのは、初めてでしょう。いかに展開するであろうかという好奇心が、そのような出来事の中で私が感じるほとんどすべてです。私は熟考して自分に最善と思われる対策を直ちに講じ、そして静かに結果を待ちます。今度の場合にはなおさらそうすることができます。なぜなら私はそれを賢明な善き方の手に渡すからです。しかし他面では私はこの手紙を、常ならぬ心臓のときめきをもってお送りします。貴方の御決定がどのようなものであれ、私は貴方へ対する喜ばしい気持から何かを失うでしょう。もし決定が肯定的であるならば、私は失ったものをもう一度獲得することができます。もしそれが否定的ならば、二度と獲得不可能と思われます。[26]」

カントの決定は弁証法的であった。すなわち、同意でも拒絶でもなかった。カントは決して街頭で慈善を施さなかったが、しかし貧しい人々の援助としてかなりの金額を自分の牧師に渡していた。彼の弟子のプレシングが金に困ったとき（この人は養育費の支払問題で法廷に立たされるのを恐れて、急いでケーニヒスベルクを立ち去らなければならなかった）、カントはこの人のためにためらわずに三十ターラーを差し出した。（プレシングはそれを九年後に返済した。それには当時慣行の年五分の利息が添えられた。）フィヒテはカントから一ペニッヒも与えられなかった。しかしカントはフィヒテのためにもっと価値あるもの、すなわち、裕福な家庭の教師の口と、さらに大哲学の生活への「入場券」を世話してやった。カントは『すべての啓示の批判試論』を出版するよう勧め、出版社を見つけ、そして稿料の即座の支払いを行わせた。

書物は注意を喚起した。それは匿名で現れた。注意して読めば、人はこの書物とカントの著作との意味や用語の上での相違を確かめえたにちがいないが、しかし噂は著者をケーニヒスベルクの哲学者であるとした。そのうえ人はカントが宗教哲学に関する論文を著わすことを期待していたからである。出版社はこの書物がカントの手になると推測されることをまさしく計算して、(フィヒテの希望に逆らって)匿名で出版したとも考えられる。小さな策略が大きな利益をもたらした。カントは新聞に名乗り出て、新しい著者の名前を知らせなければならなかった。フィヒテは有名になった。

『すべての啓示の批判試論』の出版の準備中に検閲の困難が生じ、時代が変ったことを印象づけた。しかしフィヒテは幸運であった。検閲官が交替し、書物は出版された。一方カントの方は自分の宗教についての著作を出版する際にもっと大きな障害に突き当った。「人間本性における根本悪について」という表題の、論文の第一部は、一七九二年の初めに直ぐ検閲の許可をうけ、ビースターの『ベルリン月報』に掲載された。その後検閲条件が一層強化された。新しい王の勅令の中で、過度の自由思想が国家の基礎を崩壊せしめたかの大国家の悲しむべき例があげられた。

フランスとフランス大革命が話題であった。フランス王は民衆の捕虜になり、判決を待っていた。僧侶階級の影響力は落ち、キリスト教反対者たちは教区を廃止し、教会を破壊した。破壊が自国にまで広がるかもしれない、というプロイセン王とその側近たちの危惧は、もっともであった。

カントの第二論文「善原理と悪原理との戦いについて」をケーニヒスベルクから受け取ったビースターは、プロイセンの検閲を避けるよう提案した（そのようにする可能性はあった）。しかしカントは些細な理由によるスキャンダルを望まず、法律を文字通り正確に守ることに固執した。論文は拒否された。第一論文を許可した同じ検閲官が第二論文の出版許可を拒んだ。王への請願は成功しなかった。

カントはすでに四部から成る全論文を仕上げていた。いまや哲学者にとってスキャンダルの冒険をやってみる価値があった。検閲官の眼を欺くことは困難ではなかった。大学も同じく学術文献の出版許可を与える権利をもっていたからである。カントは「アルベルティーナ」〔ケーニヒスベルク大学〕の神学部に原稿を提出した。その結果、彼の論文は哲学的内容をもっているので当該学部の判定に委ねる、との返答を受け取った。そこでカントは『単なる理性の限界内の宗教』を自由主義的なイェーナに送った。イェーナの哲学部長は躊躇なく査証を与えた。一七九三年春、書物は出版され、なんの混乱も引き起こさなかった。

拒否された論文の代りに、カントは『ベルリン月報』に別の論文『理論では正しくとも実践では役立たずとの諺について』を送った。それは道徳と法を取り扱っている。後者（法）はますますカントの関心をひき、そこにおいて彼は、人間がそれでもなお何を「希望」すべきであるか、という問への解答を探究したのである。プロイセンの法秩序は楽観論への手がかりを与えるものではなかったが、カントは全く一般的に論証を進めた。彼は専制主義を有罪と認めた。誰も私に対して、他人が欲するように幸福になることを、強制することはできない。各人は自分が善いと思う方法によって（もし彼がそれによって、同様な目標を追求する他人の自由に対して損害を与えさえしなければ）、自分の幸福を求める権利をもつ。家父長的統治は最大の専制主義であり、そこでは臣民は未成年者として、何が自分に有益でありまた有害であるかを区別することができない（彼らの代わりに国家の首長がこれを決定する）。統治は、権利能力を有するすべての人間を統一することによって、家父長的ではなく国民的でなければならない。

その後に論文『天候に及ぼす月の影響について』が続いた。ここにも官憲に対する皮肉な針が含まれていた。科学について事情は教理問答書と同じである、とカントは言う。我々が年をとればとるほど我々は教理問答書を理解できなくなる。それでもし学校に我々自身よりもよくそれを理解していると我々が確信しうるような人がいさえするならば、我々は実際もう一度学校へ行かなければならないだろう。

論文は一七九四年四月、七十歳の誕生日の少し前に書かれた。誕生祝いはなかった。カントは自分が忘れられたと思って喜んだ。彼は毎日政府の厳しい措置を待っていた。「人生は短い。特にもう七十年も生きた後に残る人生は短いのです。憂いなく人生の終りを全うするために、地上の一隅が見いだされてもよいでしょう。秘密でなくても当地では遅れてか不確実にしか知られない事柄で、私の興味をひきそうなものがあったら、私に知らせて下されば、嬉しく思います。」この依頼は『ベルリン月報』の編集長ビースターにあてたものである。カントはビースターに新しい論文『万物の終り』を送って、「貴方と私の著作活動の終りが来るよりも前に」それを出版してくれるように依頼する。[27] 二人ともすでにかなり前から危険にさらされていた。それにもかかわらず一方は哲学的イロニーの傑作である論文を書き、他方はそれを出版する。しかしこれは政府の忍耐の限度を破る最後の一突きであった。

それでは論文『万物の終り』に対する最大の不満を引き起こしたのは何であったか。カントは聖書を不敬に扱っている。彼は最後の審判と他の教会教義について揶揄している。「もし最後の事物の中に、現在の姿で現れる世界の終りが、すなわち、丸天井である天空から星が落下し、この天空自体も崩壊し（あるいは包装された書物が消失するように消滅し）、天地が燃え尽き、至福な者の住居として新しい天地が創造され、呪われた者の住居としては地獄が創造される、というような出来事が含まれるとするならば、もちろんこの審判の日は最後の一日ではありえず、異なる日々がそれに続くであろう。しかし万物の終りという理念は、その起源を世界における事物の物理的経過ではなく道徳的経過についての推論の中にもっており、それによって働いている」[28]。したがって問題になるのは、人間存在の究極目的である。もし究極目的が達成不可能であることが理性的存在者にとって明らかとなるならば、創造は理性的存在者にとって無目的であるように思われる。それは「結末がなく合理的意図をもたぬ演劇と同様」[29]である。

カントの皮肉な意見によれば、万物の終りには三種類ありうる。(1) 神の知恵による道徳的目的に相応する自然的終り。(2) 我々の理解を絶する原因による結果としての超自然的終り。(3)「我々が究極目的を誤解することによって、我々自身によって引き起こされる」ところの反自然的終り。それによってカントは明らかに、ヴェルナーの政府が宗教の立場を強化しようとしてとった強権的措置について、その反自然的性格をほのめかしている。信仰の強化のために何が為さるべきであったか。カントの意見によれば、何よりも事物の自然的経過に干渉しないことである。

「私はこのことについて新しい有効な試みをする能力がないことを十分承知しているので、大きな発明の才を必要としないようなことについてだけ忠告しようと思う。すなわち、事態が最終的に成立してほとんど一世代を通じてかなり良好の結果をあげているならば、事態をそのままにしておくことである。これはもちろん偉大な精神や進取的な精神をもつ人たちの意見ではないであろう。しかし人々が何を為すべきかよりも、何に違反してはならないか、に気をつけねばならないこと、なぜならさもなければ人々は（たとえ意図が最善であろうと）自分の意図に反して行為するようになるからであるということ、これらについて控え目に注意することは私にも許されるであろう[30]。」カントのイロニーはメランコリックな調子に彩られている。この論文を読むことは「悲しくもあり、可笑しくもある」、と著者は一七九四年四月十日のビースター宛の手紙で告白している。

論文の中には、フランスの自由思想に対する明白なしかも相当大胆な呼応がある。当時ヴォルテールは、モーゼの戒律の中には厠に関する指示が忘れられていない、と皮肉った。カントはヴォルテールの精神でもって、地上における人間の最初の出現に関する聖書伝説をパロディー化し、最初の人間はいわば浄化処置の結果であるとした。地上の世界は、「他の世界からあらゆる廃物が投棄される暗渠」と比較される、とカントは書いている。「この思いつきはかなり風変りであるが、ペルシアの才人から出たものである。彼は最初の人間の一対の住処である楽園を天上に置いた。その園には見事な果実を沢山つけた樹々が到る所にあり、その果実を食した後にその残余は気づかれずに蒸発してなくなった。ところが園の真中の一本の樹だけは例外で、それは魅惑的な実をつけていたが、その実は蒸発してなくならない。人類の祖先は禁止されているにもかかわらず、それを味わいたいという欲望を抑えることができなかった。それで彼らが天国を汚さぬようにするためには、一天使が彼らにはるか彼方の地上を指差して〝あそこが宇宙全体のための厠だ〟と言って、彼らを地上に用便のために連れてきて、彼らをそこに置き去りにしたまま天使は天上に舞い戻るしか、他によい方法はなかった。そこから人類は地上に出現したのだという。」(31) 官憲の怒りも理解される。

カントがまもなく弁明を求められるであろう、という噂が流れた。カントは自分の見解の放棄を誓うか、それとも大学を去るかの選択を迫られるであろう、と言われた。自由思想の容疑をかけられたカントの同僚ハッセの場合がそうであった。ハッセは職を離れ、行いを悔いた。それで人々は彼を嘲笑した。カントの退職は不可避と思われた。

遠く離れたブラウンシュヴァイクからカンペの手紙が届いた。当時カントは彼と文通していた。「汎愛学舎」の以前の教育者は、哲学者が自分の信念を絶対放棄しないことを疑わず、彼に対して支援を申し出た。「この場合貴方は御自分を、私が私の所有物とみなしうる一切のものの所有主であるとお考え下さい。どうか私と私の家族に対して、私共の許へお越し下さるという喜びを与えて下さい。私のかなり広い家は貴方がいらしたその瞬間から貴方のものとなります。その家の中で貴方に私の小家族の主人の位置を占めていただきたいのです。」(32)

深く感動したカントはカンペに対して、噂は正しくないと答えた。「我々の市の司令官は私に対して私の見解の撤回を要求したことはありません。」(33)しかしもしカントにそのようなことが起こったとしたらカントがどう振舞うか、という判断に関してはカンペは正しかった。しかしそうしたことはほとんど起こりえなかった。彼は法律に全然違反していなかったからである。それでもなお極端なことが起こるならば、その時には彼は自分の蓄えている、残り短い余生のための手段を、生計のために使うことができ、誰かが気高い思いやりをもって面倒をみてくれるとしても、その人に面倒をかけずにやっていくことができるであろう。

一七九四年七月、ロシア科学アカデミーは彼を会員に任命した。七月二十八日の会議で十四人の外国人学者が選ばれた。カントを推薦したのは地理学者のI・I・ゲオルギであった。この人は『純粋理性批判』だけでなく、当時はまだ全く発表されておらず、連続講義としてだけ知られていた『自然地理学』をも賞讃した。ロシアにおいてカントはアカデミーでだけ知られていたのではなかった。モスクワに批判哲学の理念を持ち込んだのは、ゲッチンゲンの人ルードヴィヒ・メルマンであった。彼は最初九十年代に大学付属ギムナージウムで批判哲学を講義したが、後には大学でもその講義を行った。一七九一年『モスクワ雑誌』に、N・カラムジンの『ロシア人旅行者の手紙』が掲載され、そこには彼が有名な哲学者を訪問したことが語られていた。

同じ年にペテルブルクで哲学的小説『ファウスト、その生活と事業と地獄巡り』が現れた。この作品は中世伝説から借用されたゲーテの傑作と主題を同じくしていただけでなく、人間の生活と活動に対するカントの見解とも共通点をもっていた。この書物の結語には、ドイツの教授たちにとっての願望が皮肉に述べられていた。それは、彼らが彼らの偉大な敵である一切を粉砕するカントを、打ち負かすことによって、彼らの教壇に形而上学的ナンセンスを鳴り響かそうというものであった。匿名で出版されたこの書物の著者は、「疾風怒濤」の運動のかつての指導者フリードリヒ・マクシミリアン・クリンガーであり、今はロシア陸軍将校でフョードル・イヴァノヴィチ・クリンガーと呼ばれていた(彼は中将の地位で失意のうちに死んだ)。クリンガーのファウストは封建制と教権主義との反対者であり、正義感の持ち主であった。ファウストは図書印刷を発明したが、しかし科学の非人間的利用を警戒の目で見ている。ファウストは世界遍歴の途上で知識欲にとりつかれた学者のグループと出会った。彼らは皮が剝ぎとられた生きた人間について解剖学を研究していた。

一七九四年夏に、ロシアの将校ヴォリデマール・ウンゲルン＝シュテルンベルクがカントを訪問した。その後彼はペテルブルクで小冊子『ロシアへのメッセージ』を印刷したが、それはエカテリーナ二世に敬意を表した頌歌と、この世の偉大な人たち、ルミヤンツェフ＝ザドゥナイスキー伯爵、ズボフ公爵、スヴォロフ元帥等々へ宛てた献辞が付せられていた。カント教授の名前がこの氏名の列を締めくくっていた。著者はカントを哲学者の侯爵、賢者の皇帝《カエサル》、爵位も勲章もない偉大な人と呼んで、すでにアリストテレスがカントの出現を予感し、エカテリーナ女帝が彼の市民的社会秩序の考えを実現した、と断言した。エカテリーナの法律は道徳的自由を可能ならしめた。彼女は権利の平等を教える。庶民の小屋も宮廷も同じ薔薇で飾られ、すべての市民は同じ盃で飲む、と述べた。カントはシュテルンベルクに返事を出さなかった。その代り彼はベロセリスキー侯爵宛の返書の中でそれらの言葉を熟慮している。彼らの往復書簡は、カントの生存中のロシア文化との関係史の中で最も興味深い、しかも全く忘れられた挿話である。そのすべてが興味深いので、この書物の最後で特別の場所をそれに当てることにしたい。

カントがペテルブルク科学アカデミー会員に選ばれたのは、一七九四年七月であった。同年九月に彼は書記官オイラー（有名な数学者の息子）から書簡を受け取った。それは任命の喜ばしい通知と、玉印が下り次第、最初の確実な機会に辞令を送付するとの約束であった。生活の時間は当時はゆっくり流れており、郵便馬車は不定期であった。しかしついに辞令が無事受領者の許に届いた。ラテン語で書かれた原文は次のごとく訳される。

「最も輝かしく最も力強い女帝陛下
　エカテリーナ二世
全ロシアの専制女君の
命令によって
私、エカテリーナ公爵夫人ダシコヴァ
聖エカテリーナ勲章所持者
科学アカデミー総裁は
女帝より与えられた権利により
この名誉ある辞令によって
ケーニヒスベルクの哲学教授イマヌエル・カント、

学術における彼の名誉ある成功のために
あらゆる勲功に価する卓越した人を
全ペテルブルク・アカデミーの共同決定により
この協会の外国人会員と宣言し、
然るべき形で彼に
アカデミー会員の
尊敬と特権と愛顧とを与える。
ペテルブルク、一七九四年七月二十八日。」

カントがペテルブルクからの激励の辞を、その頃ベルリンから到着した非難の言葉と同時に読んだということは、十分ありうる。なぜなら雷鳴がついに轟いたからである。プロイセン政府は、いかにしてこの世界的に著名な学者を罰すべきか、しかも人々がそれによって苦痛を感じることがないようにすることができるかについて、長い間頭を悩ましていた。ついに懲戒の形式を見いだした。一七九四年十月、カントは王からの命令を受け取ったが、哲学者以外誰もそのことを知らなかった。特別命令は公表されず、私信としてカントの許に届いた。

「我が至尊の君はすでに久しき間、貴殿が聖書およびキリスト教の幾多の主要教説と基礎教説を歪曲し誹謗するために、貴殿の哲学を悪用していることを、大きな不満の念をもって注目しておられる。それは貴殿が著書『単なる理性の限界内の宗教』および他の若干の小論文において行っているところである。我々は貴殿に対して改善を期待する。それは貴殿がかかる行為によって青年の教師としての貴殿の義務と、我我の国父の御意とに反して無責任に振舞っていることを、貴殿は弁えねばならぬからである。（カントが〝家父長的〟統治の理念を揶揄してから後、父なる語を公文書の中で使用することはかなり危険であった。）我々は即刻貴殿の最も良心的な弁明を要求し、かつ至尊の君の不興を避けるため、貴殿が将来同様の罪を犯すことなく、むしろ貴殿の義務に従って貴殿の声望と才能とを、国父の御意をいやましに高めるよう用いることを、貴殿に対して期待するものである。これに反して不服従を続ける場合には不快な措置をまぬかれえぬことを心得られたい。[34]」ヴェルナーが王の代理で速達便に署名していた。

自分の見解を取り消すことは、カントの規則の中になかったし、抵抗を示すことも彼にはできなかった。たまたま手許にあった紙片に彼は唯一可能な戦術を書きとめた。「自分の内的確信の撤回と否認は恥ずべきであり、なんびとにもそれを要求することはできない。しかし今回のような場合における沈黙は臣下の義務である。語ることはすべて真実でなければならないとしても、だからといってすべての真実を公然と語ることは、義務ではない。[35]」こうして定言命法は、具体的・歴史的形態をとった。

カントは即刻の回答を要求された。それで彼は即刻回答した。彼は忠良な臣民が君主に対して用いるべきあらゆる謙遜な慣用語を守りながら、決して罪を認めなかった。逆に彼に対してなされた告発を、彼はあらゆる点で決然と反駁した。第一に、彼は「青年の教師」として、自分の講義の中で宗教の哲学的評価の限界を逸脱したことはない。これを確認するには、彼の講義についての学生たちのノートを調べてみればよい。第二に、彼は『単なる理性の限界内の宗教』の著者として、「最高の国父の御意」に反する振舞をしたことはない。なぜなら、国父の御意は国の宗教の繁栄のために向けられており、前記の書物は神学部および哲学部の学者たちのために書かれていて、そこではいかにして宗教を明瞭かつ活動的に人間の胸中に植えつけるかが問題であり、これは民衆がいずれにせよ興味をもたぬ学説である。第三に、この書物の中にはキリスト教の誹謗は見いだされない。なぜならそれは現存する宗教の啓示についてのいかなる評価をも含まず、ただ理性宗教のみがすべての真の宗教の最高の条件として考察されているからである。カントの告発者は、カントがあえてキリスト教を誹謗し、さらにそれを啓示の教説として反駁したり、または不必要とみなしたりしたことの、一点だけでも挙げてほしい。第四に、カントは聖書を道徳的国教の基礎づけと維持のための現存する最良の手段として説明することによって、キリスト教に対して真の尊敬を示したことを主張した。そして第五に、「私は最後に信仰の告白者たちに対して、良心的に誠実であって、自分が確信している以上のことを主張したり、他人に信仰箇条として強要したりしないように、常にそして特に勧めました。また私は自分の著書の執筆に際して、自分の内なるこの良心という裁判官を常に念頭において、魂を堕落させるあらゆる誤謬からだけでなく、憤激を引き起こすあらゆる不注意からも、表現において自分を遠ざけるよう努めました。といいますのも、私は現在七十一歳になっており、私がこれら一切のことを近く、内心を照覧する世界審判者の前に弁明しなければならない、という考えがすぐ浮かぶからです。それで私は私の説のために要請されたこの現在の弁明を、全き良心をもって書き記したものとして喜んで差し出すことができます。(36)」そして最後の第六に、キリスト教の歪曲と誹謗という告発の理由を与えないため、哲学者は「陛下の忠良な臣民として」、宗教に関する一切の公開の講義等を今後控えることを約束した。

カントの返事は偉大なイロニカーに相応しい。「陛下の忠良な臣民として」というこの謙遜の慣用語は二義性を含んでいる。フリードリヒ・ヴィルヘルム二世の死後カントは、自分が守ると約束した義務から自分が自由である、と告げた。いまや彼は他の「陛下」の臣民だからである。『諸学部の争い』において、カントは聖書の解釈に戻り、この書の序文の中で王との往復書簡を公表した。

『諸学部の争い』(37)は、カントの言葉によれば、「厳密には単に時評的に」、すなわち、論争的に皮肉に書かれたものである。特にそれは第一部にあてはまり、第一部は一七九四年に、政府の戒告の鮮明な印象の下に書かれた。三つの「上級」学部——神学部・法学部・医学部——は理性にではなく、制定法に基づいている。神学者は聖書から出発し、法学者は国法から出発し、さらに医学者でさえも治療に当たって人体の生理学にではなく、医学指導書に頼っている。(しかしその他の点では、医学部は先の二学部より本質的に自由であり、「哲学部に非常に近い。」)

諸学部間の争いは民衆に対する影響から生じる。民衆は指導されることを望んでいる。すなわち、煽動家の言葉で欺かれることを望んでいる。そしてカントは俗物の立場を嘲笑する。「哲学者諸氏がしゃべることを、私はずっと前からおのずから知っている。私は学者としての諸氏の考えを知りたいと思う。たとえ私が不信仰の生活を過ごすとしても、なおいかにして私は死の間際に天国への入場券を手に入れることができるか、たとえ私が不正であるとしても、いかにして私は訴訟に勝ちうるか、またたとえ私が思う存分体力を利用したり濫用したりしても、なおいかにして私は健康のままであり、長生きすることができるか、ということについて私は諸氏の考えを知りたいのである。」(38)

上級諸学部は学術会議の右派、政府党であり、哲学部は左派、一種の反対党で、それゆえ国家にとって必要不可欠な法廷である。なぜなら哲学部の厳格な検査と異議がなければ、政府は自らにとって何が有益で何が有害であるかについての、十分明瞭な概念を持ちえないからである。哲学者たちは三つの上級学部を管理し統制する使命を有する。しかし彼らは極めて遠慮深い人々である。「場合によっては神学部に対して、哲学部は神学部の婢である、という不遜な要求を認めてやってもよい(この場合、この婢は情深い女主人のために灯火をかかげるのか裳裾をもつのかは、未解決のままである)。ただし哲学部を追放したり哲学部の口を封じない限りにおいてである。」カントは進歩を信じており、時とともに状態が変化することを期待している。「最後のものが最初のものになる。」下級学部は上級学部になる。もちろんそれは力の支配の意味ではなく（これを哲学者たちは求めていない）、「力をもつ人々への忠告」の意味である。それによって「哲学部の自由と、ここから目覚める見解の自由との中で、政府の絶対的権威の中でよりも、政府の目的を達成するための手段が一層よく達成されるであろう。[39]」

『諸学部の争い』の中でカントは、教会信仰は宗教と一致しえない、と頑固に繰り返す。「もし私が信仰を……原理として想定するならば、そのような信仰は……全く宗教の一部ではない。[40]」聖書の教説への信仰はそれ自体では功績ではなく、のみならず信仰の欠如や疑いでさえもそれ自体では罪ではない。「宗教において何より重要なことは行為である。[41]」理論理性は知識に王冠を授けるが、実践理性は信仰ではなく、行為である。

初めに行い《タート》ありき。ゲーテのファウストはヨハネ福音書をこのように理解した。行為は存在の原理である、と他の翻訳は言う。道徳的行為の中に人間存在の原理がある、とカントならば精密化することができたであろう。「哲学部と神学部との争い」は、人間の専門的差異についての考察を完成させる。人間は悟性によって動物から区別されるのでは決してない。本能も同じく「悟性の一種」である。道徳だけが人間を人間にする。道徳を失えば、人間は動物に変ずる。

『判断力批判』の後、人間の問題は潜在的にではなく全く明白にカント学説の中心的位置に立つ。カントは自分の哲学の以前の三つの根本問題を、いまや第四の最重要な問題、すなわち人間への問によって完全にする。ここに九十年代中頃の証拠資料がある。

「世界市民的意義での哲学の領野は次の問に帰着する。

(1)　私は何を知りうるか。
(2)　私は何を為すべきか。
(3)　私は何を望むことが許されるか。
(4)　人間とは何であるか。

第一の問には形而上学が答え、第二の問には道徳学、第三の問には宗教、第四の問には人間学が答える。根本的にこのすべてを人間学に含めることができる。なぜなら最初の三つの問は最後の問に関係するからである。(42)」

人間は社会のために生まれる、とカントの時代には言われた。カントは、人間とは何かについて、熟考することがますます多くなった。文化形成の活動（特に芸術活動）を普遍的原理として承認することは、カントにとって人間への問の全面的解決をまだ意味しない。カントは文化の発展そのものの中に矛盾を見いだした。その矛盾を除去することは、定言命法そのものにも、芸術的直覚にもできない。人間そのものはここでは何も為しえない。それでも人間は何を望むことができるのか。カントはこの問題の宗教的解決と倫理学的解決を、社会学的解決によって補完する。我々は別のものへ、すなわち全体としての社会とその社会的・法的制度へ望みをかけることができる。法の哲学は、すでに非常な老齢であるカントが切り開いた、彼の精神的発展の新しい一章である。カントの哲学は楽観主義的である。彼は人間を愛するだけでなく、人間を信じ、人間の理性と意志と高潔さとへ望みをかける。信仰・希望・愛——この三幅対はカントにとって、我々のすでに知っている真・善・美と同じほどの大きな意味をもった。

第七章　永遠平和のために

《この世を去るのが間近い時に、自分がむだに人生を生きたのではない、と知ることほど心を慰めるものはない。》

カント

啓蒙主義の世紀は戦争で終った。第三身分の精神的指導者たちによって宣言された理性の王国は、政治的・経済的覇権をめぐる流血の支配と闘争の中へ転落した。

革命のフランスは外国からの侵入を待つことをやめ、先制攻撃へ移った。国民議会は「ヨーロッパの暴君たち」に戦争を宣言した。プロイセンではこの戦争は不評判であった。戦役に参加したゲーテは、王制復古を夢みるフランス人移民たちに対して軽蔑を隠さなかった。ヴァルミーの敗北の後、彼は次の有名な言葉を吐いた。「ここからそして今日から、世界史の新時期が始まる。」

フランス人たちは反撃を開始した。彼らの部隊はドイツ領に侵入した。マインツとフランクフルトが陥落した。マインツでは革命会議が生まれ、フランスへの合併に賛成の投票を行った（マインツの指導者たちの中には、カントの反対者のフォルスターとカント学派のドルシュが含まれていた）。フランクフルトには莫大な軍税が課せられた。パリでは、戦争は自前でやるべきで、できればフランス国民全体を潤すべきだ、と考えられていた。フランス人たちはフランクフルトの中にとどまらず、一七九三年夏には彼らはマインツにも課税した。勝敗は交替しながら軍事行動は一七九五年四月まで続けられた。

ケーニヒスベルクには西ヨーロッパの事件の知らせは非常に遅れて届いた。いまやカントは夕方の休憩時間まで待たずに、新聞が届くとすぐそれを読んだ。政治はますます彼の興味を引いた。バーゼルの平和がプロイセンとフランスとの間の停戦をもたらしたが、それでも戦争状態は終結せず、その先の衝突が予想されていた。哲学者は有名な論文『永遠平和のために』の中でこの状況を考慮した。その中では理論的徹底性が、政治的時事性と有機的に結合され、我々に周知のニュアンスに富むイロニーの形式で表現されていた。

『永遠平和のために』という題名がすでにドイツ人の耳には両義的に響いたにちがいない。まずこれは学術論文の副題としては紋切型であるが、またそれに劣らず紋切型の、飲食店の看板の文句を連想させた。カントはこの両義性を十分に利用した。「『永遠平和のために』という」この諷刺的な表題は、あるオランダ飲食店の主人の、墓地を描いた看板の上に記されていたものであるが、それが人間一般に妥当するか、それとも戦争に飽くことの決してない国家元首たちに特に妥当するか、あるいはまたあの甘い夢を夢想する哲学者たちにだけ妥当するか、ということは決定せずにおこう。(1)」平和に関する論文はこう書き出されている。

「永遠平和」の語もまた両義的である。そこには、人類に対して二つの可能な解決が、すなわち、全国家の国際条約に基づく戦争の終結か、または全滅戦争後の人類の巨大な墓場の上での永遠平和か、という二つの解決が、提示されている。第一の可能性については、もともとすべての人が夢想することができた。第二の可能性は十八世紀には、一切を最後まで思考することのできる人だけが、洞察することができた。第一の可能性についてはすでに当時多くの人が書いていた。第二の可能性についての言及は、我々はカントのもとに見いだすだけである。

しかしその上カントは楽観主義者であり、国際協約の理念を説いて倦むことがない。彼は相応する外交文書の形式を模倣して、自分の論文を条約風に構成している。最初に予備条項、次に確定条項、そして一つの秘密条項もある。予備条項は、国家間の平常な関係への道を平坦にする条件を定式化している。(1) 将来の戦争のための材料を密かに留保しつつなされる条約は、平和条約とみなされてはならない。(2) それ自身で存立する国家は(その大小はここでは問題ではない)、継承・交換・買い入れ・贈与によって、他の国家によって獲得されてはならない。(3) 常備軍は時とともに全廃さるべきである。(4) 国債は国家の対外紛争との関係で起こされてはならない。(5) 国家は他国の政治体制と統治へ暴力的に干渉してはならない。(6) いかなる国家も他国との戦争時に、将来の平和の際に相互の信頼を不可能にするような敵対行動、例えば、謀殺者や毒殺者の使用、降伏条約の破棄、交戦国における暴動の煽動等をも用いてはならない。(2)

確定条項の中で問題になるのは、達成された平和の維持である。各国家における市民的体制は共和的でなければならない。(カントにとって、共和制は君主制と結合可能であり、法的秩序と公開性と権力の分割とを意味する。フリードリヒ二世は、彼の意見によれば、国を共和制的に統治した。) 永遠平和のための第二の確定条項は、普遍的国際法のための前提を規定する。すなわち、自発的同盟の設立のためには、各成員に対してその権利を保証する共和制的個別国家にとってと同様の体制が伴わなければならないとする。「自由な諸国家の連邦制度」である国際連盟は、世界国家ではない。カントは国民主権の保持のためにはっきり味方する。第三の確定条項は、世界市民権を外国において賓客として厚遇される権利へと制限する。各人は敵対行動を受けるおそれなしに、地球のあらゆる場所を訪問する可能性を持たなければならない。各民族は自己の所有する領地に対する権利を有する。外国からの到来者は抑圧によって脅迫されてはならない。カントは植民地支配の反対者である。

もちろん彼は戦争の悲惨を知った最初の人ではなかった。人類は平和を夢想して悩み抜いた。すでに古代人はいかにして社会生活から流血を根絶しうるか、について考えをめぐらした。ロッテルダムのエラスムスは論文『平和の訴え』の中で、君主たちに戦争を中止するよう呼びかけた。十七世紀には、すべての国家間の条約によって永遠平和をもたらすという思想が生まれた。サン・ピエールとルソーはこの観念の熱烈な信奉者であった。カントが討論の中にもたらした新しい論点は、地上に永遠平和を確立することの不可避性を基礎づけたことである。君主の偶然的意志ではなく、歴史的必然性が国際関係の形態としての戦争を克服する。諸国家が世界連盟の創立の用意をするのは、人々がかつて単一国家設立の用意をしたのと同じである。そしていずれの場合にも避けがたいことは、自己の権利の一部（より正確に言えば、自己の力の専有）を断念することであり、これは決して独立性の喪失ではない。この思想をカントはすでに一七八四年に、一般史に関する論文の中で述べた。彼はその時から変わることなくこの思想を保持し、繰り返した。カントは君主たちを説得しようとはしなかったし、また彼の先行者たちがしたようには、君主たちの世俗性を非難しなかった。彼は平和の不可避性を強固に主張し、時代の命令を理解しない人々を嘲笑した。

永遠平和のための条約を最後に飾るのは、秘密条項である。秘密条項は何を含んでいるか。それは冗談にすぎない。「公共的平和の可能性の諸条件に関する哲学者たちの格律は、戦争のために武装した諸国家によって、忠告として聞かれるべきである。」この条項についてのすべての説明はイロニーと嘲笑である。法律家についての文章は次のごとくである。「法律家は法の秤とさらにまた正義の剣とを自らの象徴としたが、通常後者を利用しており、それはすべての外からの影響が法の秤に及ぶのを防ぐためではなく、秤の一方の皿が下がらない場合に剣を一緒にその中に置くためである。」プラトンの理想国家を念頭において権力を要求する哲学者たちについては、次のように述べられている。「王たちが哲学したり、または哲学者たちが王になったりすることは、期待されないし、望まれもしない。なぜなら権力の所有は理性の自由な判断を不可避的に損うからである。しかし王または（平等の法則によって自己自身を統御する）王の一族が、哲学者たちの階級を一掃したり沈黙させたりせず、公然と発言させることは、両方にとってそれぞれの職務を明らかにする上で大切である。」(3)

しかしいかなる忠告をカントは政治の実践家たちに与えるのであろうか。(1)「為セ、シカシテ許セ。」（自民族についてであれ、隣接する他民族についてであれ、国家の法を）自己の専有とする適当な機会を捉えよ。弁明は、あらかじめ納得させる理由を考えたり、反対理由の現れるのを予想したりする場合よりも、行為後に行われる場合の方が、はるかに容易で具合がよく、また暴力も言い繕われる。(2)「若シ行ワバ、否定セヨ。」汝自身が犯した誤り、例えば、汝の民族を絶望させ反乱させるに至った誤りを、自分の罪として認めるな。その代り、それを臣民の反抗心の罪であると主張せよ。(3)「分割セヨ、シカシテ支配セヨ。」「これは次のことを意味する。もし汝の民族の中に何人かの特権的首長がいて、汝を単にその中の第一の首長に選んだとするならば、彼らを相互に分裂させ、彼らを民衆と仲違いさせよ。またより大きな自由で眩惑して民衆の側に立て。すると一切は汝の無条件的意志によって左右されるであろう。またそれが諸外国であれば、彼らの間に不和を引き起こすことは、弱小国の援助という外見の下にそれらの国を順次征服するための、相当確実な手段となる。」最後にカントは言う。このような政治的格律によっては、もちろん誰も欺かれはしないであろう。そうした格律はもともと周知のものだからである。しかしそれら格律が広く知られることは、少しも恥ずべきことでなく、その不成功が恥ずべきこととされる。(4)

いかにして政治と道徳は統一されうるか。二つの可能性があり、道徳を政治の利害に適応させるか、または政治を道徳に従属させるか、である。第一の行動様式を選ぶのは「政治的道徳家」であり、彼は「道徳的政治家」が（「馬を馬車の後につなぐことによって」）立ち止まるところから始め、原則を目的に従属させる。道徳と政治の真の統一は法に基づいて初めて可能である。それに対する保証は公開性である。

カントの諸著作のいずれも、これほど直接的で生き生きとした反響を引き起こさなかった。論文『永遠平和のために』の初版はひったくられるように売れた。出版者のニコロヴィウスは同じ一七九五年に再版を出版した。同時にベルンでフランス語訳が現れたが、しかしカントはこれには不満であった。一七九六年、ニコロヴィウスは新しいドイツ語版と、カントが承認したフランス語訳を出版した。パリでは三度目の翻訳が書物になって現れたが、その抜萃が『モニトゥール』紙上に掲載された。パリの半官的新聞がこう報じた。「有名なカントはドイツにおいて、フランスの旧体制の悪徳を粉砕した革命にもひとしい、精神的革命を遂行した人であるが、この人は自分の名前の一切の力をあげて共和体制のために尽した。[5]」

批判哲学の理念とフランス革命の精神との一致がすでに当時感じられていたことは興味深い。ハイネはこの相似の要素を正しく感じた。（マルクスはカントの哲学を「フランス革命のドイツ的理論」と端的に呼んだ。）ただ一つハイネが誤ったことは、比較する相手の人物の選択であった。過激派のロベスピエールにではなく、中庸のシエイエスに対して、カントは感激することができた。シエイエスはパリでカント哲学の講読会を組織しようと試みたが、ただ専門家がいないためにそれを実現することができなかった。ヴィルヘルム・フンボルトが一七九八年パリへやってきた時、シエイエスは彼に対して、フランスの学者へ批判主義の根本理念を教えてくれるように頼んだ。五時間にわたる討論形式の講義が行われ、最も有名な「形而上学者たち」（カバニス、デステュト・ドゥ・トラシィその他）が招待された。フンボルトは最後に、自分は聴衆に十分理解してもらうことができなかったが、それはフランス人が抽象的思考に向いていないからだ、と語った。しかし、講師はカントの「三批判」によく通じていなかった、という別の意見もあった。

シエイエスがカントに対してフランス憲法草案についての意見を求めようとしている、という噂が流れた。国政の改善のため哲学者に尽力してもらうように、カントのフランスへの派遣をパリ政府はベルリン政府に懇請している、との噂であった。一七九七年『カント教授のアベ・シエイエスへの返答』という書物が現れた（これがどこで誰によって編集されたかは不明である）。内容はキリスト教的ユートピアであり、書物の終りで著者が偽作であることを告白した。

将軍ボナパルトはあらゆる新奇なものに活発な関心を示した。彼にとってカントの哲学も例外ではなかった。第一執政官〔ボナパルト〕がジュネーヴに滞在していた時、ぼんやりした学者が彼をカント主義へ転向させようと試みたが、成功しなかった。その後間もなくローザンヌで、ボナパルトはその地の賢者に対してスイス人とカント哲学との関係について質問した。「将軍、我々にはカント哲学は全くわかりません」という返答を彼は聞いて、自分の随行者に向かって楽しそうに言った。「聞いただろう、ベルティエ。ここでもカントはやっぱりわからないそうだ。」(6)

ついにある日ボナパルトは、パリに優れたカント通がいることを聞き知った。それはかつての移住者シャール・ド・ヴィレールで、この人は『純粋理性批判』のフランス語の解説を著し、これはドイツ語にも翻訳され出版された。第一執政官〔ボナパルト〕はヴィレールを呼び寄せ、カント哲学の概要を四時間以内に四ページで述べるように命じた。その結果、賞讃に値する明快な概要ができ上がったが、それはボナパルトに然るべき印象を与えなかった。教皇との条約を締結した時、未来の皇帝は丁重に次のように言った。「司祭たちはカリオストロやカントやすべてのドイツの空想家たりよりもずっと価値がある。」

フランスと中央ヨーロッパにおける事件は、公法の問題に対するカントの増大する関心を一層強化した。道徳学は人間の行為にとっての内的法則を与え、法の諸原理において内的確信は外的強制と結合される。その結果社会生活を法制化する力が生まれ、それが道徳性を堅固ならしめ、人間を他人の専横から防ぐ。法は形式的である。それはすべての人にとって拘束的であり、いかなる例外をも許さない。法律の遂行において最少の例外をも認めるならば、法律は不確実で無用になる。これは道徳性に関してカントがすでに述べたことであるが、法についても事情は同様である。もちろん我々はここでも特有の困難と矛盾をもっている。カントはそれらに対して目を閉ざさず、法が両義的になる二つの場合を自ら挙げている。

一つは、正義（公正）への要求が問題になる場合である。例えば、或る人が契約を結んだ時よりも価値の下落した貨幣で給料を支払われるとするならば、その人は同じ金額でわずかなものしか買うことができない。これは不正であるが、しかし損害を受けた者はより多く要求する法的根拠をもっていない。彼は公正へ、無言の神へ呼びかけうるだけであり、神の声は聞きとれない。正義の観点からは、この厳格な（狭い）法は最大の不正である。しかし為すすべはない。法律は守られねばならない。これが法意識の公理である。

法が両義的である第二の場合は、緊急権である。すなわち、諺にいう、「緊急時に法律なし」という場合である。それにもかかわらず不正を合法性へ格上げするような緊急事態があってはならない、とカントは考える。ここでの事情は次のような道徳規範の侵犯の場合と同じである。すなわち、もし人が法則を破るように強制されるならば、その人は法則を破ることを認めるべきであり、悪を善と称したり、法の侵害を法の遵守と称したりすべきではない、ということである。

カントの『道徳形而上学』は、法意識への讃辞である。この書物は一七九七年一月と八月に、二分冊の形で現れた。第一部は法に当てられ、第二部は道徳に当てられた。法哲学の中にカントは、宗教哲学において課せられた問、「何を私は希望しうるか」、への答についての本質的補足を見いだす。カントは自分自身への希望のほかに、社会への、すなわち社会制度や法制への希望を挙げる。

その結果、カントの道徳観も変更を受ける。それは厳格主義の特徴を失う。ますます「決疑論的問題」が優勢を占め、これに対して一義的解答を与えることができない。彼はより忍耐強くなり、人間に対して要求が少なくなり、人間の過ちに対して寛大になる。彼は人類の究極目的としての幸福について語り、幸福を実現する力としての愛について語る。『道徳形而上学』第二部は、『実践理性批判』と他の倫理学的著作に対する本質的修正を含んでいる。

しかし我々は第一部に向かおう。カントによれば、法は私法と公法とに区分される。私法は私人相互間の関係を取り扱い、公法は個人と社会との間、また社会集団相互間の関係を取り扱う。私法の主要問題は財産である。私有財産は市民社会の基礎をなす。しかしそれは最初からではない。「私のもの」と「汝のもの」とは歴史の結果である。物件のみが所有の対象たりうる。人間はただ所有の主体たりうる。人間を所有することは許されない。確かに物権的債権の領域が存在し、そこでは人々は自己を物件とみなし、相互に利用し合う。これは婚姻において生じ、カントは婚姻を、「異なる性を有する二人格がそれぞれの性の特質を一生の間相互的に所有するための結合」と定義している(7)。カントは結婚した男女双方の平等を強調して倦むことがない。このゆえに夫が自分の許から逃げ去った妻の取り戻しを要求しうるだけでなく、妻も同じ要求をすることができる。両者にあっては享楽の権利も平等である。ここで独身主義者の老カントは、例えば彼の追随者である妻帯者のフィヒテよりも、遥かに広くものを見ている。フィヒテは夫婦生活において夫だけが楽しみを享受することが許される、と真面目に考えていた。

公法は国家における諸個人の状態と、人類における諸国家間の関係とを規定する。市民としての人間の法的属性は、自由・平等・独立である。最初の二つは、明らかにフランス革命の標語から借用したものであり、あらゆる種類の封建的依存性・専制主義・身分的差別に反対している。すなわち、法の前ではすべてが等しく、したがって自由・平等であるというのである。サンキュロットの旗に掲げられた第三の標語は、神話的概念である友愛であった。カントは彼の法的属性の三分肢の最後に、より明瞭な概念である「市民的独立性」を据える。カントの意見によれば、子供・婦人・召使は独立ではなく、それゆえ選挙権は認められない。しかし権利一般は承認される。法の前ではすべては平等である、とカントは執拗に繰り返す。ついでに言えば、一七九三年のジャコバン派の憲法は選挙権を召使には与えなかった。これは時代の精神だったのである。

専制主義を排除するために、カントは厳格な権力分割を主張する。この思想は新しくはないが、しかし『道徳形而上学』においては、それは極度の整合性と確信とをもって述べられている。すべての国家には三つの権力が存在する。すなわち、法律を制定する支配権、現存法に基づいて統治する執行権、法の遵守のために尽力する司法権の三つである。専制主義は、一つの権力が他の二つの権力から十分な独立性を保証されていない場合に生じる。専制主義の反対は、カントによれば共和制である。もし立憲君主制の条件下に権力分割の原理が実現されているならば、これもまた共和制とみなしうる。カントは王制的プロイセンの共和主義者と呼ばれた。君主制（独裁政治）は最も単純な、それゆえ好んで用いられる統治様式である、と彼は考えた。それは確かに専制主義へ導く危険な傾向をもつが、しかし民主主義もこれに対して安全ではない。（民主主義は誤ると、衆愚の専制的支配たる暴民政治へと変質する。）カントは一般に統治形態にあまり重大な意味を与えない。重要なことは、国を支配するのが人々ではなくて法である、ということである。そこでは三つの権力はいずれも自分に委任された権限を逸脱しないであろう。

立法権は国民の統一的意志を体現する。立法者は同時に統治者たりえない。なぜなら前者は法律を制定するが、後者は法律に服従するからである。立法者も統治者も裁判官たりえず、ただ裁判官を任命するだけである。国民は自由な選挙によって国民の代表者としてこのために任命された同市民の裁判官によって、自らを裁く。フランス革命の綱領と驚くほど共通する要求が、カントの筆から生み出される。両者は手段の選択において相違するだけである。

カントの命題は極めて明瞭である。「主権の濫用を、耐え難いと考えられる濫用でさえも、耐え忍ばねばならぬ国民の義務の根拠は、次の点に存する。それは、最高の立法に対する国民の抵抗そのものが反法律的なもの、それどころか全法律的組織を破壊するものとしか考えられないからである。……（欠陥をもつ）国家組織の変更は、時に必要であろうとも、ただ主権者自身によって改革を通じてなされうるのみで、国民によって、したがって革命を通じてなされることはできない。[8]」明瞭かつ明確にこう言われている。カントはフランスにおける事件の発展によって、特に国民議会の判決によるルイ十六世の処刑によって、衝撃を受けた。反乱時の君主の殺害でさえも、まだ最悪事ではなかった。「人権の理念で満たされた魂を戦慄で捕えるものは、形式的死刑執行である。[9]」これは国家の自殺である。

いまや我々はぜひとも反対命題を探求しなければならない。それは実際すぐ次のページに見いだされる。「その上もし革命が一度成功し、新しい組織が樹立されるならば、革命の開始および遂行が違法であるからといって、臣民は事物の新秩序に善良な国民として服従するという責務からまぬかれることはできない。彼らは現在権力を有する政府に忠実に服従することを拒否しえない。[10]」『諸学部の争い』において、カントはフランス革命に対して讃辞を呈した。「現在我々の眼前で生じている才知ある民衆の革命は、いずれ成功するか失敗するであろう。それは悲惨と残虐に満ちているので、健全な思想の持主は、二度目に企てる時には幸運な実行を期待しうるとしても、このような高価な犠牲を伴う実験をまた始めようとは決して決心しないであろう。それにもかかわらずこの革命はすべての観衆の心の中で、熱狂に近い、望みどおりの共感を受けている、と私は言う。(11)」なぜなら闘争は民衆の侵害された権利のためになされているからである。

抑圧は常に反乱を生む。カントは視線を東方へ向ける。そこでは巨大な帝国の民衆が基本的人権を剝奪されている。(12)そこで彼は、「スラヴ族によるもう一つの革命が我々の前に迫っていないか」という問を提出する。

カントは圧制政治の徹底的反対者である。彼が恐れるのは、圧制との闘争における暴力の行使が法意識を動揺させ、一層悪い圧制政治をもたらすということだけである。圧制者は廃位されなければならないが、合法的手段によってのみそうされなければならない。国民は「国家主権者に対して自らの不可譲の権利を有する。ただしそれは強制権ではありえないが。」しからば不可譲の権利とは何か。まず第一に批判の自由である。「したがって言論の自由は、ただし人々が生活する政治組織への尊敬と愛とを懐く限りにおいてのことであるが、その政治組織が注ぎ込む臣民の自由な思考法によって支えられる（そして言論も相互に自ら制限しあって、その自由を失うことがないようにする）。これが国民の権利の唯一の守護神である。(13)」

国家主権者に罪を帰してはならない。人はその権力の下から去ることができるだけである。いかにしてそしてどこへ去るのか、をカントは説明していないが、しかし彼の議論の意味は明瞭である。世論は暴君に対する支持を拒否することができる。道徳的孤立の状態に追い込まれ、不可抗的反乱を恐れて、暴君は民衆の声に耳を傾け、現存の法を遵守するか、またはもしその法が修正を必要とするなら、それを改革するか、を余儀なくされるであろう。不満な人々は忍耐しなければならない。性急は不適当である。

カントの同時代人の啓蒙家たちの間に、特有の無政府主義的思想が広まっていた。彼の反対者のヘルダーは、国家に対して怒りに満ちた悪罵をたたきつけ、国家をやがて破壊しなければならない機械と呼んだ。カントは国家なしにはうまくいかないと考え、国家の中に機械《メカニズム》ではなく、有機体《オルガニズム》を、すなわち生ける全体的なものを見る。そのような全体の中の各部分はもちろん手段であるだけでなく、目的でもなければならない。有機的全体の生命への機械的干渉は許されない。漸進的完成のみが社会的進歩の方法である。法律の改善はそのような進歩の主要な徴候である。立法の領域にも進歩があるという命題を基礎づけることに、『諸学部の争い』の中心部が当てられている。その中に含まれているフランス革命への感激した評価については、我々はすでに引用した。カントはさらに続けて言っている。このような事件は世界史において忘れられない。なぜならこれらの事件は人類の中に完成への傾向と能力があることを明らかにしているからである。これは法理念の勝利であり、本質においては革命現象ではなくて、自然法的組織の進化である。

(心を打つ部分の後にイロニーを含む部分が続き、そこではカントは進歩の理念を、つまり自分自身の確信をからかっている。カントが宗教に対する見解を述べる際には、仮面をつける目的でイロニーを利用したが、今は彼は別の意図があってイロニーに訴えている。彼は注意を逸らすのではなく、注意をひきつけようとしているのである。これはヴォルテールや他の人々が用いた古くからの周知のやり方である。)

『諸学部の争い』における進歩のための詳論は逸話で終っている。医者が患者に向かって、毎日間近い回復の新しい徴候が見える、と言って慰めた。医者は或る時は脈搏をほめ、他の時は便通をほめ、それからまた発汗は快方に向かっている証拠だと断言した。患者がその後で、どんな具合かを尋ねられると、この哀れな男は、「私はいつも快方に向かっているために死にます」、と答えた。

この冗談は彼の時代より遥かに先んじていた。その中には破滅的な結果を伴う進歩に対する明白な警告があった。カントはそれを見抜き、予感していたのであろうか。そうであろう。なぜならこの機知の後には、危惧の対象を戦争と名づける別の機知が続いているからである。法学部との争いはヒュームからの引用で終っている。「私はいま戦争している諸国民を見ると、ちょうど二人の酔っ払いが陶磁器店で棍棒をもって殴り合いをしているように見える。なぜなら彼らは自分たちが相互に与え合った傷を治療しなければならないだけでなく、自分たちが引き起こした全損害をも支払わなければならないからである。[14]」

永遠平和の理念はカント哲学を完結する最後の一環であった。カントが社会について何をどこで書いたにしても、彼の熟慮は必ず戦争を除去する問題の提起で終っている。『道徳形而上学』も例外ではない。論文『永遠平和のために』と比較すれば、ここには確かに一つの本質的な修正がある。先に問題とされたのは、実践的に達成可能な目標としての一般的平和であった。ここではカントはより現実的に問題を見ている。「永遠平和（全国際法の最終目標）はもちろん実現不可能な理念である。しかし永遠平和への連続的接近へ役立つような諸国家連合を作ることを目ざすところの政治的諸原則は、実現不可能な理念ではない。それは、この接近が人間および諸国家の義務とまた権利とに基づく課題である限り、全く実現可能である。[15]」

条約によって確実にされた普遍的平和のための二者択一は、人類の墓地における永遠の憩いであり、万物の反自然的終りであることを、我々は記憶している。このゆえに永遠平和はユートピア的であろうとも、それへ向かっての努力は対外政策の命法である。そして希望の命法である。

『道徳形而上学』は一七九七年に現れた。その後すぐ『諸学部の争い』が現れた。この著作についてはすでに三度言及した。たった今、法律の改善問題と関連して（「哲学部と法学部との争い」）、その前には、カントとプロイセンの検閲との衝突を取り扱った箇所で（『哲学部と神学部との争い』）、もう一つは第四章においてカントの「健康の組織」について考察した際に（『哲学部と医学部との争い』）、述べた。『諸学部の争い』は、理性の栄誉のために書かれた書物である。一見すると異なる時に書かれた三つの独立の論考とみられるものが、一つの思想の下に統一されている。人間の精神と意志は全能であり、それらは社会を進歩へと向かわせることができる。それらは偏見と蒙昧主義を克服し、有機体の自然的過程を制御することができる、という理念である。

三番目の事柄は年とともにますます彼の注意を引いた。医者たちはカントの医学への関心（決して素人的でない）を知り、彼に意見を求めた。有名な解剖学者ゼンメリングはカントへ自分の原稿『心の器官について』を送った。カントは手紙で詳細に返答したが、これは後にゼンメリングの著作の付録の中に印刷された。カントは自分の持説である、法則的・機械論的説明法は有機体の活動と部分的には神経系の活動とを理解するには不十分である、という考えを繰り返した。しかしここには或る新しいもの、すなわち、生命を自然的方法で説明するという志向がある。カントは脳の中で行われる過程を化学反応の観点から考察することを提案している。

有名な医者のクリストフ・ヴィルヘルム・フーフェラントは彼の著書『長寿法、または延命の術』を送った。カントは論文『意図的に病的感情を支配する精神力について』でもってこれに答えたが、この論文は『諸学部の争い』の最後に収録されている。

カントの精神力は彼の肉体を長い間支配した。しかしすべてのものに終りがある。カントは病気ではなかったが力は減少した。彼はしだいに講義時間を縮小し、冬期講義を四月にではなく、二月に終えた。最終講義（論理学に関する）は一七九六年七月二十三日に行われた。その後さらに三学期間、彼は講義課目を告示したが、健康状態が許すならという条件付であった。しかし健康は許さず、講義は中止された。
大学で勤務している間、カントは二百六十八課目を講じた。そのうち、論理学——五十四回、形而上学——四十九回、自然地理学——四十六回、倫理学——二十八回、人間学——二十四回、理論物理学——二十回、数学——十六回、法学——十二回、哲学的諸学体系《エンチクロペディ》——十一回、教育学——四回、力学——二回、鉱物学——一回、神学——一回であった。しかしいまや彼の声は講壇では聴かれなくなった。学生たちはこの高名な教授のお祝いをしたく思ったが、確実な日取りを定めることができなかった。カントが講義を開始したのは一七五五年であった。最後の別れには早すぎた。彼はまだ退職しようとはしなかったからである。

その時或る人が、カントの処女作『活力測定考』の序文の日付が一七四七年四月であることを、思い出した。そこで人々は一七九七年七月に哲学者の学術活動の五十周年記念祭を挙行することを決定した。学生たちは王女通りのカントの家に向かって行進し、オーケストラが演奏された。一人の青年が教授の部屋に入り、カントに記念の祝辞を述べ、誰もが決してカントの講義を忘れないであろう、と断言した。路上では万歳の喚声が起こった。

カントは老齢になっても明瞭な思考力と精神の若々しさと、生活および好きな仕事への関心とをなお保っていることを誇りにしていた。彼は講義をする力はもはやなかったが、それでも書くことはできた。彼は以前と同様昼食前の時間を書斎の机に向かって過ごした。そして研究生活に参加しようと努めた。学長がカントを大学評議員から除外しようと決定した時（哲学者は会議には出席しなかった）、彼はこれに抗議し、目的を達した。カントは学長宛の手紙の中で次のように述べた。評議員会の主な仕事は秘密投票によって決議することであるが、投票は投票用紙を密封した投票箱に入れるようにすれば、具合よく自宅で行うことができる。自宅での投票は誰にも妨げられず、熟考の時間もある、と。ベルリンから訓令があり、カントは自分の希望する時まで評議員会に留まってよいとされた。

一七九七年夏カントは、ペテルブルク科学アカデミーが彼を会員の中に入れていないことに、突然気づいた。彼はずっと以前に証書を受け取ったが、アカデミーの会員名簿の中には彼の名前は記載されていなかった。それは多分任命に対する彼の同意の返事が届かなかったためである。当時彼はこの手紙を或る人に託したが(その草稿が彼の書類の中に保管されていた)、何かの行き違いが生じたにちがいない。ペテルブルクに滞在していた牧師コリンズの語ったところによると、彼はダシコヴァ公爵夫人にカント教授の手紙を渡すようケーニヒスベルクから委任されていたが、肝心の手紙が彼に送ってこなかったという。

カントは直ちに新しい感謝状を書き、ペテルブルク・アカデミーの当時の事務局長、J・A・オイラーへ送った。この手紙は名宛人に届き、それによってロシア・アカデミー会員の名簿はさらに一人の名誉ある名前を加えることになった。

今日手紙の原文はソ連科学アカデミーの記録集の中に保存されている。(16) 不思議なことに、その手紙はドイツのどの『カント書簡集』の中にも収録されておらず、アカデミー版全集の中では紛失したことになっている。それゆえここにその完全な原文を載せよう。

「尊敬措く能わざる議長閣下。

ホルシュタイン公官房秘書官ニコロヴィウス氏の本年七月六日ケーニヒスベルク通過旅行の際、同氏を通じて閣下より私へ与えられました通知によって、私がペテルブルク 一七九四年七月二十八日付にてロシア帝国科学アカデミー会員として任命されました件に対する、同アカデミー総裁宛の慣例の私の感謝状が届いておらず、そのため会員名簿記載に重大な欠陥の生じたことを私は知りました。

事務上の正式手続に不案内のため私は誤って、私の感謝状（それの官庁への到着はコリンズ氏の郵税無料の受領証によって確認されています）をアカデミーに対して議長を通じてではなく、当時の総裁ダシコヴァ公爵夫人に宛てて提出致しました。その誤ちについて、この私の釈明によって善処して下さいますようお願い申し上げます。

恐惶謹言

ケーニヒスベルク

一七九七年七月十二日

イマヌエル・カント」

カントの同時代人の形而上学教授で詩人であるアブラハム・ケストナーは、もし永遠平和についてのカントの夢が実現するならば、何が生じるか、を想像しようと試みた。そこから次の諷刺詩が生まれた。

賢者の語る所に従うならば、
永遠に戦争は避けられる。
すると万人が平和を得るが、
ただ哲学者達はそうではない。

事実他のいかなる知識領域においても、意見がそれほど仮借なくかつ和解へのなんらの希望もないほど衝突することはない。カントはケストナーの諷刺詩を知っており、自分の小冊子『哲学における永遠平和条約の間近い締結の報知』の中でそれを載せた。ゲーテの意見によれば、その文体は「カント自身よりもカント的」であった。我々が知っているように、詩人は哲学者のイロニーに対して敏感な反応を示した。

しかし軍隊が他の軍隊と戦うように学派と学派が戦っている哲学の愛好者たちの国で、いかにして対立を終結することができるであろうか。諸民族の歴史においては利害の敵対関係は、殲滅的戦争を経て、永遠平和についての一般的合意の作成へ達する。このように哲学史においても、諸体系の敵対関係は統一的諸原理の一般的基礎づけのための条件を作り出すにちがいない。独断論とも懐疑論とも異なって、批判哲学のみが知恵の学説を認識の学説と区別することによって、この課題を解決することができる。知恵は行動の根拠である。

認識についての学説としての哲学に関して言えば、ここでは平和の保証は、知恵についての学説におけると同じく、真実性の義務が実現される場合にのみ与えられる。もちろん人間が真理と考えるもののすべてが真理であるのではないが、しかし人間が語ることのすべては真実でなければならない。嘘には普通二種類がある。意識的な偽りと根拠のない確信とである。第一の場合には、嘘が意識的に真理と称され、第二の場合には、全く不確実であることが確実であると称される。汝嘘つくべからず、と哲学の命法は言う。「汝は(たとえ最も敬虔な意図においてであれ)嘘つくべからず、という命令は、知恵の学説としての哲学の中へ最も深く受け入れられているが、これこそが哲学の中で永遠平和を達成するのみならず、その平和を将来とこしえに確保しうるであろう。[17]」しかし作られたばかりのカント学説が、以前の哲学史が知らなかったほどの激しい格闘のための戦場を開いたことは、運命のイロニーであろう。

カントによれば、あらゆる新しい学説は三段階を経験する。最初にはその学説は注目されず、次に拒絶され、最後に人はそれを自分の関心に適応させることによって「改良し」ようとする。カントはずっと以前から論敵に対してもはや注意を払わなかった。それだけに一層彼を煩わせたのは、友人や追随者たちであった。超越論哲学を完成しようと企てた最初の人は、ザロモン・マイモンであった。彼はリトアニアの小さな町の出身で、九歳でユダヤ律法学（タルムード）の最高段階に達し、十一歳で結婚し、十四歳で父となり、その他にマイモニデスの学説に熱中し（その結果自分の最初の姓を変更した）、ヨーロッパ的教養を渇望してベルリンへ向かった。生活手段を奪われていた彼はユダヤ教団に援助を求めたが、しかし異端者と認められて、街頭へ投げ出された。彼は乞食をしながらプロイセン中を旅し、ポズナニに辿りついた。そこで彼はやっと細々と生活を立てることができた。しかし新しい異端の告発によって、マイモンはポズナニを去らなければならなかった。彼は再びベルリンへ向かったが、今度は運命が彼をメンデルスゾーンへ引き合わせた。彼は相変わらずの無規律ではあったが、いまやますます徹底的に哲学の研究に従事した。『純粋理性批判』を読んでからマイモンはカント主義者になった。ユダヤ律法学者の習慣に従って、彼は『純粋理性批判』の膨大な注釈書『超越論哲学についての試み』を完成した。マルクス・ヘルツはその原稿を師に送り批評を求めた。

いつものように仕事の山積していたカントは原稿を読まずに返送しようと思ったが、しかし偶然それに注意を向け、彼の前にあるのがつまらぬものでないことに気づいた。彼は最初の部分を注意深く読了して、著者の能力を評価し、彼の主たる意図が、『批判』の中の主題について自分の異説を立てるにあること、を推測した。マイモンは「物自体」の必然性に異論を唱えた。これはカントに対する「右からの」最初の批判であった。（レーニンは、カントに対する主観的・観念論的批判をこのように呼んだ。唯物論者はカントを「左から」批判した。）カントはヘルツに対して、マイモンの立場について批評した詳細な手紙を書いた。（彼はこれまでこんなに長い手紙を書いたことはなかった。）彼は労作を公然と称揚することを拒否したが、しかしマイモンに対して妥協案を提案した。それは批判を和らげ、彼の力を一致点へと、つまり形而上学の改革へと向けるように提案した。

マイモンはすべてを元通りに印刷し、一行も変更しなかった。彼はカントに自分の反論を送ったが、返事は当然来なかった。或る日ベイコンの著作がマイモンの手に入った。そして彼は論文『ベイコンとカント』を書き、その中で彼はこの二人の哲学の改革者を比較し、恣意的な類推を行い、さらに自分の師の立場の誤りを主張した。この論文は『ベルリン月報』に掲載された（一七九〇年、第二号）。著者〔マイモン〕は批評を求めてそれをケーニヒスベルクへ送ったが、返事はなかった。それに懲りずにマイモンは別の労作『世界霊魂について』の詳細な解説をカントに送った。

再び返事は来なかった。マイモンの次の手紙に対してもカントは返答しなかった。この手紙の中でマイモンは再度認識論についての自分の立場を述べ、この点についてと、さらにマイモンが編集した『哲学辞典』について、師の発言を懇請した。マイモンの最後の絶叫的な手紙が一七九二年十一月に届いた。「私は伏してお願い申し上げます。それどころか貴方の道徳の神聖さにかけて切願致します。どうか御返事をお拒みにならないで下さい。……御返事は詳細ではなくとも、貴方の若干の示唆が私には大変重要であります。」マイモンの手紙は、今やっとカントの沈黙の理由がわかった、カントは明らかに彼のやり方に不満なのであろう、と述べている。しかしマイモンとしてはベイコンについての論文の中で比較を全く公平に行った。それで彼は超越論的感性論のいくつかの箇所についての解明を執拗に求める。「貴方によりますと、時間・空間の表象は感性の形式であります。……私はそれに反対して、これは普遍的真理ではない、と主張します。」[18] 彼は手紙全体にわたってそれを論証する。

カントはラインホルトに向かって苦情を訴えた。「例えば、マイモンのような人が批判哲学の改善について何を本当に望んでいるのか」、自分は理解することができない。その是正は他の人に任せざるをえな

い、と。(19)

フリードリヒ・アウグスト・ハーンリーダーは学術的論文は書かなかった。彼はひたすら自分の生活によって、定言命法の実在性を証明しようとした。彼は卒業を待たずに、幸福を求めてロシアに向かって旅立った。彼はカントの愛弟子のひとりで、カントの推薦状を携えていた。有能で精力的な若者は間もなく士官の地位を得て、スヴォロフ将軍の副官に任命された。彼は第二次トルコ戦役（一七八七―一七九二年）に参加し、フォクシャニ、リムニク、イズマイルで戦った。定言命法は彼に、ロシア帝国の法律違反を冷静に傍観することを許さなかった。そこで彼は高官たちの綱紀紊乱に反対する手紙を女帝に提出した。彼はペテルブルクへ召喚され、裁判によって真理の探究者は誹謗の廉で長年の投獄を宣告された。ハーンリーダーはカントの弟子であり、かつまたスヴォロフの弟子でもあったが、彼は要塞から脱走した。一七九六年、彼は全く貧窮して再び故郷の町に現れた。カントは教え子の運命に積極的に関与した。ハーンリーダーは西プロイセンで行われていた土地測量の仕事に従事するよう勧められた。しかし彼は別の計画をもっていた。彼の意見によれば、ただ肉体労働だけが定言命法と一致して生きることを可能にする。彼は指物師になることに決心した。彼はカントの新しい推薦状を懐に入れてベルリンへ向かった。（この推薦状はキーゼヴェッターに宛てられており、その中で、ハーンリーダーの計画は逆説的だが決して空想的ではない、とされていた。）職人の簡素な生活を知識人に教えることに直ちに同意するような指物業の親方を探し出すことは、そう容易ではないことが明らかになった。事情があまりにも曖昧だったからである。結局授業料として法外に高い金額を要求した一人の親方が見つかった。ベルリン在住のカントの友人と崇拝者たちが共同の出費で授業料を支払うことを決め、ハーンリーダーに質素な生活のための必要品を用意した。こうしてかつてのプロイセンの学生、かつてのロシアの士官はただの労働者になった。

彼は満足であった。鋸と鉋は彼の意のままになった。労働は彼を疲れさせなかった。そしてハーンリーダーは文化的環境から離れることができなかった。彼はキーゼヴェッターの講義に出席し、出版者のビースターと交際し、カントを読み、カントと文通した。「道徳性は幻影ではないことを、貴方は証明されました。私はそれを確信し、その確信に従って行為しようと堅く決心しておりますし、その力に欠けておりません。私はロシアで脅かされたあらゆる危険と災難に耐えるだけの勇気をもっていました。私は義務が命じた道なき道を歩み続けることを躊躇しませんでした。遥かに少ない困難と戦わなければならない現在、私が動揺したり、意気銷沈したりすることがあるでしょうか。(20)」ハーンリーダーは時間を見つけては、仕事仲間に啓蒙的知識を教授したり、回想録を執筆したりした。(回想録が完成した時、キーゼヴェッターはその出版を思い止まらせた。文章が拙かったからではなく――ハーンリーダーは指物業に劣らず文章を能くした――、キーゼヴェッターは回想録の暴露的性格から生じる不愉快な事柄を恐れたからである。)

一年が過ぎた。そしてハーンリーダーは定言命法が賃労働と両立しないことを理解した。彼は富者の感性におもねるために彼らの手中にあるただの機械であることを欲しなかった。道徳法則の命令に従いうるのは独立の勤労者だけである。ハーンリーダーは新たに決心して、大地に定住することにした。彼は政府の高官の許へ赴き、農民身分への同化を認められ、西プロイセンに分割地を入手した。彼はそこで世帯を持ち、ついに落着いた。カントへの最後の手紙(一八〇〇年七月三十一日)には、ハーンリーダーの持前の有頂天に自己満足の調子も加わっている。「私の考えでは、今私は死すべき者の達しうる最高の段階に立っています。なぜなら実際他人の気紛れに左右されずに土地を耕すことほど、立派なことは何も考えられないからです。私はこの幸福感に満たされており、自分の状態を他のいかなる状態とも取り替えたりしないでしょう。私の生活は小説に似ています。(21)」

ジギスムント・ベックはそのようなことを自分から主張しはしなかったであろう。彼の外面的生活は師の生活を再現していた。つまり学生・私講師・教授の生活であった。精神生活に関して言えば、師との一致は完璧であるように見えた。「貴方の学位論文に付加された諸命題から、貴方が他の多くの人たちよりもはるかに正しく私の諸概念を把握していることがわかります」[22]、とカントは彼に書いた。ベックは彼への返書の中で述べている。「私は最も深い関心をもって『純粋理性批判』を研究しました。そして私はそれを数学の命題のように確信しています。『実践理性批判』はその出現の時以来私の聖書であります」[23]。

カントはベックに自分の主要著作の概要を作ることを依頼した。ハルトクノッホがその出版を望んでいたからである。三巻本『カント教授殿の批判的諸著作からの解説的要約。同教授監修』は一七九三年―一七九六年に刊行された。これを機縁として師弟間に活発な文通が行われた。最初ベックは躊躇したが(『要約』は彼の最初の著作であった)、カントの勧めに注意深く従い、非常に感謝した。しかし第一巻刊行後彼はしだいに大胆になり、師を教えるようになった。ベックは概念を構成する悟性の能動性の考えになじむことができなかった。彼はいつまでも概念の「根源的付加」に固執した。カントは忍耐強く自分の見地を説明したが、遂に我慢できなくなって言った。「私はこれを書きながら、自分でも十分には理解していないということを申しておきます」[24]。ベックはイロニーに気づかなかった。『要約』第三巻を彼は『批判哲学が判定さるべき唯一可能な立場』という題名でもって出版した。そしてカントへの手紙の中で、彼はカント哲学の真の意味を明らかにしたと述べた。一度は彼はカントを「祖先の許へ行くという目標に近づいている」人間と呼んだ。ベックにはこの表現が敬意を表するに相応しいと思われたのである。

しかし何よりもカントを悩ませたのはフィヒテであった。なぜならフィヒテは彼の弟子たちの中で最も有能であったし、最も憑かれた人であったからである。彼は忠告を必要としなかったし、カントに対して質問しなかった。また彼は自分の思想を分かとうとしなかったし、それの承認をも求めなかった。真理の司祭であった彼は、自分の言葉の力によって人類を道徳的に高める使命を感じながら、万人のために真理を説いた。「フィヒテと喧嘩するのは危険である。彼は馴らし難い野獣であり、いかなる抵抗にも我慢せず、彼の不合理に対する敵対者をすべて彼個人の敵とみなす。彼はマホメットの時代であったならマホメットの役割を演じうるし、また彼の講壇が玉座であったなら、彼の知識学を剣と牢獄でもって導入しうるだろう、と私は確信する」、と同時代人のアンセルム・フォイエルバッハは証言している。[25] フィヒテはフランスでは国民議会の指導者になりえたであろう。しかし彼はドイツに生まれ、運命は彼を大学教授にするよう決定した。

彼は聴衆との接触を心配する必要がなかった。輝かしい成功が痛ましい幻滅と交替したからである。学生たちが彼の窓の下でセレナーデを歌ったことがあったし、また窓ガラスを割ったことがあった。フィヒテは自分の道を進んだ。彼は書物を次から次に出版した。意識の活動性についてのカントの思想を彼は極端まで、不合理なところまで押し進めた。一切の真なるものの根拠は、フィヒテの意見によれば、活動そのもの、或る絶対的なもの、普遍的「自我」である。しかしながらそれは個人主義と考えられてはならなかった。「自我」はフィヒテにとっては「我々」を意味し、彼は人格性を全体・社会・国家等の利害へ全く従属させた。普遍的法秩序というカントの考えを彼は自分の型に変えた。国家は国民経済を管理し指導し、それとともに個人の法的行動をも管理指導するというのである。最初フランス革命に熱中して、彼はフランスに移住し、フランス人になろうと欲した。最後に彼は革命に幻滅し、対ナポレオン戦争のために国民に呼びかけながら、彼は他民族に対するドイツ国民の優越性を告知した。

フィヒテは規則的に自分の著書をカントへ送ったが、しかしカントはそれを読まなかった。フィヒテの

『知識学』の内容について、カントは雑誌の書評から知った。印象はよくなかった。その印象を要約してカントはこう言った。フィヒテの思弁は幽霊狩りを思い出させる。人は幽霊を掴まえたと思うが、手の中には何もない、と。カントはついにフィヒテそのものを読んで、自分の意見を確かめた。

かつてのジャコバン派であったボナパルトがフランスにおいて革命的独裁の痕跡を根絶したのにも似て、カントの弟子であるフィヒテはカントの「物自体」を片づけた。ボナパルトは帝国を宣言しながら、共和国の三色旗を保持した。フィヒテはカントを見棄てなかった。逆に彼は、自分の作った体系はカントの体系に他ならず、それのより徹底したものにすぎないことを断言した。弟子が師の始めた仕事を完成したかのごとき印象が生じた。熱狂的なカント主義者であったラインホルトは、今度はフィヒテの側へ移った。カントは両者を「超批判的友人」と呼び、怒りのために我を忘れたが、しかし公言しなかった。彼の沈黙は誤解を生み、降伏と解され、反論の余地のないことを承認したものと解された。

一七九九年一月、『エアランゲン文学新聞』は事情の解明を要求した。カントに対して同紙上にフィヒテ説についてのカントの公的な態度を表明するように要請がなされた。カントは簡単にしかも曖昧でなく答えた。彼はこう明言した。「私はフィヒテの知識学を全く根拠薄弱な体系であると考える。なぜなら純粋知識学は単なる論理学以上でも以下でもないからである。すなわち、それは自己の原理でもって認識の実質へまでは至らず、純粋論理学としてその内容を捨象し、その論理学からは実在的対象を取り出すことはむだな、したがってまた試みられたことのない仕事であるからである。」カントはさらに続けて述べた。自分〔カント〕が哲学入門しか作り出さず、哲学体系そのものを作り出さなかったかのように、自分の意図をすり替えるような越権は理解し難い。自分は常に自分の学説の完結をその最善の真理徴表とみなしてきた。自分の書いた一切のことは転釈された意味でではなく、字義通り理解されねばならない。そしてカントの言明は次の力強い言葉で閉じられた。「イタリアの諺に言う。〝神よ、我らを友人に対してこそ守り給え。敵に対しては我ら自ら警戒するがゆえに。〟すなわち、善良で我々に対して好意的ではあるが、我我の意図を援助する手段の選択において逆の振舞をする（馬鹿げた）友人、しかも時々欺瞞的で狡猾で、我々の破滅をもくろみ、その際仁愛の言葉を弄する（ロデ言ウ言葉ト心ノ中デ思ウコトト別々デアル）いわゆる友人がいる。このような友人や彼らの仕掛けた罠に対していくら用心しても用心しすぎることはない。しかしそれにもかかわらず批判哲学は、理論的および道徳的実践的意図において理性を満足させようとする不断の傾向によって、次のことを確信しなければならない。すなわち、批判哲学にとっていかなる意見の変化も修正も体系の変更もありえず、批判の体系は全く確実な基礎に立脚しており、永遠に堅固で、未来永劫人類の最高目的にとって不可欠である、と[26]。」

カントの「言明」はイェーナで発表された。同じ時同地で大学のスキャンダルが燃え上がり、その結末として、フィヒテは無神論の罪を着せられ、講壇を去らねばならなかった。

フィヒテの友人たちは、カントが悪意をもって火に油を注いだとして恨み、返答を要求した。フィヒテは公の場で慎重に答えるだけの気遣いをもっていた。その代り彼は手紙の中で鬱憤を晴らした。彼はカントを「半端頭」と呼び、その学説は「全くの無意味」であり、彼の行動は「売春」である、と言った（カール・レオンハルト・ラインホルトへの手紙、一七九九年九月二十八日付）。そして最後になお彼は、ケーニヒスベルクの賢者は、「自分自身の哲学を特別よくは知らなかったし、現在もよく知らず、理解してもいない」（シェリングへの手紙、一七九九年九月二十日付）、と断言した。

（カントにとって幸運なことには、カントがベック宛の手紙の中で、自分は自分自身を「十分には」理解していない、とイロニーをこめて承認したことを、フィヒテは知らなかった。同じく嘲笑者のハイネもそれを知らず、彼はドイツ哲学に関する自分の著作の中で、ドイツ哲学の「難解性」に対して一章全部を当てた。それによると、ヘーゲルは死の床に横たわりながら、唯一人だけが自分を理解したと言って、すぐにいらだって「そうだ、その一人も自分を理解しなかった」と付け加えたというのであるが、これを信じることは難しい。いずれにせよカントに関して言えば、彼は自分の著作の正しい理解を明らかに重視していた。そうでなければ、彼は自分の著作においてあれほどしばしばイロニーに訴えはしなかったであろう。）

十分事情を考慮するならば、カントにとって公然たる言明によって主観的観念論から距離をとる必然性がなかったことがわかる。『純粋理性批判』の中で、バークリー主義との対決のために全一章が当てられた。批判的観念論は全体として、我々の意識から独立に与えられた客観的世界の現存から出発した。人間は世界の出来事に介入するが、しかし世界は人間なしにも十分済ますことができる。カントによれば、本来哲学は健全な人間悟性の修正なのである。

＊

カントは『道徳形而上学』によって批判哲学の構造を完成した後に、自分の学説を極めて簡潔な形式で叙述する必要を感じた。しかしまた同時に、或る時期から彼にとって哲学の最重要な問題となった「人間とは何か」の問に対しても、答える必要を感じた。

『人間学』（一七九八年）はカント自身によって出版された最後の著作である。この書では、人間と哲学一般とについての彼の全思索の総決算がなされている。もし我々が『人間学』と『純粋理性批判』とだけを相互に比較するならば、カントの最後の著作に関して多くの事柄が我々にとって不明のままであろう。もし我々がそれを全体としてのカント哲学と比較するならば、その内容は明瞭になるであろう（形式に関して言えば、『人間学』は彼の最も明るい著作の一つである)。道は完成した。そしてそれは同時に新しい端緒である。カント哲学の研究を直ちに『人間学』を読むことから始めることは目的に適っているからである。読者はカントの思索が辿った道とは逆の方向を進まなければならない。その場合終点に立つのは『純粋理性批判』でなければならない。

(『人間学』の次に、私は初学者に対して『道徳形而上学』を読むことを勧めたい。この書物はカント学説のアルファでありオメガである倫理学と法理論とについて教える。その次に『判断力批判』を勧める。そこではカント哲学の全体系が基礎づけられ、美学が取り扱われている。そしてその後初めて『純粋理性批判』を読むのが良いであろう。『プロレゴーメナ』と『実践理性批判』は最初は省略しても差支えない。)

『人間学』を一読すれば、この独立の著作の構造が批判哲学の全体構造と相応していることがすぐに理解される。この書物の主要部分は心性の三能力、認識と快の感情と欲求能力と、を主題とする三部に区分される。これら三能力はまさしくカントの三『批判』の内容を構成している。『人間学』において、批判哲学の根本観念は人間の直接的世界、すなわち、人間の体験、志向、行動に関係している。

カントは人間学を「実用的」観点から考察している。このことは、例えば生理学が、換言すれば、自然が人間から作ったものが、視界の外に残されていることを意味する。関心をひく事柄は、人間が自分自身から作り出すもの、人間の同胞が人間から作り出すものである。これは今日文化人類学または社会人類学と呼ばれている。

人間はカントにとって、世界の中で最も重要な対象である。他のすべての存在者より人間が卓越しているのは自己意識を所有しているからである。それが人間を個人たらしめ、人格たらしめる。人間はあらゆる変化を受けようとも、なお同一の人格であり続ける。自己意識の事実から人間の自然的特性としてのエゴイズムが生じる。論理的エゴイストは、他人の悟性の助けによって自分の判断を検査することを余計なことと考える。彼はこの真理の試金石を必要としないからである。(しかしカントの考えでは、我々は判断の正しさを確信するための手段なしに済ますことはできない。)美学的エゴイストは、自分の趣味だけで満足し、絶えずより以上の完成へ向かう可能性を自分から奪う。彼は自分自身に対して拍手をおくり、美の基準を自分自身の中にのみ求める。最後に道徳的エゴイストは、すべての目的を自分自身に制限する人であり、利益を自分にとって好都合かどうかに従って判定し、自分の最高の使命を自分の幸福の中に見て、義務の観念の中に見ない人である。啓蒙哲学は、個々の特殊化された個人から出発するので、理性的エゴイズムをすべての倫理的行動の基礎として宣告する。カントはあらゆる形態のエゴイズムを拒否する。エゴイズムは彼にとって理性と両立しえないからである。カントはエゴイズムに対して多元論を対置する。多元論は、人間が自己と彼の行動とを全世界として見るのではなく、ただ世界市民としてのみ理解する思考法である。人間知は世間知である。カントはエゴイズムの制限と、一般に心的活動に対する理性の完全な統御とを要求する。それと同時に彼は構想力の働きを重視する。いずれにせよ我々が我々の内なる声をみずから呼び出し抑制することと、その声が呼び出されなくとも我々の内に現れ、我々を支配することとは、別々のことである。後者の場合、すでに精神病であるか、それへの素質が存する。

理性によって統制されない意識は、カントの変わらぬ注意を引く。人間は表象をもち、しかもそれを意識しないことができるであろうか。このような表象をカントはすでに若い頃「不分明な」表象と名づけた。いま彼はその表象について詳細綿密に語る。意識の暗闇の中で、芸術的創造の例が示すような複雑な精神過程が行われうる。オルガンを即席演奏し、同時に傍にいる人と言葉を交わしている音楽家を思い浮かべるがよい、とカントは書いている。一つの誤って弾かれた音符によって、ハーモニーは破壊される。しかし自由に感興に従って演奏する音楽家は、メロディーを演奏しながら次の瞬間に何をするかを熟考しなくとも、すべてがうまく行き、人々がその曲を音符にとっておきたいと願うほどである。

か。「不分明な表象」の強度はいかなるものであるか。それは人間の精神界においていかなる場所を占めるか。カントは不分明な表象を過小に評価するつもりはなかった。悟性は時々その影響から免れることができず、悟性がその表象を不合理と考え、それに対抗しようと試みる場合にさえも、そうである。性愛の場合がそうである。我々の無意識的表象の全範囲に関して言えば、それは我々が想像しうるよりも遥かに広汎であり、実践的に無限である。「いわば我々の心性の大きな地図の上で、ごくわずかな箇所しか照明を受けていないということは、我々自身の存在に対する驚嘆の念を呼び起こすに十分である。なぜならより高い力が〝光あれ!〟と呼びさえすれば、我々最も小さき者の協力がなくとも(例えば、我々が一作家を、彼が記憶している一切のものとともに取り上げるようなことをしなくとも)、いわば世界の半分が現前するにちがいないからである。(27)」「不分明な表象」と創作過程におけるその役割とについての熟考は、批判主義の認識論と美学との重要な補足である。

「感性の弁護」という含蓄ある表題をもつ『人間学』の部分もまた、三『批判』に対するそのような補足である。『純粋理性批判』においては、感性については軽く触れられているが、軽んじられているのではない。いまや同じことがより詳細に述べられているだけである。感性と知性との原理的相違が再び強調されている(ライプニッツとヴォルフはそれとは反対に、両者の相違を表象の判明性の度の相違とだけみなした)。感官は我々を欺かない、という命題が再び提起されている(そして感官は我々を混乱させず、また支配しない、という主張によってそれは補足されている)。

仮象についての学説は、『人間学』においては道徳性の領域にまで広げられる。道徳的仮象は行動の規則である。慇懃さの仮面の下にもちろん無作法者が隠れることができる。しかし賢明な自然は善に導くために人間に対して自ら欺かれる傾向を植えつけた。文明化すればするほど、人間はますます俳優になり、彼らは命じられた役割を喜んで演じ、役割に同化し、役割とともに生きる。その結果徳が勝利する。上品さ（欲情を隠す自己抑制）は有益な幻想であり、それは一方の性が他方の性を単なる享楽の道具にしないために必要な、両性間の一定の距離を保たせる。感性に反対して力によっては何ものも達成されない。感性の裏をかかねばならない。道徳的仮象は共同生活においてはぜひとも必要である。

カントは感覚を二つの群に分ける。上位の感覚（触覚・視覚・聴覚）は機械的作用に基づいており、「我々の外部の対象の認識」へ導く。下位の「単に主観的な」感覚（嗅覚と味覚）は化学的刺激によって引き起こされる。感覚は外的作用の死んだ不変の複製ではない。その強度は、知覚する主観がその基礎をなしている一連の条件に依存する。カントは感覚を強化する仕方を数え上げる。（あらゆる時代および民族の芸術家たちが広くそれを利用したということができる。）何よりもコントラストである。あらゆる刺激は、その反対物を背景にして知覚される時、より強く作用する。荒野の中の良く耕作された区域は天国の一隅の印象を与える。さらに新奇さが挙げられる。ここから稀有なもの、異常なもの、近寄り難いものに対する欲望が生じる。さらにまた印象の交替も刺激を強める。都市の生活と田園の生活、労働と休息、社交における会話と遊戯、仕事における詩・歴史・哲学・数学等々の変化、これらは心性に新しい力を与える。人は強い感覚から始めてはならないし、急速に頂点に達しようとしてはならない。快楽の期待は快楽を強める。快楽が最も強いのはそれが我々の構想力の中にある時である。

構想力はカント哲学における最も重要な構造の建築家である。哲学者は、人間とは何であるか、という問を立てた。それに対して、人間は構想力という驚嘆すべき能力によって文化を創造する存在者である、と彼は答えることができたであろう。『人間学』においては構想力は感官へ関係づけられている。カントはそれを次のように精確に表現している。構想力は生産的創造的でありうるが、しかしそれは直観の材料と形式とともにのみ働き、それ自身ではなんら新しいものを作り出さない。また構想力は自分の限界をもち、その背後には空虚な幻影のみが横たわっている。構想力は先立つ経験に依存する。カントはエルヴェシウスから或る物語を借用する。或る婦人が望遠鏡によって月を観察すると、そこに二人の恋人の影が見えた。司祭がその次に同じ望遠鏡を覗いてそして彼女に異議を唱えた。「いいえ、違います、奥様。あれは大教会の二つの鐘楼ですよ。」(28)

『判断力批判』においては芸術的創造は、他のいかなる種類の活動形態とも比較されえない特別の賜物として考察されている。そのような賜物の所有者は「天才」と定義された。『人間学』においては、「天才」の領域は拡大され、科学を含むものになっている。カントは「発見」と「発明」を区別する。発見は、すでに以前からそれ自体としては現存しながら、これまで知られずにいたものについて言われる(コロンブスがアメリカを発見した場合)。発明は、以前に現存しなかったものの創造である(火薬が発明された場合)。それゆえ「発明の才能は天才と呼ばれる。」(29)「天才」の中にカントはいまやニュートンをも加える。これは注目される事柄であり、科学的創造と芸術的創造と、理論的原理と美学的原理と、が相互に接近する。しかし両者とも構想力に基づいている。

しかし接近は全面的一致を意味しない。『人間学』では依然として美学的原理の特殊性の観念が際立っており、それは媒介的役割の中に認められている。なぜならこれは『判断力批判』の主要な成果であったからであり、美学的なものは認識へも道徳へも還元されないことが明らかにされた。しかし同時に美と真と善との不可分の結合が強調された。美学的なものは認識および道徳とは別の或るものであり、両者をつなぐ固有の橋である。ところで我々は肯定が否定なしには措定されず、命題が反対命題なしには措定されないことを知っている。『人間学』において重視されるのは反対命題である。特に「美学的認識」の概念が導入される。『批判』にはこれはない。『批判』において問題にされたのは、認識行為への準備にすぎないところの「認識諸力の遊戯」としての美しいものであった。それとともにこの二つの領域の近い関係は、美学的原理にもまた認識的原理にも属する或る中間的領域を想定する可能性を開いた。そこでは認識は美学的色彩を取得し、他方美学的なものは認識でもある。このような領域の仮定はカント美学の原本的構造を破壊しないだけでなく、逆にその構造から論理的不可抗的に発している。

これがまさに『人間学』において行われたことは注目に値する。ここでは科学的探究の領域に人間が入り込んでおり、文学が優れた認識源泉になる。「リチャードソンやモリエールのような人が描いた人物の性格は、その根本特徴からみて、人間の現実の行動の観察から得られなければならなかった。その性格は確かに程度においては誇張されているが、性質からみれば人間的本性と一致していなければならないからである。」(30)

美学的認識は感性と悟性との間の特別の中間領域である。論理学は感性に対してその認識の皮相性と局部性を非難する。反対の非難が悟性の乾燥性と抽象性に対してなされる。「通俗性を第一の要求とする美学的取り扱いは、両者の欠陥を避けうるような道を取って進む。(31)」この道は決して科学から逸脱しない。逆にそれは科学へ導く。「美は花であり、科学は実である。」カントは美そのものに対する感情を、「一部感性的な一部知的な快楽」と呼ぶ。(32)

『人間学』において、カント美学の主要カテゴリーの一つである「快の感情」が精確に規定されている。これは判断力の基礎にある感情であり、生命を促進する感情である。しかし人間には快に従う動物的本能に対して道徳的・文化的拘束が課されている。人間に用意されている享楽は文化と同義である。「楽しむ一つの方法は同時に培養である。すなわち、この種の楽しみを一層多く享受する能力を増大させることである。学問や美術から得られる楽しみはこのようなものである。別の方法は消耗である。それはこれ以上の享受をますます不可能ならしめる。しかし人がいかなる仕方で楽しみを求めようとも、すでに述べたごとく主要な格律は、それがますます増大しうるように按配することである」そして若者に向かってカントは言う。「仕事を好きになれ。楽しみを棄てるためにではなく、それをできるだけ多く前途に取っておくために、楽しみを控えよ。(33)」

まさしく『人間学』の中で、有名な次の言葉が述べられる。仕事は生活を享受する最善の方法である。君が多く為せば為すほどそれだけ多く君は生きたことになる。自分の運命に満足する唯一の方法は、運命を活動でもって満たすことである。それでも完全な満足は達成不可能である。そしてそこにもまた深い意味がある。「自然は苦痛を活動の刺激のために人間に与えた。人間は常により善きものへ前進するために、苦痛を避けることができない。そして人生の最後の瞬間にも、最後の時期が満足であるとは比較的にしか(一部は他人の運命と比較し、一部は自分自身のこれまでの生活と比較することによって)言うことができない。しかしその満足は純粋でも完全でもない。——生活の中で(絶対的に)満足していることは、無為の休止と動機の静止であり、また感覚およびそれと結合した活動の鈍麻であろう。このような鈍麻は、動物体における心臓の静止と同様、人間の知的生活とは両立することができない。(34)」

カントはこの文章を七十五歳の時に書いている。彼は自分の学説の完成という、一つのことだけを考えている。こうして彼は新しく見いだした内容を『人間学』の中で示している。しかし何といってもそれは彼のそれまでの全思索の総括である。

カントは十八世紀の哲学者である。世紀は終ろうとしていた。批判哲学の体系は作り出され、完成された。自己満足の感情がカントを支配したことは一度もない。しかし彼は最も重要なものが為されたことを知っていた。おそらく力が衰えたのは、探求の緊張が過ぎ去ったからであろう。

彼は栄光の絶頂に立ち、三つのアカデミー(ベルリン、ペテルブルク、一七九八年四月以降シエナ)の会員であった。彼の伝記がすでにずっと以前から作られていた。牧師のボロフスキーがすでに一七九二年、『プロイセンの賢者イマヌエル・カントの将来の伝記のためのスケッチ』を書いてカントに送った。哲学者は原稿を通読し、不精確な箇所を訂正し、いくつかを削除したが、それでも彼は生前の出版を許可しようとしなかった。もう一人の将来の伝記作者ヤッハマンは自分の課題を軽減しようと決心して、五十六の質問を並べた詳細な質問状をカントに送った。若干の質問はカントの学説の発展史に関するものであった。「四十四、哲学的見解の変化の主要契機と、特に批判主義への移行の誘因。四十五、いかなる順序で古代および近世の哲学者の哲学体系を研究したか。四十六、それらの哲学体系は先生の哲学にどの程度まで影響を及ぼしたか。」他の質問は不躾なものであった。「三十三、貴方の独占的な愛と尊敬を呼び起こす幸運をもった女性がいるか。三十四、一般にいかなる女性が社交性の洗練のために役立ったか。」最後に一つの質問が、公式の教会礼拝に対するカントの態度について尋ねた。「四十七、キリスト教会の教会慣行をこれまで守ったことがあるか、そしていつそれを中止したか。」もしカントがこれらの質問に対して回答していたならば、我々は精確な自伝をもつことになったであろう。

*

栄光には裏面がある。雑文家や哲学体系の創造者、学説の純粋性の番人、それに単なる詐欺師たちが、カントを悩ませた。或る者は彼に精神的慰藉を求め、他の者は公開討論を挑み、第三の者は金銭を強請した。メクレンブルクに「マギスター・カント」なる者が現れ、これが有名な哲学者の息子と称し、カントの善意の信奉者たちに寄生して暮していた。

テオドール・カントも決して親類ではなかった。彼は同姓の誼だけで援助を求めた。彼の家が火災に遭い、五千ターラーの損害を受けたからである。全ヨーロッパが尊敬する偉大な人は自分〔テオドール・カント〕の身になって考えてみて欲しい、というのである。これは一七九七年春のポズナニからの手紙であるが、それと同時にスウェーデンから同様の手紙が届いた。カール・フリードリヒ・カントは、彼の父ラルス・カントの兄弟は哲学者の父であるに違いない、と断言した。カール・フリードリヒ自身はその地の検査官になるつもりで、そのための金が必要であった。尊敬する従兄殿は数年間八千または一万ターラーを彼に喜んで貸してはくれまいか、と書いた。夏にまたこの自称従弟は再び自分のことを思い出させ、依頼を繰り返した。その後明らかに彼の催促によって、スウェーデン司教のリントブロームがこの件に加わった。勿体ぶった調子のラテン語で書かれた大司教の手紙は、重要な知らせを伝えた。それは、哲学者の父は実際にカール十二世軍の下士官であった、という知らせである。

カントはリントブロームに返事をしなければならなかった。カントは丁重にしかし皮肉に書いた。「尊師が私の家系を探索され、その調査の結果をありがたくも私に御通知下さいました御骨折に対して、たとえそれが私にとっても他の人々にとっても、どうみても何の役にも立たないものであるとしましても、厚く御礼申し上げます。」カントは、自分の父が何であるかは十分承知している、と書いた。祖父に関しては、彼はスコットランドの出身である。(この点は、我々が知っているように、カントの誤りで、彼の祖父はプロイセン人であり、曾祖父はクーアラントの出身であった。)スウェーデン人の親類筋は彼には全く疑わしく思われた。カントは、莫大な金額の援助を依頼した彼の「従弟」の手紙を引用するのをためらわなかった。そして彼は自分の最も近い親類として、一人の妹、死んだ妹の六人の子供たち、弟とその四人の子供たちを挙げた。(35)

彼の近親は精神的には彼に遠かったが、貧しい人たちは皆、彼から物質的援助を受けた(その総額は年に千ターラー以上にのぼった)。彼らに彼は自分の全財産をそれぞれ等しい分前で遺贈した。正式の遺言として執筆された彼の「最後の意志」は、一七九八年二月以来、大学評議員会に保管された。彼は千五百グルデンを遺言執行人のゲンジッヘン教授に遺した。召使のランペも忘れられず、彼には生涯年金四百グルデンが与えられ、彼の死後は未亡人に二百グルデン、遺児に一時金千グルデンが贈られた。遺産は家屋と資産四万二千九百三十グルデンであった。

別の遺産として文書・原稿・講義資料等があった。『人間学』以後、カントはもはや大きなものを出版するために完成することができなかった。彼は講義ノートを自分の弟子たちに渡した。リンクに自然地理学と教育学を渡し、イェッシェに論理学と形而上学を渡した。

自然地理学は一般的関心を呼んだ。すでに一七九七年に出版者フォルマーは、カントにこの講義録の出版を提案し、その謝礼として印刷全紙一枚につき四十ターラーという途方もない金額を約束した。カントは気前のよい高額に驚いたが、しかし断った。リンクが原稿を預っており、リンクは自分自身の六巻の著作を同時に出版するという条件で、フォルマーに対してカントの原稿の出版を申し込んだ。それは厚かましいやり方であった。フォルマーは同意せず、学生たちのノートをもとにしてカントの自然地理学の出版に着手した。スキャンダルの噂が立った。一八〇一年六月二十四日、『一般文学新聞』にカントの抗議文が掲載されたが、これが印刷物への彼の最後の登場であった。彼の自然地理学の唯一の合法的出版の権利はリンクが所有している、とカントは固く主張した。フォルマーはそれに対して、カントがもはや自分の行為を明瞭に理解しておらず、カントの声明はリンクに教唆されたものであると言明して、自然地理学をその後出版した。

イェッシェは『論理学』を出版した。この出版の悩みは、カントの見解が時間の経過の中で著しく変化したことを、イェッシェが十分に見て取りえなかった点にあった。カントは論理学を講義活動の全期間を通じてマイアーの教科書に従って講義した。彼は毎回教科書に新しい注を書き込み、彼の概念の発展を反映させた。イェッシェはすべてをまとまった一つのものとみなした。その結果彼が出版したテキストには、カントの異なる思索の時期に属する主張が併置されている。例えば、哲学の全活動範囲は「人間とは何か」の問に対する答に帰着する、という有名な箇所がそれである。これは明らかに最終期の講義年に書かれたものである。そしてまた全く別の領域からのものがある。美学は感性に関する学として定義され、美の領域はそれとともに認識の最低の段階へ割り当てられる。美学的なものの特性についても、その媒介的役割についても、一言も述べられていない。あたかも『判断力批判』が書かれず、カントはバウムガルテンへ復帰したかのようである。

あるいはその通りであったのか。カントは実際自分の若い頃の理論に逆戻りしたのか。しかしカントは一七九六年に講義を止め、その後『人間学』を著したが、それは本質的な点で第三批判の概念を再現している。批判期前の状態へ復帰することは問題になりえない。イェッシェがカントを理解するだけの高さになかったことは確かであるが、カントはもはや自分で著書を刊行することはできなかった。

急変が一七九九年に起こった。神学者のアベックはカントを一年前に訪問して、その会見について詳細な記録を残した。彼は二回カントの家で昼食を共にした。いつものように来客があり、主人は活発な機知に富んだ談話を進めた。政治やありとあらゆる事柄が話された。新国王フリードリヒ・ヴィルヘルム三世がケーニヒスベルクへ来ていた。王が閉じられた箱馬車に乗り、民衆の前に騎馬で姿を現さなかったことが、カントの気に入らなかった。歓迎の儀式に哲学者は参加しなかった。王妃は彼を見たいと思い、従僕を特別迎えに行かせたが、カントは招待に応じなかった。ボナパルトは海外遠征へ出発した。カントは彼がポルトガルを占領すると強く確信していた。(後に新聞がボナパルトのエジプト上陸を報じた時でも、哲学者はこれをただ牽制のための策謀とみなし、ボナパルトの主目的はイギリスに最大の打撃を与えるためポルトガルを征服することにある、と考えていた。)ケーニヒスベルク市は王妃へ琥珀の装飾品を贈った。カントは彼が見たことのある琥珀の珍しい品について語り、またこの「バルト海の黄金」がいかにして採られるかについて語った。

二回目の時、食後にロシア皇帝パーヴェル一世の奇行について、また同時にイギリスの将来について論じられた。カントはイギリスが共和制になるのを見たいと言い、国王ジョージはハノーヴァ選挙侯であればよいと言った。スコットランド人はイギリス人よりも有能である。カントはイギリスの次の諺を思い出す。「スコットランド人を袋に入れてヨーロッパ中を持ち廻れば、彼は家に帰る時、諸国語を習得している。」すべての人がフランス共和国の将来の繁栄を信じているが、それは彼らがそのことを望んでいるからである。粉炭は腐敗を予防する(会話は急に方向転換をした)。カントは、或る日のろ鹿の焼き肉と一緒に郵便馬車に乗ったことを思い出す。途中で焼き肉が悪臭を放ち、カントはそれに粉炭を振りかけた。すると万事うまく片付いた。炭塵の中の玉子は長く鮮度を保つ。蜂蜜をつけた炭は歯痛に驚くほどよく効く。このことは、ずっと前から歯痛に悩んでいる宮廷説教師のシュルツに教えてやらなければならない……。

それらは一年前のことであった。今では老衰の徴候がますます著しく現れた。彼は散歩時間を短縮し、不確かな老人の足取りで歩き、転ぶこともあった。彼は以前より就寝時刻を早めた。初めは十五分、後には一時間早く寝た。彼はしばしば日中椅子に座ったまま仮睡した。社交が煩わしくなり、昼食にもはや二名以上の客を呼ばなかった。客たちは主人を会話に誘いこむことがますます困難になった。「皆さん、私は老人で弱いのです。皆さんは私を子供のように扱わねばなりません」、と哲学者は言った。(36)

友人たちの中で、彼は副牧師のヴァジャンスキーを歓迎し始めた。ヴァジャンスキーはカントに学んだことはなかったが、厚かましくなく、誠実で世話好きな人物であった。彼は家庭の雑用を何でもこなし、カントをいらだたせた家庭内のあらゆる乱れ、例えばゆがんだ扉や止まった時計等を素早く修理した。(もしランペがそれらに手出しすると、修繕して直る品物も確実に壊され、棄てられなければならなかった。退役兵士は銃の扱い方しか知らなかった。)ヴァジャンスキーは近くに住んでいて、一日に何度も姿を見せることができた。カントは彼に家政の処理や金銭上の用件を任せた。

早起きは今のところ変わりなく続いていた。朝五時に哲学者はもう書斎の机に向かっていた。彼は書く。彼は彼の生涯の主著に取り組んでいると言う。彼はその書物を『自然科学の形而上学的原理から物理学への移行』と名づける。原稿は増大する。数百ページが書き上げられる。そこには何が書かれているだろうか。

ところでそれはばらばらの覚書である。時折比較的大きな分量のものがあり、そこには一つの思想が首尾一貫して述べられているが、一層しばしば小さな相互に関連のない断片がある。ここにその例として序言の二、三の異文を示す。「もし哲学的自然科学(自然哲学)一般が体系的である(断片的集合体でない)とすれば、それの形而上学的原理と物理学的原理とへの上位区分がおのずから理性に示される。しかしこれら両部分は異質的であり、したがってそれらの付加は元来前進的でないにもかかわらず、後者(物理学って、それぞれがそれだけで存在しているのではなく、後者が前者にとって一般に補足的なのである。——それは一領域から他領域への飛躍ではない。なぜならもしそうであれば、自然科学の全体のための必然的結合をそれは与えないであろうからである。それは一またぎで同時に両岸に接触するために、理性が想定しなければならない態度なのである。(37)」これが第一の異文である。

「自然科学(自然哲学)は世界空間中の物質の運動諸力についての学である。——かかる体系が単にアプリオな概念と定理とに基づく限り、それは自然形而上学と呼ばれる。しかしそれが同時に経験原理を基礎としなければならない限り、物理学と呼ばれる。……しかしそれにもかかわらず前者〔自然形而上学〕から物理学への越境、そして彼岸を此岸と結びつけることは、自然哲学者に対する必然的要求である。なぜなら物理学は、自然哲学者がそれを目的として追求しなければならず、それにとってさきの概念が予備作業であるような目標だからである。(38)」これが第二の異文の書き出しである。

「哲学的建築術の主要要求は、諸学の限界を相互に入り混じるがままにさせておかずに、それぞれの領域を厳格に(たとえ激しく非難されようとも)規定することである。この慎重さがなければ、人は諸学の合目的的完全性に立脚したいかなる要求をも提出することができない。(39)」これが第三の異文の書き出しである。いずれも完成されていないが、その思想は明瞭で矛盾がない。

カントは固体と液体について、また運動・摩擦・引力・熱素・生命力について、書いている。有機的物体とは何であるか。新しい問題ではないが、答は新しいものを含んでいる。このような物体は自己の組織を物質の運動する力によってのみ受け取ることはできない、とカントは論証する。したがって人は非物質的な力を想定しなければならず、これは感性的に知覚しうる世界の特性ないし一部であるか、またはそれとは原理的に異なるものであるか、である。カントはこのような論証をさまざまに繰り返す。そして最後に注意に値する或る新しいものが生じる。「機械は、その合成が目的の概念によってのみ可能であり、或る意図的な運動との類比に従って形成されるところの固体である。もしこの形態が現実的な意図としてではなく、単に思考しうる意図としてのみ表象されるならば、そのような物体は自然的機械である。有機的物体はそれゆえ自然的機械である。[40]」ここにはカントがすでにゼンメリング宛の手紙の中で、「心の器官」について述べた思想が展開されている。それは、生命は複雑な自然的結合の特別の型である、という考えである。この反生気説的思想は時代の雰囲気の中にあり、やがて若きシェリングがそれに飛びつき、思弁的自然哲学の研究に従事するであろう。この思想を実験の正確な結論として定式化するのが、アレクサンダー・フンボルトである。カントは彼の老年期の研究において科学の進歩に遅れまいと努めている。ここには老衰もなければ、批判期前の状態への逆戻りもない。

しかし老化が進み、思想も混乱し始める。思想は次から次へ飛躍する。いま問題になっているのは、もはや物理学ではなくて、形而上学であり、自然ではなくて、存在一般である。物理学へ移行する前にその哲学的基礎づけを探究しなければならない。自然科学の形而上学的原理から超越論的哲学への移行は、まさにそれから始めなければならないものである。そしてそこから経験についての一般的学説への移行がなされ、その後に自然から自由への移行が、そして最後に両方の原理を自らの内に統合する存在者としての人間への移行がなされる。

省察の最後（一八〇〇年以降）の束は、すでに全く抽象的材料に当てられている。何よりも神の問題である。神とは何であるか。神は存在するか。神とはすべての権利を持つ人格であり、それに対してなんびとも権利をもたない。それはすべての感性的表象から純化された最高の現存在としての実体である。神の概念に対立するのは世界の概念である。主観の能動性が両者を一つにする。思考する主観は世界を可能的経験の対象として自ら作り出す。これはすでに批判哲学には似ていず、明白にフィヒテの影響が見られる。あるいは、「自身を原理へと定立し、自己が創始者であるような人格としての、自己自身の認識」とも言う。[41] 思いがけなくカントは自分の体系を「知識学」と呼ぶ。しかしその傍に再び、私（人間）は外的感性的客観であり、世界の一部である、という言葉がある。しかし哲学的思想の真只中に我々は次のような言葉を見いだす。「水曜日、大えんどうと豚肉。木曜日、乾果物とプディング。またニコロヴィウスのゲッティンゲン・ウルスト。[42]」それに続いてまた、神、世界、世界の所有者である私。人は世界を神から分離しうるか。超越論的哲学は神の現存在についての仮説のための証明を決して与えない。哲学は人間理性の最高目的への理性的存在者の愛である。そしてまた日常事が記される。「ランペは昨日午後、私の衣服と部屋着を食堂の煖炉の後ろに掛けておいたが、それは着物が食後暖かく着られ、冷たくないようにとの気持からであった。料理女が猛然とランペをののしり、彼は彼女の意志を放任し、家の主人として取り締まろうとしなかったと言う。[43] しかし彼女は自分で主人役を演じたがっている。人間ハ人間ニトッテ狼デアル。(Homo homini lupus.)」他の箇所にはさらに次の言葉が見られる。「ランペは早くから遅くまで酒を飲むことを止めないので、期末給だけでなく特別手当も今週は差し控えることを、ランペに教えてやらねばならない。[44]」

カントのランペに対する関係は、決して非常に親密でも牧歌的でもなかった。カントをいらだたせたのは彼の鈍感さであった。三十年間彼はポストから同じ新聞を持ってきながら、どうしても新聞の名前を覚えることができなかった。或る日ランペは主人の目の前に（赤い襟のついたいつもの白い上衣の代りに）黄色の上衣を着て現れた。カントは怒った。ランペはその理由を説明して、これは自分の新しい結婚を機会に古着屋で買った新品である、と言った。カントにとってすべてが新しい知らせであり、彼の召使が現在結婚していることも、また召使がその前に結婚していて、妻を失ったことも知らなかった。ランペの配偶者は、我々がすでに知っているように、カントの遺言状の中に名前をとどめている。

習慣は第二の本性である。カントは自分の長年の召使に慣れた。彼は召使の突飛な言動に耐え、そしてあらゆる変化を恐れて、彼を解雇する決心をしなかった。ヴァジャンスキーは、この状態がもはやこれ以上続きえないことを理解した。訓戒は役に立たなかった。ランペは自分の主人と共に老衰し、体も自由にならなくなった。ヴァジャンスキーは彼の代りを探した。

ついに主人が従僕に癇癪を起こす日が来た。二人の間に何が起こったのかは、ヴァジャンスキーも聞き知ることができなかったが、ランペは直ちに暇を出された。(彼は前もって年給と終身年金四十ターラーを受け取っていた。遺言状には適当な訂正が加えられた。)

新しい召使のヨーハン・カウフマンは中年の男で、落ち着いた性格の、気が利く、記憶力の良い人であった。彼はすぐにカントの習慣に適応し、彼らは互いに仲良くなった。カウフマンの勤務の最初の日はヴァジャンスキーがすべて取り仕切った。彼は朝四時からすでに王女通りの家にいた。五時に哲学者は起床し、少し戸惑いながら、いつものランペの代りに別な二人の顔を見た。カウフマンはお茶を運び、ヴァジャンスキーもテーブルに着いたが、カントは打ち解けなかった。彼は自分の皿に手を触れなかった。「私は彼の真正面に座った。やっと彼はそれに気づき、私が彼から見えなくなるように席を座り替えて欲しい、と私に丁重に頼んだ。すでに半世紀以上も前から彼は誰か他の人と一緒に朝食をとることはなかった。私は彼が望む通りにした。ヨーハンは控えの間に退き、カントが彼を呼んだ時にだけ現れた。それですべてが正常になった。私が先に述べたように、カントは独りでお茶を飲みながら、誰にも妨げられずに瞑想に耽るのが習慣であった。たとえ彼は今は読んだり書いたりしなくなったにしても、長年の習慣の力は今もなお彼の中で強く働いた。彼は大きな不安を感じることなしには、誰かが傍に居ることに耐えることができなかった。或る明るい日曜の朝私が同じような試みをした時にも、全く同様であった」[45]、とヴァジャンスキーは語っている。

一八〇一年十一月、カントは最終的に大学に別れを告げた。彼は給料の全額を貰いながら隠退生活に入った。今では彼はほとんど外出しなかったし、訪問者とも面会しなかった。わずかの人々だけが面接を許された。その中のひとりに、「カントの崇拝者で詩人」である若いロシア人の医者がいた。彼は有頂天のあまり、老哲学者を見ると、跪いてその手に接吻した。カントは当惑し、訪問に不満であった。翌日ロシア人は再び哲学者の家へ現れ、召使に対してカントの自筆の書類を呉れるように強請した。カウフマンは書斎の床から一杯書きこまれた一枚の紙片を拾い上げて（それは『人間学』の序文の草稿であった）、客室へ持って行き、（ヴァジャンスキーの許可を得て）ロシア人の医者へ与えた。

彼は喜びで我を忘れ、紙片に何度も接吻し、そしてフロックコートとチョッキを脱ぐと、それに一ターラーをつけ足して、すべてをカウフマンに与えた。

カントの老衰が広く知られてからは、全く招かれざる客も立寄るようになった。上品に着こなした婦人がカントと差向かいで会いたいと執拗に頼んだ。彼女はまずヴァジャンスキーと会わねばならなかったが、彼は彼女が町中で有名な詐欺師であることを知った。彼女の説明によると、かつて彼女の夫がカントに一ダースの銀のスプーンと金製品を渡しており、もしそれらがすでに手許にないならば、現金で弁償してほしいと彼女は言った。ヴァジャンスキーは警官を呼び寄せ、二度とこの家に現れないと約束させてから彼女を放免した。

他の未知の女性がこっそり書斎に忍び込むのに成功した。カントは机から跳び上がって自分の所有物を守ろうとした。彼女は時刻を尋ね、カントは時計を取り出し、それを掌中に握りしめながら、時刻を教えた。未知の女は礼を言い部屋から去ったが、すぐ戻って来て、本当は隣人のためにここに来たのだと言って、隣人の名前を挙げた。そして隣人が時計を正確に合わせなければならないので、教授は数分間時計を自分に貸してもらえないだろうか、自分がすぐ返しに来る、と彼女は言った。カントが叫び声をあげたので、婦人は急いで退散した。もし摑み合いにでもなったら、結果は哲学者の不利になったであろう。生涯で初めて女性が彼に対して勝利を得ることになったかもしれない、とヴァジャンスキーはこの事件を説明している。

手紙の洪水は途切れた。友人たちはカントの状態を知っていた。他の誰よりも長く手紙を書き送ったのはキーゼヴェッターである。彼はもう哲学的問題についてよりも、テルトウ産の蕪菁について書く方が多かった。それはカントの好物で、キーゼヴェッターが定期的に送っていた。蕪菁は彼らの最後の文通の主要テーマであった。一八〇一年十一月、キーゼヴェッターは例の蕪菁一樽を送りながら、もうカントに宛てて手紙を書かず、送り状に送り先の名前を記しただけであった。カントの自筆の手紙の最後の日付は、一八〇一年八月である。それは超越論哲学に関する二巻の著作の送付を感謝する、ヴィレール宛の手紙であった(この人はボナパルトから四時間でカント主義の解説を求められた人である)。退職願は他人の手で書かれ、カントは署名しただけである。次の言葉も口述筆記されたものである。「私の力は日毎に減退し、私の筋肉は衰えています。私はこれまで病気らしい病気をしたことがなく、今も病気の心配をしていませんが、それでも私はこの二年間私の家から外出したことがありません。」[46]これは一八〇二年四月の日付である。カントの姪の夫の近況を知らせる手紙に対するカントの返事である。

カントは他人の助けなしには歩行することが困難であった。常に誰かが彼の傍に居なければならなかった。いま彼の家には妹のバルバーラが住んでいた（弟はもう生存していなかった）。時折彼は机に向かった。彼は震える手で二、三の文章を書きちらす。「超越論的哲学は、アプリオリに一つの体系に完結する理性諸原理の総体である。（一者の中に図式を認識の形式的なものとして立てること。ただし認識の実質的なものが単に形式を原理に従って完全に示すこと。）……いつもの不眠。……胃門部の膨満の主観的原理によれば、それは主観的としか考えられない。星空の現象に没頭すること。これ自身は単に現象かそれとも現実か。[47]」

カウフマンは、彼の主人が一種の日記を書くのを手伝う。彼〔カウフマン〕は特別のノートに日付をつけ、昼食の献立と招待客（昼食に以前同様二人の客）の名前を記す。それらの記録の中に時折カントの手控えが見受けられる。「金曜日（明後日）二十二日に、私は八十歳になる。そのため優しい友人たちが親切にも私をもてなしたいと言っている。I・K。[48]」これは一八〇三年四月二十日付である。

指定の日にお祝いの食事に招待客が集まった。しかしカントは食事中に気分が悪くなった。できるだけ静かに会話が交されたにもかかわらず、その騒音がカントには堪え難かった。

「彼は普段着に着替えて書斎の中で私だけと二人になり、召使に与えねばならない贈物について私と話した時、やっと本当に自分にかえった。カントは周囲の者が喜ばなければ、自分も喜ぶことができなかった。それで彼は馬車で外出するたびごとに、召使のための贈物を主張した。私は彼を安静にさせたいと思い、いつものように彼に別れを告げた。彼は常に儀式ばったものや異常なものに反対であり、そうした際の祝辞に、特に勿体ぶった調子に反対であった。彼はそこにいつも味気ない笑うべきものを感じたからである。しかし今回はこの祝宴の催しについての私のささやかな骨折に対して、彼は極めて並はずれた仕方で、しかも彼を打ち負かす衰弱の確かな証拠であるような表現でもって、私に感謝した」[49]、とヴァジャンスキーは述べている。

十月にカントの容態はますます悪化した。生涯で初めて彼は数日間ベッドの中で過ごした。回復し始めると、再び客が食事に招待されたが、今度は食事は全く沈黙の中で行われた。カントは急いで料理を平らげ、すぐ再びベッドに横たわった。時々彼はまどろんだ。夕方彼は不安に襲われた。夜は悪夢に苦しめられた。カウフマンは彼と一緒に同じ部屋で眠った。

十二月十五日の日記に最後の記事が記入された。カントはすでに秋以来読むことができなかった。いまや彼はほとんど耳が聞こえない。彼は妹に気づかず、おそらくカウフマンにも気づかなかった。一八〇四年二月三日、彼はもはや食物をうけつけなかった。彼は食卓に向かって客と一緒に座ったが、食事することができなかった。

＊

プラトンは自分の師ソクラテスの死について感動的な記録を我々に残した。医学的指図による死刑の執行。毒薬を飲み、足が重くなるまで歩くこと。それから横になる。冷たさが心臓に達すると、最期である。ソクラテスは中傷され、無信仰と青年を堕落させたことを理由にして偽って告発され、彼はあたかも死刑をわざわざ呼び寄せたかのように見える。そして彼は友人たちが用意してくれた逃走を断り、自覚して平然と死に赴いた。彼はそれによって、彼の教えを受け入れなかった自分の同市民たちを警醒しようとしたのであろうか。それとも内なる良心の法則への服従を忘れぬよう未来の世代に対して訴えたのであろうか。人類は二千五百年にわたって彼の死の謎について思い巡らしている。

カントの死は、その生と同様に明瞭である。為すべき義務は果たされた。そして衰弱。最期。個々の事柄は単純である。二月十一日土曜日、ヴァジャンスキーは終日死にゆく人のベッドの傍で過ごした。「私は彼に私がわかるかと訊ねた。彼は答えることができなかったが、接吻のため私に唇を差し出した。私は深い感動で身震いした。彼は再度私に蒼白い唇を差し出した。それは私に対する訣別を表し、長年の友情と援助とに対する感謝を表すものである、と推測することができた。私は彼がかつて友人の誰かに接吻を与えたことがあるのを知らない。(50)」ヴァジャンスキーはずっと傍を離れなかった。部屋にはカントの妹とカントの甥とがいた。

死の苦しみは一昼夜続いた。夜中の一時に彼は正気づき、ワインと水と砂糖との混ぜ物を数滴飲んだ。「よろしい」(Es ist gut.)と彼は言った。そして再び彼は昏睡状態に陥った。意識はもはや戻らなかった。明け方顔面は蒼白となり、硬直状態が現れた。眼が曇り、しかも開いたままであった。脈搏は左股にだけ感じられた。ヴァジャンスキーは跪き、生命の火がまだともっている身体の箇所に手をあてていた。呼吸がだんだん弱くなった。上唇が震え、呼吸が止まった。数秒間まだ脈搏が感じられ、だんだん弱くなり、ついに静止した。それは一八〇四年二月十二日午前十一時であった。カントは死んだ。

＊

すでに一七九九年に彼は自分の葬式について指図していた。葬式は死後三日目に取り行い、できるだけ質素であることを、彼は望んだ。そして参列者は彼の近親と友人たちに限り、遺体は普通の墓地に埋葬して欲しいと。

しかし実際には別の形で行われた。町中がカントに対して別れを告げた。死者への告別は十六日間続いた。厳しい寒気の連続であった。生前すでにほとんど骸骨にまでやつれていた哲学者の遺骸は、暖房のない客間で腐敗に耐えることができた。柩は二十四人の学生が運び、柩の後には守備隊の全将校団と数千人の市民が列をなして続いた。大学評議員会は葬列を大寺院の傍で迎え、大寺院では最後の告別の言葉が語られた。司祭は居なかった。

カントは大寺院の北側に隣接する教授墓地に葬られた。これは古い廃墟で、年とともにますます老朽化していった。一八〇九年にそれは取り壊され、その跡に遊歩廊が建てられ、「ストア・カンティアーナ」と名づけられた。遊歩廊の末端にカントの墓石が彼の胸像と共にある。

「ストア・カンティアーナ」は十九世紀末まで存続しただけである。一八八〇年代に哲学者の墓の上に、新ゴチック様式の礼拝堂が建立された。しかしそれも長くは続かなかった。一九二四年(生誕二百年記念の年)にカントの墓石は新しく再建され、今日でもそれを見ることができる。

カントの墓所は現在のカリーニングラードの中心部にある唯一の建造物で、第二次世界大戦を生きのびたのは奇蹟である。現在、河で両側を囲まれた島には廃墟が全くなくなった。カントの墓が隣接している大寺院の廃墟だけが聳えている。一九七四年四月二十二日、カント生誕二百五十年記念日に祝典が行われ、各地から哲学者が参集し、花束を捧げた。

結語に代えて

人間は死に、思想は残る。哲学者は、聞かれる事柄を語りえた時にこそ、不死を獲得する。不死の生は届出の義務をもたず、それは世界中到る所を住処とする。

結語に代えて我々は、カントとロシア文化との関連についてなされた三つの研究に、読者の注意を向けたいと思う。第一の研究はカントの生活の忘れられた逸話に関するものであり、他の二つはロシア精神史におけるカントの不死の業績に捧げられたものである。この三つの研究を一括して大要を述べよう。

私はカントの往復書簡を研究していくうちに、ベロセリスキーという未知の名前に突然出会った。私は三種のソヴィエト大百科事典を調べたが、この名前は見つからなかった。やっと『ロシア人名辞典』(一九〇八年、ザンクト・ペテルブルク)の中に次のような記事を見いだした。

アレクサンドル・ミハイロヴィチ・ベロセリスキー＝ベロゼルスキー公爵(一七五二—一八〇八)は、当時の教養高い人物であり、ペテルブルクの科学アカデミー、芸術アカデミー、カッセルの古代学アカデミー、ナンシーの文学アカデミー、ボロニヤ研究所等の会員であった。ベロセリスキーは外交官かつ詩人として知られていた。彼はドレスデンとトリノの公使であった。彼は主にフランス語で書いた。彼がロシア語で書いたのは歌劇脚本『オリンカまたは初恋』であった。ベロセリスキーの哲学的業績については辞典では何も語られていない。

しかしまさしく彼の哲学的業績にカントが注目しているのである。ベロセリスキー宛の手紙の草稿の中でカントは言っている。「閣下には、私が数年来従事してきた人間の認識能力の形而上学的限界規定という仕事を、他の人間学的面においても、人間理性の純粋思弁の働きに対して成就することが、残されていました。[1]」

我々はカントがお世辞を言う人でもなければ、筆まめでもないことを知っている。我々は彼が王妃ルイーゼの招待に応じなかったことを記憶している。また数学者ランベルトがカントの判断を求めて、哲学的方法についての自分の考察をカントに送った時、カントがそれに返事をしなかったことを、我々は覚えている。ところがカントはベロセリスキーに答えるために、自分で一つの草稿を書き、その中で丁寧に所説を要約した。これは一体何を意味するであろうか。

アカデミー版カント全集第十三巻は、彼の往復書簡のための注を内容としている。それによると、ベロセリスキーは一七九〇年にドレスデンで出版した自分のフランス語の論文『知性論または悟性の哲学的図解』(Dianyologie ou tableau philosophique de l'entendement) をカントに送ったとされている。[2]

そこでカントの評価したこの論文そのものを見つけ出さねばならなかった。これは厄介ではなかった。国立レーニン国書館に電話すると十五分後に返事が来た。書物はある。第二版、ロンドン一七九一年で、整理番号が知らされる。館外貸出することもできるという。じつはこれは間違いで、書物は稀覯本である。しかしそれを手にする前に、ゼロックスでコピーをとり、翻訳に着手する。その後私は「書籍博物館」でドレスデン一七九〇年出版の初版本を見つけた。さらに一七九一年フライブルク発行のドイツ語訳をも見つけた。(この書物は当時英語にもイタリア語にも翻訳されたらしい。)

ベロセリスキーは、できるだけわかりやすくするために、図式を付け加えている。論文の本文は本質的にこの図式に対する注釈である。各円が一つの認識能力を表している五つの同心円を思い浮かべなければならない。中心には、認識の可能性のみを示す「不活発な無規定性」がある。認識の低い圏域は動物的「鈍感性」であり、ここでは感官と本能とが支配している。その次に「単純性または判断力の圏域」があり、そこでは常識と直覚とが支配している。さらに「悟性の圏域」があり、その特徴は、明瞭性・首尾一貫性・体系性である。より高い所に置かれているのが「明敏性または超越の圏域」で、その特質は対象の全体的認識のための能力である。これは哲学の圏域である。ここには多くの類似物が見いだされる。ベロセリスキーは例として、創造力を訓練する学校としての遊戯について語る。最後が「精神の圏域」であり、創造的構想力の領域、天才の領域である。精神は認識の頂点であり、それは見ることから期待されるより以上のものを示す。それは停止と制限の敵であり、精神にとって唯一の制限は生命そのものである。構想力は幻影を扱うのではなく、現実的材料だけを扱わなければならない。さもなければ構想力は自分の翼（見事に図式の中に書きこまれている翼）に乗って容易に「空想の空間」へ浮遊するであろう。認識の「諸圏域」の間にベロセリスキーは、それを越えると認識が反対物に転化するところの境界を指示するかのように、「過誤の諸空間」を置く。「諸圏域」の幅は狭く、他方「諸空間」は幅の広い同心円である。人間の世界では過誤・無分別・愚鈍が、認識の獲得と増大のための性能を遙かに凌駕している、と著者が確信していることは明白である。

カントはベロセリスキーの図式の中に、『純粋理性批判』で述べられたすべての認識能力があるのを見た。ベロセリスキーはこの著作を知っていたのであろうか。一般にカントの精神的影響が彼の中にどこまで認められるか。これを言うのは困難である。私が最初『知性論』を読んだ時、このロシアの外交官はケーニヒスベルクの哲学者の弟子であり、師の著作についての自分の研究の成果を師に送って、その批評を求めたのであろう、と私は思わず想像した。この仮定はなんとも誘惑的であった。或るドイツの書物(K・シュターフェンハーゲン『カントとケーニヒスベルク』(3))の中で、ベロセリスキーがカントのロシア人学生であったと言明されているのを見たので、一層その考えに傾いたが、しかしそれは誤りであった。当時のケーニヒスベルク大学の出版された学籍簿の中にはベロセリスキーの名前は見当たらない。あるいはロシアの貴族は聴講生であったのか。しかし彼がカントの町に滞在していたことを示す信ずべき証拠は何もない。彼がカントの著作を読んだことについても何の資料もない。ベロセリスキーの哲学的見解の形成は、フランスの百科全書家たち、すなわち、ダランベール、ヴォルテール、ルソー、モンテスキュー、コンディヤックらの影響の下になされており、これらの名前は『知性論』の中に見られる。(カントの名前は一度も言及されていない。)

取り扱われた問題の根本的仕上げの中にみられる原理的差異のほかにも、ベロセリスキーとカントとの間には事柄へのアプローチの仕方において本質的相違が存する。カントにとって、認識一般の列挙された能力はすべての人間に属しており、程度上の段階があるとしてもそうである。これに反してベロセリスキーにとっては、彼が挙げた各「圏域」は、自然が人間をその中に編入する一種の等級であり、人間はその限界内で自己を完成することができるが、その外へ越え出ることはできない。ベロセリスキーは社会的不平等を見てそれを是認しないが、認識能力の不平等を自然的で克服不能と考える。人間に残されていることは、或る圏域への自分の所属を正しく決定し、生まれつき与えられた能力を発達させることだけである。

ベロセリスキーは彼の論文になお一つの図式を付け加え、その中で幾人かの著名人の「知性論的」分類を行い、彼らを四つの知的「圏域」に区分している。彼はあえて論証しようとはしない。「判断力の圏域」に、哲学者のエピクテートスや芸術家のデューラーと並んで、なぜポンパドゥール夫人がいるのかは推量することができるだけである。「悟性の圏域」に我々は、ルイ十四世、ルター、プーサン、エピクロス、ヒュームを見いだす。「明敏の圏域」には、クロムウェル、カルヴァン、ロック、パスカルを、「精神の圏域」には、ピョートル大帝、フリードリヒ二世、レオナルド、ラファエル、ミケランジェロ、シェークスピア、プラトン、デカルト、ルソーを見いだす。ここでベロセリスキーの論文は社交界の談話の水準にまで落ち、面白いが必然性はない。

ベロセリスキーの仕事の中で『知性論』は偶然の産物ではない。私が彼を徹底的に研究したと言うことはできないが（彼は疑いなくそれに値するが）、なんとかして若干の未刊の作品を知り、それを手に入れた。手稿の『死と生についての対話』の中で、ベロセリスキーは遊戯の効用について述べ、遊戯者の才能を数学者の理性と比較し、その際彼の『知性論』の参照を指示している。対話の終りに、論文の熱情に相応しい格言が見られる。「人はすべてを最後まで味わい尽くすべきだが、しかし飽満してはならない。」アレクサンダー・ミハイロヴィチ・ベロセリスキーは聡明で円満な人間であった。次の箴言は人間性の不変性についての彼の確信を示している。「山がその位置から動いたことを、信じたければ信ぜよ。しかし人間がその性格を変えたことは、決して信じるな。」このすべては中央国立文学芸術記録保管所の中に保存されている。ここにはカントの伝記に直接的関係をもつ一つの記録がある。

その後の探究はいかに進んだであろうか。ベロセリスキーについては二つの著作がある。A・A・ヴェレシチャーギンのロシア語の著作『モスクワのアポロン』ペテログラード、一九一六年（三百部）。A・マゾンのフランス語の著作『二人のロシア人フランス語作家』パリ、一九六四年。ヴェレシチャーギンは同時代人たちがベロセリスキーをそう呼んだところの、モスクワのアポロンのアルバムを記述している。彼は「ミューズ神の愛人」であり、絵画と音楽との精通者であった。彼はフランス語とロシア語の詩を作った。我々はその作品をアルバムの中に見いだす。それと一緒に、ヴォルテール、マルモンテル、他の有名人たちの書簡と、エカテリーナ二世とパーヴェル一世との肉筆を見いだす。ヴェルシチャーギンは同時にアルバムの所有者ベロセリスキーの生活について語っている。彼はトリノからの公爵の外交報告を賞讃しているが、その報告にはフランスにおける革命的事件の客観的分析が含まれていた。しかしそれは女帝の不興を招き、彼が祖国に召喚される原因となった。ヴェレシチャーギンはベロセリスキーの軽薄な『オリンカ』上演について叱責しているが、このオペラの上演はスキャンダルになり、危く作者の不幸に終るところであった。ヴェレシチャーギンは『知性論』についてはちょっと触れただけで、しかも軽蔑的に扱っている。彼の意見によれば、これは「哲学的ごた混ぜ」である。

マゾンはより広汎な資料を駆使している。彼は記録保管所の資料を取り寄せ、初めてベロセリスキーの一連の未発表のフランス語の著作を刊行した。若い公爵の教育者について彼が伝える報告は興味が深い。この人はフランス人の法律家・著作家であり、ベルリン科学アカデミー会員であったが、後にはジャコバン主義者になった。『知性論』の内容についてマゾンは繰り返し語っているが、ヴェレシチャーギンを引用しながらその作品を高く評価していない。

我々はともかくカントを信頼しよう。カントの手紙の草稿の中で、論文についてのすでに引用した感激的な一般的特徴づけの後で、ベロセリスキーの示した認識の図式の検討が続く。最初カントは『知性論』の中に書かれていることを文字通り繰り返す。その後で精確化と脱線があり、そして原文は中断される。いかなる結論にカントは達したのであろうか。何が彼を立ち止まらせたのであろうか。手紙そのものはアカデミー版全集の中にはない。もしかするとこの手紙は全く出されなかったのではないか。

我々は結論を急がないことにしよう。改めてマゾンの書物を覗いてみよう。その付録の中に、完成しなかったロシア語版『知性論』の準備についての興味ある材料が収録されている。翻訳の一部と、一七九五年一月三日付の検閲許可印のある表題紙と、訳者の序文が見られる。マゾンはロシア語版序文の中に混じっている、ベロセリスキー宛のカントの手紙のロシア語訳を、珍しい物として公表している。マゾンはそれについて、公爵の周囲にいる或る追従者の偽造した手紙である、と考えた。マゾンが手紙の本物であることを疑ったのは、公爵の文書の中にドイツ語の原文がなく、また「その痕跡をドイツ中に発見しえなかった」からである。(4) その上手紙の翻訳は誰かによって抹消されている。

懐疑は歴史家にとって有益なものであるが、しかしそれは、懐疑はさらに懐疑によって検査されねばならず、七回調べよ、という規則が守られる場合に限られる。マゾンは急いだために『知性論』の否定的評価に達した。マゾンはドイツにおけるカントの手紙の痕跡を徹底的には探索しなかった。(手紙の草稿の書き出しの文言が決定稿と一致していることを確認するために、マゾンはアカデミー版全集を覗いてみさえすればよかったのである。)マゾンは結局記録所に保管されている翻訳を不正確に引用した。そのことを私は確信することができた。

マゾンは注の中で「文学博物館」の文書を指示している。そこで私を待っていたのは幻滅であった。そのようなものは何もなかったし、また現にないのである。演劇博物館には以前公爵夫人ジナイダ・ボルコンスカヤ(A・M・ベロセリスキーの娘)の遺産が保管されていたが、そこには私にとって興味ある資料があった。今これはすべて中央国立文学芸術記録保管所にある(遺産一七二、目録一、保管単位一五三)。表紙を開けると、記録利用者の名簿に「マゾンのために」という注意書を見る。これはフランス人のスラヴ学者が自分で原典について調べなかったことを意味する。誰かが彼のために複写機でコピーを取り、それも非常にいい加減であったために脱落や誤りが起こり、それが原典の理解を一層困難にしたのである。マゾンが発表した文書の中で省略記号を付した箇所には、原典では大きなしみがある。虫眼鏡を取り出して読むと、le bon sens（良識）とある。フランス人学者はここで困惑しなかったであろう。カントの手紙の翻訳は実際に抹消されている。他に翻訳しようはなかったであろう。ドイツ語の草稿のみが意味を理解することを可能にする。私は草稿を調べ、カントの他の箇所をも思い出すよう努めながら、それのロシア語訳を仕上げる。そうしてまず近代哲学の術語での原文のロシア語による再構成ができ上がる。それからここでドイツ語への復元訳がなされる。これはカントの手紙の原文がいかなる内容のものであったか、その印象を伝えてくれるに違いない。(5)

《カントのアレクサンダー・ベロセリスキー公爵宛書簡》

「閣下が昨夏私に御恵贈下さいました御高著『知性論』を、貴重な贈物として確かに拝受致しました。私はその中の二部を、その価値を評価することのできる人々に分かち与えました。御礼を申し上げねばなりませぬことを、過ぎ去った日々の間決して忘れてはおりませんでしたが、山積する用件のためにいつも延引せざるをえませんでした。この機会に同時に、私が貴著から受けた御教示についても若干申し述べたいと思いますが、今は二、三の主要点のみを挙げさせていただきます。

認識能力についての貴方の深遠な分析を学校の規則に従って叙述し、貴方の概念の効用を我がものとするために、私はなかんずく我々の生得的な表象能力（形而上学のための我々の自然素質）の二つの互いに区別される国または領域について、述べます。悟性の国は一般的意味では、思考する能力であり、直観の国は感性の単なる能力であります。

これらのうちの第一の国は三つの圏域から成っています。第一の圏域は悟性の圏域であり、または理解し、概念を形成し、知覚および直観を加工する能力です。第二は判断力の圏域であり、またはそれらの概念を特殊の場合に（具体的に）適用する、つまり思考規則と一致させる能力であり、これは健全な人間悟性（良識《ボン・サンス》）を本来作り上げているものです。第三の圏域は理性の圏域であり、または特殊を普遍から導出する、つまり原則に従って判断する能力です。

第一の国のこれら三思考能力が、人間の真の完成に役立つ最高の立法的理性との類比において使用されるならば、そしてそれらが知恵を目的とする体系を形成するならば、それらは哲学の圏域を形成します。

しかしそれらが下級能力（単なる直観）と一致して使用され、しかもその本質的部分である、独創性を有し構想力によって成立している部分（構想力とは、決して奴隷的法則に服従せず、芸術に見られるごとく、自分自身から創造の努力をするような力である）と一致して使用されるならば、それらは自然の賜物すなわち才能の語と同義であるところの天才の圏域を形成します。

このような仕方で私は五つの圏域を発見することができます。最後に構想力が気儘な活動によって自分自身を破壊するならば、構想力は普通の狂気か誇張へ落ち込むでしょう。もし構想力がもはや理性に従属せず、それどころか反対に理性を奴隷化しようと努めるならば、人間は人間性の地位（圏域）から出て妄想と空想の圏域へと転落します。

閣下にはこの私の未熟な考えを大目に見て下さいますようお願い申します。それらは私が貴方の深遠な論文の内容について思索しましたことの証拠でございます。

敬白

イマヌエル・カント」

我々が手紙の決定稿を最初の草稿と比較するならば、哲学者が讃辞を幾分押えたことがわかる。手紙の原文の中には我々が先に引用したベロセリスキーへの讃辞は見当たらない。それでもカントは同じ調子で述べている。カントの援助がなければ、『知性論』の真の長所を正しく評価することは困難であり、おそらく不可能であることを認めなければならない。その例がヴェレシチャーギンとマゾンである。

しかしカントの手紙のもつ全き意義は、これだけにあるのではない。我々の前にはカント自身によるカント理論の極度に圧縮された総括がある。我々は問題の本質をすでに知っている。悟性・判断力・理性は、三つの思考能力であり、哲学の世界を体系にまで完成する場合に、それを条件づける。悟性は学の基礎であり、概念を形成する。判断力は概念を生活の具体的場合へ適合させる。初めカントは判断力に対して非常に狭い領域を指定したが、後では判断力は芸術と文化を可能ならしめる、体系の中間項へ変わった。理性は悟性を統制し、悟性を誤謬から守る監督的機関である。これは道徳性の圏域であり、哲学的諸原理の実践的実現の圏域である。

哲学の三分肢構造はカントの発明ではない。真・善・美は、ソクラテスにまで遡る三幅対である。カントはこれらの概念を全面的に――互いに別々にかつ矛盾する関係において――探究したのである。カントの三『批判』に対応しているのは、世界獲得の三種の方法、すなわち、理論的、実践的、実践的＝精神的という三つの方法についてのマルクスの思想である。いずれの方法も他の方法を揚棄しない。それらはカントの体系におけると同様に互いに等置されている。優位性は実践にある。

カントとマルクスとの間に、フィヒテ、シェリング、ヘーゲルがいる、彼らは弁証法の大家たちであるが、弁証法の基礎を据えたのはカントである。ドイツ古典哲学の創始者から直接現代の我々へとつながる一本の糸がある。認識論における生産的構想力を基礎とする感性と悟性との綜合の思想がそれである。そして倫理学における義務の卓越した役割の強調、さらに国際関係論における永遠平和の計画が、それである。

カントの哲学のパトスは創造性である。人間の一切の精神的可能性は創造性の中に結集する。しかし創造的構想力が実在的なものと理性的なものとの限界を踏み越えるかもしれない、という思想にいかにカントが気遣ったかに注意しなければならない。人間の精神、健全な人間悟性は、警護の任に当たらなければならない。カント以後、「健全な人間悟性」の概念の信用を失墜させる試みが企てられた。カントにとって健全な人間悟性は安全性の保証であり、信仰に劣らぬ方向指示器である。一切の哲学は元来健全な人間悟性のための固有の学問的試金石である。しかし同時に、哲学が科学の達成を再吟味するとき、健全な人間悟性自身が試金石なのである。

*

さて今我々はドストエフスキーとカントとの想像上の決闘に立ち帰ることにしよう。ゴロソフケルは、「ドストエフスキーはカントに反対であった」と断言している。ゴロソフケルはカントを明らかに別の誰かと取り違えるという誤りを犯している。おそらくヘーゲルと取り違えたのであろう。ヘーゲルについてはドストエフスキーは常に厳しく非難した。「ヘーゲル、このドイツ人の若僧はすべてを哲学によって和解させようと願った。(6)」ドストエフスキーを憤慨させたのは、真理を抽象的な知識体系の中に見いだす、という考えであった。「現実的なものはすべて理性的であり、理性的なものはすべて現実的である」というヘーゲルの命題、すなわち、歴史において自己を実現する理性という考え方に対して、彼はこれに劣らず明確な次の命題を対置した。「錯乱した想像力のみが思いつきうるような一切のことが世界史について言われうる。しかし世界史が理性的である、ということだけは言われえない。」ヘーゲルは世界精神に対して幾多の無垢な花を踏みにじる権利を与えた。(世界精神は偉大な人々の中にのみ宿っている。)小説『罪と罰』は、そのような考えから何が生じうるかを示した。

カントについては事情は異なる。もちろん宿命論的楽観論についてのカントの批判期以前の議論が、もしドストエフスキーの目に入っていたならば、カントにとって不利な判断が下されたであろう。我々はイヴァン・カラマーゾフの神に対する反逆を思い起こす。イヴァンは犬に咬み殺された八歳の少年の話を語っている。「結局子供は皆同じように成長し、過失を犯すあり余るほどの時間をもつだろう、と幾多の道化者は多分述べるであろう。しかしこの少年は成長しなかったのだ。たった八歳で犬に咬み殺されたのだ。」若いカントはこの道化者の役割を演じたことを、我々は覚えている。

しかしドストエフスキーはおそらくこれを知らなかったであろう。彼はせいぜい『純粋理性批判』を読んだだけである。そして彼を魅惑したシラーの読書が、成熟したカントの思想を必然的に彼に伝えたのである。

最近それについて、N・ヴィルモンが『ドストエフスキーとシラー』という書物を著した(7)。そこにはカントについて幾多のことが述べられており、特にゴロソフケルの非難が正当に斥けられている。もし我々がヴィルモンによる「小市民的・折衷的」というカント哲学の特徴づけを度外視するならば、そしてドストエフスキーの信念を深く反人間主義的とするヴィルモンの見解を度外視するならば、ヴィルモンの仕事は概して是認される。なぜならそれはロシアの作家をドイツ・ヒューマニズムの思想圏の中へ導いているからである。しかし驚くことにそれの最終的結論は、「カントとドストエフスキーは同志向の人である」という(私の見解では疑いのない)事実の、決定的否定になっている。

カントとドストエフスキーとの思考の一致を私はどこに見ているのか。彼らは自由な人格性の観念という主要点において一致している。カントの見解について我々は知っている。すなわち、自由は義務の遵奉であり、義務の法式は他人の幸福を内容とする。今度は我々はドストエフスキーの見解を聞いてみよう。「はたして人格性の放棄の中に救いがあるだろうか。反対だ、全く反対だ、と私は言う。無性格であってはならないだけでなく、まさしく人格にならねばならない。しかも西欧で今日観察されるよりもずっと高い程度においてである。私を正しく理解して欲しい。自発的な、完全に意識的な、何物にも強制されない、万人のための自己犠牲は、私の考えでは、人格の最高の発達の印であり、人格の最高の力、最高の自己支配、自分の意志の最高の自由の印である。万人のために自発的に自分の命を捨て、万人のために十字架や薪の山の上で死ぬことは、人格が最も強く発達した場合にのみ為しうることである。強く発達した人格、人格たるべき自分の権利を十分確信し、自分自身のために恐るべき何物をももたない人格は、この自分の人格からもはや他の何物をも作り出すことができない。すなわち、他の人々も全く同じような自己規定的な幸福な人格となるために、万人のために自分のすべてを与えるようにだけ自己を規定するということである。」(8)

N・ベルジャーエフが指摘したように、ドストエフスキーには、「熱狂的な人格感情」があった。ドストエフスキーはカントの批判書の諸節を間接的な仕方で研究しただけでなく、直接的にもカントの根本思想へ入り込んだ。彼らは新約聖書という一つの共同の源泉から思想を汲み取った。彼らはキリスト教倫理学の理解において一致していた。

キリスト教は一種類のものではない。ドストエフスキーは（カントも）カトリック的変種を拒否し、その中に神への誤った奉仕を見た。カントは正統派のプロテスタンティズムに反対であり、公認のギリシア正教はドストエフスキーを不信の念をもって扱った。両者とも非正統性の点では一致していた。

キリストの教えは、カントにとっても、ドストエフスキーにとっても、道徳的人格の理想の最高の体現である。それはカント倫理学の述べるところである。ドストエフスキーの哲学的傑作『大審問官の話』は、カントと同じ問題を論じ、重要な点でそれを補っている。

話は中世に遡る。もしキリストが再び地上に現れたとしたならば、カトリック教徒は彼を引き渡し、十字架にかけるだろう、とヴァチカンの反対者たちは言う。イヴァン・カラマーゾフはこのテーマについて十六世紀のセヴィリアを空想する。前夜、王や廷臣たちの面前で、大群衆の群がる中で、百人の異端者が一度に火刑に処せられた。彼は静かにこっそりと現れるが、群衆はすぐ彼に気づく。大審問官は彼を逮捕するよう命じ、その後牢獄の中で彼に対して釈明と告発と懺悔が同時に行われる。大審問官は新参者を責める。彼は自由を告知することによって人間を不幸にしたというのである。なぜなら人間にとって自由ほど耐え難いものはかつてあったことがないからである。

審問官はキリストに荒野での悪魔の誘惑を思い出させる。石ころをパンに変じるがよい。そうすれば人類は感謝に満ちた従順な羊の群のように、お前のあとにつき従うだろう、という誘惑である。「ところがお前は人間から自由を奪うことを望まず、この提案を斥けた。なぜなら服従がパンで購われるならば、何の自由があろうか、とお前は考えたからだ……またお前にはわかっているのだ。何世紀も過ぎると、人類はおのれの英知と科学との口を藉りて、犯罪はなかったし、したがって罪もなかった、飢えた者がいただけだ、と公言するようになることが。〝彼らに食を与えよ、しかる後に善行を要求することができる。〟彼らがお前に向かって翻す旗にはこんな文句が書かれ、その旗でお前の教会は破壊されるのだ。……お前は彼らに天上のパンを約束した。だが私はもう一度お前に訊ねるが、弱い、永遠に汚れた、永遠に恩知らずの人類の目から見て、天上のパンが地上のパンに匹敵しうるであろうか。」

仮に天上のパンのために、何千、何万の人々が彼のあとに従うとしても、天上のパンのために地上のパンを無視することのできない何百万、何千万の人々は一体どうなるのだろうか。刑吏は断言する（おそらく衷心から信じているのだ）、彼には弱い者たちが可愛いと。彼らは罪深いし、反逆者ではあるけれども、最後には彼らとて従順になるだろう。「彼らは我々に驚嘆するだろうし、また我々が彼らの先頭に立って、彼らのしりごみする自由の重荷に耐え、そして彼らを支配することを引き受けたという理由から、我々を神とみなすようになるだろう——それほど最後には自由の身であることが彼らには恐ろしくなるのだ。しかし我々は飽くまでもキリストに従順であり、キリストの名においてのみ支配している、と言うつもりだ。我々は彼らを再び欺くだろうが、それはお前を二度と我々のそばへ寄せつけないためだ。この欺瞞の中にこそ、我々の苦悩も存する。なぜなら我々は嘘をつき続けなければならないからだ。」

ドストエフスキーにとっては、カントにとってと同様に、嘘は最も重い罪である、人は嘘をついてはならない、たとえ「人間愛」からであっても。第一に、自分自身に対して嘘をついてはならない。嘘はすべての悪徳の母である。嘘は恐怖を生む。もし君たちが「何をなすべきか」の問について考えるなら、まず初めに嘘をつくことを止めなさい。大審問官は、キリストが礼拝の対象を求める人類の永遠の悲願を軽視した、と言ってキリストを非難する。「自由の身であり続けることになった人間にとって、ひれ伏すことのできる対象を一刻も早く探し出すことくらい、絶え間ない厄介な苦労はない。しかもすべての人間がもはや論議の余地なく無条件にいっせいに崇拝することに同意するような、そんな相手にひれ伏すことを人間は求めている。なぜなら人間という哀れな生き物の苦労は、あれこれの人が崇拝することのできる対象を探し出すだけでなく、万人が心から崇拝することのできる、それも必ず皆が一緒にそうすることのできるような対象を探し出すことにあるからだ。まさにこの崇拝の共同性という欲求こそ、有史以来個人たると人類全体たるとを問わず、人間の最大の苦悩にほかならない。共同の崇拝のために人間は剣でもって互いに滅ぼし合ってきた。彼らは神々を作り出し、互いに呼びかけた。〝お前たちの神を棄てて、我々の神を拝みに来い。さもないとお前たちとお前たちの神とに対して、死と滅亡を与えるぞ。〟多分世界の終わりまでこんな有様だろうし、この世界から神々が消え去る時でさえ、同様だろう。人間は偶像の前にひれ伏すだろう。」

人間にとって、自分の自由を少しでも早く譲渡しうるような相手を見つけることくらい、大きな苦労はないのだ、と大審問官はキリストに向かって繰り返す。「しかし人間の自由を支配するのは、人間の良心を安らかにしてやれる者だけだ。パンと共にお前には疑いのない力が与えられることになっていた。パンさえ与えれば、人間はお前の前にひれ伏すだろう。なぜならパンより確実なものはないからだ。しかしもし同時に誰かがお前に関係なく人間の良心を支配したなら、そう、その時には人間はお前のパンすら投げ棄てて、自分の良心をくすぐってくれる者について行くことだろう……地上には三つの力がある。そしてただその三つの力のみが、こんな弱虫の反逆者たちの良心を、彼らの幸福のために永久に征服し呪縛することができるのだ。その力とは、奇蹟と神秘と権威にほかならない。」

キリストは悪魔のこれらの三つの誘惑をすべて斥けた。彼は荒野の石ころをパンに変える奇蹟を行うことも、また神秘を身につけて、天使が彼を摑み運ぶように、神殿の屋根から飛び降りることも拒否した。地上の帝国の権力という最高の権威をも彼は放棄した。ドストエフスキーが福音書のこの寓話を説明しているように、信仰は証明を必要としない。「信仰にはどんな証明も役に立たない」とイヴァン・カラマーゾフに対して「悪魔」、彼のやましい良心が囁く。「そこでは何も証明することはできない」とゾシマ長老は主張し、つけ加えて言う。「しかし確信することはできる。いかにして、何によってか。活動的な愛の経験によってである。貴方の身近な人たちを強く弛まず愛するように努めなさい。愛に成功するのに応じて、貴方は神の存在も、貴方の魂の不滅も確信するでしょう。」

我々はすでに『純粋理性批判』についても、『単なる理性の限界内の宗教』についても、論証の過程を知っている。カントは神の現存性の論理的証明を斥け、伝統的信仰の支柱である、最高の権威に由来する奇蹟・神秘・恩寵を斥けた。カントは自己の哲学の道の最後の地点で、道徳的形成の原理としての愛の自覚に達した。ドストエフスキーは初めの或る時にそれに達した。それはセメノフスキー広場で、そのとき命は「たった一秒しか残っていなかった」という銃殺刑の執行を待っていた時であろうか。カントは道徳的革命の経験を通じて人間を尊敬することを学び、ドストエフスキーは人間を愛することを学んだ。それもすべての人を一緒にして、全人類に対してそうしたのではなく、自分の傍にいる一人一人の人に対してそうしたのである。このことは稀有の最困難事である。

「私は人類を愛する、と言う。しかし私は自分自身に驚いている。私が人類一般を愛すれば愛するほど、私は人間を個別的に、すなわち個々の人として、愛することがますます少なくなる。思想の中で私はしばしば人類への奉仕という奇妙な目標を懐いた。もしそのことがなんらかの仕方で突然要求されたならば、多分私は実際に人々のために十字架にかかることができたかもしれない。しかし私は二日間でも誰かと共に一つの部屋で過ごすことができなかった。それは何度もの経験から明らかであった。誰かが私の傍に居ることはほとんどない。彼は私の人格や私の自尊心を傷つけ、私の自由を侵害する。一昼夜の間私は最良の人々をも憎むことができる。或る人を食事が長いという理由で、他の人を鼻風邪でしきりに鼻をかむという理由でもって、憎むことができる。私は人々とほんのわずか接触するだけで、直ちに人間の敵になるだろう。その代り、私が個別的に人間を憎めば憎むほど、人類一般に対する私の愛はますます強く燃え上がった。」これはドストエフスキーによれば、倒錯したヒューマニズムの意識の告白である。

大審問官も同様に自己流に人間を愛する。彼もまた人間の弱点を知っている。人間は神よりも奇蹟を求める、と彼はキリストを説得する。「そして人間は奇蹟なしにやっていくことができないから、そこで新しい奇蹟を自分のために作り出して、祈禱師の奇蹟や、呪い女の妖術を崇拝するようになる。たとえ自分がたいそうな反逆者で、異端者で、無神論者であるとしても。……我々はお前の偉業を修正し、奇蹟と神秘と権威との上にそれを築き直した。人間が再び羊の群のように導かれること、そしてあれほど大きな苦しみをもたらした恐ろしい贈物がやっと心から取り除かれたことを、人間は喜んだ。……いや、我々の正しいことを人間は自分で納得するはずだ。なぜなら、お前の自由とやらが人間をどんなに恐ろしい隷属と混乱に導いたかを人間は思い出すだろうからだ。」

大審問官の眼前には「新秩序」の誘惑的情景が展開する。そこでは自由を奪われた幾百万の大衆が支配するエリートのために喜んで平伏する。「もちろん我々は彼らを働かせるが、しかし仕事から解放された自由な時間には彼らの生活を、歌あり、合唱あり、無邪気な踊りあり、という子供の遊戯のようなものにしてやるだろう。そう、彼らは弱く無力だから、我々は彼らに罪を犯すことさえ許してやる。そして我々が彼らに罪を犯すことを許してやったことに対して、彼らは我々を子供のように慕うだろう。どんな罪でも我々の許しを得てなされたのであれば、償われる、と我々は彼らに言ってやるだろう。我々が彼らを愛していればこそ、彼らが罪を犯すのを我々は許してやるのだし、その罪に対する罰は当然我々が引き受けるのだ。我々が実際に罰を引き受ければ、彼らは我々を、神の前に罪を担ってくれた恩人として崇めるだろう。そして彼らは我々の前に何の秘密ももたなくなる。彼らが妻や恋人と暮すことも、子供をもつかもたぬかということも、すべて服従の程度から判断して、我々は許したり禁じたりするだろう。そうすれば彼らは喜んで楽しみながら我々に服従するだろう。良心の最も苦しい秘密でさえ、彼らはすべてを我々の許へもって来るだろうし、我々はすべてを解決してやる。すると彼らは大喜びで我々の決定を信ずるだろう。なぜならその決定が、個人の自由な決定という現在の恐ろしい苦悩と大変な心配から、彼らを解放するからだ。」

ドストエフスキーの前には、カントの知りえなかった社会的・心理学的深淵が現れていた。これは何ら驚くにあたらない。『純粋理性批判』と『カラマーゾフの兄弟』との間には、ちょうど百年の間隔があり、さらにその上ドストエフスキーは少なくとも半世紀先を洞見していたからである。なるほど彼はさしあたりカトリシズムのことを念頭においていたが、しかし二十世紀の社会的神話をも予見していた。それは人間を良心の妄想から解放し、全責任を指導者に負わせ、禁欲的自己犠牲の一般的崇拝の限界内で小さな罪を許す、というものである。キリスト教が旧約聖書的権威主義を清算したと、カントはなお確信していた。いまや自由な人格の理念が脅かされていることを、ドストエフスキーは見ている。

ドストエフスキーはカトリシズムと旧約聖書の世俗化された説教とに対して、民衆のキリスト教信仰を対置する。官許の礼拝でも神秘的信仰でもなく、人格化した人間愛を対置する。ドストエフスキーにとってロシア民衆は「キリストのごとく常に悩んで」きた。十字架にかけられたイエスは、ロシアのシンボルであり、搾取され辱められ迫害された人々のシンボルである。ドストエフスキーの心臓と頭脳は彼らとともにある。

もし人が官許の教会とドストエフスキーの信仰との相違を看過するならば、ドストエフスキーとカントの近さを理解することは不可能である。「破廉恥漢たちが私の信仰を無教養で反動的だと称して、私を挑発しようとした。これらの馬鹿者たちは、『審問官』とその前章とで述べられているような、力の神の否定については夢想だにしなかった。その神否定に対しては、小説全部が返答である。しかし私が神を信じるのは、愚か者(狂信者)のようにではない。」

宗教はドストエフスキーにとって、「道徳性の法式である」にすぎない。彼はカントとは違って、「道徳性は宗教から生じる」と信じている。カントの格言「道徳性なき神は恐るべきである」に対して、ドストエフスキーの格言「神なき良心は恐ろしい」が見合っている。

＊

L・N・トルストイの作品の中では、カントの名前は珍しくない。作家は哲学者を原典と翻訳とで研究し、老年になればなるほどますます根本的に研究した。時には彼はカントと論争し、しばしば支持しようと努めた。彼は晩年になって、彼らが全く同じ考えであるという結論に達したが、彼は常にカントの難解さを嘆いた。

彼らの真剣な出会いは『戦争と平和』に関して生じた。長編史詩を構想していたトルストイは、明確な歴史哲学をその基礎にしようと決め、そのためには哲学史を考慮しなければならなかった。『純粋理性批判』を無視することは考えられなかった。しかしトルストイの意識の中では、カントはショーペンハウアーと融合していた。「私はカントを読んだ、そしてほとんど何もわからなかった。ショーペンハウアーを読み始め、特に再読するようになった時、やっと私はカントを理解した。ショーペンハウアーには私は一時非常に魅惑された」と彼は後で回想している。(9)

歴史哲学のカテゴリーは、因果性・自由・必然性である。トルストイはカントの自由の二律背反を知り、それをカントと同様に解決する。人間自体は自由であるが、しかし人間は依存的諸物の体系の中に閉じ込められているので、さまざまの仕方で自由を失う。『戦争と平和』の結語で次のように言われている。「我我が人間を環境から引き離して、それ自身だけで考察すると、人間のすべての行為は自由であるように見える。しかし我々が人間を環境とのなんらかの関係の中でのみ見るならば、すなわち、あらゆる可能的なもの、彼と語る人間や、彼が読む書物や、彼が従事する仕事や、彼を取り巻く空気や、彼の周囲の対象へ投じられる光や、これらとの結びつきの中で人間を見るならば、我々はこれらの条件のそれぞれが人間へ影響を及ぼし、なんらかの点で人間の活動を支配していることを知る。そして我々がこの影響を見る限り、人間の自由についての我々の考えは弱まり、人間を打ち負かす必然性についての考えが強くなる。」

人間は自分の偶然的個人的な、時として空虚な利己的な目的を追求する。しかし全体の結果は或る全く別なもの、合法則性であり、歴史的必然性である。歴史的必然性は、何百万もの多かれ少なかれ自由な意志、多かれ少なかれ偶然的な行為の合力である。このことはすでに十八世紀に(なかんずくカントによって)気づかれており、トルストイは何も新しいことを言っていない。トルストイの思想家としての功績は、周知の哲学上の真理をロシア史の上に、例えば一八一二年の事件へ適用した点に存する。

我々は『戦争と平和』の中に次の言葉を見いだす。「当時の人間の多数は事物の普遍的進行には少しも留意せず、個人的な現在の関心や利那の関心によって動かされた。そしてそれでもって人々は当時普遍性に対して考えうる最大の利益をもたらしたのである。」逃走中のモスクワの市民たちは少なくとも自分たちの行為の意味を思い悩んだ。彼らの誰もが自分で逃走し、自分の生命と財産を守ろうとし、またはこれらを投げ棄てた。そして結果として「壮大な出来事」が或る不可避的なこと、予定されたこと、合法則的なこととして生じたのである。

トルストイはカントの倫理学を一八八七年十月に発見した。これがいかにしてなされたかについて、我我はN・N・ストラーホフ宛の手紙から知っている。「私は大変興奮しています。この数日風邪で気分が悪く、書くこともできませんでした。それで私は初めてカントの『実践理性批判』を完全に終りまで読みました。どうか私に答えて下さい。貴方はこれを読みましたか。いつですか。そして貴方は感動を受けましたか。

私は二十五年前、才能ある雑文家のショーペンハウアーに親しみました。(数日前私はロシア語の彼の伝記を読み、また思弁理性批判をも読みました。後者はヒュームとの論争であり、実践理性批判の基本的命題の叙述のための序論に他なりません。) そして私は非常に彼を信頼していたので、老人〔カント〕がほらを吹き、その中心的意図は否定することでしかない、と信じました。私はその後二十年間このような確信をもって生きてきました。そして一度も書物そのものを見てみようという気になりませんでした。このようなカントに対する態度は、ちょうど建物ごとに足場を作るのと同じでした。これは私の個人的誤りにすぎないか、それとも一般的誤りでしょうか。私には一般的誤りであるように思われます。私は手許にあったウェーバーの哲学史をわざわざ通読して、G・ウェーバーがカントの根本命題、すなわち、我々の自由は道徳法則によって規定されており、物自体(つまり生命そのもの)でもある、という考えを是認していないこと、を確認しました。そして彼はその中にフィヒテ、シェリング、ヘーゲルの労作への誘因だけを見いだし、全功績を『純粋理性批判』の中にだけ認めています。すなわち、彼は整地された基礎の上に建てられた神殿を全く見ずに、ギムナジウムの練習によく適した整地された基礎だけを見ています。哲学博士のグロートは意志の自由について論文を書き、リボーのものやその他の論文を引用していますが、それらの定義はナンセンスと矛盾との競技であって、カントの定義は無視されています。それで我々は聞き咳が出るので耳を立て、あれこれ語り、すでに発見されているアメリカを発見するのです。」

これより数日前、トルストイはビリューコフに書いた。「私は全く健康ではありません。家に引っ込んでいます。書けずに、本を読んでいます。初めてカントの『実践理性批判』を読了して、大きな喜びを感じました。この驚くべき著作のなんという恐ろしい運命でしょう。これは彼の深遠な精神的全活動の絶頂です。そしてこれは誰にも知られていません。もし貴方が原典でお読みになっていないなら、そして私がまだ生きているならば、私のできる限りそれを翻訳して説明してあげましょう。カントの伝記が公立図書館にあるならば、私の名前で請求して私に送って下さい。」

トルストイはそれ以後、カント倫理学の熱烈な普及者になる。仏陀、孔子、ソクラテス、キリスト、マホメット、ルソー、スコヴォロダと並んで、カントは彼にとって人間性の教師である。彼はカントの思想を有名な「読書の輪」の中に含め、それを独立の選集として二回出版している。しかし彼はカント説における道徳と認識論との内的連関を相変わらず明瞭に見ることができない。彼は、「形而上学とは独立に自らの倫理学を樹立した天才的カント」を賞讃している。

『芸術とは何か』という論文を書きながら、トルストイはまたカントの美学にも興味をもった。残念ながら彼の『判断力批判』の知識は、あらゆる点から判断して、美学史に関するドイツ語の参考書の一つを読んだだけにとどまる。トルストイはその参考書を右の論文の本文の中で引用している。それによってカントの見解は不正確に再現されている。美は我々によって受け取られた特別の種類の無関心な満足感にすぎない、という。ドイツの哲学者にとってあれほど重要である真と善との結びつきは顧慮されていない。トルストイはカントの外見上の立場を、特に「満足感」を批判する。これはロシアの作家の目には、社会の有産階級の怠惰の同意語と映る。芸術はトルストイにとっては、万人の手に入る、人間相互の交流の媒体である。

しかし術語を度外視して事柄の本質を見るならば、トルストイとカントとの美学的概念の中に、或る共通のものを見いだすことができる。トルストイは『芸術とは何か』の手稿の中で芸術と遊戯を比較している。そこに我々はなじみのある思考過程を認める。「遊戯は、人間の生活にとっての必要条件である。例えば若い人々や、また物質的活動によって縛られない力の余剰がある場合に生活を祭日たらしめるような人々、こうした人々の生活にとっての必要条件である。そして芸術は、体力のすべてが労働の中で消耗するか衰弱する場合に、大人や老人にとっての必要な生活条件であり、これは病気や老齢において見られる通りである。遊戯と労働とは、人間が誕生から死まで他の動物と同様にその中を巡っている労働・睡眠・食事のやりきれない循環から、休息するために人間にとって必要である。人間にはこの二種類の慰み、つまり遊戯と芸術が常にあったし、また今後もあるであろう。……芸術は慰みの一種であり、それによって人間は種々の感情を経験し、生活の苦労をいやすが、そこでは彼自身は活動せず、ただ受け取った印象に身を任せるだけである。」カントの「関心無き満足感」とトルストイの「慰み」とは何によって異なるだろうか。各人が判断するがよい。

ヤスナヤ・ポリャーナを訪ねる人は、誰でも最初に直ちにトルストイの墓に向かう。それはカントの墓となんと著しく相違することであろう。後者は石であり、廃墟の背景に向かって墓上のグレーの大理石板がある。生命は去ったが、永遠なる花崗岩が残っている。トルストイの墓は緑の中、森の真只中にある。緑の四角な芝生に囲まれ、花で飾られている。花はほとんどしぼまず、遺骸がたった昨日地中に埋められたかのごとくである。記念額もなければ、十字架も大理石板もない。永遠を想起させるものは、永遠に尽きることなき自然の生命のみである。

住居にはトルストイ所有のカント全集があるのを、見ることができる。美しい装幀の十二巻の全集版であるが、新しくて読まれていない。しかし全集版がここに来たのは、別の版が徹底的に読破された後である。この自家用本には一生懸命勉強した形跡がある。特に重要な諸ページは端が折り曲げられている。数数の行や節が傍線を引かれており、傍注が随所にある。トルストイが全注意力を傾けてカントを読み、考え、生きたことがわかる。

『実践理性批判』の中の、我々の上なる星空と我々の内なる道徳法則とについての有名な箴言は、太い傍線が引かれている。『純粋理性批判』をトルストイはフランス語訳で読み、特に最終の諸章を積極的に読んだ。我々は私見・知識・信仰についてのカントの区別を想起する。この箇所にも傍線が引かれているが、欄外には、「何たる不条理」と記されている。(トルストイには明らかに、信仰を単なる主観的確信とする定義が気に入らなかった。)これに反して、もっぱら道徳的態度が神へ導く、というカントの思想とは完全に一致する。「善は神についての知へ導く、常に」と彼は該当箇所に概括している。類似の箇所に最高の評点「5十」が記されている。カントが健全な人間悟性の弁護を次のような主張でもって行っている箇所、すなわち、「最高の哲学は人間本性の本質的目的に関して、自然がごく普通の悟性に対してさえも与える導きよりも、より多くのことを為しうるものではない」(B859)、と述べている箇所に、トルストイは「素晴らしい」と書き込んでいる。

晩年になって、『単なる理性の限界内の宗教』がトルストイの愛読書の一つになった。彼はライプツィッヒのレクラム・ポケット版を絶えず繰り返し手にした。日記には絶えず次のような書き込みが見られる。「カントを読み、感動した」、「非常に良い」、「非常に近い」等々。このすべてはカントの宗教哲学に関するものである。トルストイを敬服させるのは、その道徳的情熱である。人々への愛として神を理解するカントの立場はトルストイに近い。

「愛は命である。一切を、私が理解する一切を、私は愛するがゆえにのみ理解する。私が愛するがゆえにのみ、すべてはあり、すべては存在する。すべては愛だけによって結びついている。愛は神である。そして死ぬことは、愛の細片である私が普遍的な永遠の愛へと還帰することを意味する。」トルストイの主人公アンドレイ・ボルコンスキー公爵は、ボロジノ会戦で致命的重傷を負い、生と訣別する時は、このように考える。これが、哲学と芸術の発する人間の本質に対する古くからの問についてのロシアの古典作家の答である。その答はカントの精神で書かれている。

人間は死に、思想は残る。思想は独立の生命を獲得する。思想は他の人々の思いを呼び起こし、そして多くの人々の普遍的財産となる。思想は深淵に達し、そこで新しい存在の層を掘り起こし、これを、生き敢行し責任を負わねばならない人々の意志と理性の下に委ねる。哲学者は、彼が聞き理解しそして実現すべきであったものを語ることができた時、死後の不死の生を獲得するのである。

注

一、注はドイツ語版に付せられたものを基にし、それに若干の増加と削除を行った。内容に関する注の、訳者による書き加えの部分については、訳者名を記して区別した。

二、カントの著作からの引用は、まず書名の訳をあげ、次にアカデミー版カント全集の巻数とページ数を示す。ただし『純粋理性批判』は **KrV.** の略号を用い、原版第二版（B）のページ数を示す。書簡については、相手の名前を記すか、または単に『書簡集』と記して、全集の巻数とページ数を示す。***Reflexion*** は『遺稿集』中の「省察」であり、その次の数字はその番号を示す。***Opus postumum*** は『遺稿集』中の最晩年の遺稿のことである。

三、その他の引用書名は、日本で熟知されているものとロシア語文献とについては日本語に訳し、その他は原語（主にドイツ語）のまま記す。

四、引用箇所の指示等は慣例に従う。

まえがき

（1）N・グセフ『トルストイと一緒の二年間』モスクワ 1973, 190.

第1章

（1）Johannes Scherr, *Deutsche Kultur- und Sittengeschichte*, Leipzig, 444, 447.

（2）Franz Mehring, *Gesammelte Schriften, Die Lessinglegende*, Berlin 1963, Bd. 9, vgl. 113.

（3）同前 232.

（4）フリッツ・ガウゼはそれについてこう記している。「記録によって証明される最古の、哲学者〔カント〕の祖先は、曾祖父リヒァルト・カントである。彼はルス〔メーメル河口部〕の居酒屋の賃借人で、ハイデクルークの居酒屋所有者の娘ドロテーア・リーダー、またの名リーデルトと結婚した。彼の死亡した妻の相続人および血縁者と結んだ、一六六五年の交替および分配の契約書が残っている。審理のさい通訳が居合わせたことから、リヒァルト・カントはドイツ語が十分できなかったことが推定される。彼は北メーメル州のプレクルス地方にあるカントヴァイネンの出身であった。北メーメル州は十六世紀にクーアラントから新しく植民された土地である。」Fritz Gause, *Kant und Königsberg. Ein Buch der Erinnerung an Kants 250. Geburtstag am 22. April 1974*, Leer/Ostfriesland 1974, 11f. ガウゼの典拠として次の論文が用いられた。Hans und Gertrud Mortensen, *Kants väterliche Ahnen und ihre Umwelt*, in: *Jahrbuch der Albertus-Universität Königsberg* 3, 1953, 56.

(5) *Immanuel Kant, Sein Leben in Darstellungen von Zeitgenossen.* Die Biographien von L. E. Borowski, R. B. Jachmann und A. Ch. Wasianski. Hrsg. F. Groß 1912, Reprogr. Nachdruck Darmstadt 1978, 163.

(6) Karl Vorländer, *Kants Leben*, Hamburg 1974, 4.

(7) 同前 26.

(8) 『活力測定考』 I, 24.

(9) 同前 I, 10.

(10) 同前 I, 10.

(11) ランベルト (Johann Heinrich Lambert 1728—1777) はドイツの著名な数学者・哲学者で、一七六五年以降思想的共鳴によってカントと親しく文通した。後出。——浜田注。

(12) 『天界の一般自然史と理論』 I, 227.

(13) 同前 I, 230.

(14) 同前 I, 327f.

(15) 同前 I, 306.

(16) 同前 I, 321.

(17) 同前 I, 353. この諷刺作家はフランス人フォントネル (Bernard Le Bovier de Fontenelle 1657-1757) である。——浜田注。

(18) 同前 I, 366f.

(19) 同前 I, 359f.

(20) ヴォルテール『ミクロメガス』(*Micromégas*, 1752) は、ニュートンの宇宙理論を取り入れた諷刺的哲学小説で、壮大な宇宙秩序の中に、地球と人間との、卑小と偉大を戯画的に描き出している。——浜田注。

(21) An Johann Gotthelf Lindner vom 28. Okt. 1759; X, 18f.

(22) 『自然地理学講義草案』 II, 4.

(23)『自然地理学』IX, 427.
(24) 同前 IX, 315.
(25)『形而上学的認識の第一原理の新解明』I, 403.
(26) ゲーテ『詩と真実』第一部第一章。
(27)『一七五五年末に地球の重要部分を震撼させた地震の最も注目すべき事件の歴史と自然誌』(一七五六年) I, 434.
(28) 同前 I, 455ff.
(29) 同前 I, 460.
(30) 同前 I, 461.
(31) アンドレイ・ボロトフ『アンドレイ・ボロトフの生涯と事件』ペテルブルグ 1870, I, 623.
(32) マスロフスキー『ロシア軍と七年戦争』第二巻、モスクワ 1888 付録 14.
(33) A. Stenbock-Fermor, *Der rote Graf*, Berlin 1953. 本書の著者はロシア人司令官フェルモルの直系の子孫である。
(34) ボロトフ、前掲書 I, 631.
(35)『書簡集』X, 5f.
(36) ボロトフ、前掲書 II, 63.
(37)『オプティミズム試論』II, 34.
(38) 同前 II, 34f.
(39)『ヨーハン・フリードリヒ・フォン・フンク氏の夭折を悼む』II, 42f.

第二章

(1)『美と崇高との感情に関する観察に対する覚書』XX, 44. 以下『美と崇高に対する覚書』と略す。
(2) ニュートンはイギリス国王によって造幣局検査官に任命された。この役職は貨幣鋳造の監督権を有するもので、冶金学の知識を必要とした。
(3) ゲーテ『詩と真実』第三部第十二章。
(4)『美と崇高に対する覚書』XX, 14, 15, 55.
(5)『三段論法四格の精密さの誤りの証明』II, 57.
(6)『自然神学および道徳学の諸原則の判明性に関する研究』II, 282, 286.
(7) 同前 II, 290.

(8) 同前 II, 301.
(9) 同前 II, 273.
(10) 『書簡集』X, 41f.
(11) 『哲学への負量概念導入の試み』II, 180f.
(12) Immanuel Kant, *Aus den Vorlesungen der Jahre 1762 bis 1764. Auf Grund der Nachschriften Johann Gottfried Herders*, hrsg. von H. D. Irmscher, Köln 1964, 71f.
(13) 同前 75f.
(14) 同前 91f.
(15) Herder, *Werke* in 5 Bänden, Weimar 1957, Bd. V, 267.
(16) 『脳病試論』II, 266.
(17) 例えば、『道徳形而上学』第二部『徳論の形而上学的基礎論』V, 470. 参照。
(18) 『美と崇高との感情に関する観察』II, 221. 以下『美と崇高』と略す。
(19) Karl Vorländer, *Immanuel Kant. Der Mann und das Werk*, 2. Aufl. Hamburg 1977, I, 194.
(20) 『美と崇高に対する覚書』XX, 73.
(21) 『人間学』VII, 282.
(22) 『書簡集』X, 39.
(23) ロレンス・スターン『トリストラム・シャンディ』第一巻第四章。
(24) 『人間学』VII, 245.
(25) 同前 VII, 313f. なお本文は、『美と崇高』中の該当箇所からのグリガの筆による要約であり、その箇所は多数にのぼるので、ページ数の指示を省略する。——浜田注。
(26) 『人間学』VII, 311 Anm.
(27) 『美と崇高』II, 254.
(28) 『美と崇高に対する覚書』XX, 91ff. 参照。
(29) 同前 XX, 164.
(30) 同前 XX, 39 u. 38.
(31) *Reflexion 2018/2021*, XVI, 197f.
(32) *Refl. 903*, XV (1), 395.

(33) 『美と崇高に対する覚書』XX, 45.
(34) 一七六四年十一月十六日フリードリヒ勅令。
(35) ボロトフ　前掲書　I, 705.
(36) Von Johann Heinrich Lambert vom 13. Nov. 1765 ; X, 51ff.
(37) An Johann Heinrich Lambert vom 31. Dez. 1765 ; X, 54ff.
(38) Von Johann Heinrich Lambert vom 3. Febr. 1766; X, 62ff.
(39) An Fräulein Charlotte von Knobloch vom 10. Aug. 〔1763〕; X, 43ff.
(40) Borowski, *Immanuel Kant*, a. a. O., 96-103.
(41) 『視霊者の夢』II, 356.
(42) 同前　II, 341.
(43) 同前　II, 367.
(44) 同前　II, 317.
(45) An C. J. Maximilian Freiherrn v. Fürst u. Kupferberg vom 16. März 1770 ; X, 90ff.
(46) *Immanuel Kant zu ehren*, hrsg. von Kopper und Malter, Frankfurt 1974, 39f.
(47) *Reflexion 680*, XV(1), 302.
(48) An J. H. Lambert vom 2. Sept. 1770 ; X, 98.
(49) Von J. H. Lambert vom 13. Okt. 1770 ; X, 103ff.
(50) Von J. G. Sulzer vom 8. Dez. 1770 ; X, 111ff.
(51) Von Moses Mendelssohn vom 25. Dez. 1770 ; X, 113ff.
(52) An Marcus Herz (gegen Ende 1773) ; X, 144.
(53) An Marcus Herz vom 24. Nov. 1776 ; X, 199.
(54) An Marcus Herz vom Anfang April 1778 ; X, 231f.
(55) 『教育学』IX, 443,
(56) 同前　IX, 497f.
(57) Vorländer, *Kants Leben*, a. a. O., 1 23.
(58) *Immanuel Kant. Sein Leben in Darstellungen von Zeitgenossen*, a. a. O., 131.
(59) クラヴィウス（Clavius, Christoph 1537—1612）は、ドイツの有名な数学者。このことは、カント『脳病試論』II, 260.

の箇所で述べられている。『人間学』VII, 204. の中でもクラヴィウスの例が取り上げられている。――浜田注。

第三章

（1）Von Johann Caspar Lavater vom 8. Febr. 1774 ; X, 149. ラーヴァーター（1741―1801）はスイスの牧師で詩人であり、ヘルダーやゲーテとも親交をもち、疾風怒濤期に文学の上で活躍した。――浜田注。

（2）An Johann Gottfried Herder vom 9. Mai 1768 ; X, 73f. Von J. G. Herder vom Nov. 1768 ; X, 75ff.

（3）*Reflexion 1444*, XV(2), 630.

（4）Vorländer, *Immanuel Kant*, a. a. O., I, 250.

（5）Vorländer, *Kants Leben*, a. a. O., 89.

（6）Von K. A. Freiherrn v. Zedlitz vom 21. Febr. 1778 u. vom 28. Febr. 1778 ; X, 222f. u. 224f.

（7）Von K. A. Freiherrn v. Zedlitz vom 28. März 1778 ; X, 229.

（8）著者グリガは注意を与えていないが、『純粋理性批判』冒頭のフランシス・ベイコンからの引用文は、第一版にはなく、第二版（一七八七年）で付加されたものである。――浜田注。

（9）*KrV*, B XXXV.

（10）時折カントは「物自体そのもの」という表現を用いる。それについてプラウスはこう述べている。「〃物自体〃とか〃物自体そのもの〃は、要するに〃それ自体において見られた物〃という表現の短縮に他ならない。」(G. Prauß, *Kant und das Problem der Dinge an sich*, Bonn 1974, 20.)

（11）*KrV*, B 334.

（12）*KrV*, B 83.

（13）*KrV*, B 190.

（14）*KrV*, B 85.

（15）*KrV*, B 294.

（16）アンドレイ・ベールイ『短篇詩と長篇詩』モスクワ＝レニングラード 1966, 307.

（17）アレクサンドル・ブロク『作品集』第一巻、モスクワ＝レニングラード 1960, 294.

（18）*KrV*, B 75.

（19）*KrV*, B 80.

（20）*KrV*, B 167.

(21) 『判断力批判』V, 197 Anm.
(22) ***KrV***, B 108.
(23) 『プロレゴーメナ』§36, Ⅳ, 320.
(24) Jacques Salomon Hadamard, ***The Psychology of Invention in the Mathematical Field***, 1945.
(25) 本書六三ページ参照。
(26) *Reflexion 177*, XV(1)65.
(27) *KrV*, B 152.
(28) *KrV*, B 180f.
(29) *KrV*, B 172.
(30) ***KrV***, B 353.
(31) ゴロソフケル『ドストエフスキーとカント』モスクワ 1963, 36.
(32) 『プロレゴーメナ』§52, Ⅳ, 339.
(33) ***KrV***, B 583.
(34) An Christian Garve vom 21. Sept. 1798 ; XII, 257.
(35) ブロク『作品集』第六巻。モスクワ 1971, 460.
(36) ドストエフスキー全集第七巻。モスクワ 1973, 161.
(37) ゴロソフケル前掲書 87.
(38) ハイネ『ドイツの宗教と哲学との歴史のために』(邦訳『ドイツ古典哲学の本質』岩波文庫) 第三部。
(39) ***KrV***, B 658.
(40) ***KrV***, B 664.
(41) ハイネ前掲書第三部。
(42) カントのこの言葉遊びは他国語への翻訳が不可能である。カントはなんのために言葉遊びをしたのであろうか。カントはイロニカーであった。「序文」のこの箇所は次のように言う。「ソクラテス的な仕方で、すなわち、相手方の無知を最も明瞭に証明することによって、すべての異論を将来永久に終らせるという測り知れぬ利益を」人は利用しなければならない、と(B XXX)。「ソクラテス的な仕方」とは、イロニーの使用を意味する。人はカントの文章をその多義性において解釈しないと、誤解することになろう。コルフは、さきの「私は信仰に場所を与えるために、知識を揚棄しなければならなかった」という文章を引き合いに出して、カント哲学を「非合理主義の合理主義的是認」であると解釈している (H. A. Korff, *Geist der Goethezeit*, Leipzig

1955, Bd. 2, 89.)。しかしすでにフォアレンダーが「実際多義的な文章」に対して注意するよう指示していた（Vorländer, *Kants Leben*, 1974, 159)。

（43）*KrV*, B 852.

（44）*KrV*, B 856.

（45）*KrV*, B 878.

（46）『プロレゴーメナ』Ⅳ, 340.

（47）『純粋理性批判』の出版に対する反響のすべては次の書物に収録されている。*Ein Jahrhundert deutscher Literaturkritik*, Bd. Ⅲ: Der Aufstieg zur Klassik in der Kritik der Zeit, Berlin 1959, 310-356 ; Herder an Hamann, 315.

（48）Von Johann Heinrich Kant vom 10. Sept. 1782 ; X, 287f.

（49）An Christian Garve vom 7. Aug. 1783 ; X, 336ff.

（50）同前。

（51）『プロレゴーメナ』Ⅳ, 374f.

（52）Von Moses Mendelssohn vom 10. April 1783 ; X, 307f.

（53）『一般歴史考』解説 Ⅷ, 468.

第四章

（1）『人間学』Ⅶ, 232.

（2）『プロレゴーメナ』序言 Ⅳ, 256.

（3）『世界市民的見地における一般歴史考』Ⅷ, 24.

（4）Von Christian Gottfried Schutz vom 10. Juli 1784; X, 392ff.

（5）『ヘルダー「人類史哲学考」の論評』Ⅷ, 55. ヘルダーの右の書物をめぐる論争のすべては、第三章注（47）であげた書物のⅢ, 356-397 に収録されている。

（6）*Herders Briefe*, Weimar 1959, 248.

（7）同前 245.

（8）Herder, *Werke*, Weimar 1957, Bd. 4, 268.

（9）同前 237.

（10）『ヘルダー「人類史哲学考」の論評』Ⅷ, 64.

(11)『思考の定位の問題』VIII, 141.
(12) Vorländer, *Immanuel Kant*, a. a. O., I, 416.
(13) Von Christion Gottfried Schütz vom Febr. 1786 ; X, 430f.
(14) Von C. L. Reinhold vom 12. Okt. 1787 ; X, 497ff.
(15)『道徳形而上学の基礎づけ』IV, 393f.
(16) 同前　IV, 404.
(17) 同前　IV, 404f.
(18)『実践理性批判』V, 30.
(19)『道徳形而上学の基礎づけ』IV, 398.
(20)『道徳形而上学』VI, 385.
(21)『道徳形而上学の基礎づけ』IV, 429.
(22)『実践理性批判』V, 131.
(23) 同前　V, 86f.
(24) 同前　V, 98.
(25) 同前　V, 132.
(26)『倫理学の二つの根本問題』——『ショーペンハウアー全集』邦訳・白水社版第九巻、二六八—二六九ページ参照。
(27)『実践理性批判』V, 161.
(28) Vorländer, *Immanuel Kant*, a. a. O., II, 307.
(29) 同前　II, 305.
(30) An Moses Mendelssohn vom 16. Aug. 1783 ; X, 344.
(31)『諸学部の争い』VII, 101.

第五章

(1)『自然科学の形而上学的原理』IV, 470.
(2) An C. D. Reusch vom Mai od. Juni 1774 ; X, 168.
(3) An C. D. Reusch vom 5. Juli 1783 ; X, 327.
(4) An David Friedländer Vom 6. Nov. 1787 ; X, 502ff.

(5) *Reflexion 2229*, XVI, 278f.
(6) 『哲学における目的論的諸原理の使用について』 VIII, 161.
(7) 『判断力批判』 V, 306.
(8) 同前 V, 298.
(9) *Reflexion 1521*, XV, (2) 885.
(10) 『判断力批判』 V, 194.
(11) 同前 V, 217.
(12) 同前 V, 320, 314.
(13) 同前 V, 320, 314.
(14) 同前 V, 245.
(15) 同前 V, 261.
(16) 同前 V, 272.
(17) 同前 V, 274f.
(18) 同前 V, 316f.
(19) 同前 V, 304.
(20) 同前 V, 326f.
(21) 同前 V, 326.
(22) 同前 V, 326.
(23) 同前 V, 312.
(24) Friedrich Schiller, *Versuch über den Zusammenhang der thierischen Natur des Menschen mit seiner geistigen*, in: *Schillers Werke* (Nationalausgabe), Hrsg. Benno v. Wiese, Weimar 1962, Philosophische Schriften 20. Bd., T. I, 40.
(25) An Friedrich Bouterwek vom 7. Mai 1793; XI, 431f.
(26) シラー『人間の美的教育についての書簡』第二書簡。A. a. O., 312.
(27) 同前、第六書簡。A. a. O., 327f.
(28) 同前、第九書簡。A. a. O., 335.
(29) 同前、第十五書簡。A. a. O., 359.

(30) 同前、第二十一書簡。A. a. O., 378.
(31) 同前、第二十三書簡。A. a. O., 384.
(32) 『遺稿集』XV (2), 703.
(33) 『書簡集』XII, 10f.
(34) Johann Wolfgang von Goethe, *Einwirkung der neueren Philosophie*, in : *Naturwissenschaftliche Schriften* I, Hamburger Ausgabe, Bd. 13, 27f.
(35) Vorländer, *Immanuel Kant*, a. a. O. II, 99.
(36) ロセフ、セスタコフ『美学概念の歴史』モスクワ 1965, 326.
(37) Goethe, *Anschauende Urteilskraft*, a. a. O., Bd. 13, 30.
(38) *Reflexion 2978*, XVI, 597.
(39) 『判断力批判』V, 332.
(40) Karl Marx, *Das Elend der Philosophie*, in: Karl Marx, Friedrich Engels, *Werke*, Berlin 1964, Bd. 4, 128f.
(41) 『人類史の臆測的起源』VIII, 118f.
(42) 同前 VIII, 119.

第六章

(1) N. Karamzin, *Briefe eines reisenden Russen.* Erstes Bändchen, Leipzig 1799, 57-63 (Weitere Ausgabe: N. M. Karamsin, *Briefe eines russischen Reisenden*, Berlin 1959, 2 Aufl. 1964).
(2) 『単なる理性の限界内の宗教』VI, 168 Anm.
(3) 同前 VI, 97f.
(4) 同前 VI, 128 Anm.
(5) 同前 VI, 125.
(6) 同前 VI, 126f.
(7) 同前 VI, 170.
(8) 同前 VI, 195. 以下参照。
(9) 『万物の終り』VIII, 330.
(10) 同前 VIII, 338.

(11) 同前 VIII, 338.
(12) 『単なる理性の限界内の宗教』VI, 145.
(13) G. F. W. Hegel, *Werke*, Frankfurt/M, 1969, Bd. 17, 304.
(14) 『人類史の臆測的起源』VIII, 112f.
(15) *Reflexion 2487*, XVI, 390.
(16) *Opus postumum*, XXI, 145.
(17) An J. C. Lavater vom 28. April 1775; X, 175ff.
(18) 『道徳形而上学』第二部徳論 VI, 437.
(19) Vorländer, *Kants Leben*, a. a. O., 131.
(20) Von J. G. C. Kiesewetter vom 3. März 1790 ; XI, 135ff.
(21) Von Kiesewetter vom 14. Juni 1791 ; XI, 264f.
(22) An Ludwig Ernst Borowski zwischen dem 6. u. 22. März 1790 ; XI, 141ff.
(23) Johann Gottlieb Fichte, *Von den Pflichten der Gelehrten Jenaer Vorlesungen 1794/95*, Hamburg 1971, 42.
(24) Von J. G. Fichte vom vom 18. Aug. 1791 ; XI, 276f.
(25) Von Fräulein Maria von Herbert (August 1791) ; XI, 273f.
(26) Von Fichte vom 2. Sopt. 1791 ; XI, 278ff.
(27) An Johann Erich Biester vom 18. Mai 1794 ; XI, 500f.
(28) 『万物の終り』VIII, 328.
(29) 同前 VIII, 331.
(30) 同前 VIII, 337.
(31) 同前 VIII, 331 Anm.
(32) Von Joachim Heinrich Campe vom 27. Juni 1794 ; XI, 512f.
(33) An J. H. Campe vom 16. Juli 1794 ; IX, 516f.
(34) Kabinettsordre König Friedrich Wilhelms II. vom 1. Okt. 1794 ;『書簡集』XI, 525f.
(35) 『書簡集』XII, 380.
(36) 『諸学部の争い』VII, 7ff. ; vgl. Kants Briefwechsel, an König Friedrich Wilhelm II, nach dem 12. Okt. 1794 ; XI, 527ff.

(37) An Carl Friedrich Stäudlin vom 4. Dez. 1794 ; XI, 532ff.
(38) 『諸学部の争い』 VII, 30.
(39) 同前 VII, 35.
(40) 同前 VII, 42.
(41) 同前 VII, 41.
(42) 『論理学』 IX, 25.

第七章

(1) 『永遠平和のために』 VIII, 343.
(2) 同前 VIII, 343ff. 参照。
(3) 同前 VIII, 369.
(4) 同前 VIII, 374f.
(5) Thomas Bruns, *Das politische Kantbild in Frankreich*, in : *Akten des 4. Internationalen Kant-Kongresses*, II, 2, Berlin 1974, 649.
(6) Vorländer, *Immanuel Kant*, a. a. O., II, 256.
(7) 『道徳形而上学』 第 I 部 VI, 277.
(8) 同前 VI, 320f.
(9) 同前 VI, 321 Anm.
(10) 同前 VI, 322f.
(11) 『諸学部の争い』 VII, 85.
(12) *Reflexion 1520*, XV, 2, 879.
(13) 『理論では正しくとも実践では役立たずとの諺について』 VIII, 304.
(14) 『諸学部の争い』 VII, 93f.
(15) 『道徳形而上学』 第 I 部 VI, 350.
(16) この手紙のドイツ語原文が初めて公表されたのは、*Kant-Studien*, 1975, Heft 1. においてである。この手紙の中の一箇所は説明を必要とする。カントはアカデミー宛の手紙を、「議長を通じてではなく、当時の総裁ダシコヴァ公爵夫人に宛てて提出」する、という誤ちをおかした、と書いている。しかしアカデミー総裁は（名目上）当時外国に居住していたK・G・ラズモフスキーであり、ダシコヴァ公爵夫人は一七九六年十一月まで議長であった。彼女の地位は証書に明記されていたが、カントはそれに注意を払わなかったのである。またJ・A・オイラーに対して議長として呼びかけているが、これも誤りで、彼は会議事務局長にすぎなかった。

(17) 『哲学における永遠平和条約の間近い締結の報知』VIII, 422.
(18) Von Salomon Maimon vom 30. Nov. 1792 ; XI, 389ff.
(19) An Carl Leonhard Reinhold vom 28. März 1794 ; IX, 494ff.
(20) Von Friedrich August Hahnrieder vom 3. Dez. 1796 ; XII, 124ff.
(21) Von F. A. Hahnrieder vom 31. Juli 1800 ; XII, 319f.
(22) An Jacob Sigismund Beck vom 27. Sept. 1791; XI, 289ff.
(23) Von J. S. Beck vom 6. Okt. 1791 ; XI, 292ff.
(24) An J. S. Beck vom 1. Juli 1794 ; XI, 514ff.
(25) Kuno Fischer, *Fichtes Leben, Wekre und Lehre, Geschichte der neueren Philosophie*, Bd. 6, 1900, 133.
(26) 『フィヒテ知識学に関する言明』XII, 370f.
(27) 『人間学』VII, 135.
(28) 同前 VII, 179.
(29) 同前 VII, 224.
(30) 同前 VII, 121.
(31) 同前 VII, 146.
(32) 同前 VII, 239, 249.
(33) 同前 VII, 236f.
(34) 同前 VII, 235.
(35) An Jacob Lindblom vom 13. Okt. 1797 ; XII, 205ff.
(36) Immanuel Kant, *Sein Leben in Darstellungen von Zeitgenossen*, a. a. O., 235.
(37) *Opus postumum*, XXI, 174f.
(38) *Op. post.*, XXI. 176f.
(39) *Op. post.*, XXI, 179.
(40) *Op. post.*, XXI, 211.

(41) *Op. post.*, XXII, 54.
(42) *Op. post.*, XXI, 71.
(43) *Op. post.*, XXI, 121.
(44) *Op. post.*, XXII, 119 Anm.
(45) Immanuel Kant, *Sein Leben* ......, a. a. O., 273.
(46) An Carl Christoph Schoen, vom 28. April 1802 ; XII, 340.
(47) *Op. post.*, XXI, 3f.
(48) *Kant-Studien*, 1970, Nr. I, 96
(49) Immanuel Kant, *Sein Leben* ......, a. a. O., 273.
(50) 同前 301.

結語に代えて

(1) An Alexander Fürst von Beloselsky (Entwurf), Sommer 1792 ; XI, 344ff.
(2) 『書簡集』XIII, 322f.
(3) K. Stavenhagen, *Kant und Königsberg*, Göttingen 1949, 38.
(4) A. Mazon, *Deux Russes écrivains français*, Paris 1964, 80.
(5) 以下の原文はドイツ語での最初の公表である。原文は中央国立文学芸術記録保管所にあり、その整理番号は次の通りである。Fond 172, op. 1, ed. chr. 153, list 21-25. 私〔グリガ〕は、ジグルン・ビールフェスト（テュービンゲン）とシュテッフェン・ディーチュ（ベルリン）とが、ドイツ語への復元訳に際して決定的な援助を与えて下さったことに対して、深甚の謝意を表する。
(6) 『ドストエフスキー未刊行文学遺産』モスクワ 1971, T. 83, 404.
(7) N・ヴィルモン『偉大なる同伴者』モスクワ 1966, 141, 276.
(8) ドストエフスキー『夏の印象についての冬の記録』
(9) 以下トルストイからの引用はロシア語版トルストイ全集諸巻による。

〈付録〉

タルトゥ・カンティアーナの運命について(1)

Л・Н・ストロヴィッチ
西牟田久雄訳

タルトゥ大学図書館所蔵(2)の貴重書と手稿の中に、偉大なドイツの哲学者イマヌエル・カント宛書簡四六一通と、カントの個人蔵書二冊、バウムガルテン『形而上学』(A. G. Baumgarten, *Metaphysica*, Halle, 1757.)とマイアー『論理学綱要』(G. F. Meier, *Auszug aus der Vernunftlehre*, Halle, 1752.)とがあった。右のカント所蔵本にはカント自身の注が文字通り一杯に書き込まれている。(この注の分量の膨大さは、それがアカデミー版カント全集遺稿集中の三巻を占めていることから知られよう。(3))このカンティアーナは、カントが自著の『論理学』の出版を委嘱した弟子のゴットリープ・ベンヤミン・イェッシェ(一七六二—一八四二)によってタルトゥへ持参されたものである。イェッシェは一八〇二年に哲学教授としてドルパート大学(現タルトゥ大学)に招聘された。イェッシェは自己所有のカント・アルヒーフを自己の友人であり、タルトゥ大学図書館創立者であるカール・モルゲンシュテルンへ贈り、(4)モルゲンシュテルンはそれを図書館へ遺言で寄贈したのである。

カール・モルゲンシュテルン自身、自分の友人の贈物を手稿のカタログの中にNO. CCXCIとして次のように記入している。「カンティアーナ。カント宛書簡。手紙の差出人の自筆。大きさは四分の一リスト(印刷全紙一折分)。中古表紙。七二二頁。他にナンバーのない三リストの人名索引。表紙は私が注文したものである。この収集は亡き友イェッシェによって三十五年以上も前に私の自由管理に委ねられた。さらに、上皮がしみだらけになった古箱にそれまで保管されていた記録も私が集め、一定の形で整理し、他の中古表紙に統一し、最後に、一八四三年に一応五包みに分けた。一八四四年三月にカント宛書簡はアルファベット順に二つ目の中古表紙に纏めたが、これは一〇八八頁になった。若干のものは同じく彼自身の手によって署名されている」(タルトゥ国立大学学術図書館の稀覯本・手稿の部、カタログ《K. Morgensterns Handschriftensammlung》, S. 63)。

カンティアーナは一八九五年にカント全集編集のための資料として〔ベルリンの〕プロイセン科学アカデミーに送られるまでは、タルトゥ大学図書館に保管されていた。右の使用のためこれらの資料を送ることはロシア政府によって決定された。

タルトゥ大学学術図書館にはそれに関するプロイセン科学アカデミーからの書簡が保管されているが、その中にはヘルマン・ディールス、ヴィルヘルム・ディルタイ、ベンノ・エルトマンら著名なドイツ人哲学者の書簡が含まれており、それによってドイツにおけるタルトゥ・カンティアーナの「移動」を跡づけることができる。カリーニングラードで論文集『イマヌエル・カントの理論的遺産の諸問題』第四号(一九七九年)が発行されたばかりであるが、その中にはアルセニー・グリガ教授の論文が掲載されている。グリガ教授はタルトゥ国立大学学術図書館ハイン・タンクレル研究員で、『タルトゥ大学におけるカントの遺稿について』の筆者である。この論文では現存する記録によって、ドイツにおけるタルトゥ・カンティアーナの動きと、アカデミー版カント全集へのその収録とが跡づけられている。右全集では、タルトゥの資料を含む諸巻の最終巻である第十八巻は一九二八年に発行された。その後カンティアーナをタルトゥへ返還してほしいという催促や依頼や要求がたびたびなされたにもかかわらず、それはいぜんとしてドイツに置かれたままであった、と右の論文は述べている。

タルトゥ・カンティアーナのその後の運命はどうなったであろうか。それは保存されているであろうか。それとも第二次世界大戦の惨禍の犠牲になったであろうか。一方、タルトゥ国立大学学術図書館には、カンティアーナの行方を問い合わせるドイツ人学者の手紙が現在でも来ている。カントの遺稿について最も精通しているA・グリガ教授は、カンティアーナの所在について、東ドイツ、西ドイツ、西ベルリンの同僚たちに問い合わせた。その結果確認できた唯一のことは、西ベルリンにそのコレクションの写真コピーがあるということであった。そこで最も悲しむべきことを仮定しなければならなかった。『タルトゥ大学におけるカントの遺稿について』の論文は、「原物に関して言えば、おそらく第二次世界大戦中に焼滅したのであろう」という悲しい文句で終っている。

しかし筆者はこのことを信じたくなかった。大学の手稿コレクションに何らかの関係をもつ人々や、タルトゥの貴重な資料集について知っている人々に、私は尋ね続けた。以前の成功を思い出して自分を励ました。一九六〇年代の初めに私は偉大なドイツの啓蒙思想家ヨーハン・ゴットフリート・ヘルダーが所有した書物の運命について興味をもった。ヘルダー蔵書の一部がタルトゥ大学図書館によって入手されたことが知られていた。しかしそれらは図書館の数十万冊の蔵書中にばらばらに紛れこんでいることが明らかになった。大海の一滴を探し出せ! しかし当時タルトゥ大学学術図書館の稀覯本・手稿の部で働いていたM・リブリクは、書誌学者エドガー・ヴィーゲルがヘルダー蔵書を研究していたことを思い出した。M・リブリクは故E・ヴィーゲルの書簡の中に、『ヘルダー蔵書の歴史の研究に寄せて』という論文と、この著名な思想家〔ヘルダー〕の個人蔵書の目録とを発見することに成功した。これらの資料は『哲学研究』第十一巻に掲載された(タルトゥ国立大学紀要、第一二四号、タルトゥ、一九六二年)。そしてヘルダー蔵書の残存部分が明らかにされたのである。

或る時タルトゥ国立大学本館の講師室で、私は休憩時間に法学博士L・レエスメントにタルトゥ・カンティアーナについて自分の知っているすべてを話した。「ちょっと待って下さい。私はこれらの資料を見た一人のドイツ人との談話を漠然と覚えています。多分一九六三年だったと思います。私の書類の中にその時つけた書込みを一寸見なければなりませんが」、と彼は言った。

率直に言うが、私はタルトゥ・カンティアーナが問題になっていることをうち明けなかった。このため私はレエスメントを催促しなかった。しかし我々の会話から一カ月半後我々は偶然市庁舎前広場で出会った。彼は一枚の紙片を差出したが、それには東ドイツ科学アカデミー記録保管所の所番地が書かれていた。そこはレエスメントの知人がカント宛の二巻の手紙を見たという場所である。

しかし写真コピーはあるだろうか。多くの研究者たちによって探索されている資料が、東ドイツ科学アカデミーの中央記録保管所内に、文字通り衆人の目に触れるところにあるということは、余りにも疑わしく思われた。

私は今年〔一九七九年〕の八月末に芸術家クルト・マグリットの招待によってベルリンに行くことになった。

もちろん第一の仕事は記録保管所を訪ねることであった。今私は静かなオットー・ヌーシュケ通りの科学アカデミーの建物内にいる。そして中央記録保管所に寄る。自己紹介をしてから質問する。「カール・モルゲンシュテルン収集の内のカント宛書簡がここにはありませんか。そしてまたカントの書込みのあるバウムガルテンとマイアーの書物にも私は関心をもっています。」私は記録保管所での仕事に必要な形式的手続きを済ませる。記録保管所の女性職員は、私をここまで来させた私の学問的関心について質問し、何の約束もしないで、三日後に再訪するように求める。

約束の期限に心を躍らせながら私は記録保管所の扉を開く。閲覧室に案内され、古い表紙の二巻の本が私の前に持参される。私はそれを開く。そして覚えのある本の印を見る。

第一巻には通し番号七二四頁の手稿があり、第二巻には一〇八八頁の手稿がある。全部で四六一通の書簡がある。そのうち一六三番と一六四番はフリードリヒ・シラーの書簡であり、九通はフィヒテの書簡、一通はヴィーラントのものである。一枚毎にこの記録によって研究した人々の名前が記されている。全部で三名である。最後のザイフェルト博士はレオ・レエスメントの知人で、一九五七年一月三十一日にヴィーラントの書簡に関心を持った。

G・F・マイアーの書物が持って来られたが、カントの手で一杯書き込みがしてある。この本は新しい皮表紙である。添えられた調査書から明らかなように、この本は一九七四年にドレスデンで修理されたものである。バウムガルテンの書物は無かった。運命はどこへそれを持ち去ったのだろうか。

タルトゥ・カンティアーナはアカデミー版カント全集に収録された。しかしこのことはタルトゥ・カンティアーナの歴史的価値を減少させはしない。カントの資料が新しく出版される際には、学者たちはこれらの記録を一度ならず参考にしなければならないのである。

追記

この記事が書かれた時、タルトゥ大学でさらに一つの、イマヌエル・カントに直接関係する遺品が発見された。タルトゥ大学の解剖学教室の棚の種々の解剖標本が並んでいる中に、偉大な思想家カントのデスマスクがあることが判明したのである。解剖学教室の職員たちはもちろん、解剖学陳列室にカントのデスマスクも、ベートーヴェンのデスマスクもあることは知っていた。しかしレオ・レエスメント博士やヴォリデマル・ヴァガ教授、アレキサンドル・エランゴ助教授、ヴィレム・エルニッツのように大学で十年間も働いており、大学の財産について十分知識をもっている人々でさえも、このことを正確には知っていなかった。

カントのデスマスクがどうしてタルトゥ大学にあったのだろうか。これについては今のところ推測の域を出ない。デスマスクが登録されているはずの大学の古典古代博物館の目録は、現在まで探し出されていない(第一次世界大戦中に大学が疎開した時、それが持ち出されたことも考えられる)。自分の師に関係するすべてを尊重していたイェッシェ教授がデスマスクを持ってきたと考えることが最も信頼できる仮定であろう。しかし、これはあくまで単なる仮定である。

デスマスクその物に関して言えば、マスクを造った芸術家の名前は正確に挙げることができる。この人はケーニヒスベルク芸術学校のクノレ教授である(参照、Karl Vorländer, *Immanuel Kant. Der Mann und das Werk*, Felix Meiner Verlag, Hamburg, 1977, S. 334)。

クラーゼンは彼の著書の中で、クノレ教授が取った型から胸像に似たマスクが三つ作られたことを指摘している(K. H. Clasen, *Kant-Bildnisse*, Königsberg, 1924)。一つはベルリン解剖学陳列室にあり、もう一つはプロイセン古代協会にある(このマスクは破損しており、後で修理された)。三つ目はケーニヒスベルクの国立記録保管所にある。タルトゥ国立大学に保管されているカントのデスマスクは恐らく四番目のものであろう。これについては広く世間には知られていなかった。偉大な思想家の顔は死によって醜くされていた。マスクは消えた理性の「批判」の跡を留めている。このゆえに、偉人のデスマスクを保存することが当時の習慣であった(例えばベートーヴェンの多くのマスクは有名である)にもかかわらず、カントのマスクは多くは造られなかったのであろう。ドイツに残されたカントの三つのデスマスクの運命は、今のところ我々には知られていない。それらは第二次世界大戦を生きのびただろうか。このためにタルトゥ大学の古典古代博物館に保持されているマスクは〔現在知られている唯一のものとして〕一層大きな価値を持っている。

訳注

(1) 本論文Л. Н. СТОЛОВИЧ, О СУДЬБЕ ТАРТУСКОЙ КАНТИАНЫ は「タルトゥ国立大学新聞」(TGU)に一九八〇年三月七日と同年三月二十八日との二回にわたって掲載されたもので、筆者のレオニード・ストロヴィッチ氏はタルトゥ国立大学哲学教授である。浜田義文が一九八一年十月リガ市での国際カント・シンポジウムの際に、ストロヴィッチ氏から直接右の新聞を頂戴した。西牟田久雄が訳出し、浜田が訳注を記す。

(2) タルトゥ(Tartu)はソ連エストニア共和国内の都市で、一九一八年まではドイツ名でドルパート(Dorpat)と呼ばれた。従ってタルトゥ大学も以前はドルパート大学と呼ばれた。同大学は一六三二年に創立された由緒ある大学で、十九世紀末までドイツ文化の全面的な影響下にあった。本文中にみられるごとく、カント『論理学』の編者として知られる、カントの弟子のイェッシェ(Jäsche)が、ドルパート大学の教授に招かれたのは、カントの最晩年の一八〇二年であり、一八三九年まで同大学で哲学を講じた。その長い間にイェッシェが同地でカント哲学を鼓吹したであろうことは想像に難くない。タルトゥ大学とカントとの因縁はこのイェッシェのドルパート移転に始まるのである。

(3) この二冊のカント所蔵本の中の膨大な量に上るカント自筆の書き込みは、カント遺稿集中の最重要な原資料をなし、アカデミー版カント全集第十五巻から第十八巻までにわたって収録されている。Vgl. *Kant's Gesammelte Schriften*, Bd. XIV, Einleitung von E. Adickes, S. xxf.

またタルトゥ〔旧ドルパート〕大学所蔵のカント宛書簡四六一通はすべて、アカデミー版カント全集第十巻から第十二巻までに収録されている。そして同全集第十三巻の「書簡注解」の中で、Dorp. I, II, IIIとしてその出所が明示されている。右書簡の収録の経緯の詳細については、全集第十三巻冒頭の編者解説をみよ。なお篠田英雄訳『イマヌエル・カント書簡集』(昭和十二年、岩波書店)巻末の「訳者付録」の中でこれに関してかなり詳しく述べられている。

(4) モルゲンシュテルン(Karl Morgenstern 1770—1852)はもとハレ大学の古典文献学の私講師で、一八〇二年ドルパート大学の教授となった。モルゲンシュテルンはハレ時代に自著『プラトン国家篇に関する三論攷』をカントに対して書状を付して献呈しており(一七九五・五・一二)、カントはモルゲンシュテルンに対してその礼状を書いている(一七九五・八・一四)。

カントとリガ市周辺

――解説にかえて――

浜田義文

一

私は一九八〇年九月末と一九八一年十月下旬との二度、ソ連ラトヴィア共和国首都リガ市にそれぞれ数日間滞在した。最初の滞在は、私の所属する法政大学の交換教授として、カント研究上の関心からリガ市のラトヴィア共和国科学アカデミー哲学部会を訪ね、研究の交流をするためであり、二度目は、同市での『純粋理性批判』出版二百年記念国際カント・シンポジウムに出席し発表するためであった。

私が最初にリガ市を訪問した動機は、端的に言えば、カントの故郷であり全生涯にわたる活動の舞台であったケーニヒスベルク市の今日の様子を、せめて近くから間接的にでも知ることであった。ケーニヒスベルク市は現在カリーニングラードと呼ばれ、ソ連領(ロシア連邦共和国)に属し、ポーランドとソ連リトアニア共和国との間にはさまれた、バルト海に面する地域に位置する。カリーニングラードは特別区をなしていて多分軍事的理由から外国人の訪問は一切許可されないとのことであり、私が心中最も強く希望する同市の訪問は断念せざるをえず、そこで私はカントとの関係の浅からぬリガ市を訪問することで満足しなければならなかった。現在のリガ市は、ダウガワ(ドイツ名デューナ)河沿いの一区画においていくつもの教会の尖塔と数々の古い建物と、また凹凸の激しい摩耗した石畳の路地とがかろうじて昔日の面影をとどめるのみであるが、ともかく私はリガ市を訪れてカントとの因縁を思い、独特の感懐をおぼえた。そこにはカントとの関係を直接示すものは現在何一つ見られないが、ヘルダーの美しい胸像は昔そのままのドーム・シューレの前の深い樹蔭に今もなお静かに立っており、歴史博物館にはヘルダー関係の展示物がある。リガ市訪問中同地の科学アカデミー関係者から受けた数々の好意を、私は感謝の念をもって想起する。

二

カントとリガ市周辺との関係について述べる前に、グリガの『カント』について簡単に紹介しておこう。私の最初のリガ旅行の際意のままにならぬことが多く、私は予定以上長くモスクワで足踏みしなければならなかった。その時私はソ連のカント研究の第一人者との会談を希望し、それが実現して、モスクワ郊外のグリガ氏の私宅で、私はグリガ氏と二人だけで親しくカント哲学について率直な意見の交換を行った。基本的な立場についてはともかくとして、氏の真摯な積極的で内在的なカント理解の態度に対して私は好感をもった。その時の対談が機縁となって同氏の『カント』の日本語訳が実現する運びとなったわけである。

グリガ『カント』は、一般読者を対象として書かれた、カントの人間と思想についての生彩に富む包括的叙述であり、特に伝記面に力が注がれていて、その精細な記述が本書の大きな魅力をなしている。この書物のめぼしい特徴として次の諸点があげられよう。

まず第一に、本書はソ連の従来の哲学書にありがちなイデオロギー臭を脱しており、特定の立場を固定的に前提してそこから裁断するのではなくて、カントに密着して、カントの人間と思想の全体像を積極的なものとして提示しようとしている点が注目される。著者はカントの著作を主著に限らず小篇や断片・書箇に至るまで広く目を通しており、それらからできるだけ公平にカントの全体像を浮かび上がらせる努力を払っている。著者のカントに向かう態度が基本的に敬愛に満ちていることが好ましい。

第二に、著者はそこからカントの人間と思想のヒューマニズムの面を中心に据え、その具体的諸相を一定の歴史的生活的条件との関連の中で生き生きと描き出している。著者の人間学的ともいうべき関心の大きさもこれと関連しており、カントの著作の中で『人間学』が特別重視され、著者のカント理解の鍵として用いられている。

第三に、伝記的記述が詳細であるだけでなく、伝記的新事実の発掘と確定に対して著者は並々ならぬ執念を示している。この点に関してカントの生活圏が現在ソ連領に属することとの、著者にとっての地理的利点が十分活用され、未知のロシア側の資料が探索され利用されて、見るべき成果をあげている。七年戦争当時のカントを取り巻くケーニヒスベルク市の具体的情況や、ロシアの作家カラムジンのカント訪問や、カントのペテルブルク科学アカデミー会員選任の経緯などの叙述は、興味が深い。またハーマンやヘルダーやフィヒテらに対するカントの関係についての詳細な記述も有益である。

第四に、著者のカント哲学の理解の仕方として、カントの思考の両義性に注目して、カントを一貫してイロニカーとして捉える点が独特である。著者のいうイロニーとは、肯定において否定を言い表わし、定立と同時に反定立を洞察するものであって、『純粋理性批判』の中の「二律背反」はその最たるものである。このイロニーがカントの全思考のダイナミズムをなしており、それがカントに生じたのは、カントが理想と現実との隔絶した二重の世界に生き、しかもその境界線をしかと見定め、理想を指向しつづけたからであるとする。カント哲学の内容に関しては、倫理学と歴史哲学的諸論文と『判断力批判』とが重視される。倫理学について定言命法の形式主義や厳格主義よりも、むしろ晩年の『道徳形而上学』第二部「徳論」

中の実質的内容的側面が強調される。カント倫理学の中に人間愛の要素が存すること、純然たる義務の遂行に愛の協力の必要が承認されることが指摘される。著者は批判期のカントの思想の中に発展があると考えており、『判断力批判』に関してはカント哲学全体にとっての美の重要性に対して注意を向けている。それらは示唆的であり、他にも興味ある洞察が少なくない。肝心の理論哲学に関する叙述はソ連の従来のカント理解の定型を余り越えているとは思われず、物足りなさは否めない。しかし物自体の捉え方などにかなりの柔軟さがみられ、また現代の「科学至上主義」に対する正当な反省が示されている。

最後に、ドストエフスキー及びトルストイといったロシアの大作家とカントとの立ち入った比較がなされている点が注目される。これはソ連の哲学者ならではの仕事と言ってよく、著者は両作家に対して与えたカントの影響を重視し、その思想的親近性を強調する。トルストイがカントに大きな関心を示したことはなるほどと思われるが、ドストエフスキーの場合はカントとの相異点の方が気づかれ易い。著者は『カラマーゾフの兄弟』中の箇所を手がかりにして、道徳性の理解に関する両者の深い内面的一致を指摘する。それらの見解が全面的に支持されるかどうかはともかくとして、彼らを親近関係にあるものとして比較考察する試みは貴重である。著者はそれによってカントを自国の偉大な精神的文化的伝統と内面的に結合しようと努力しているとみられる。またベロセリスキー宛のカントの失われた書簡の復元の努力も評価されよう。

三

ともかく著者は全体として大きな共感と熱意とをもってカントの人間と思想を取り扱っており、それが本書の生き生きとした興味あるカント叙述をもたらしたといえる。

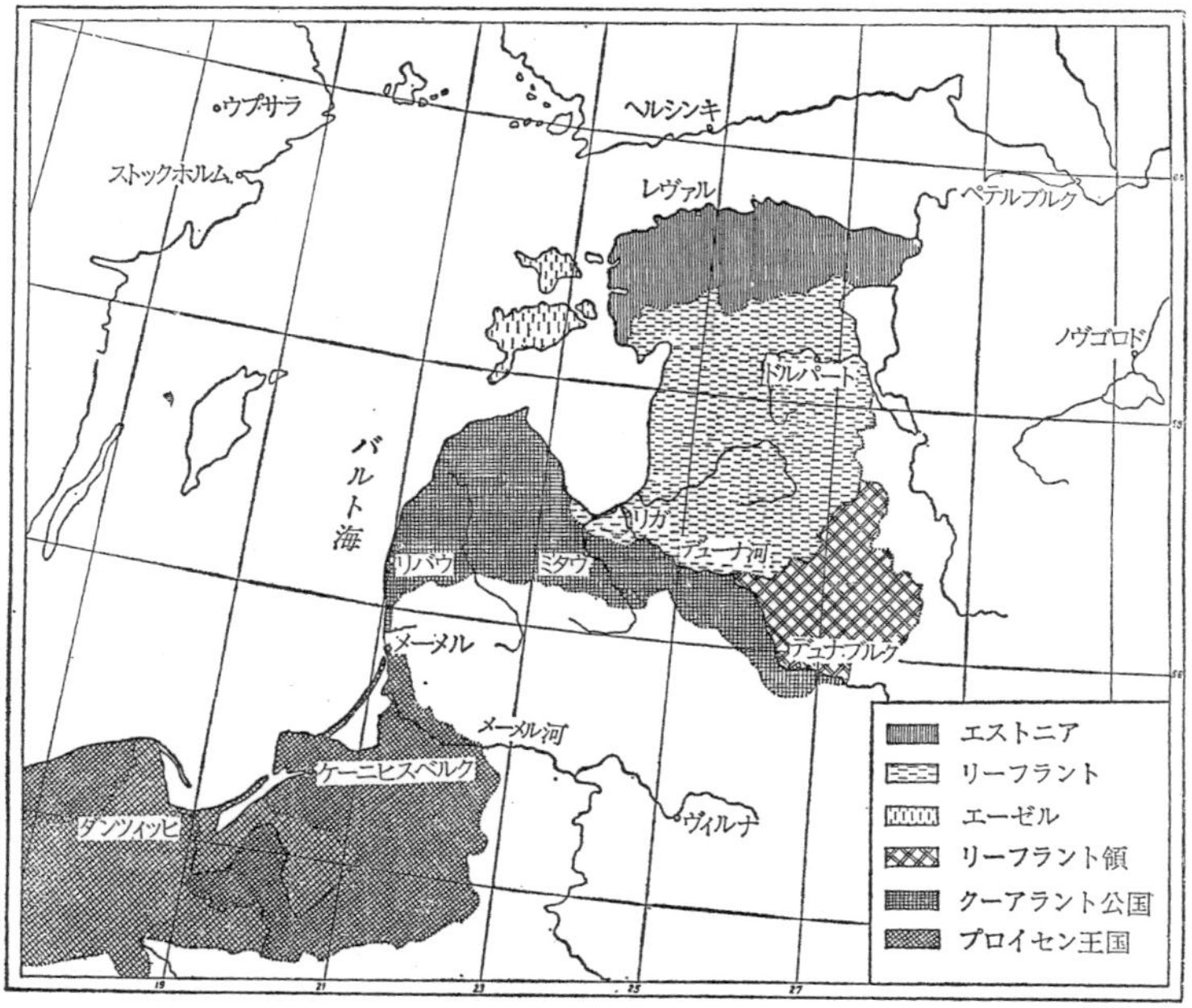

バルト海沿岸諸国とクーアラント公国（17〜18世紀頃）[1]

さて本訳書の伝記面を補充する意味で、カントとリガ市及びその周辺との関係について、四点ほど記しておきたい。

第一点として、カントの祖先の出自についてである。私は以前拙著『若きカントの思想形成』の中で、それについて言及し、カント自身が自分の祖父をスコットランド出身と考えていたこと、じつはそこには思い違いがあるが、しかし曽祖父まで遡ればスコットランド系は承認されうること、今日最終的に確定されてはいないが、私はカントの祖先のスコットランド系を承認したく思うこと、を述べたが、その後に出版されたガウゼの書物によると[2]、カントの祖先はどうやらバルト海沿岸民族の出身のようである。同書の当該記述は本訳書第一章注(4)に引用されているが、カントの祖先はクーアラント(Kurland. フィン族の一種クレ族の国という意味で、現在のラトヴィア共和国の南半部とリトアニア共和国の一部とにあたる)から植民された北メーメル州のプレクルス地方(Prökuls. 現リトアニア内)の出で、曽祖父がメーメル河口部のルス町に住み、祖父がメーメル町で馬の革具職人になったという。祖父の二人の姉妹がスコットランド人と結婚しており、そのためカントは自分の祖先をスコットランド系と思い込んだらしい。

新説は以上のごとくである。その説が信頼しうるとしても、もちろんそれによってカントがドイツ人として、ドイツの社会と文化の中に生まれ育ち、彼の哲学的大事業を遂行したことにつ いて、いささかの変更も生じるわけではない。しかしカントが血統の上からもその地方と深く結びついていたことを知るのは興味のないことではない。カントは一方では西欧の当時の先進的文化と思想に対して大きな関心と共鳴を懐きながら、他方では自らの生地にしかと根をおろして思索しつづけた。カントはドイツの当時の文化的中心地から度々の教授招聘を受け、一時はそれに心を動かされながら、ついに健康上の理由や「一切の変化は、それが私の状態の改善をもたらすことがはっきり判っていても、私を不安にする」(一七七八年四月上旬、マルクス・ヘルツ宛書簡)との理由から、ついに生涯生地を離れなかった。

これを我々はカントの精神的退嬰性や狭隘性のあらわれとみるべきではない。カントの内には西欧的なものへの強い精神的指向と同時に、それに劣らず生活面において強い東方の牽引力が働いており、その両力の衝突し拮抗する境域において独特な思索が営まれたのである。この東方的なものが何であるかは確定せずにおくが、ハーマンやヘルダーがそれを携えて西欧へと旅立ち、そして再びそこへと立ち戻りそれを根基として活動したものと同質のものと考えられる。それは観念的飛翔を大地に引き戻す重力の作用にたとえることができるかもしれない。いずれにせよこの反対の力の働きを念頭におくことは、カントの哲学的営為の総体を捉える上で無益ではあるまい。

第二点として、『純粋理性批判』(一七八一年)がリガ市のハルトクノッホ書店から出版された経緯について述べよう。じつは『純粋理性批判』だけでなく、同書を皮切りとして一七八〇年代のカントのすべての著書がリガ市の同書店から出版されている。それ以前のカントの著作がケーニヒスベルク市で出版されていたのに、カントの著作活動の最盛期である八〇年代の諸著作の出版の場所が相当遠隔のリガ市にわざわざ変更されたのはなぜか。

その理由を知るにはまずケーニヒスベルク市とリガ市との親近な関係を理解しなければならない。カントの許にはリガ市からも少なからぬ学生が学びに来ていた(例えば、一七五九年のカントとリントナーとの往復書簡参照)。カントの年少の友人ハーマンは一七五〇年代中頃リガ市とその周辺で過ごし、それ以後もずっとリガと密接な関係をもちつづけた。ヘルダーは一七六二年から六四年までカントの許で学んだ後直ぐリガに赴き、六九年まで同地でドーム・シューレの教師を勤めた。ヘルダーはこの雌伏の時期のあとフランスへ旅行し、七〇年シュトラースブルクでゲーテと邂逅し、新しい思想運動の口火を切ったことは周知のごとくである。

ところでカントは一七六〇年代後半から七〇年代前半にかけてケーニヒスベルク市のカンター書店に部屋を借りて生活し、六〇年代の諸著作の大部分を同書店から出版した。カンター書店は新興の活動的な出版社で、市の文化センターのような役割をも演じたらしい。カントがルソーの禁書となった『エミール』と『社会契約論』とに非常に早く接することができたのも同書店のお蔭であった。この書店の助手としてカントと近しくなったのが、ハルトクノッホ(一七四〇—一七八八)である。彼はケーニヒスベルク大学神学科の出身で、ヘルダーとも学友であった。ハルトクノッホは独立してリガに書店を開き、ハーマンの仲介によって『純粋理性批判』をそこから出版することになったのである。(ただし印刷はハレ市で行われた。)そしてそれ以後ずっと八〇年代のカントの重要著作のすべての出版を同書店が引き受けた。ハルトクノッホは時々リガから紅茶・キャヴィア・毛皮などカントの喜びそうなものをケーニヒスベルクのカントの許へ送り届けた。この親密な関係はハルトクノッホの死によって終り、一七九〇年の『判断力批判』はベルリンの書店から出版された。ハルトクノッホ書店からはハーマンやヘルダーの書物も出版され、ランベルトの著作が二巻本としてカントの推薦によりすでに一七七一年に出版されている。またロシアの科学者ロモノソフや文学者カラムジンの著作もそこから出版されている。

我々はこれらの背景として、リガが主要なハンザ都市であり、ドイツ人居住地としてバルト海沿岸地方におけるドイツ文化の重要な担い手であったこと、そこには新しい自由な精神的雰囲気が広がりつつあり、またロシア文化との接点でもあったことを承知しておかなければならない。当時のリガと周辺のクーアラント地方はプロイセンよりも多くの市民的自由を享受しており、そのことによってカントの著作が同地方に(特に牧師・医師・地主層に)影響を及ぼしえたことについて、シュターヴェンハーゲンは注意を促している。(3) また先に名前をあげたガウゼは、一七八〇年代のリガのハルトクノッホ書店がバルト海沿岸地方及びロシア東部の文化的中心であり、異質の文化の接点でもあったとして、次のように述べている。「カントが自分の最重要の諸著作をリガのハルトクノッホ書店から出版したことは、なんら国外への逃避を意味しない。それは政治的境界によって妨害されぬ、古い精神的連帯の新しい証明に他ならない」と。(4) そしてまた別の研究者は、「カントは完全に西欧的精神の持主であると断言しなければならない」、としながら、しかしハルトクノッホ書店からカントの重要著作とともにロモノソフやカラムジンの著作が出版されていることに関して、「少なくとも出版の共同によってカントはロシアの精神生活ともまた結びついていた」

と書いているが[5]、我々はそれを大体において首肯することができる。

第三点は、カントの唯一の弟ヨーハン・ハインリッヒ（一七三五―一八〇〇）の生活に関連する。カントと弟との関係は年齢差が大きかったばかりでなく、性格や関心も相違していたようで、親しい接触はなかった。ハインリッヒは学生時代に兄の講義をたまに聞いたくらいで、大学を卒業するとすぐ、ケーニヒスベルクを離れ、ついに二度と兄弟は会う機会をもたなかった。ハインリッヒが赴いたのはクーアラント地方で、そこで長い家庭教師生活を送った後、やっと一七七四年末同地方ミタウのギムナージウムの副校長となり、翌年校長となった。彼はその頃結婚し、喜びに溢れる手紙を兄に送っている（一七七五・五・一三）。一七八一年、ハインリッヒはミタウとリガとの中間に位置するアルトラーデンの地方牧師となり、広大な教区を擁し、農業にも従事した。彼は娘三人と息子一人を儲け、一八〇〇年同地に死んだ。

カントと弟との関係は、最後まで手紙の往復を通じて保たれた。残された書簡数は両者の分を合して僅か十数通で、それも弟の分がはるかに多いが、その文面を見れば、兄と弟およびその家族との関係が決して冷淡ではなく、親類の情をもつものであったことが判る。さきの一七七五年五月十三日付の弟の結婚通知の手紙には、新妻の義兄への挨拶も同封されている。弟はその頃、つまりミタウのギムナージウム校長時代、兄をミタウに招こうとしたりしているが、一七八二年九月十日付の弟の兄宛書簡の中で、「兄さんの『純粋理性批判』は当地〔アルトラーデン〕ですべての思想家たちの話題になっています」、という知らせが注目される[6]。それによって『純粋理性批判』がリガ周辺地方の知識人層に相当な反響を呼んだことがうかがわれる。

一七九二年二月八日付弟宛書簡の中で、カントは弟を遺産相続人として指定したことを知らせており、弟はそれに対して大喜びの返書を出している。弟の死後、カントは弟の妻より貧窮ゆえの特別の金銭的援助の申し出を受け、それに対して強い不満の気持を抱きながら、結局カントはその求めに応じ援助を与えている。弟の末娘、つまりカントの姪にあたるヘンリエッテが同地方のドイツ人男性と結婚するに際して、カントは父親代りとして一八〇三年四月九日付（フリードリヒ・シュトゥアルト宛）で祝福の手紙を送った。これはカントの最後の手紙となり、厖大なカント『書簡集』の最終位置（アカデミー版書簡番号八九七番）に置かれている。(7) 我々はカントが弟およびその家族との関係を通じて、クーアラント地方と切り離しがたい結びつきをもっていたことを知るのである。

最後に、カントのリトアニア地方またはリトアニア人に対する関心を示すものとして、ここにカントの知られざる文書を紹介する。これは『クリスチアーン・ゴットリープ・ミールケのリトアニア＝ドイツ語およびドイツ＝リトアニア語辞典に対する後書』（一八〇〇年）という題をもつ小文で、アカデミー版カント全集第八巻に収められている。表題の示す通りリトアニア語辞典に対する推薦文であるが、そこにはバルト海沿岸の小民族に対するカントの考えが明示されていて興味が深い。その中の前半部を訳出しよう。

「プロイセンのリトアニア人がその民族的特性の点で維持されるに値すること、そして言語は民族性の陶冶と維持にとって優れた案内役であるので、言語の純粋性と学校教育および説教による教育との点でも、同民族が維持されるに値することは、異存のない所である。私はその上なお次のことを付け加えたい。プロイセンのリトアニア人は、近隣の諸民族よりももっと卑屈から遠く離れており、上役に対しても平等と親密な率直さとの調子で話すのが常である。このことを上役もまた悪くとらないし、握手することを冷たく拒んだりしない。そうしたことがリトアニア人を喜んで同意へと向かわせるからである。或る種の近隣国民にみられるあらゆる高慢、人々の間で誰かが優れている場合に生じるような高慢、とは全く異なる誇り、あるいはむしろ自己価値の感情をリトアニア人はもっており、この感情は勇気を暗示し、同時に忠誠心を保証している。

　そのような性格をもった民族の協力から国家が引き出すことのできる利益を仮に無視するとしても、原始的な一種族、今なお一狭小区域に局限されたいわば孤立した種族、のまじりけのない言語から、諸学と特に民族移動の古い歴史が引き出すことのできる利益は、過小評価されてはならない。その言語の特性を保存すること自体がそれゆえ大きな価値を有するのである。……[8]」

　ここには大国内の土着的少数民族の民族的特性となかんずくその核心をなす固有言語とに対するカントの正当な尊重の態度がはっきり示されている。カントは特殊性に無頓着な普遍主義者では決してなかった。様々の歴史性と地域性とに制約されて個物の特性が存する。特殊的限定の重さをカントは強く感じながら同時に人類的普遍を指向してやまなかった。彼の思索の普遍性と最高度の抽象性は生活面での土地との堅実な結びつきによって支えられていたと言ってもよい。それに関連してもっと多くのことが考えられなければならないが、[9]ここではともかくカントの生活面でのリガ市及びその周辺地方との密接な関係を示しえたことで満足しよう。

注

(1) この図版は、Reinhard Wittram, *Geschichte der Ostseelande Livland, Estland, Kurland 1180–1918. Umrisse und Querschnitte*, München und Berlin 1945. から転載した。同書からはバルト海沿岸諸国の歴史的事情について教示をえた。

(2) Fritz Gause, *Kant und Königsberg*, Leerl Ostfriesland, 1974. S. 11f.

(3) Kurt Stavenhagen, *Kant und Königsberg*, Göttingen, 1949. S. 34f., u. 90f.

(4) Gause, a. a. O., S. 92.

(5) Kurt Forstreuter, *Kant und die Völker Osteuropas*, in: *Deutsche Ostkunde*, 1974–20. Jahrgang, S. 43.

(6) *Kant's gesammelte Schriften* (Akademische Ausgabe), X, S. 288. なお本訳書一六二—三ページ参照。

(7) カントと弟およびその家族との往復書簡の内数通が理想社版『カント全集』第十七、第十八巻に収められている。また高峯一愚『カント講義』（論創社）の中にカントの弟との関係が温かく描かれている。

（8） *Kant's gesammelte Schriften*, *VIII*, 445.
カントのこの文章については、Forstreuter, a. a. O., S. 37ff. に詳しい。私はその記述から教示をうけた。

（9） カントとリガ周辺に関して、前掲引用書の他に、Karl Vorländer, *Immanuel Kant. Der Mann und das Werk*, 2Bde., Leipzig 1924. を参照し、便宜をうけた。

訳者あとがき

訳者はこの訳業に当初の予想以上にかなりの時間を費やした。今訳書が完成するにあたって、なによりもまず、全原稿の浄書を心よく引き受けて下さった法政大学大学院修士課程の久貝真澄さんの労苦に対して心から感謝する。校正については法政大学講師牧野英二君、東京電機大学講師長倉誠一君、法政大学大学院博士課程梶川克之君に、また索引作成については右三君の他に法政大学大学院博士課程伊藤宏一、多田茂、木村博の諸君にお世話になった。法政大学出版局の稲義人氏と松永辰郎氏には出版に関する細々したことについてすべてお世話になった。記して謝意を表する。

一九八三年九月

訳　者

人 名 索 引

（注） 本文のみに限る。本書において重要でない人名は省略する。

ア 行

アダマール (Hadamard, Jacques Salomon) 137ff.
アディソン (Addison, Joseph) 25
アディッケス (Adickes, E.) 82
アプラクシン (Apraksin) 43
アベック (Abegg) 328
アリストテレス (Aristoteles) 71, 120, 133, 282
アルキビアデス (Alkibiades) 58
アルキメデス (Archimedes) 137
アレクサンダー大王 (Alexander der Große) 29, 92
アンデルシュ (Andersch, Alfred) 21

イェッシェ (Jäsche) 204, 327f.
イェンシュ (Jensch) 90
イゼリン (Iselin, Isaak) 170

ヴァイマン (Weymann) 51f., 54, 68, 116
ヴァジャンスキー (Wasianski, A. Ch.) 330, 334ff.
ヴィコ (Vico) 169, 172
ヴィーラント (Wieland, Christph Martin) 104, 178, 242
ヴィルモン (Vil'mont, N.) 352
ヴィレール (Villers, Charles de) 296, 336
ウェーバー (Weber, G.) 362
ヴェルギリウス (Vergil) 242
ヴェルナー (Wöllner, Johann Christoph von) 268, 279, 285
ヴェレシチャーギン (Vereščagin, A.A.) 345f., 350
ヴォエイコフ (Voejkov) 54f.
ヴォプザー (Wobser) 73
ヴォルフ (Wolff, Christian) 7, 12f., 18, 37, 39, 42, 51, 59ff., 67, 69, 93, 100, 116, 121, 160, 182f., 212, 218, 244, 320
ヴォルテール (Voltaire) 9, 31f., 40, 50, 137, 170, 218, 248, 249, 280, 302, 344.
ウンゲルン=シュテルンベルク (Ungern-Sternberg, Woldemar) 282f.

エーヴァルト (Ewald) 164
エカテリーナ2世 (Katharina II) 48, 55, 272, 282f., 346
エーデルマン (Edelmann) 7
エピクロス (Epikur) 9, 25, 345
エラスムス (Erasmus von Rotterdam) 249, 293
エリザヴェータ女帝 (Elisabeth Petrowna) 43ff. 48, 49f., 54, 86
エルヴェシウス (Helvetius) 50, 69, 322

オイラー (Euler, Johannes Albertus) 283, 306
オイラー (Euler, Leonhard) 19, 99
オルロフ (Orlov, Grigorij) 48

カ 行

カイザーリング伯 (Keyserling, Graf) 22
カイザーリング伯夫人 (Keyserling, Charlotte Gräfin) 22, 47

カウフマン (Kaufmann, Johann) 334ff.
カバニス (Cabanis) 295
カラムジン (Karamzin, N. M.) 253, 255, 281
カリオストロ (Cagliostro, Graf) 92, 272, 296
ガリレイ (Galilei, Galileo) 25
ガルヴェ (Garve, Christian) 163ff., 177
カンター (Kanter) 88, 95, 104, 115, 119
カント (Kant)
アンナ・レギーナ (Anna Regina) 15ff.
バルバーラ (Barbara) 337
ヨーハン・ゲオルク (Johann Georg) 15f.
ヨーハン・ハインリッヒ (Johann Heinrich) 16, 162f.
リッヒャルト (Richard) 15
カンペ (Campe, Joachim Heinrich) 104, 280f.

キーゼヴェッター (Kiesewetter, Johann Gottfried Carl) 203, 268ff., 311f., 336
キュプケ (Kypke) 34, 48

クヌッツェン (Knutzen, Martin) 18, 34
クネーベル (Knebel) 178
クノーブロッホ (Knobloch, Charlotte von) 91f
クラヴィウス (Clavius) 109
クラウス (Kraus) 204
クラーナハ (Cranach) 242
クリスチアーニ (Christiani) 96
グリーン (Green, Joseph) 73, 80, 114, 204ff.
クリンガー (Klinger, Friedrich Maximilian) 113
クルージウス (Crusius) 37ff., 50ff., 69
クールマン (Kuhlmann, Quirinus) 14

ゲオルギ (Georgi, I. I.) 281
ケストナー (Kästner, Abraham) 307
ゲーテ (Goethe, Johann Wolfgang von) 40, 59, 74, 96, 113, 126, 175, 181, 203, 220, 241, 242ff., 245ff., 282, 288, 307
ゲンジッヘン (Gensichen) 204, 214, 327

コペルニクス (Kopernikus) 134, 136
コマルニッキ (Komarnicki) 84f.
コリンズ (Collins) 306f.
コルネーユ (Corneille, Pierre) 112
コルフ (Korff, N. A.) 46f., 54
コレジオ (Correggio, Antonio) 242
ゴロソフケル (Golosovker, Ja E.) 146, 152, 351f.
コンディヤック (Condillac, Etienne) 344

サ 行

サヴァリ (Savary) 229
サン=ジェルマン (Saint-Germain) 92

シエイエス (Sieyès, Abbe) 295f.
シェークスピア (Shakespeare) 112f., 242, 345
シェフナー (Scheffner, J. G.) 48, 204
シェリング (Schelling, Friedrich Wilhelm Joseph) 316, 332, 350, 362
シャフツベリ (Shaftesbury Anthony) 224, 249
シュヴァイツアー (Schweitzer, Albert) 258
シュヴァーブ (Schwab) 212
シュヴァルツ=エルラ (Schwarz-Erla) 66
シュターフェンハーゲン (Stavenhagen, K.) 344
シュッツ (Schütz) 174

シュパツィーア　(Spazier, Karl)　145f.
シュペーナー　(Spener, Jakob)　15
シュルツ　(Schultz, Franz Albert)　17 ff., 48, 51
シュルツ，注解者　(Schultz, Johann)　161, 166f., 186, 204, 274, 329
シュルツ，弁髪の　(Schultz, Johann)　186f., 269
ショーペンハウアー　(Schopenhauer, Arthur)　200, 201, 360, 362
シラー　(Schiller, Friedrich)　96, 171, 196, 212, 236〜240, 241, 243, 352

スウィフト　(Swift, Jonathan)　249
スウェーデンボリ　(Swedenborg, Emanuel)　90ff., 272
スヴォロフ　(Suvorov, A.)　48, 54, 203, 282, 311
スターン　(Sterne, Laurence)　75f., 249
ストラーホフ　(Strachov, N. N.)　362
スピノザ　(Spinoza)　14, 68, 89, 136, 141, 174f., 181ff., 187, 243
ズルツァー　(Sulzer, I. G.)　99ff.

セネカ　(Seneca)　20
ゼンメリング　(Sömmering)　304, 332

ソクラテス　(Sokrates)　2, 58, 62, 190, 247f., 338, 350, 363
ゾシチェンコ　(Soščenko, Michail)　207, 210f.

タ　行

ダイク　(Dyk, Anthonis van)　242
ダシコヴァ公夫人　(Daschkow, Fürstin)　283, 306f.
ダラム　(Derham)　31
ダランベール　(D'Alembert)　19, 24, 344
ツェードリッツ　(Zedlitz, Karl Abraham Freiherr von)　115ff., 119, 161, 268
デカルト　(Descartes, René)　19, 21, 74, 136, 141, 345
デステュット・ドゥ・トラシー　(Destutt de Tracy)　295
デモクリトス　(Demokrit)　25
デューラー　(Dürer, Albrecht)　242, 344
テュルゴー　(Turgot, Anne Robert Jacques)　169f.

ドストエフスキー　(Dostoevskij, F. M. v.)　3, 146, 151ff., 238, 351〜360
ドルシュ　(Dorsch)　290
トルストイ　(Tolstoj, L. N. v.)　3, 203, 360〜366

ナ　行

ナポレオン　(Napoleon, Bonaparte)　229, 271, 296, 315, 329, 336

ニコロヴィウス　(Nicolovius)　295, 333
ニーチェ　(Nietzsche, Friedrich)　201, 211
ニュートン　(Newton, Isaac)　18, 21, 24ff., 28, 31, 38f., 55, 57, 67, 69, 236, 322

ハ　行

ハイデンライヒ　(Heydenreich)　17f.
ハイネ　(Heine, Heinrich)　153f., 156, 200, 295, 316
ハウゼン　(Hausen, K. R.)　95
バウムガルテン　(Baumgarten, Alexander)　59, 69, 82, 93, 328
パヴロフ　(Pavlov, I.)　207
バークリー　(Berkeley, George)　163 ff., 317
ハーシェル　(Herschel, Friedrich Wilhelm)　214
バゼドウ　(Basedow, Johann Bernhard)　103f., 105f.

ハチソン (Hutcheson, Francis) 68, 224
ハッセ (Hasse) 204
ハーマン (Hamann, Johann Georg) 56〜59, 81, 95, 113, 119, 161, 176, 180
ハラー (Haller, Albrecht) 19, 25. 66
バルテネフ (Bartenev, J.) 49
ハルトクノッホ (Hartknoch, Johann Friedrich) 119, 161, 313
ハーンリーダー (Hahnrieder, Friedrich August) 311ff.

ビースター (Biester, Johann Erich) 276ff., 311f.
ヒッペル (Hippel, Theodor Gottlieb) 204ff.
ヒューム (Hume, David) 60, 69, 120, 161, 165, 257, 303, 345, 362
ビュルガー (Bürger) 113
ヒュルゼン (Hülsen, Georg Friedrich von) 22
ピョートル1世 (Peter I) 12, 345
ピョートル3世 (Peter III) 54, 66
ビリューコフ (Birjukov) 363

フィヒテ (Fichte, Johann Gottlieb) 54, 272〜276, 298, 313〜316, 333, 350, 362
フィールディング (Fielding, Henry) 249
フェーダー (Feder) 115, 163
フェルモル (Fermor) 43ff.
フォイエルバッハ (Feuerbach, Anselm) 314
フォイエルバッハ (Feuerbach, Ludwig) 256, 264
フォルスター (Forster, Georg) 290
フォルマー (Vollmer) 327
フォルマイ (Formey) 61, 64
プーシキン (Puškin) 70
ブック (Buck) 48, 51, 86, 96
フーフェラント (Hufeland, Christoph Wilhelm) 304
プラトン (Platon) 74, 120, 144, 293, 338, 345
フリッツ (Fritz, Luise Rebekka) 74
フリードリヒ2世 (Friedrich II) 8f., 12, 17, 24, 31, 34, 43, 45f., 54f., 92, 187, 266, 268, 292, 345
フリードリヒ・ヴィルヘルム1世 (Friedrich Wilhelm I) 7f., 12, 17
フリードリヒ・ヴィルヘルム2世 (Friedrich Wilhelm II) 266, 270f., 286
フリードリヒ・ヴィルヘルム3世 (Friedrich Wilhelm III) 329
プリニウス (Plinius) 36
プルクシュタル (Purgstall) 205
プレシング (Plessing) 275
フロイト (Freud, Sigmund) 222
ブロク (Blok, A.) 130ff., 141, 151
フンボルト, A. (Humboldt, Alexander von) 332
フンボルト, W. (Humboldt, Wilhelm von) 295

ベイコン (Bacon, Francis) 89, 119f., 310
ヘーゲル (Hegel, Georg Wilhelm Friedrich) 3, 19, 121, 126f., 140, 148, 154, 156, 159, 230, 244f., 247, 250, 259, 264, 350f., 362
ベッカー (Becker, J. G.) 95, 202
ベック (Beck, Jacob Sigismund) 313 f., 316
ベッティヒャー (Bötticher, Johann) 215
ベーメ (Böhme, Jakob) 14
ベール (Bayle, Pierre) 68
ベールイ (Belyj, A.) 130
ペルジウス (Persius) 249
ベルジャーエフ (Berdjaev, N.) 353

ヘルダー (Herder, Johann Gottfried) 30, 66, 69, 92, 112f., 126, 161, 170～181, 184, 203, 243, 302
ヘルツ (Herz, Marcus) 97, 101f., 115, 161, 165, 309
ベルヌーイ (Bernoulli, Johann) 162
ヘルベルト (Herbert, Maria von) 274
ベーレンス (Berens) 56ff., 161
ベロセリスキー (Belosel'skij, A.) 283, 341～350

ポアンカレ (Poincaré, H.) 137ff.
ボック (Bock, I. G.) 49f., 86
ホッブズ (Hobbes, Thomas) 74, 257
ポープ (Pope, Alexander) 26, 39, 66
ホメロス (Homer) 137, 236, 242
ボロトフ (Bolotov, A.) 43, 47, 50f., 54, 67, 87, 116
ボロフスキ (Borowski, Ludwig Ernst) 34, 74, 92, 204, 272, 274, 325

マ 行
マイモン (Maimon, Salomon) 308ff.
マイアー (Meier, George Frledrich) 81f., 116, 328
マザビー (Motherby) 73, 103, 204
マゾン (Mazon, A.) 345ff., 350
マルクス (Marx, Karl) 111, 122, 135, 250, 295, 350

メーリング (Mehring, Franz) 8f.,
メルマン (Mellmann, Ludwig) 281
メンデルスゾーン (Mendelssohn, Moses) 63f., 88, 90, 99ff., 116, 145f., 161, 169, 181ff., 187, 206, 309

モーペルテュイ (Maupertuis) 31
モリエール (Molière) 323
モンテスキュー (Montesquieu) 344

ヤ 行
ヤコプ (Jakob, L.) 183
ヤコービ (Jacobi, Friedrich) 113, 177, 181ff.
ヤコービ (Jacobi, Maria Charlotta) 75f.
ヤッハマン (Jachmann, R. B.) 109, 204., 325

ユヴェナール (Juvenal) 249

ラ 行
ライプニッツ (Leibniz, Gottfried Wilhelm) 7, 13, 19, 21, 37ff., 59, 63, 69, 74, 100, 136, 212, 320, 365
ラインハルト (Reinhardt) 39, 52
ラインホルト (Reinhold, Carl Leonhard) 178, 186f., 205, 216, 310, 315f.
ラシーヌ (Racine, J. B.) 112
ラッセル (Russel, Bertrand) 129
ラファエル (Raffael) 242, 345
ラーヴァーター (Lavater, Johann Caspar) 111, 113, 266
ラプラス (Laplace, Pierre Simon) 24
ラブレー (Rabelais, Francois) 249
ラ=メトリ (La Mettrie, Julien) 9
ラングハンゼン (Langhansen) 96
ランペ (Lampe, Martin) 35, 157, 202f., 327, 330, 333f.
ランベルト (Lambert, Johann Heinrich) 24, 32, 88ff., 99, 101, 119, 162, 342

リチャードソン (Richardson) 323
リヒテンベルク (Lichtenberg, Georg Christoph) 185, 249
リンク (Rink, Friedrich Theodor) 104, 204, 327f.
リントブローム (Lindblom) 326

ルイ16世 (Louis XVI) 169, 300

ルクレティウス (Lucretius) 63
ルソー (Rousseau, Jean-Jacques) 55f., 59f., 69, 82ff., 94, 103, 120, 203, 293, 344f., 363
ルター (Luther, Martin) 6, 14, 154, 261, 269, 345

レーヴァルト (Lehwaldt) 33, 43f., 55
レッシング (Lessing, Gotthold Ephraim) 9, 14, 19, 112, 170, 181f., 187, 258
レーニン (Lenin, V. I.) 309
レンツ (Lenz, Reinhold Michael) 97, 113, 253
レンブラント (Rembrandt) 242

ロイシュ (Reusch, Carl Daniel) 214f
ロイスダール (Ruysdael) 242
ローセフ (Losev, A. F.) 246
ロック (Locke, John) 62f., 74, 132, 345
ロビネ (Robinet) 219f.
ロベスピエール (Robespierre, Maximilien) 153, 295
ロモノーソフ (Lomonosov, M. W.) 12

カント年譜

1724　4月22日，イマヌエル・カント，ケーニヒスベルクに誕生。
1730　小学校入学。
1732　フリードリヒ学院入学。
1737　母の死。
1740　ケーニヒスベルク大学入学。
1746　父の死。
　　　ケーニヒスベルク大学卒業。
1747　家庭教師生活開始。
1749　処女作『活力測定考』
1755　『天界の一般自然史と理論』
　　　論文『火について』により，マギスターの学位を得る。
　　　9月，論文『形而上学的認識第一原理の新解明』により，ケーニヒスベルク大学私講師就任。
1756　『物理学的単子論』とそれに関する公開討論により教授資格を得る。
1759　『オプティミズム試論』
1762　『神の現存在論証の唯一可能な証明根拠』
1764　『自然神学及び道徳学の諸原則の判明性に関する研究』
　　　『美と崇高との感情に関する観察』
1766　『視霊者の夢』
1770　3月，ケーニヒスベルク大学論理学・形而上学の正教授に就任。
　　　教授就任論文『感性界及び英知界の形式と原理』
1781　『純粋理性批判』
1783　『プロレゴーメナ』
1784　『世界市民的見地における一般歴史考』
1785　『ヘルダーの「人類史哲学考」論評』
　　　『道徳形而上学の基礎づけ』
1786　『人類史の臆測的起源』
　　　『自然科学の形而上学的原理』
　　　ケーニヒスベルク大学学長就任。
　　　ベルリン科学アカデミー会員となる。
1787　『純粋理性批判』第2版。
1788　『実践理性批判』
　　　二度目の学長就任。
1789　カラムジン，カントを訪ねる。

1790 『判断力批判』
1791 夏，フィヒテ，カントを訪ねる。
1792 カントの斡旋によりフィヒテの『全啓示批判試論』が匿名で出版される。
1793 『単なる理性の限界内の宗教』
1794 ペテルブルグ科学アカデミーの会員となる。
10月，宗教に関する見解の公表を禁じられる。
1795 『永遠平和のために』
1796 6月，最終講義。
1797 『道徳形而上学』
1798 『諸学部の争い』
『人間学』
1800 『論理学』イェッシェ編。
1801 11月，大学評議員辞任。
1802 『自然地理学』リンク編。
1803 『教育学』リンク編。
1804 2月12日，カント死す。

訳　者

西牟田久雄（にしむた・ひさお）

1922–2010年．東京教育大学文学部哲学科卒業．元東京電機大学教授．主要訳書：プレハーノフ『歴史における個人の役割』，ソ連科学アカデミー哲学研究所編『社会主義と個人』，マクレラン『マルクス主義以前のマルクス』．専攻：ロシア思想史．

浜田義文（はまだ・よしふみ）

1922–2004年．東京大学法学部政治学科卒業．東京大学文学部倫理学科卒業．法政大学名誉教授．主要著訳書：『若きカントの思想形成』，『カント倫理学の成立』，『カント哲学の諸相』．訳書：マックス・シェーラー『羞恥と羞恥心』（シェーラー著作集第15巻），H. アーレント『カント政治哲学の講義』（監訳），R. ベイナー『政治的判断力』（監訳），専攻：西洋近世哲学．

《叢書・ウニベルシタス　128》

カント

その生涯と思想

1983年12月 1日　　初版第1刷発行
2015年 4月15日　新装版第1刷発行

アルセニイ・グリガ
西牟田久雄・浜田義文 訳
発行所　一般財団法人　法政大学出版局
〒102-0071 東京都千代田区富士見2-17-1
電話03(5214)5540 振替00160-6-95814
製版・印刷：三和印刷　製本：積信堂

Printed in Japan

ISBN978-4-588-14008-2